Handels- und Steuerbilanz nach neuem Recht

mit IAS/IFRS und US-GAAP

Von
Professor
Dr. Georg Wörner
vereidigter Buchprüfer
Steuerberater

8., überarbeitete und erweiterte Auflage

R. Oldenbourg Verlag München Wien

Frühere Auflagen des Werkes sind im verlag moderne industrie,
86895 Landsberg/Lech erschienen.

Bibliografische Information Der Deutschen Bibliothek

Die Deutsche Bibliothek verzeichnet diese Publikation in der Deutschen Nationalbibliografie; detaillierte bibliografische Daten sind im Internet über <http://dnb.ddb.de> abrufbar.

Rosenheimer Straße 145, D-81671 München
Telefon: (089) 45051-0
www.oldenbourg-verlag.de

Gedruckt auf säure- und chlorfreiem Papier
Druck: MB Verlagsdruck, Schrobenhausen
Bindung: R. Oldenbourg Graphische Betriebe Binderei GmbH

ISBN 3-486-27454-6

V10B € 27.80

Managementwissen für Studium und Praxis

Herausgegeben von Professor Dr. Dietmar Dorn und Professor Dr. Rainer Fischbach

Bisher erschienene Werke:

Arrenberg · Kiy · Knobloch · Lange, Vorkurs in Mathematik
Baršauskas · Schafir, Internationales Management
Behrens · Kirspel, Grundlagen der Volkswirtschaftslehre, 2. Auflage
Behrens, Makroökonomie – Wirtschaftspolitik
Bichler · Dörr, Personalwirtschaft – Einführung mit Beispielen aus SAP® R/3® HR®
Blum, Grundzüge anwendungsorientierter Organisationslehre
Bontrup, Volkswirtschaftslehre
Bontrup, Lohn und Gewinn
Bontrup · Pulte, Handbuch Ausbildung
Bradtke, Mathematische Grundlagen für Ökonomen, 2. Auflage
Bradtke, Übungen und Klausuren in Mathematik für Ökonomen
Bradtke, Statistische Grundlagen für Ökonomen, 2. Auflage
Bradtke, Grundlagen im Operations Research für Ökonomen
Breitschuh, Versandhandelsmarketing
Busse, Betriebliche Finanzwirtschaft, 5. A.
Camphausen, Strategisches Management
Clausius, Betriebswirtschaftslehre I
Clausius, Betriebswirtschaftslehre II
Dinauer, Allfinanz – Grundzüge des Finanzdienstleistungsmarkts
Dorn · Fischbach, Volkswirtschaftslehre II, 4. Auflage
Dorsch, Abenteuer Wirtschaft ·75 Fallstudien mit Lösungen
Drees-Behrens · Kirspel · Schmidt · Schwanke, Aufgaben und Lösungen zur Finanzmathematik, Investition und Finanzierung
Drees-Behrens · Schmidt, Aufgaben und Fälle zur Kostenrechnung
Ellinghaus, Werbewirkung und Markterfolg
Fank, Informationsmanagement, 2. Auflage
Fank · Schildhauer · Klotz, Informationsmanagement: Umfeld – Fallbeispiele
Fiedler, Einführung in das Controlling, 2. Auflage
Fischbach · Wollenberg, Volkswirtschaftslehre I, 12. Auflage
Fischer, Vom Wissenschaftler zum Unternehmer
Frodl, Dienstleistungslogistik
Götze, Techniken des Business-Forecasting
Götze, Mathematik für Wirtschaftsinformatiker
Götze · Deutschmann · Link, Statistik
Gohout, Operations Research
Haas, Kosten, Investition, Finanzierung – Planung und Kontrolle, 3. Auflage
Haas, Marketing mit EXCEL, 2. Auflage
Haas, Access und Excel im Betrieb
Hans, Grundlagen der Kostenrechnung
Hardt, Kostenmanagement, 2. Auflage
Heine · Herr, Volkswirtschaftslehre, 3. Aufl.
Hildebrand · Rebstock, Betriebswirtschaftliche Einführung in SAP® R/3®
Hofmann, Globale Informationswirtschaft
Hoppen, Vertriebsmanagement
Koch, Marketing
Koch, Marktforschung, 3. Auflage
Koch, Gesundheitsökonomie: Kosten- und Leistungsrechnung
Krech, Grundriß der strategischen Unternehmensplanung
Kreis, Betriebswirtschaftslehre, Band I, 5. Auflage
Kreis, Betriebswirtschaftslehre, Band II, 5. Auflage
Kreis, Betriebswirtschaftslehre, Band III, 5. Auflage
Laser, Basiswissen Volkswirtschaftslehre
Lebefromm, Controlling – Einführung mit Beispielen aus SAP® R/3®, 2. Auflage
Lebefromm, Produktionsmanagement – Einführung mit Beispielen aus SAP® R/3®, 4. Auflage
Martens, Betriebswirtschaftslehre mit Excel
Martens, Statistische Datenanalyse mit SPSS für Windows
Martin · Bär, Grundzüge des Risikomanagements nach KonTraG
Mensch, Investition
Mensch, Finanz-Controlling
Mensch, Kosten-Controlling
Müller, Internationales Rechnungswesen
Olivier, Windows-C – Betriebswirtschaftliche Programmierung für Windows
Peto, Einführung in das volkswirtschaftliche Rechnungswesen, 5. Auflage
Peto, Grundlagen der Makroökonomik, 12. Auflage
Peto, Geldtheorie und Geldpolitik, 2. Aufl.
Piontek, Controlling, 2. Auflage
Piontek, Beschaffungscontrolling, 2. Aufl.
Piontek, Global Sourcing
Plümer, Logistik und Produktion
Posluschny, Kostenrechnung für die Gastronomie
Posluschny · von Schorlemer, Erfolgreiche Existenzgründungen in der Praxis
Reiter · Matthäus, Marktforschung und Datenanalyse mit EXCEL, 2. Auflage
Reiter · Matthäus, Marketing-Management mit EXCEL
Reiter, Übungsbuch: Marketing-Management mit EXCEL
Rothlauf, Total Quality Management in Theorie und Praxis
Rudolph, Tourismus-Betriebswirtschaftslehre, 2. Auflage
Rüth, Kostenrechnung, Band I
Sauerbier, Statistik für Wirtschaftswissenschaftler, 2. Auflage
Schaal, Geldtheorie und Geldpolitik, 4. A.
Scharnbacher · Kiefer, Kundenzufriedenheit, 3. Auflage
Schuchmann · Sanns, Datenmanagement mit MS ACCESS
Schuster, Kommunale Kosten- und Leistungsrechnung, 2. Auflage
Schuster, Doppelte Buchführung für Städte, Kreise und Gemeinden
Specht · Schmitt, Betriebswirtschaft für Ingenieure und Informatiker, 5. Auflage
Stahl, Internationaler Einsatz von Führungskräften
Steger, Kosten- und Leistungsrechnung, 3. Auflage
Stender-Monhemius, Marketing – Grundlagen mit Fallstudien
Stock, Informationswirtschaft
Strunz · Dorsch, Management
Strunz · Dorsch, Internationale Märkte
Weeber, Internationale Wirtschaft
Weindl · Woyke, Europäische Union, 4. Aufl.
Wilhelm, Prozessorganisation
Wörner, Handels- und Steuerbilanz nach neuem Recht, 8. Auflage
Zwerenz, Statistik, 2. Auflage
Zwerenz, Statistik verstehen mit Excel – Buch mit CD-ROM

Inhaltsübersicht

Sechstes Kapitel Anhang und Lagebericht

Siebtes Kapitel Rechtsformspezifische Besonderheiten des Jahresabschlusses von Kapitalgesellschaften

Achtes Kapitel Der Konzernabschluß

Vorwort

Das vorliegende Buch wendet sich einerseits an die Studierenden der Wirtschaftswissenschaften, um aufbauend auf der **Kenntnis der doppelten Buchführung** den Einstieg in die handels- und steuerrechtliche Problematik der Bilanzierung zu ermöglichen. Andererseits soll es aber auch den kaufmännischen Führungskräften der Wirtschaft sowie den steuerberatenden und wirtschaftsprüfenden Berufen in einer gedrängten und übersichtlichen Form die Möglichkeit bieten, ihren Wissensstand auf dem Gebiet der Rechnungslegung dem neuesten betriebswirtschaftlichen und rechtlichen Erkenntnisstand anzupassen.

Ausgehend von einschlägigen Erfahrungen, sowohl in der wirtschaftswissenschaftlichen und steuerlichen Theorie als auch in der betrieblichen Praxis, ist der Verfasser bestrebt, aus der überwältigenden Fülle der sich bietenden Lehrinhalte eine **anwendungsorientierte Auswahl** zu treffen. Dabei richten sich die Bemühungen insbesondere darauf, die Gemeinsamkeiten und Unterschiede der Handels- und Steuerbilanz herauszuarbeiten und einander gegenüberzustellen. Darüber hinaus werden auf der Grundlage des Industrie-Kontenrahmens die organisatorischen Voraussetzungen der Finanzbuchhaltung für ein reibungsloses Erstellen des Jahresabschlusses aufgezeigt. Der Hinweis auf grundlegende Aspekte der Kosten- und Leistungsrechnung und der abrundende Überblick über die Grundlagen der Konzern-Rechnungslegung dienen dem umfassenden Verständnis im Gesamtzusammenhang des betrieblichen Rechnungswesens. Die in den Text eingearbeiteten Fallbeispiele und die Testfragen mit Lösungshinweisen am Ende des Buches sollen die Anschaulichkeit der Darstellung erhöhen. Mit Hilfe der im Literaturverzeichnis genannten Werke ist eine weitere Vertiefung interessierender Fragenkomplexe möglich.

Die vorliegende Auflage entspricht dem neuesten Stand von Gesetzgebung, Rechtsprechung und Verwaltungsanweisungen in handels- und steuerrechtlicher Hinsicht. Im Hinblick auf die steigende Internationalisierung der Wirtschaft fanden auch die anglo-amerikanisch geprägten Rechnungslegungssysteme – wie IAS/IFRS und US-GAAP stärkere Berücksichtigung.

Indem das HGB zwischen generellen Normen, die eine abschließende Regelung für den Einzelabschluß der Personenunternehmen beinhalten, und Zusatzvorschriften unterscheidet, die nur für den Kapitalgesellschaften Wirksamkeit entfalten, hat sich in Abhängigkeit von der Rechtsform die Vielschichtigkeit des Jahresabschlusses erhöht, insbesondere wenn man den in seiner Bedeutung wesentlich gestiegenen Konzernabschluß mit in die Betrachtung einbezieht. Dem Leser wird die Komplexität der betrieblichen Rechnungslegung in didaktisch aufbereiteter Form mittels entsprechender Querverweise, tabellarischer Übersichten und vergleichender Gegenüberstellungen erläutert.

Für kritische Anregungen aller Art aus Theorie und Praxis ist der Verfasser aufgeschlossen und dankbar.

Georg Wörner

Abkürzungsverzeichnis

a.a.O.	am angegebenen Ort
AB	Anfangsbestand
AfA	Absetzung für Abnutzung
AfaA	Absetzung für außerordentliche Abnutzung
AG	Aktiengesellschaft
AHK	Anschaffungs- oder Herstellungskosten
AktG	Aktiengesetz
AO	Abgabenordnung
a.o.	außerordentlich
BDI	Bundesverband der deutschen Industrie
BFH	Bundesfinanzhof
BGB	Bürgerliches Gesetzbuch
BMF	Bundesministerium der Finanzen
BStBl.	Bundessteuerblatt
EB	Endbestand
EDV	elektronische Datenverarbeitung
eG	eingetragene Genossenschaft
EGHGB	Einführungsgesetz zum Handelsgesetzbuch
EStDV	Einkommenssteuer-Durchführungsverordnung
EStG	Einkommenssteuergesetz
EStR	Einkommenssteuerrichtlinien
f.	folgende Seite
FBH	Finanzbuchhaltung
ff.	folgenden Seiten
GmbHG	Gesetz, betreffend die Gesellschaften mit beschränkter Haftung
GoB	Grundsätze ordnungsmäßiger Buchführung
GuV	Gewinn- und Verlustrechnung
HGB	Handelsgesetzbuch
IAS	International Accounting Standards
IFRS	International Financing Reporting Standards
i.d.R.	in der Regel
i.V.m.	in Verbindung mit
IKR	Industrie-Kontenrahmen
KapCoRiliG	Kapitalgesellschaft & Co. Richtliniengesetz
KG	Kommanditgesellschaft
KGaA	Kommanditgesellschaft auf Aktien
KLR	Kosten- und Leistungsrechnung
KStG	Körperschaftsteuergesetz
MWSt	Mehrwertsteuer (Umsatzsteuer)
OHG	offene Handelsgesellschaft
PublG	Publizitätsgesetz
StEntlG	Steuerentlastungsgesetz
StGB	Strafgesetzbuch
Tz	Textziffer
UKV	Umsatzkostenverfahren
US-GAAP	Generally Accepted Accounting Principles der USA
UStG	Umsatzsteuergesetz

Erstes Kapitel

Die Grundlagen der Buchhaltung

Unter Bilanzierung versteht man im Geschäftsverkehr die Erstellung des Jahresabschlusses, also eine auf das Ende des Wirtschaftsjahres gerichtete, stichtagbezogene Tätigkeit. Von Sonderbilanzen, die aus einmaligen Anlässen erstellt werden, wie Gründung, Umwandlung, Fusion, Sanierung, Auseinandersetzung, Vergleich und Konkurs wird hier abgesehen. 1

Um aber die Jahresbilanz erstellen zu können, bedarf es einer den einschlägigen Rechtsvorschriften und betriebswirtschaftlichen Zweckmäßigkeitsüberlegungen entsprechenden Buchhaltung während des Geschäftsjahres. Daher sollen die hier angestellten Überlegungen zur Bilanzierung nicht erst bei den spezifischen Jahresabschlußarbeiten, sondern schon bei der laufenden Verbuchung während des Geschäftsjahres einsetzen. Eine ordnungsgemäß gestaltete Buchhaltung ist die unabdingbare Voraussetzung für ein reibungsloses Erstellen des Jahresabschlusses. Buchhaltung und Jahresabschluß sind untrennbar verzahnt und bilden im Rahmen der Bilanzierung eine Einheit.

A. Die Buchhaltung als Teil des betrieblichen Rechnungswesens

I. Begriff des betrieblichen Rechnungswesens

Das wirtschaftliche Handeln im Betrieb, d. h. der **betriebliche Umsatzprozeß,** wird durch den Motor des Gewinnstrebens in Gang gesetzt und gehalten. 2

Aus den auf dem Beschaffungsmarkt gekauften Konsumgütern - Anlagen, Stoffen und Diensten - werden im betrieblichen Transformations- oder Produktionsprozeß neue Leistungen - die Ertragsgüter - erstellt, die auf dem Absatzmarkt verkauft werden. Der Absatz der Ertragsgüter bringt Einnahmen, der Kauf der Kostengüter verursacht Ausgaben. Gewinn entsteht, wenn die Einnahmen die Ausgaben übersteigen.

Der betriebliche Umsatzprozeß setzt sich somit aus zwei gegenläufigen Strömen zusammen, dem Güter- und dem Geldstrom. Der Geldstrom muß bei Gründung oder Erweiterung eines Betriebs zunächst aus dem Kapitalmarkt gespeist werden, bis aus dem Absatzmarkt genügend Einnahmen fließen. Zeichnerisch sieht das wie folgt aus[1]:

[1] Vgl. Ruchti, H., Die Abschreibung, Stuttgart 1953, S. 25.

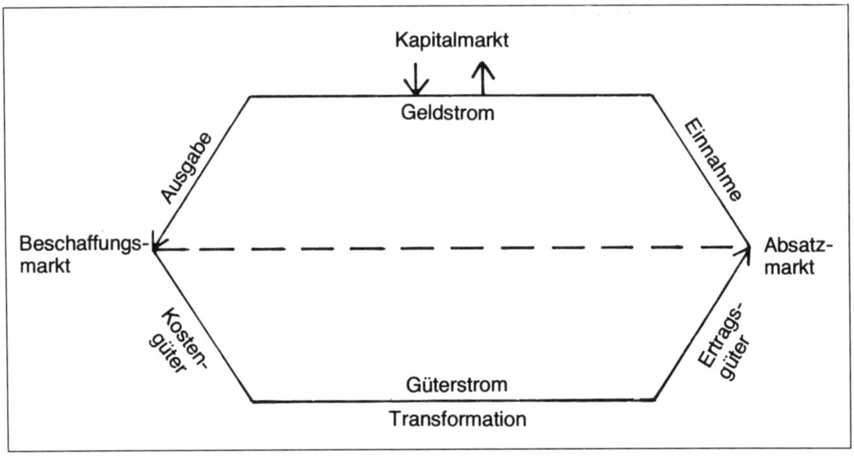

3 Das betriebliche Rechnungswesen beinhaltet alle Verfahren zur **zahlenmäßigen Erfassung** des so veranschaulichten Umsatzprozesses. Das Rechenwerk entwirft insofern ein quantitatives Spiegelbild des realen Betriebsgeschehens.

Die Zeit, in der das Rechnungswesen als notwendiges Übel, als lästiges Anhängsel zu den »produktiven« Tätigkeiten betrachtet wurde, ist endgültig vorüber. Nachdem in der Betriebswirtschaftslehre heute vornehmlich eine Entscheidungslehre gesehen wird, deren Ziel darin besteht, in allen denkbaren betrieblichen Entscheidungssituationen die optimale Alternative zu verwirklichen, entwickelte sich das Rechnungswesen als Informationsträger zum unentbehrlichen Instrument der Unternehmenssteuerung.

II. Ziele des betrieblichen Rechnungswesens

4 Im einzelnen können wir **vier Rechnungsziele** unterscheiden:

a) Vermögens- und Erfolgsermittlung
b) Kostenermittlung
c) Wirtschaftlichkeitskontrolle
d) Vorbereitung der Entscheidungsfindung.

Diese vier Rechnungsziele werden von den nachfolgend genannten Teilgebieten des Rechnungswesens ineinandergreifend und graduell unterschiedlich realisiert.

III. Teile des betrieblichen Rechnungswesens

5 Üblicherweise untergliedert man das betriebliche Rechnungswesen in vier **Teilbereiche:**

- Buchhaltung, auch Finanz- oder Geschäftsbuchhaltung genannt (FBH)

- Kosten- und Leistungsrechnung, auch Betriebsbuchhaltung genannt (KLR)
- Betriebsstatistik
- Planungsrechnung (Controlling).

Die FBH nimmt innerhalb des betrieblichen Rechnungswesens die Zentralstellung ein. Sie knüpft bei der Erfassung des betrieblichen Umsatzprozesses am Geldstrom an und dient den oben unter a) und d) genannten Zielsetzungen. Sie ist zudem gesetzlich vorgeschrieben (vgl. Tz. 13). **6**

Demgegenüber steht für die KLR der Güterstrom im Vordergrund der Betrachtung. Da jedoch die Güter und Dienste nicht unmittelbar miteinander addiert werden können, erfordert ihre rechnerische Erfassung eine Bewertung in Geldeinheiten, wobei die Wertansätze der KLR, die von ihrem Wesen her als Verrechnungspreise zu qualifizieren sind, von denen der FBH erheblich abweichen können. **7**

Die KLR ist gesetzlich nicht vorgeschrieben. Dennoch ist sie als Steuerungsinstrument für die Unternehmensführung unentbehrlich. Sie umfaßt gemeinhin zwei Rechnungsarten, eine Zeitraum- und eine Stückrechnung (kurzfristige Erfolgsrechnung und Kalkulation), und dient allen oben genannten Rechnungszielen.

Die betriebliche Statistik kann sich sowohl auf Geld- (Umsatz, Kosten etc.) als auch auf Mengengrößen (Lagerbestände, Absatz- und Ausschußzahlen, Maschinenstunden, Urlaubs- oder Krankheitstage etc.) beziehen. Sie wird vom Gesetzgeber ebenfalls nicht gefordert, vermittelt aber der Unternehmensführung umfangreiche Aufschlüsse im Hinblick auf die oben unter c) und d) genannten Ziele des Rechnungswesens. **8**

Während die drei erstgenannten Rechnungszweige vergangenheitsorientiert sind, weist die Blickrichtung der Planungsrechnung in die Zukunft. Die von FBH, KLR und Statistik im nachhinein festgestellten Größen werden von der Planungsrechnung bereits im voraus festgelegt, zweckmäßigerweise als Sollvorgaben oder Budgetansätze. Sie dient damit den oben unter c) und d) genannten Zielsetzungen von allen Rechnungszweigen am wirkungsvollsten. Eine gesetzliche Notwendigkeit besteht für sie wegen fehlender Außenwirkungen nicht, intern bildet sie jedoch den Grundpfeiler einer nach modernen betriebswirtschaftlichen Erkenntnissen ausgerichteten Unternehmensführung, die ohne ein umfassendes Controlling-System nicht mehr auskommen kann. **9**

In allen Betrieben finden sich diese vier Rechnungsarten vor, vielfach organisatorisch mehr oder weniger stark ausgeprägt. Eine funktionsfähige Buchhaltung allerdings ist für alle Betriebe **obligatorisch** und das Fundament für die übrigen Rechnungszweige.

B. Aufgaben der Buchhaltung

10 Die der Buchhaltung innerhalb des Rechnungswesens zukommenden Aufgaben lassen sich in **zwei Gruppen** zusammenfassen (vgl. Tz. 6):

- Dokumentationsaufgaben
- Instrumentalaufgaben.

I. Dokumentationsaufgaben

11 Zunächst hat die Buchhaltung zu dokumentieren, d. h., festzuhalten, was in der Vergangenheit geschehen ist. Sie verzeichnet die Geschäftsvorfälle der abgelaufenen Periode. Die Dokumentationsfunktion bezieht sich im einzelnen auf

- die Vermögenslage und das Kapital am Bilanzstichtag,
- die Veränderungen des Vermögens und des Kapitals während des Geschäftsjahres (Mittelverwendung - Mittelherkunft),
- die Erfolgskomponenten Aufwand und Ertrag,
- den Erfolg des Geschäftsjahrs und seine Ursachen,
- die Gewinnung von Grundlagen für die KLR,
- die Bereitstellung von Unterlagen für die Betriebsstatistik.

Diese Dokumentation der Geschäftsvorfälle durch die Buchhaltung **dient**

- der Rechenschaft gegenüber Eigentümern, Gläubigern (z.B. Banken), Mitarbeitern und der interessierten Öffentlichkeit,
- der Ermittlung der Besteuerungsgrundlagen, insbesondere bezüglich der Steuern vom Einkommen, vom Ertrag, vom Vermögen und vom Umsatz,
- der Vorlagemöglichkeit als Beweismittel gegenüber Gerichten (§§ 258, 261 HGB) und Verwaltungsbehörden, insbesondere dem Finanzamt (§§ 90, 92 und 97 AO).

II. Instrumentalaufgaben

12 Darüber hinaus hat die Buchhaltung als **Steuerungsmittel** der Unternehmensführung auch zukunftsorientierte Aufgaben hinsichtlich der optimalen Gestaltung und Überwachung (Controlling) des betrieblichen Umsatzprozesses.

Im Rahmen der Planungsrechnung (vgl. Tz. 9) finden die Vergangenheitswerte der Buchhaltung als Ausgangsbasis für die Ermittlung der Plandaten Verwendung. Eine Planungsrechnung gewinnt aber ihre volle Aussagekraft erst, wenn sie durch einen nachträglichen Soll-Ist-Vergleich vervollständigt wird, aus dem die Abweichungen zwischen geplantem Soll und realisiertem Ist ersichtlich sind. Denn erst durch eine **Abweichungsanalyse** lassen sich die **Ursachen** der aufgetretenen Abweichungen ergründen. Die für den Soll-Ist-Vergleich benötigten Ist-Zahlen entstammen teilweise wieder der Buchhaltung.

C. Gesetzliche Vorschriften zur Buchführung und Gewinnermittlung

I. Handelsrechtliche Buchführungspflicht

Die handelsrechtliche Buchführungspflicht ergibt sich aus § 238 Abs. 1 HGB. Danach ist **jeder** Kaufmann zur Führung von Büchern verpflichtet. Die Kaufmannseigenschaft regeln §§ 1 bis 7 HGB. **13**

Kaufmann ist nach § 1 Abs. 1 HGB, wer ein **Handelsgewerbe** betreibt. Als Handelsgewerbe gilt jeder **Gewerbebetrieb, der nach Art und Umfang einen in kaufmännischer Weise eingerichteten Geschäftsbetrieb erfordert.** Aus der Formulierung des § 1 Abs. 2 HGB ergibt sich, daß **jedes** gewerbliche Unternehmen grundsätzlich als Handelsgewerbe eingestuft wird. Wer einen Gewerbebetrieb unterhält und der Meinung ist, es handelt sich nicht um ein Handelsgewerbe, muß nachweisen, daß sein Unternehmen **keinen** in kaufmännischer Weise eingerichteten Geschäftsbetrieb erfordert, er also ein **Kleingewerbetreibender gemäß § 2 HGB** ist. Der Kaufmann erwirbt die **Kaufmannseigenschaft** durch den **Beginn seines Handelsgewerbes**. Er ist also auch Kaufmann, wenn er nicht ins Handelsregister eingetragen ist, da die **Eintragung nur deklaratorischen Charakter** hat. Jedoch ist er gemäß § 29 HGB **verpflichtet**, sich ins Handelsregister eintragen zu lassen.

Anders dagegen die **Kannkaufleute** gemäß § 2 und § 3 HGB. **Kleingewerbetreibende**, deren Unternehmen **keinen** in kaufmännischer Weise eingerichteten Geschäftsbetrieb erfordert, sowie Land- und Forstwirte, deren Unternehmen einen in kaufmännischer Weise eingerichteten Geschäftsbetrieb erfordert, **können** sich ins Handelsregister eintragen lassen, wenn sie wollen. Sie werden dadurch zu **Kaufleuten**. Für sie ist die Eintragung ins Handelsregister **konstitutiv**. Ihre **Buchführungspflicht beginnt mit der Eintragung ins Handelsregister**. Zu den **Formkaufleuten** zählen sämtliche Handelsgesellschaften, Personenhandels- und Kapitalgesellschaften. Sie besitzen gemäß § 6 HGB die **Kaufmannseigenschaft kraft Rechtsform**. Sie entsteht durch Eintragung ins Handelsregister. Damit **beginnt** auch ihre **Buchführungspflicht**. **14**

Ob ein Gewerbetreibender **Kaufmann ist oder nicht** richtet sich nach **Art und Umfang seines Betriebes** (§ 1 Abs. 2 HGB). Benötigt er einen in **kaufmännischer Weise eingerichteten Geschäftsbetrieb** ist er Kaufmann. Dies ist vom **Zusammenwirken verschiedener Faktoren** abhängig. So kommt es auf die Höhe des Umsatzes, des Vermögens, der Beschäftigtenzahl eines Unternehmens an, aber auch die Art der Tätigkeit (Wechselgeschäfte, Zielein- und -verkäufe, Auslandsaktivitäten etc.) bildet ein **Kriterium** für einen in kaufmännischer Weise eingerichteten Geschäftsbetrieb. Auskunft geben auch die Industrie- und Handelskammern (IHK) oder Handwerkskammern. **15**

Die **handelsrechtliche Buchführungspflicht** trifft somit **sämtliche Kaufleute.** Sie erfaßt alle Handelsgesellschaften - AG, KGaA, GmbH, eG, OHG, KG - sowie alle Kaufleute, die im Handelsregister eingetragen oder zur Eintragung verpflichtet sind.

16 **Die Kapitalgesellschaften und Genossenschaften** werden in den für sie gültigen **Sondergesetzen** nochmals ausdrücklich auf ihre Buchführungs- und Bilanzierungspflicht hingewiesen: die AG und KGaA in § 91 AktG, die GmbH in § 41 GmbHG und die eG in § 33 GenG. Das gleiche geschieht in § 5 PublG für alle Unternehmen, die dem **Publizitätsgesetz** unterliegen, also insbesondere Einzelunternehmen und Personengesellschaften, die **bestimmte Größenmerkmale** erreichen (vgl. § 1 PublG). Gegebenenfalls besteht für diese Unternehmensgruppen des weiteren die Pflicht, ihren Jahresabschluß auf seine Ordnungsmäßigkeit hin prüfen zu lassen und zu veröffentlichen (vgl. Tz. 124 ff.).

II. Steuerrechtliche Buchführungspflicht

17 § 140 AO stellt die Verbindung zwischen handels- und steuerrechtlicher Buchführungspflicht her. Danach haben alle, die nach anderen Gesetzen als den Steuergesetzen Bücher und Aufzeichnungen führen müssen, **diese Verpflichtung auch im Interesse der Besteuerung** zu erfüllen. Davon sind alle Kaufleute betroffen. § 140 AO bezieht sich jedoch nicht nur auf die Handelsbücher des Kaufmanns, die für die Besteuerung nutzbar gemacht werden sollen, sondern auch auf besondere Bücher, die in bestimmten Gewerbezweigen darüber hinaus zu führen sind, wie z. B. die Betriebsbücher nach der Apothekenbetriebsordnung, die Fremdenbücher des Hotel- und Gaststättengewerbes oder die Tagebücher der Handelsmakler.

18 Außerdem dehnt § 141 Abs. 1 AO die Buchführungspflicht unabhängig von der Kaufmannseigenschaft auf alle Gewerbetreibende sowie Land- und Forstwirte aus, die nach den Feststellungen der Finanzbehörde für den **einzelnen Betrieb**

- einen Gesamtumsatz von mehr als 350.000 € oder
- selbstbewirtschaftete land- und forstwirtschaftliche Flächen mit einem Wirtschaftswert von mehr als 25.000 € oder
- einen Gewinn aus Gewerbebetrieb bzw. einen Gewinn aus Land- und Forstwirtschaft von mehr als 30.000 € im Wirtschaftsjahr bzw. Kalenderjahr

gehabt haben. Die Erfüllung **eines** dieser Merkmale genügt für die steuerliche Buchführungspflicht, ohne Rücksicht darauf, ob der Unternehmer Kaufmann ist oder nicht. Nur die freiberuflich Tätigen sind von der Buchführungspflicht grundsätzlich befreit. Zu beachten ist allerdings, daß die Pflicht zur Führung von Büchern nicht schon dann eintritt, wenn eine der genannten Grenzen überschritten wird. Das **Finanzamt** muß auf die **Verpflichtung zur Buchführung ausdrücklich hinweisen.** Erst vom Beginn des auf die Mitteilung der Buchführungspflicht folgenden Wirtschaftsjahres an müssen Bücher geführt werden (§ 141 Abs. 2 AO).

Im Gegensatz zum Handelsrecht, in dem die Grenze zwischen Kaufmann und Nichtkaufmann nicht immer zweifelsfrei gezogen werden kann, ist der Kreis der

steuerrechtlich zur Buchführung **Verpflichteten exakt umrissen.** Er geht zudem über den Kreis der handelsrechtlich buchführungspflichtigen Kaufleute hinaus. Kleinstbetriebe mit einem Umsatz bis zu 17.500 € p.a. sind von der Aufzeichnungspflicht für die Ausgaben befreit.

Die Ordnungsmäßigkeit der steuerlichen Buchführung wird vom Finanzamt durch eine **Außenprüfung** nach § 193 ff. AO überprüft, wenn dieses es für notwendig erachtet. Bei größeren Betrieben ist mit regelmäßigen Außenprüfungen zu rechnen. 19

Veröffentlicht wird die Steuerbilanz keinesfalls, ganz im Gegenteil, das Finanzamt ist strengstens an das Steuergeheimnis gebunden (§ 30 AO).

III. Steuerliche Aufzeichnungspflichten

Buchführende Steuerpflichtige ermitteln den Gewinn durch den **Betriebsvermögensvergleich** (§ 4 Abs. 1 EStG) wie folgt: 20

  Betriebsvermögen (= Eigenkapital) am Schluß des Wirtschaftsjahrs
– Betriebsvermögen (= Eigenkapital) am Schluß des vorangegangenen Wirtschaftsjahrs
+ Entnahmen des Wirtschaftsjahrs
– Einlagen des Wirtschaftsjahrs

= Gewinn des Wirtschaftsjahrs

Die für den Betriebsvermögensvergleich benötigten Daten liefert die **Bilanz.** Die Erfolgsrechnung dient der Finanzbehörde lediglich zur Kontrolle der Bilanz.

Auch diejenigen, die keine Bücher nach §§ 140, 141 AO führen müssen, haben der Finanzbehörde gegenüber bestimmte Aufzeichnungspflichten, deren Umfang sich in erster Linie nach der angewandten Gewinnermittlungsart richtet. 21

Im Einkommensteuerrecht werden fünf **Gewinnermittlungsarten** unterschieden:

- der **Betriebsvermögensvergleich nach § 5 EStG** für buchführungspflichtige Gewerbetreibende und für nicht buchführungspflichtige Gewerbetreibende, die freiwillig Bücher führen,
- der **Betriebsvermögensvergleich nach § 4 Abs. 1 EStG** für buchführungspflichtige Land- und Forstwirte und für Angehörige der freien Berufe, die freiwillig Bücher führen, sowie auf Antrag auch für nicht buchführungspflichtige Land- und Forstwirte, die freiwillig Bücher führen,
- die **Einnahmeüberschußrechnung** nach § 4 Abs. 3 EStG für die Angehörigen der freien Berufe, soweit sie nicht freiwillig Bücher führen einerseits sowie andererseits für nicht buchführungspflichtige Gewerbetreibende und auf Antrag auch für nicht buchführungspflichtige Land- und Forstwirte, die zwar

freiwillig keine Bücher führen, die aber ihre Betriebseinnahmen und Betriebsausgaben aufzeichnen,

- die Besteuerung nach **Richtsätzen** für nicht buchführungspflichtige Gewerbetreibende, die weder Bücher führen noch die für die Einnahmenüberschußrechnung erforderlichen Aufzeichnungen anfertigen,
- die Besteuerung nach **Durchschnittssätzen** (§ 13a EStG) für nicht buchführungspflichtige Land- und Forstwirte, die auch freiwillig keine Aufzeichnungen machen.

Kommt der Steuerpflichtige seiner im Rahmen der vorstehend genannten fünf Gewinnermittlungsarten bestehenden Buchführungs- bzw. Aufzeichnungspflicht nicht oder nicht vollständig nach, so werden die Besteuerungsgrundlagen gemäß § 162 AO durch das Finanzamt geschätzt. Die **Schätzung** stellt somit keine gesonderte Gewinnermittlungsart dar, sondern erfolgt nach den Vorschriften derjenigen Gewinnermittlungsart, zu der der Betroffene verpflichtet wäre.

22 Der **Betriebsvermögensvergleich** verlangt eine vollständige Buchhaltung mit Jahresabschluß, wobei sich derjenige nach § 5 EStG von demjenigen nach § 4 Abs. 1 EStG dadurch unterscheidet, daß ersterer auf die handelsrechtlichen Grundsätze ordnungsmäßiger Buchführung Bezug nimmt.

Während also der Betriebsvermögensvergleich nach § 5 EStG die Berücksichtigung sowohl der handels- als auch der steuerrechtlichen Bilanzierungsvorschriften verlangt, sind für den Betriebsvermögensvergleich nach § 4 Abs. 1 EStG die handelsrechtlichen Bilanzierungsvorschriften und folglich insbesondere der Grundsatz der Maßgeblichkeit der Handelsbilanz für die Steuerbilanz (vgl. Tz. 159) bedeutungslos. Konkret gesprochen entfällt damit die Anwendung des handelsrechtlichen Niederstwertprinzips bei der Bewertung (vgl. Tz. 286 ff.) im Falle des Betriebsvermögensvergleichs nach § 4 Abs. 1 EStG.

23 Die **Einnahmeüberschußrechnung** nach § 4 Abs. 3 EStG wird in erster Linie von den Angehörigen der freien Berufe (z.B. Arzt, Rechtsanwalt, Steuerberater) durchgeführt, da diese auch dann nicht zur Buchführung und damit zum Betriebsvermögensvergleich verpflichtet sind, wenn sie die Grenzen des § 141 AO überschreiten. Sie erfordert vom Steuerpflichtigen nur eine vereinfachte Form der Buchhaltung. Insbesondere entfällt die Aufzeichnung der Forderungen und Verbindlichkeiten. Mit Ausnahme der Anlagenzu- und -abgänge werden alle Geschäftsvorfälle erst **im Zeitpunkt ihrer Zahlung** erfaßt **(Zu- und Abflußprinzip).**

Der Gewinn ergibt sich als Überschuß der Betriebseinnahmen über die Betriebsausgaben (vereinfachte Erfolgsrechnung). Abgesehen vom Anlagenverzeichnis erfolgt keine Bestandserfassung in Form einer Bilanz. Die **Aufzeichnungspflicht** erstreckt sich daher im wesentlichen auf die **Betriebseinnahmen** und **-ausgaben** sowie die **Anlagenzu-** und **-abgänge.** Darüber hinaus sind im Hinblick auf die Begrenzung des betrieblichen Schuldzinsenabzugs durch § 4 Abs. 4a EStG auch die **Entnahmen** und **Einlagen** gesondert aufzuzeichnen.

Es können gegenüber dem Betriebsvermögensvergleich Gewinnverlagerungen von einer Periode in eine andere auftreten. Summa summarum muß aber der während der gesamten Lebensdauer eines Betriebs erzielte **Totalgewinn** bei beiden Gewinnermittlungsarten übereinstimmen.

Nicht buchführungspflichtige Gewerbetreibende, die auch freiwillig weder Bücher führen noch Aufzeichnungen gemäß § 4 Abs. 3 EStG anfertigen, werden nach den **Richtsatzsammlungen der Finanzämter** besteuert, die diese auf regionaler Ebene aus Erfahrungswerten von Buchführungspflichtigen der einzelnen Wirtschaftsbranchen zusammengestellt haben. 24

Die Richtsatzbesteuerung erfordert allerdings, daß mindestens ein Wareneingangsbuch (§ 143 AO) und von denjenigen, die regelmäßig an andere Gewerbetreibende liefern (z. B. Großhändler), auch ein Warenausgangsbuch (§ 144 AO) geführt wird. Der mittels amtlicher Richtsätze festgestellte Gewinn ist vom Steuerpflichtigen widerlegbar, wenn dieser für seinen Betrieb von der Norm abweichende Verhältnisse glaubhaft machen kann. Es wird folgende **Formel** angewandt:

- Wareneinsatz zum Einstandspreis lt. Wareneingangsbuch × branchenüblicher Bruttoaufschlagssatz lt. Richtsatzsammlung = Bruttoaufschlag.
- Wareneinsatz + Bruttoaufschlag = Sollumsatz.
- Sollumsatz × branchenüblicher Gewinnsatz lt. Richtsatzsammlung = Gewinn.

Von der Richtsatzbesteuerung ist die **Durchschnittsbesteuerung der Land- und Forstwirte** nach § 13 a EStG zu unterscheiden. Die Durchschnittssätze gemäß § 13 a EStG sind verbindlich und können vom Steuerpflichtigen nicht widerlegt werden. Will der Land- und Forstwirt sie nicht gegen sich gelten lassen, muß er den Betriebsvermögensvergleich nach § 4 Abs. 1 EStG oder die Einnahmeüberschußrechnung nach § 4 Abs. 3 EStG beantragen (§ 13 a Abs. 1 Satz 2 EStG). 25

Für die Ermittlung der Durchschnittssätze nach § 13 a EStG bedarf es grundsätzlich keinerlei Aufzeichnungen, da sich diese im wesentlichen aus feststehenden Flächenertragszahlen und der Zahl der mitarbeitenden Familienangehörigen errechnen.

Neben ihren einkommensteuerlichen Dokumentationspflichten haben Unternehmer auch die Aufzeichnungserfordernisse für Zwecke der Umsatzbesteuerung nach § 22 UStG zu erfüllen. Durch entsprechende Beleggestaltung und Kontengliederung (u.a. Trennung von Mehrwertsteuer und Vorsteuer) kann diesen Anforderungen in der Buchhaltung Rechnung getragen werden. 26

Mit Hilfe von **Zwangsmitteln,** wie Zwangsgeld, Ersatzvornahme oder unmittelbarem Zwang (§ 328 ff. AO), kann das Finanzamt notfalls das Führen von Büchern oder Aufzeichnungen beim Steuerpflichtigen durchsetzen, wenn dieser seinen Verpflichtungen nicht ordnungsgemäß nachkommt. Davon wird allerdings in den seltensten Fällen Gebrauch gemacht. 27

Viel wirkungsvoller ist die Tatsache, daß das Finanzamt bei demjenigen, der die von ihm verlangten Bücher und Aufzeichnungen nicht oder nicht in ordnungsgemäßem Zustand vorlegt, den **Gewinn nach § 162 AO schätzt.** Eine solche Schätzung geht i. d. R. zu Lasten des Steuerpflichtigen. Ein Rechtsbehelf gegen den geschätzten Gewinn hat nur wenig Aussicht auf Erfolg, da der Steuerpflichtige meist wegen des Fehlens ordnungsmäßiger Aufzeichnungen keinen Gegenbeweis antreten kann. Das Finanzamt darf allerdings bei seiner Schätzung keine Willkür walten lassen; vielmehr sind die für die Schätzung des Gewinnes im Rahmen der jeweils zutreffenden Gewinnermittlungsart benötigten Ausgangsdaten, soweit sie beim Steuerpflichtigen in unbestritten zutreffender Weise vorhanden sind, als Grundlage der Schätzung heranzuziehen.

D. Die Grundsätze ordnungsmäßiger Buchführung

I. Begriff und Inhalt

28 Nach § 238 Abs. 1 HGB hat der Kaufmann nicht nur die Pflicht, irgendwie Bücher zu führen, sondern es sind dabei die **GoB** zu beachten. § 5 EStG bildet die **Brücke zwischen Handels- und Steuerrecht.** Er dehnt die Geltung der handelsrechtlichen GoB auf **Gewerbetreibende** aus, die zur Gewinnermittlung den Betriebsvermögensvergleich durchführen.

Die meist sehr allgemein gefaßten handelsrechtlichen GoB wurden durch das Steuerrecht und die Finanzgerichtsbarkeit nachhaltig geprägt und konkretisiert. Handels- und steuerrechtliche GoB sind daher untrennbar miteinander verknüpft und bilden de facto eine Einheit. Es gilt der **Grundsatz der übereinstimmenden Ordnungsmäßigkeit,** d.h., was handelsrechtlich als ordnungsmäßig gilt, ist es auch im Steuerrecht und umgekehrt.

29 Die GoB sind ein **unbestimmter Rechtsbegriff**. Sie umfassen eine Vielzahl unterschiedlicher Normen, die jedoch nirgends erschöpfend und abschließend niedergelegt sind. Dies verbietet sich deshalb, weil sie einem **ständigen Wandel** unterliegen und insofern einer dauernden Fortentwicklung und Anpassung bedürfen. So kommt es immer wieder vor, daß einerseits geltende GoB ihre Bedeutung verlieren, während andererseits neue hinzutreten. Hier ist z.B. die frühere Verpflichtung zur Führung gebundener Bücher zu nennen, die heute längst entfallen ist. Die GoB werden durch **drei Rechtsquellen** geformt:

- **Gesetzliche Vorschriften:** §§ 238 - 263 HGB, §§ 140 - 148 AO
- **Rechtsprechung**, insbesondere der Finanzgerichtsbarkeit mit dem BFH an der Spitze
- **Handelsbrauch**, d.h. die im kaufmännischen Verkehr üblichen Gepflogenheiten.

Eine Definition der Ordnungsmäßigkeit liefern übereinstimmend § 238 Abs. 1 HGB und § 145 Abs. 1 Satz 1 AO: Die Buchführung muß so beschaffen sein, daß sie 30

- **einem sachverständigen Dritten innerhalb angemessener Zeit einen Überblick über die Geschäftsvorfälle und über die Lage des Unternehmens vermitteln kann.**

Als sachverständiger Dritter gilt z.B. ein Wirtschaftsprüfer oder der Außenprüfer des Finanzamts. Eine ältere Begriffsumschreibung lautete: Ordnungsmäßig ist, was ein ordentlicher und ehrbarer Kaufmann für richtig hält.

Die Ordnungsmäßigkeit hat nach § 239 Abs. 2 HGB

- einen materiellen und
- einen formellen Aspekt.

Die **materielle Ordnungsmäßigkeit** der Buchhaltung ist gewährleistet, wenn sie 31
vollständig und richtig ist. **Vollständig** bedeutet, alle Geschäftsvorfälle müssen lückenlos verzeichnet sein. Keine Buchung darf fehlen; ebenso darf ohne entsprechenden Vorgang auch keine erdichtet werden. **Richtig** ist die Verbuchung, wenn das richtige Konto angesprochen wurde.

Die formelle Ordnungsmäßigkeit der Buchhaltung ist gewährleistet, wenn sie 32
zeitgerecht und geordnet ist. Als **zeitgerechte** Buchhaltung gilt eine zeitnahe und chronologische Erfassung aller Geschäftsvorfälle. Von einer **geordneten** Buchführung wird verlangt, daß sich alle Geschäftsvorfälle in ihrer Entstehung und Abwicklung verfolgen lassen (§ 238 Abs. 1 HGB). Dazu gehört die Vollzähligkeit der Belege sowie ihre geordnete Ablage und Aufbewahrung. Zudem muß sich die Zuordnung zwischen Buchung und Beleg jederzeit eindeutig feststellen und mühelos nachvollziehen lassen. Das setzt voraus, daß keine Buchung ohne Beleg erfolgt. Notfalls ist ein Eigenbeleg zu erstellen. Außerdem ist jeder Beleg zu kontieren und auf dem Konto ein Hinweis auf den zugehörigen Beleg anzubringen, beispielsweise durch eine Belegnummer. Die Kontierung hat nach einem den betrieblichen Bedürfnissen entsprechenden Kontenplan (vgl. Tz. 51 ff.) zu geschehen.

Die **wichtigsten** GoB seien nachfolgend aufgezählt, ohne daß damit Anspruch 33
auf Vollständigkeit erhoben wird, da es **im Einzelfall** immer darauf ankommt, ob der mit einer Buchführungsmaßnahme **erstrebte Zweck erreicht** werden kann:

- Es ist **keine bestimmte Organisationsform** der Buchhaltung vorgeschrieben. Grundsätzlich sind sowohl die einfache als auch die **doppelte Buchführung** zulässig, wobei die einfache Buchführung nur bei Kleinstbetrieben die gewünschten Informationen liefern dürfte. Es können Grundbücher und Hauptbuch (vgl. Tz 63 ff.) getrennt oder zusammen mittels Durchschreibebuchführung erstellt werden. Die Verbuchung kann manuell oder maschinell erfolgen; technische Hilfsmittel aller Art bis hin zur EDV-Anlage können zum Einsatz gelangen. Dabei ist es gleichgültig, ob eine eigene oder fremde EDV-Anlage (Datenfernverarbeitung) benutzt wird. Im Falle der EDV-Buchführung sind jedoch die **Grundsätze ordnungsmäßiger Speicherbuchführung (GoS)** zu beachten (BStBl. 1995 I, S. 738). Es müssen allerdings mindestens **folgende Bücher** vorhanden sein:

34 a) **Kassenbuch,** das täglich geführt werden soll (§ 146 Abs. 1 AO). Der Übertrag in das Kassen-Sachkonto kann später erfolgen. Grundsätzlich muß jede einzelne Einnahme und Ausgabe verzeichnet werden. Ausnahmsweise genügt es für diejenigen, die im offenen Laden an unbekannte Kunden gegen bar verkaufen (z. B. Einzelhändler), wenn sie die Tageseinnahmen in einer Summe ins Kassenbuch übernehmen, belegt durch tägliche Kassenzettel oder Tagesendsummenbons von Registrierkassen.

Der Soll- und Ist-Bestand der Kasse müssen stets übereinstimmen, z. B. wenn der Außenprüfer des Finanzamts unangemeldet »Kassensturz« macht. **Kassenfehlbeträge** können bei ordnungsgemäßer Kassenbuchführung nicht auftreten. Werden sie im Zuge einer Außenprüfung dennoch festgestellt und können sie vom Unternehmer nicht aufgeklärt werden, wird steuerlich zunächst die unvollständige Verbuchung von Betriebseinnahmen (gewinnerhöhend) und nicht von Einlagen (erfolgsneutral) vermutet.

35 b) **Wareneingangsbuch** (§ 143 Abs. 1 AO). Das Wareneingangsbuch ist grundsätzlich von **allen** Gewerbetreibenden zu führen. Hier sind sämtliche Wareneingänge zu verzeichnen (§ 143 Abs. 2 AO). Die dabei festzuhaltenden Angaben nennt § 143 Abs. 3 AO. Nicht zur Buchführung Verpflichtete müssen mindestens diese Aufzeichnungen machen (vgl. Tz. 24).

Es ist jedoch **kein gesondertes Buch** notwendig. Nach § 239 Abs. 4 HGB und § 146 Abs. 5 AO genügt auch die **geordnete Ablage der Belege** - hier der Eingangsrechnungen. Das heißt, von dem ohnehin Buchführungspflichtigen werden keine zusätzlichen Aufzeichnungen verlangt, er kann vielmehr die Eingangsrechnungen für seine Lieferungen den Anforderungen des § 143 AO entsprechend ablegen.

36 c) Ähnliches gilt für das **Warenausgangsbuch** (§ 144 AO). Es ist von Gewerbetreibenden zu führen, die regelmäßig an andere Unternehmer liefern (z.B. Großhändler, vgl. Tz. 24). Wie die Aufzeichnungen im einzelnen zu erfolgen haben, nennt § 144 Abs. 2 - 4 AO. Auch hier ist kein gesondertes Buch erforderlich, es genügt eine **geordnete Belegablage** nach § 239 Abs. 4 HGB und § 146 Abs. 5 AO - hier der Ausgangsrechnungen - für Warenverkäufe.

37 d) **Tagebuch oder Journal**, das alle **übrigen Geschäftsvorfälle** erfaßt. Bargeschäfte werden im Kassenbuch festgehalten. Für Einkäufe von Gütern und Dienstleistungen existieren Eingangsrechnungen, die in Belegordnern abge-

legt oder im Wareneingangsbuch verzeichnet sind. Entsprechendes gilt für den Verkauf von Gütern und Dienstleistungen, so daß im Journal vornehmlich Waren- oder Materialrücksendungen, Preisnachlässe gegenüber Kunden und von Lieferanten sowie die Begleichung von Rechnungen über Bank, Postscheck, Scheck und Wechsel ihren Niederschlag finden.

Die **vorgenannten Bücher** können auch zu einer **einzigen** sogenannten Primanota zusammengefaßt werden, die **alle** Geschäftsvorfälle nach dem Datum geordnet enthält. Ein derartig umfassendes »Journal« **vereint alle erforderlichen Grundbücher.**

e) Erfolgen auch **unbare** Geschäftsvorfälle, so ist zusätzlich ein **Geschäftsfreundebuch oder Kontokorrent** erforderlich, in dem die Kreditgeschäfte festgehalten werden. Es muß jederzeit Auskunft erteilen können über den Stand der Forderungen oder Verbindlichkeiten gegenüber den **einzelnen** Kunden bzw. Lieferanten. 38

Das Kontokorrent kann auch in Form der sogenannten **Offenen-Posten-Buchhaltung** geführt werden. Diese weist auf den Kontokorrent- oder Personenkonten der Geschäftspartner nicht die Addition aller Umsätze und Zahlungen des Jahres aus, sondern jeweils nur die Differenz zwischen Umsatz und Zahlung, also die offenen Posten, d.h. die **unbezahlten Rechnungen.**

Dadurch sind zwar aus dem Kontokorrent nicht alle mit einem Geschäftspartner getätigten Umsätze ersichtlich, sondern nur der jeweilige Stand der noch offenen Forderung oder Verbindlichkeit gegenüber dem einzelnen Kunden bzw. Lieferanten. Das genügt jedoch vollständig.

Das Kontokorrent**konto** kann schließlich nach § 239 Abs. 4 HGB und § 146 Abs. 5 AO auch ganz entfallen, wenn statt dessen eine **geordnete Ablage** der unbezahlten Rechnungen der einzelnen Lieferanten und Kunden erfolgt. In die Lieferanten- bzw. Kundenmappen sind jeweils neue unbezahlte Rechnungen einzufügen und bei ihrer Bezahlung wieder herauszunehmen **(kontenlose Buchführung).**

f) Für das bewegliche Anlagevermögen muß ein Bestandsverzeichnis **(Anlagenkartei)** geführt werden (BFH vom 14. 12. 1966, BStBI. III 1967, S. 247). 39

g) Das **Inventar** ist durch eine körperliche Bestandsaufnahme zum Bilanzstichtag (§ 240 HGB) zu erstellen (vgl. Tz. 180). 40

- Mit Ausnahme des Kassenbuchs, das tägliche Eintragungen erfordert, bedeutet **zeitnah** für die übrigen Bücher nicht täglich. Vielmehr ist dieser Begriff großzügig auszulegen, d.h., die Erfassung in den Grundbüchern sollte **möglichst in nahem Anschluß an den Geschäftsvorfall** - z.B. monatlich - erfolgen. Anschließend bedarf es der Verbuchung auf den Konten des Hauptbuchs in einer den betrieblichen Verhältnissen angemessenen Zeit, z.B. im 41 kleineren Betrieb erst nach einem viertel oder halben Jahr. Dadurch wird insbesondere der Arbeitsweise von EDV-Anlagen Rechnung getragen, die aus Gründen ihres rationellen Einsatzes in mittleren Betrieben nicht jeden Geschäftsvorfall sofort verbuchen können. Vielmehr wird der Buchungsstoff periodisch angesammelt und stapelweise verarbeitet. In diesen Fällen müssen jedoch Vorkehrungen getroffen sein, daß Buchungsunterlagen bis zu ihrer Verarbeitung weder verlorengehen noch gefälscht werden können. Dies gilt insbesondere auch bei Datenfernverarbeitung.

42 • Die GoB schreiben auch **keine bestimmte Form der Kontenspeicherung** vor. So brauchen - wie schon gesagt - keine gebundenen Bücher geführt werden, ordnungsmäßig sind auch lose Blätter oder Karteikarten **(Lose-Blatt-Buchführung),** ausgedruckte EDV-Endlosformulare oder nicht ausgedruckte EDV-Speichermedien (Lochkarten, Magnetbänder, Plattenspeicher, Disketten etc.) sowie die Speicherung auf einem Bildträger (Mikrofilm): § 239 Abs. 3 HGB und § 147 Abs. 2 AO. Lediglich die Bilanz ist im Original aufzubewahren. Im Falle der Mikroverfilmung sind die Mikrofilm-Grundsätze (BStBl. 1984 I, S. 156) zu beachten.

43 • **Die Aufbewahrungsfrist** für Handelsbücher und Jahresabschluß einschließlich Inventar und Buchungsbelege beträgt 10 Jahre; für Handelsbriefe 6 Jahre (§ 257 Abs. 4 HGB und § 147 Abs. 3 AO).

44 • Der Jahresabschluß ist vom Kaufmann (§ 245 HGB), das Inventar von der aufnehmenden Person (Abschn. 30 Abs. 2 EStR) zu unterzeichnen.

• Es dürfen keine fingierten Konten geführt werden (§ 154 AO).

• Änderungen von Buchungen müssen so vorgenommen werden, daß die Ursprungsbuchung erkennbar bleibt (§ 239 Abs. 3 HGB, § 146 Abs. 4 AO).

45 • Die Bücher sind in einer lebenden Sprache zu führen, falls diese nicht Deutsch ist, können Übersetzungen verlangt werden. Abkürzungen und Symbole müssen eindeutig festgelegt sein (§ 239 Abs. 1 HGB und § 146 Abs. 3 AO). Der Jahresabschluß ist in deutscher Sprache und Euro aufzustellen (§ 244 HGB).

• Die GoB gelten auch für diejenigen, die **freiwillig** Bücher führen (§ 146 Abs. 6 AO).

II. Bedeutung der Ordnungsmäßigkeit

46 Eine **formell ordnungsmäßige** Buchführung hat die **Vermutung der sachlichen Richtigkeit** für sich (§ 158 AO). Das bedeutet für den Kaufmann eine Abwälzung der Beweislast auf das Finanzamt. Wird eine formell ordnungsmäßige Buchführung vorgelegt, so kann das Finanzamt Zweifel an der sachlichen Rich-

tigkeit nur mehr vorbringen, wenn es dafür konkrete Anhaltspunkte hat (§ 158 AO).

Auch wenn der Gewinn des Kaufmanns die Untergrenze des für ihn gültigen amtlichen Richtsatzes nicht erreicht, ist das Finanzamt nicht schon deswegen berechtigt, seine formell ordnungsmäßige Buchführung in Zweifel zu ziehen. Vielmehr kann es vom Gewinn, den der Steuerpflichtige durch eine ordnungsmäßige Buchführung ermittelt hat, nur dann abgehen, wenn es im vorliegenden Einzelfall konkrete sachliche Mängel nachweist.

Darin allein liegt nach geltendem Recht die Bedeutung einer ordnungsmäßigen Buchführung. Im Gegensatz dazu war früher die Gewährung steuerlicher Vergünstigungen an die Ordnungsmäßigkeit der Buchführung geknüpft.

Andererseits sind bei **Mängeln in der Buchführung drei Stufen** zu unterscheiden (Abschn. 29 Abs. 2 EStR):

- Die Buchhaltung weist Fehler auf, die im **Rahmen der menschlichen Unzulänglichkeit** liegen und sich auch bei Anwendung größtmöglicher Sorgfalt wegen der Vielzahl der zu verbuchenden Geschäftsvorfälle nicht vermeiden lassen. Sie können an Hand der vorliegenden Unterlagen ohne Schwierigkeiten berichtigt werden. **47**

  Das Finanzamt, das bei seiner Außenprüfung (§ 193 ff. AO) auf derartige Fehler stößt, berichtigt diese, ohne daß dadurch die Ordnungsmäßigkeit der Buchführung in irgendeiner Weise berührt wäre.

- Die Buchhaltung weist Fehler auf, die ebenfalls an Hand der vorliegenden Unterlagen ohne weiteres berichtigt werden können. Allerdings **häufen sich die Fehler** in einem Maße, daß das Finanzamt Grund zu der Vermutung hat, bei den anläßlich seiner Außenprüfung (§ 193 ff. AO) durchgeführten Stichproben nicht alle Fehler entdeckt zu haben. Vielmehr dürften eine Reihe von Fehlern verborgen geblieben sein. **48**

  In diesem Fall behält die Buchführung ebenfalls ihre Ordnungsmäßigkeit. Das Finanzamt legt den erklärten Gewinn der Besteuerung zugrunde, nimmt allerdings als Ausgleich für die noch vermuteten, aber nicht aufgedeckten Fehler eine ergänzende Schätzung vor: Der Gewinn wird durch **Zuschätzung** richtig gestellt **(Teilschätzung).**

- Die Buchführung weist **schwerwiegende Fehler** auf. Die Überprüfung ist einem Buchsachverständigen (z.B. Außenprüfer) nicht innerhalb angemessener Frist möglich. Nur in diesem Fall wird die Buchführung insgesamt verworfen. Der Gewinn wird durch **Vollschätzung** nach § 162 Abs. 2 AO ermittelt (vgl. Tz. 27). Ein derartig gravierender Mangel haftet der Buchführung an, wenn sie **schwere materielle Fehler** (es fehlt ein erheblicher Teil des Warenbestands in Inventar und Bilanz, es fehlt eines der zu führenden Bücher, oder es wurde in beträchtlichem Ausmaß falsch verbucht etc.) oder **49** wenn sie **schwere formelle Fehler** (kein Kontenrahmen, keine geordnete Belegablage und -aufbewahrung etc.) aufweist. In einem solchen Fall wird die Buchführung auch nicht dadurch ordnungsgemäß, daß das Finanzamt den Fehler beseitigt und den nunmehr berichtigten Gewinn der Besteuerung zugrunde legt.

50 Eine **ordnungswidrige** Buchführung steht einer **fehlenden** Buchführung gleich. Eine nachträglich rekonstruierte Buchführung ist nicht ordnungsgemäß, selbst wenn sie sachlich zutrifft; daher ist zumindest **Teilschätzung** die Folge.

Im Zuge einer **Schätzung** wird die Finanzbehörde an die **Obergrenze des Wahrscheinlichen** gehen. Allerdings gilt das Willkürverbot: Die vorhandenen Unterlagen sind insoweit zu berücksichtigen, als ihre Richtigkeit außer Zweifel steht. Gegebenenfalls liefern sie in Teilbereichen Anhaltspunkte. Ehe zur **Vollschätzung** geschritten wird, ist zu prüfen, ob eine **Teilschätzung** (Zuschätzung) ausreicht.

Die Ordnungsmäßigkeit der Buchführung ist nach **objektiven** Gesichtspunkten zu beurteilen; subjektive Momente spielen dabei keine Rolle. Wenn ein schwerwiegender Fehler festgestellt wird, ist es daher unerheblich, wer diesen verursacht oder verschuldet hat. Auch wenn die Buchungsunterlagen durch Brand zerstört werden, verliert die Buchhaltung ihre Ordnungsmäßigkeit.

Wird aber die Buchhaltung eines Betriebs infolge eines **mangelhaften Jahresabschlusses** verworfen und der Gewinn nach § 162 AO geschätzt, so geschieht dies wegen der **Zweischneidigkeit der Bilanz** (Schlußbilanz des einen und Eröffnungsbilanz des nächsten Jahres sind identisch) i. d. R. **für 2 Jahre**, also auch für das auf die Verwerfung folgende Jahr.

Wer die Ordnungswidrigkeit vorsätzlich oder leichtfertig herbeiführt, kann dadurch zusätzlich den steuerlichen Straftatbestand der leichtfertigen Steuerverkürzung (§ 378 AO), der Steuergefährdung (§ 379 AO) oder schlimmstenfalls der Steuerhinterziehung (§ 370 AO) erfüllen.

E. Der Kontenrahmen

I. Bedeutung des Kontenrahmens

51 Eine ordnungsmäßige Buchführung erfordert einen systematischen Kontenaufbau unter Verwendung eines **betrieblichen Kontenplans.**

Um die Einheitlichkeit des Kontenaufbaus innerhalb der Betriebe eines Wirtschaftszweiges und damit die Möglichkeit zu Betriebsvergleichen zu gewährleisten, **empfehlen die Wirtschaftsverbände** den ihrer Branche zugehörigen Betrieben die Benutzung des von ihnen erarbeiteten **Kontenrahmens.**

Der Kontenrahmen stellt also eine Empfehlung dar. Niemand ist somit gezwungen, einen bestimmten Kontenrahmen zu verwenden. Jeder Betrieb könnte sich ein eigenes Kontensystem aufbauen.

Der **Kontenrahmen** gibt nur eine **Grobgliederung** für den Kontenaufbau vor, 52
der einer Verfeinerung durch den einzelnen Betrieb bedarf. Im Hinblick auf einen Betriebsvergleich ist jedoch auch in unserem marktwirtschaftlichen System die Anwendung des Branchenkontenrahmens bei der Ausarbeitung des betrieblichen Kontenplans zweckmäßig. Der betriebliche **Kontenplan** - als **Kontenfeingliederung** - stellt daher in der Regel eine auf die betriebsindividuellen Bedürfnisse zugeschnittene Erweiterung des Branchenkontenrahmens dar.

Die derzeit **gebräuchlichsten Kontenrahmen** sind: 53

- der Gemeinschaftskontenrahmen der Industrie (GKR)
- der Industriekontenrahmen (IKR)
- der Kontenrahmen des Einzelhandels
- der Kontenrahmen des Großhandels.

Der BDI empfahl im Jahr 1951 die Anwendung des **GKR.** In den folgenden Jahrzehnten wurde das betriebliche Rechnungswesen insbesondere durch den **Einsatz von EDV-Anlagen** jedoch grundlegend verändert. Dieser Entwicklung trug der BDI Rechnung und legte im Jahr 1971 ein neues Konzept vor: den **IKR.** Der IKR dient darüber hinaus der Harmonisierung des Rechnungswesens auf internationaler Ebene. Sämtliche Kontenrahmen werden laufend aktualisiert. Die DATEV als Zentralorganisation der steuerberatenden und wirtschaftsprüfenden Berufe hat in Anlehnung an den GKR den SKR 03 und in Anlehnung an den IKR den SKR 04 entwickelt.

II. Gliederungsprinzipien des Kontenrahmens

Die Gliederung des Kontenrahmens erfolgt durch einen **numerischen Schlüssel,** 54
wobei meist dreistellige, maximal vierstellige Ziffern verwendet werden. Der betriebliche Kontenplan läßt sich problemlos aus diesem Ziffernsystem ableiten, indem die Stellenzahl der Kontennummern je nach Bedarf erweitert wird. **Formal** sind die Kontennummern wie folgt aufgebaut:

1. Stelle = **Kontenklasse,**	z.B. Kontenklasse	3.....
2. Stelle = **Kontengruppe,**	z.B. Kontengruppe	35....
3. Stelle = **Kontenart,**	z.B. Kontenart	352...
4. Stelle = **Konto,**	z.B. Konto	3520..
5. Stelle = **Unterkonto,**	z.B. Unterkonto	35201.

Das angesprochene Unterkonto trägt hier die Nummer 35201. Aus den Ziffern der einzelnen Stellen läßt es sich im Kontensystem eindeutig zuordnen.

55 Durch **Gegenüberstellung des GKR mit dem IKR** sollen die sachlichen Probleme des Kontenaufbaus und seine Auswirkungen auf die **Organisation der Buchhaltung** demonstriert werden.

Der **GKR** ist durch

- das Prozeßgliederungsprinzip und
- das Einkreissystem gekennzeichnet.

Prozeßgliederungsprinzip bedeutet, die Kontenklassen sind nach dem Ablauf des betrieblichen Umsatzprozesses (vgl. Tz. 2) angeordnet:

0	=	Anlagevermögen und langfristiges Kapital	
1	=	Finanz-Umlaufvermögen und kurzfristige Verbindlichkeiten	
2	=	Neutrale Aufwendungen und Erträge (Abgrenzungskonten)	
3	=	Vorratsvermögen	
4	=	Kostenarten	KLR
5/6	=	Kostenstellen	KLR
7	=	Kostenträger (Bestände an fertigen und unfertigen Erzeugnissen)	KLR
8	=	Betriebliche Erträge	
9	=	Eröffnung und Abschluß	

Der Umsatzprozeß beginnt mit dem Kauf des Anlagevermögens mittels langfristigem Kapital (Klasse 0), anschließend ist mit Hilfe kurzfristigen Fremdkapitals für Liquidität zu sorgen (Klasse 1), damit die Einsatzstoffe (Klasse 3) beschafft werden können, die als Kostenarten (Klasse 4) in den Kostenstellen (Klasse 5/6) des Betriebs zu Kostenträgern (Klasse 7) verarbeitet werden, um Erträge (Klasse 8) auf dem Absatzmarkt zu erzielen. In Klasse 9 wird die Buchhaltung eröffnet und durch Bilanz und Erfolgsrechnung abgeschlossen.

Lediglich die Klasse 2 paßt nicht in dieses Schema. Sie ist eine Folge des Einkreissystems und dient der Abgrenzung zwischen FBH einerseits und KLR andererseits. Sie beinhaltet die Erfolgskonten, die keinen Eingang in die KLR (Klasse 4 - 8) finden.

56 **Einkreissystem** bedeutet, daß FBH und KLR im GKR organisatorisch eine Einheit bilden. Die KLR ist integrierter Bestandteil der FBH. Die KLR, die sich in den Klassen 4 - 7 abspielt, wird von der FBH mit den Klassen 0 - 3 und 8 - 9 eingeschlossen.

57 Grundlegend anders ist demgegenüber der **IKR** aufgebaut. Er ist gekennzeichnet durch

- das Abschlußgliederungsprinzip und
- das Zweikreissystem.

Abschlußgliederungsprinzip besagt, die Kontenklassen sind entsprechend ihrem Abschluß über Bilanz und Erfolgsrechnung angeordnet:

0 = Immaterielle Gegenstände und Sachanlagen 1 = Finanzanlagen 2 = Umlaufvermögen und aktive Rechnungsabgrenzung	Aktiva der Bilanz
3 = Eigenkapital und Rückstellungen 4 = Verbindlichkeiten und passive Rechnungsabgrenzung	Passiva der Bilanz
5 = Erträge 6 = Betriebliche Aufwendungen 7 = Weitere Aufwendungen	Erfolgsrechnung
8 = Ergebnisrechnungen	
9 = KLR.	

Das Abschlußgliederungsprinzip ermöglicht es, den Jahresabschluß maschinell zu erstellen durch Zusammenfassen und Aufsummieren der Konten jeder Klasse.

Im Gegensatz zum GKR setzt der IKR ein nach dem **Zweikreissystem** aufgebautes Rechnungswesen voraus; d.h. FBH und KLR bilden zwei organisatorisch weitgehend voneinander getrennte Abrechnungskreise. Dies hat in größeren Betrieben den Vorteil, daß an beiden Rechnungszweigen von verschiedenen betrieblichen Abteilungen unabhängiger voneinander gearbeitet werden kann. **58**

Da FBH und KLR schon in mittleren Betrieben zumindest von unterschiedlichen Personen abgewickelt werden, ist das Einkreissystem nur im Kleinbetrieb mit manueller Abrechnung von Vorteil.

Das Zweikreissystem scheint zunächst arbeitsaufwendiger, da es eine zusätzliche Zahlenübertragung von der FBH in die KLR oder umgekehrt erfordert. Dies spielt jedoch bei Einsatz von EDV keine Rolle.

III. Abgrenzung von Finanz- und Betriebsbuchhaltung

Das organisatorische Ineinandergreifen beider Rechnungszweige im GKR und IKR soll an Hand eines Beispiels gegenübergestellt werden. **59**

Beispiel:

Ein Betrieb weist für eine Abrechnungsperiode folgende Daten auf:

Betrieblicher Aufwand und Ertrag: Materialverbrauch 60 000, Personalkosten 50 000, Umsatzerlöse 170 000.

Neutraler Aufwand und Ertrag: Hausreparatur 10 000, Bilanzabschreibung 5 000, Bankzinsen 3 000, verdorbene Ware 12 000, Mieterträge 2 000.

Kalkulatorische Kosten: kalk. Unternehmerlohn 9 600, kalk. Zinsen 4 200, kalk. Wagnisse 4 000, kalk. Abschreibung 5 700.

Wie lautet das Betriebs- und Unternehmensergebnis?

60 **Lösung:**

a) Verbuchung nach dem GKR:

Kontenklasse 2

S			H
	210 HGA		
(113)	10 000 *	(987)	10 000
	211 HGE		
(987)	2 000	(113)	2 000 *
	230 Bilanzabschr.		
(0)	5 000 *	(987)	5 000
	240 Zinsen		
(113)	3 000 *	(987)	3 000
	250 a. o. Aufwand		
(300)	12 000 *	(987)	12 000
	280 Verr. kalk. Abschr.		
(987)	5 700	(480)	5 700
	281 Verr. kalk. Zinsen		
(987)	4 200	(481)	4 200
	282 Verr. kalk. Wagnisse		
(987)	4 000	(482)	4 000
	283 Verr. kalk. U'lohn		
(987)	9 600	(483)	9 600

Kontenklasse 4

S			H
	400 Materialkosten		
(300)	60 000 *	(980)	60 000
	430 Personalkosten		
(113)	50 000 *	(980)	50 000
	480 Kalk. Abschr.		
(280)	5 700	(980)	5 700
	481 Kalk. Zinsen		
(281)	4 200	(980)	4 200
	482 Kalk. Wagnisse		
(282)	4 000	(980)	4 000
	483 Kalk. Untern'lohn		
(283)	9 600	(980)	9 600

Kontenklasse 8/9

S			H
	830 Umsatzerlöse		
(980)	170 000	(113)	170 000 *
	980 Betriebsergebnis		
(400)	60 000	(830)	170 000
(430)	50 000		
(480)	5 700		
(481)	4 200		
(482)	4 000		
(483)	9 600		
(989)	36 500		
	987 Nebenergebnis		
(210)	10 000	(211)	2 000
(230)	5 000	(280)	5 700
(240)	3 000	(281)	4 200
(250)	12 000	(282)	4 000
		(283)	9 600
		(989)	4 500
A	**989 GuV**		E
(987)	4 500	(980)	36 500
(07)	32 000 *		

Buchungsschritte:

- Verbuchung der betrieblichen Aufwendungen und Erträge auf den Konten der Klassen 4/8 sowie der neutralen Vorgänge in Klasse 2.
- Verbuchung der kalkulatorischen Kosten durch den Buchungssatz: **von Klasse 4 an Klasse 2.** Die kalkulatorischen Kosten führen somit in der Klasse 2 zu neutralen Erträgen.
- **Dreistufiger Abschluß:**
  1. Abschluß der Klassen 4 und 8 mit 980 **Betriebsergebnis.** Ermittlung des betrieblichen Gewinns von 36 500 und Abschluß mit 989 GuV.
  2. Abschluß der Klasse 2 mit 987 **Nebenergebnis** (neutrales Ergebnis). Ermittlung des neutralen Verlustes von 4 500 und Abschluß mit 989 GuV.
  3. Ermittlung des **Unternehmensgewinns** von 32 000 auf Konto 989 und Abschluß mit 07 Eigenkapitalkonto .

 61

1. Kreis FBH

Kontenklasse 6/7

S	600 Materialaufwand	H
(200) 60 000*		(802) 60 000

S	620 Personalaufwand	H
(280) 50 000*		(802) 50 000

S	650 Abschreibungen	H
(0) 5 000*		(802) 5 000

S	750 Zinsen	H
(280) 3 000*		(802) 3 000

S	760 ao. Aufwand	H
(200) 12 000*		(802) 12 000

S	610 Fremdleistg.	H
(280) 10 000*		(802) 10 000

Kontenklasse 5

S	500 Umsatzerlöse	H
(802) 170 000		(280) 170 000*

S	540 Sonst. Erträge	H
(802) 2 000		(280) 2 000*

Kontenklasse 8

A	802 GuV	E
(600) 60 000		(500) 170 000
(620) 50 000		(540) 2 000
(650) 5 000		
(750) 3 000		
(760) 12 000		
(610) 10 000		
(300) 32 000		

* = Gegenbuchung auf einem hier nicht vorhandenen Konto.

Die Verbuchung sämtlicher Aufwendungen und Erträge ohne Rücksicht auf ihre Betriebsbedingtheit im 1. Kreis, der **FBH,** bietet keinerlei Probleme. Als einzige Erfolgsgröße wird das **Unternehmensergebnis** (Gewinn 32 000) auf 802 GuV ermittelt und auf 300 Eigenkapitalkonto gegengebucht.

2. Kreis KLR

90 Unternehmensbez. Abgr.	
verr. Aufw.	**verr. Ertrag**
10 000	2 000
	(99) 8 000

93—98 KLR	
(92) 60 000	(92) 170 000
(92) 50 000	
(92) 5 700	
(92) 4 200	
(92) 4 000	
(92) 9 600	
(99) 36 500	

91 Kostenrechn. Korr.	
Aufw. lt. FBH	**Kosten lt. KLR**
5 000	5 700
3 000	4 200
12 000	4 000
0	9 600
(99) 3 500	

99 Betriebsergebnis	
(90) 8 000	(98) 36 500
32 000	(91) 3 500

92 Verr. Kost. u. Leist.	
verr. Leist.	**verr. Kosten**
(98) 170 000	(93) 60 000
	(93) 50 000
	(93) 5 700
	(93) 4 200
	(93) 4 000
	(93) 9 600
	36 500

Unternehmens-
ergebnis
(2. Kontrolle)

Betriebsergebnis
(1. Kontrolle)

Der 2. Abrechnungskreis, die **KLR,** wird vielfach **tabellarisch** durchgeführt, da an der Nahtstelle zur FBH, den Konten 90, 91 und 92, die Regeln der doppelten Buchhaltung ohnehin außer Kraft gesetzt sind. Dadurch entsteht jedoch kein grundsätzlicher Unterschied zu der hier gezeigten Darstellungsweise. 62

Aus dem obigen Kontenbild geht zunächst hervor, daß die Abgrenzung von FBH und KLR, die der GKR in der Klasse 2 der FBH ausweist, beim IKR vollständig in die KLR verlagert wird, indem der eigentlichen KLR auf den Konten 93 - 99 mit den Konten 90, 91 und 92 ein **Übergangsbereich** vorgeschaltet ist.

Buchungsschritte:

- Zunächst werden in einem gegenüber dem Einkreissystem zusätzlichen Buchungsschritt sämtliche Kosten und Leistungen in die KLR eingebracht. Buchungssatz: von **93 an 92** bzw. von **92 an 98.** Das Konto 93 führt die Kostenarten, das Konto 98 die betrieblichen Umsatzerlöse, das **Konto 92 sämtliche Gegenbuchungen,** da wegen der strikten organisatorischen Trennung zwischen FBH und KLR keinerlei Buchungen von der FBH in die KLR oder umgekehrt stattfinden.

  Die ursprüngliche Kostenerfassung kann auch in der KLR geschehen. Dann ist eine zusätzliche Uberführung in umgekehrter Richtung zur FBH zu vollziehen.

- Soweit es sich um **kostengleichen Aufwand** handelt (hier: Material- und Personalaufwand), bedarf es **keiner weiteren Buchung.** Sollten jedoch **Aufwand und Kosten in ihrer Höhe differieren** (hier: Abschreibungen, Zinsen, Wagnisse und Unternehmerlohn), ist eine zusätzliche Buchung auf **beiden** Seiten des **Kontos 91 »Kostenrechnerische Korrekturen«** vorzunehmen. Im Soll werden die in der FBH verbuchten Aufwandsgrößen, im Haben die in der KLR verrechneten Kostengrößen festgehalten.

  Das Konto 91 erfaßt also **alle kalkulatorischen Kostenarten** (Haben) und stellt ihnen den an ihrer Stelle in der FBH angefallenen Aufwand (Soll) gegenüber; wobei rechts und links gleichzeitig und in unterschiedlicher Höhe gebucht wird.

- Die **betriebsfremden Aufwendungen und Erträge** (hier: HGA und HGE), die von ihrem Wesen her niemals Kosten oder Leistungen darstellen, werden auf dem **Konto 90 »Unternehmensbezogene Abgrenzungen«** festgehalten und finden keinen Eingang in die KLR. Es wird **ein einziges Mal** auf dem Konto 90 gebucht (HGA im Soll, HGE im Haben).

- Die KLR vollzieht sich auf den Konten 93 - 98. Das Konto 98 wird mit Konto 99 **»Betriebsergebnis«** (hier: Betriebsgewinn 36 500) abgeschlossen.

- Nunmehr läßt sich das gefundene Betriebsergebnis durch **zwei Kontrollen** auf seine Richtigkeit überprüfen:

  1. Das **Betriebsergebnis** muß sich **auch auf Konto 92** errechnen, ohne daß Konto 92 allerdings durch eine Gegenbuchung abgeschlossen wird.

  2. **Schließt man die Konten 90 und 91 mit 99 ab,** so muß auf dem Konto 99 das **Unternehmensergebnis** der FBH als Saldo erscheinen; wieder ohne daß Konto 99 durch eine Gegenbuchung abgeschlossen wird.

Im folgenden wird bei Buchungssätzen stets auf den IKR Bezug genommen. Ein Auszug ist am Ende dieses Buches abgedruckt.

Zweites Kapitel

Die Organisation der Buchhaltung

A. Aufbau

Innerhalb der Buchhaltung unterscheidet man **3 Arten von Büchern:** **63**

- Grundbücher,
- Hauptbuch und
- Nebenbücher.

I. Grundbücher

Zu den **Grundbüchern** zählen das Kassenbuch, Journal, Wareneingangs- und Warenausgangsbuch (vgl. Tz. 34 - 37). In ihnen werden die Geschäftsvorfälle bei manueller Buchhaltung erstmalig festgehalten. Sie beinhalten somit die **Grundaufzeichnungen**. Diese Grundaufzeichnungen werden im Regelfall nicht einzeln, sondern nach gleichartigen Buchungen zusammengefaßt auf die Konten des Hauptbuchs übertragen. Je nach der Tiefe der Untergliederung der Grundbücher und der Art der Zusammenführung der Grundbuchungen auf einem **Sammeljournal** vor dem Übertrag ins Hauptbuch unterscheiden wir: italienische, deutsche, französische oder amerikanische Buchführung.

Werden Buchungsautomaten für die Abwicklung der Buchhaltung eingesetzt, so **64**
tätigt man die Eintragungen ins Grundbuch (Journal) und Hauptbuch meist gleichzeitig im Durchschreibeverfahren. Die **Durchschreibebuchhaltung** rationalisiert die Buchungsarbeit insofern, als jede Buchung nurmehr einmal ausgeführt wird. Die in den Buchungsautomaten einzulegenden Kontenblätter sind dabei von Buchung zu Buchung zu wechseln. Der stets in der Maschine verbleibende Buchungsdurchschlag bildet das Grundbuch (Journal). Aber auch bei manueller Buchführung läßt sich das Durchschreibeverfahren anwenden, um dadurch Doppel- oder Übertragungsarbeit einzusparen.

Erfolgt die Verbuchung unter Einsatz einer EDV-Anlage, so entfallen Übertra- **65**
gungsarbeiten ohnehin. Auch in diesem Fall wird allerdings das Kassenbuch wegen der täglichen Aufzeichnungspflicht vielfach noch manuell geführt. Wareneingangs- und Warenausgangsbuch ersetzt man in der Regel durch eine geordnete Belegablage (vgl. Tz. 35 und 36). Grundbuch (Journal) und Hauptbuch druckt die EDV-Anlage nacheinander aus. Dafür ist allerdings Voraussetzung, daß die **Buchungsbelege** »EDV-gerecht« **kontiert** werden: Buchungsdatum, Lieferanten- oder Kundennummer, Belegnummer, Konto- und Gegenkontonummer, Buchungsbetrag und Mehrwertsteuer sowie eventuelle Zusatzangaben sind auf dem Beleg oder meist auf einem gesonderten Kontieranhänger (-aufkleber) zu verzeichnen und in das Datenerfassungsgerät einzugeben.

II. Hauptbuch

66 In der **Hauptbuchhaltung** werden sämtliche Geschäftsvorfälle nach den **Regeln der Doppik** auf den Sachkonten verbucht. **Sachkonten** sind alle im betrieblichen Kontenplan verzeichneten Bestands- und Erfolgskonten. Die Hauptbuchhaltung umfaßt das, was man gemeinhin unter doppelter Buchhaltung versteht, von der Eröffnung bis zum Abschluß.

67 Nach Beendigung der Buchführung, aber vor Erstellung des Jahresabschlusses werden die einzelnen Sachkonten vielfach auf einer **Hauptabschluß- oder Betriebsübersicht** zusammengeführt, die in erster Linie zu Kontrollzwecken zwischen Konten- und Jahresabschluß eingeschoben wird. Sie erleichtert die Fehlersuche bei den Abschlußarbeiten und zeigt alternativ die Auswirkungen bilanzpolitischer Maßnahmen bei probeweise vorgenommenen Abschlüssen auf. Der formale Aufbau einer Betriebsübersicht ist umseitig dargestellt, wobei die einzelnen Spalten wie folgt definiert sind:

- **Eröffnungsbilanz:**
  Hier werden die Zahlen der Eröffnungsbilanz eingetragen, die mit der Schlußbilanz des vorangegangenen Jahres identisch sind.

- **Jahresverkehrszahlen:**
  Die Soll- und Habenbeträge aller Sachkonten (ohne Anfangsbestände) werden aufaddiert und als Jahresverkehrszahlen in diese Spalte eingetragen. Es handelt sich um die **Summe aller Geschäftsvorfälle der Periode.**

- **Summenbilanz:**
  Sie ergibt sich durch Addition der beiden vorangegangenen Spalten, also der Eröffnungsbilanz mit den Jahresverkehrszahlen.

- **Saldenbilanz I:**
  Innerhalb der Summenbilanz werden Soll- und Habenbeträge saldiert. Der Saldo erscheint auf der größeren Seite in der Saldenbilanz I. Während also die Summenbilanz **sowohl** im Soll **als auch** im Haben Beträge aufweist, ergibt sich in der Saldenbilanz I nur **entweder** im Soll **oder** im Haben eine Zahlenangabe.

- **Umbuchungen:**
  Die Umbuchungsspalte ist die wichtigste Spalte. In ihr werden die **Abschlußbuchungen** (Abschreibungen, Rückstellungen, Wertberichtigungen, Abschluß der Unterkonten mit den zugehörigen Hauptkonten etc.) durchgeführt.

- **Saldenbilanz II:**
  Analog zur Saldenbilanz I ergibt sie sich nach Addition der beiden vorangegangenen Spalten mit nachfolgender Saldierung der Soll- und Habenbeträge. Die Saldenbilanz II weist wiederum nur **entweder** im Soll **oder** im Haben eine Ziffer aus.

Betriebsübersicht für das Geschäftsjahr ....

Konten-bezeichnung	Eröffnungs-bilanz		Jahresverkehrs-zahlen		Summen-bilanz		Salden-bilanz I		Um-buchungen		Salden-bilanz II		Schlußbilanz		GuV	
	Aktiva	Passiva	Soll	Haben	Soll	Haben	Soll	Haben	Soll	Haben	Soll	Haben	Aktiva	Passiva	Auf-wand	Ertrag
Summe																
Erfolg																

- **Schlußbilanz:**
  Diese Spalte wird zuletzt durch Übertrag der Bestandskonten erstellt. Nach Berücksichtigung des Erfolgs der GuV müssen **Aktiva und Passiva übereinstimmen.**

- **GuV:**
  Vor der Schlußbilanz wird diese Spalte durch **Übertrag der Erfolgskonten** und **Erfolgsermittlung** als Differenz zwischen Haben und Soll abgeschlossen. Ein auf die Sollseite einzutragender Saldo ist ein **Gewinn**, der auf die Passivseite der Bilanz übertragen wird. Ein auf die Habenseite einzutragender Saldo zeigt einen **Verlust** an, der auch auf der Aktivseite der Bilanz erscheinen muß.

Die Soll- und Habensummen jeder Spalte müssen **gleich lauten**. Dadurch kann die **rechnerische** Ausgeglichenheit der Soll- und Habenbuchungen kontrolliert werden.

III. Nebenbücher

68 Neben den Grundaufzeichnungen und dem Hauptbuch benötigt die Buchhaltung noch eine Reihe von **Nebenbüchern**. Sie dienen der **Ergänzung oder Sammlung des für die Verbuchung notwendigen Datenmaterials** und werden außerhalb des Systems der Doppik geführt.

Als erstes ist hier das bei unbaren Geschäftsvorfällen erforderliche **Geschäftsfreundebuch** (vgl. Tz. 38) zu nennen. Das Geschäftsfreundebuch, das die Kontokorrent- oder Personenkonten enthält, ist zu untergliedern nach **Kreditoren** und **Debitoren**. Das **Kreditorenkonto** (Lieferantenkonto) verzeichnet die Verbindlichkeit gegenüber dem einzelnen Lieferanten, das **Debitorenkonto** (Kundenkonto) die Forderung gegenüber dem einzelnen Kunden.

Das Kontokorrent stellt demnach nichts anderes dar als eine Untergliederung der beiden Sachkonten des Hauptbuchs »Verbindlichkeiten aus Lieferungen und Leistungen« und »Forderungen aus Lieferungen und Leistungen« nach den jeweiligen Personen.

Auf diesen **Personenkonten** wird außerhalb des Systems der Doppik **ein** weiteres Mal gebucht **ohne Gegenbuchung.** Sie können auch als **»Offene-Posten-Buchhaltung« oder »Kontenlose Buchhaltung«** geführt werden (vgl. Tz. 38). Bei Einsatz von EDV empfiehlt sich die Offene-Posten-Buchhaltung deshalb besonders, weil vor allem im Bereich der Debitorenbuchhaltung die Fälligkeit und Zielüberschreitung für die einzelnen Forderungsbeträge mit ausgedruckt und darauf aufbauend eine **maschinelle Mahnung** durchgeführt werden kann.

69 Wird sowohl das **Wareneingangsbuch (Warenausgangsbuch)** als auch das **Kreditorenkontokorrent (Debitorenkontokorrent)** in Form **geordneter Be-**

legablage geführt, ist jede Eingangsrechnung (Ausgangsrechnung) **zweimal** abzulegen; einmal in zeitlicher Reihenfolge für das Wareneingangsbuch (Warenausgangsbuch) und einmal alphabetisch nach Lieferanten (Kunden) für das Kontokorrent, wobei die alphabetische Ablage noch in »unbezahlt« und »bezahlt« zu unterteilen ist, um die Kontokorrentfunktion erfüllen zu können.

Ein weiteres unerläßliches Nebenbuch ist die **Anlagenkartei** (vgl. Tz. 39 und **70**
89), die die genaue Zusammensetzung der im Hauptbuch geführten Sachkonten für das bewegliche Anlagevermögen erkennen lassen muß.

Darüber hinaus empfiehlt sich die Einrichtung einer **Lagerkartei** (vgl. Tz. 77), die die mengenmäßigen - wenn möglich auch die wertmäßigen - Bewegungen auf dem Vorratslager für Roh-, Hilfs- und Betriebsstoffe festhält.

Im Zahlungsverkehr werden vielfach das **Bankbuch** (gegebenenfalls durch Ablage der Kontoauszüge) sowie **Scheck- und Wechselbuch** (jeweils für Ein- und Ausgang) als Nebenbücher geführt.

Zu den Nebenbüchern zählen wir weiter eine Reihe von **Sammlungen grundle- 71**
gender Daten, die sich wenig verändern und die der Verbuchung sowie der Geschäftsabwicklung dienen.

In EDV-Buchhaltungen spricht man **von Stammdaten und Stammdateien.** Es handelt sich um Stoffdateien über Arten, Zusammensetzung, Abmessungen, Lieferzeiten und Preise der ein- und ausgehenden Waren; Lieferanten- und Kundendateien über Adressen und Lieferkonditionen sowie um die Personaldatei mit Personalien, Bankverbindung, Verdienst, Urlaubsanspruch etc. der Beschäftigten.

Nach der **Art der Geschäftsvorfälle** gliedert sich die Buchhaltung in **vier Hauptbereiche:**

- Verbuchung des Eingangs von Waren und Fremdleistungen (Wareneinkauf)
- Verbuchung des Ausgangs von Absatzleistungen (Warenverkauf)
- Anlagenbuchhaltung
- Personalbuchhaltung.

B. Wareneingangsbuchhaltung

I. Sachkonten

Die **Standardbuchung** für den **Einkauf** von Roh-, Hilfs- und Betriebsstoffen **72**
lautet:

> **Von** Kontengruppe 20 Vorräte und
> **von** Kontengruppe 26 Vorsteuer **an** 44 Verbindlichkeiten.

Die an die Lieferanten gezahlte Mehrwertsteuer **(Vorsteuer)** gehört normalerweise (soweit der Betrieb nur umsatzsteuerpflichtige Leistungen tätigt) nicht zu den Anschaffungskosten.

Zweckmäßig erscheint die Einrichtung je eines Unterkontos für »Bezugskosten« und »Einstandspreiskorrekturen«.

73 Das Konto **Bezugskosten** erfaßt die **Anschaffungsnebenkosten** der Stoffe, da diese zu aktivieren und nicht als Aufwand zu behandeln sind (vgl. Tz. 238): Verpackung, Rollgeld, Frachten, Transportversicherung, Einfuhrzölle etc. Es wird z.B. **gebucht:**

Von 2001 Bezugskosten für Rohstoffe und
von 26 Vorsteuer **an** 44 Verbindlichkeiten.

74 Das Konto **Einstandspreiskorrekturen** erfaßt sämtliche **nachträglichen Preisänderungen**, insbesondere Preisnachlässe, da diese die Anschaffungskosten mindern und nicht als Ertrag verbucht werden dürfen (vgl. Tz. 241): nachträgliche Mengen- oder Treuerabatte, Boni, Skonti, Preisminderungen wegen Qualitätsmängeln etc. **Fakturarabatte** werden dagegen **nicht verbucht**; sie mindern den Einstandspreis. Der **Buchungssatz** für eine Einstandspreiskorrektur lautet z.B.:

Von 44 Verbindlichkeiten **an** 2002 Einstandspreiskorrekturen für Rohstoffe und
an 26 Vorsteuer.

Einstandspreiskorrekturen verlangen stets eine **Berichtigung der Vorsteuer.**

Die beiden Unterkonten stellen wie das zugehörige Hauptkonto Bestandskonten dar und sind mit diesem abzuschließen.

75 Die **Standardbuchung** für den Abgang aus dem Vorratslager **(Materialverbrauch)** lautet:

Von Kontengruppe 60 **an** Kontengruppe 20.

76 Am Ende des Geschäftsjahrs ist der vorhandene Bestand durch **Inventur** aufzunehmen. Der **Schlußbestand** wird verbucht:

Von 801 Schlußbilanzkonto **an** Kontengruppe 20.

Eventuell auftretende **Inventurdifferenzen** erhöhen oder vermindern den Materialverbrauch. Daher z.B. **Verbuchung einer Fehlmenge:**

Von Kontengruppe 60 **an** Kontengruppe 20.

77 Die geschilderte Art der Verbuchung des Materialverbrauchs - **Skontration** genannt - setzt die Erfassung jeder einzelnen Materialentnahme aus dem Vorratslager mittels **Materialentnahmeschein** voraus. Dies geschieht sinnvollerweise durch die **Lagerbuchhaltung,** die in ihrer **Lagerkartei** zumindest die Mengenbewegungen - wenn möglich auch die Wertbewegungen - festhält.

Auf diese Weise lassen sich die Kosten verursachungsgerecht erfassen und zurechnen sowie der Verbrauch kontrollieren. Bei Einsatz von EDV kann damit eine automatische Bedarfsmeldung verbunden werden, die anzeigt, daß der »Meldebestand« erreicht ist, d.h., daß der Vorrat zu Ende geht und eine Nachbestellung erfolgen muß.

Wird dagegen nur der Materialeinkauf, aber nicht der Materialverbrauch **einzeln** **78**
festgehalten, dann ist periodisch (z.B. monatlich) eine Inventur durchzuführen. Nach Berücksichtigung des Inventurbestands auf der Habenseite des Stoffbestandskontos ist der verbleibende Habensaldo summarisch als Materialverbrauch zu behandeln. Diese Methode der Verbrauchserfassung heißt **Befundrechnung.** Sie erspart die Lagerbuchhaltung und nimmt dafür Ungenauigkeiten bei der Kostenzurechnung und weitgehenden Verzicht auf eine Verbrauchskontrolle in Kauf.

Die Befundrechnung wird bei Hilfs- und Betriebsstoffen zuweilen auch in umgekehrter Richtung durchgeführt. Jeder Zugang wird statt in der Kontengruppe 20 sofort in der Kontengruppe 60 als Verbrauch verbucht. Am Periodenende (z. B. Monatsende) mindert man den Verbrauch um den durch Inventur ermittelten Endbestand mit dem **Buchungssatz:**

> **Von** Kontengruppe 20 **an** Kontengruppe 60.

In der Kontengruppe 60 ist grundsätzlich **jeder** Stoffverbrauch zu **effektiven** **79**
Einstandspreisen zu erfassen. Verrechnungspreise haben in der FBH keinen Platz; sie finden nur Eingang in die KLR. Lediglich außergewöhnlicher Materialverbrauch durch Brand, Diebstahl etc. wird statt in Kontengruppe 60 in Kontengruppe 76 a.o. Aufwand verbucht.

In die Kontengruppe 60 gehört auch der Verbrauch von Kleinwerkzeugen, Reparaturmaterial und Fremdinstandhaltung; nicht dagegen von Verwaltungs- und Vertriebsmaterial (z.B. Bürobedarf, Werbematerial etc.). Dies wird auf Kontengruppe 68 Aufwendungen für Kommunikation erfaßt.

Keine grundsätzlichen Probleme bietet der **Einkauf von Fremdleistungen und** **80**
-diensten, die sofort Aufwand darstellen. **Standardbuchung:**

> **Von** Kontenklasse 61/67 Fremdleistungen/-dienste
> **von** Kontengruppe 26 Vorsteuer **an** 44 Verbindlichkeiten.

Vor Verbuchung der Eingangsrechnungen empfiehlt sich eine Überprüfung auf ihre sachliche und rechnerische Richtigkeit durch die betriebliche Abteilung **Rechnungsprüfung.**

II. Kreditorenkonten

81 Zusätzlich zur Verbuchung auf dem Sachkonto ist **jede Eingangsrechnung** auch auf dem Personenkonto des Lieferanten (Kreditorenkonto) durch eine **einmalige** Buchung festzuhalten. Das gleiche gilt für die an den Lieferanten geleisteten **Zahlungen.** Sämtliche Kreditorenkonten werden periodisch (z.B. monatlich) aufgelistet und mit dem Verbindlichkeitensachkonto abgestimmt.

Beispiel:

Anfangsbestand (AB) auf Konto 2000 Rohstoffe 10 000; AB auf Konto 44 Verbindlichkeiten 20 000; davon entfallen auf Lieferant L1 5 000, auf L2 8 000 und auf L3 7 000; Wareneinkäufe (jeweils ohne MWSt) von L1 3 000, von L2 6 000, von L3 2 000; Zahlungen an L1 5 500, an L2 13 000, an L3 5 000; Endbestand (EB) auf dem Konto 2000 Rohstoffe lt. Inventur 7 000. Auf die Wareneinkäufe entfallen 16 % MWSt. Wie lautet die Verbuchung?

Lösung:

Sachkonten:

S	2 000 Rohstoffe		H
AB)	10 000*	6 000)	14 000[1]
44)	3 000	EB)	7 000*
44)	6 000		
44)	2 000		

S	44 Verbindlichkeiten		H
28)	5 500*	AB)	20 000*
28)	13 000*	2 000)	3 480
28)	5 000*	2 000)	6 960
EB)	9 260*	2 000)	2 320

S	6 000 Rohstoffaufwand		H
2 000)	14 000[1]		

S	26 Vorsteuer		H
44)	480	EB)	1 760*
44)	960		
44)	320		

* = Gegenbuchung auf einem hier nicht vorhandenen Konto.
1 = Durch Befundrechnung ermittelter Rohstoffverbrauch der Periode: 14 000.

Kreditorenkonten:

L1			
Abgang	5 500	AB	5 000
Saldo	2 980	Zugang	3 480

L2			
Abgang	13 000	AB	8 000
Saldo	1 960	Zugang	6 960

L3			
Abgang	5 000	AB	7 000
Saldo	4 320	Zugang	2 320

Kreditorensaldenliste:		
	L 1	2 980
	L 2	1 960
	L 3	4 320
Summe		9 260

Die **Summe der Kreditorensaldenliste** (9260) muß mit dem EB auf dem **Verbindlichkeitensachkonto** (9260) übereinstimmen.

C. Warenausgangsbuchhaltung

I. Sachkonten

Standardbuchung für den **Warenverkauf**: 82

Von 24 Forderungen **an** Kontengruppe 50 Umsatzerlöse und
an Kontengruppe 48 MWSt.

Die Kontengruppe 50 Umsatzerlöse erfaßt alle Erlöse aus betrieblichen Umsätzen inklusive der Erlöse für Verpackungs-, Versand- und sonstige Nebenkosten, die dem Kunden in Rechnung gestellt werden.

Zweckmäßig ist die Einrichtung eines Unterkontos für **Erlöskorrekturen,** auf dem sämtliche Preisminderungen, Preisnachlässe und Abzüge (nachträgliche Rabatte, Boni, Skonti etc.) **verbucht** werden:

Von 5 001 Erlöskorrekturen und
von 48 MWSt **an** 24 Forderungen.

Erlöskorrekturen verlangen - analog zu den Einstandspreiskorrekturen (vgl. Tz. 74) - stets eine **Berichtigung der MWSt.**

Der Verbuchung der Umsatzerlöse ist die **Fakturierung** vorgeschaltet, die den Kunden die getätigten Lieferungen an Hand der vorhandenen Lieferscheine in Rechnung stellt. In vollautomatisierten Betrieben werden die Rechnungen von der EDV-Anlage ausgedruckt, die gleichzeitig die Verbuchung vornimmt. In diesem Fall erscheint auch eine Kontrolle der Ausgangsrechnungen als überflüssig. 83

Der Vollständigkeit halber sei noch angefügt, daß bis zum 10. jeden Monats für den Vormonat (Voranmeldungszeitraum) die Umsatzsteuerzahllast gegenüber dem Finanzamt durch Abschluß des Kontos 26 Vorsteuer mit dem Konto 48 MWSt zu ermitteln und zu begleichen ist.

II. Debitorenkonten

Auch im Verkaufsbereich ist **jede Ausgangsrechnung** und **jede Zahlung** auf dem Personenkonto des Kunden (Debitorenkonto) durch eine zusätzliche **Einmal**buchung festzuhalten. 84

Sämtliche Debitorenkonten werden - analog zu den Kreditorenkonten (vgl. Tz. 81) - periodisch (z.B. monatlich) aufgelistet und mit dem Forderungssachkonto abgestimmt.

Beispiel:

AB auf Konto 24 Forderungen 50 000; davon entfallen auf Kunden K1 15 000, auf K2 23 000, auf K3 12 000; Verkäufe (jeweils ohne MWSt) an K1 10 000, an K2 20 000, an

K3 6 000; Zahlungen von K1 16 000, von K2 36 000, von K3 7 000. Auf die Warenverkäufe entfallen 16 % MWSt. Wie lautet die Verbuchung?

Lösung:

Sachkonten:

S	5 000 Umsatzerlöse	H
		24) 10 000
		24) 20 000
		24) 6 000

S	24 Forderungen	H
AB) 50 000*		28) 16 000*
5 000) 11 600		28) 36 000*
5 000) 23 200		28) 7 000*
5 000) 6 960		EB) 32 760*

S	48 MWSt	H
EB) 5 760*		24) 1 600
		24) 3 200
		24) 960

* = Gegenbuchung auf einem hier nicht vorhandenen Konto.

Debitorenkonten:

K1	
AB 15 000	Abgang 16 000
Zugang 11 600	Saldo 10 600

K2	
AB 23 000	Abgang 36 000
Zugang 23 200	Saldo 10 200

K3	
Ab 12 000	Abgang 7 000
Zugang 6 960	Saldo 11 960

Debitorensaldenliste:		
	K 1	10 600
	K 2	10 200
	K 3	11 960
Summe		32 760

85 Die **Summe der Debitorensaldenliste** (32 760) muß mit dem EB auf dem **Forderungssachkonto** (32 760) übereinstimmen.

Zum **Bilanzstichtag** sind sämtliche Forderungen im Rahmen der Abschlußbuchungen zu bewerten. Liegen Anhaltspunkte dafür vor, daß eine Forderung nicht in voller Höhe realisiert werden kann (z.B. der Kunde löst einen Scheck oder Wechsel nicht ein, meldet Vergleich oder Konkurs an, bittet um Stundung oder überschreitet das Zahlungsziel erheblich), so ist die betreffende Forderung in voller Höher auf das **Konto 241 »Zweifelhafte Forderungen«** umzubuchen. Ergäben sich z.B. Zweifel an der Kreditwürdigkeit von K 1, so lautet der **Buchungssatz:**

Von 241 **an** 24 10 600.

86 Anschließend hat der Kaufmann den **wahrscheinlichen Forderungsausfall** nach pflichtgemäßem Ermessen festzustellen (§ 252 Abs. 1 Ziff 4 HGB), z.B. 80 % der Forderung des K 1. Die zweifelhafte Forderung ist in Höhe ihres wahrscheinlichen Ausfalls **abzuschreiben,** wobei der ausfallende Betrag von der **Nettoforderung (ohne MWSt)** zu berechnen ist, da die in der Forderung enthaltene MWSt für das Unternehmen kein Ausfallrisiko in sich birgt. Fällt nämlich die Forderung später tatsächlich aus, so braucht das Unternehmen die darin enthaltene MWSt nicht an das Finanzamt abzuführen (Korrektur des MWSt-Kontos). Wird die i.d.R. direkt erfolgende Abschreibung zweifelhafter Forderungen indirekt vorgenommen (Gegenbuchung auf Konto 248 »Einzelwertberichtigung zu Forderungen«), so spricht man von der Bildung einer Einzelwertberichtigung.

Demnach **abzuschreibender Betrag:**

Nettoforderung: $10\,600 \times \frac{100}{116} = 9\,138.$

MWSt: 10 600 – 9 138 = 1 462.

Abschreibung: 9 138 × 80 % = 7 310.

Buchungssatz:

Von 695 Abschreibungen auf Forderungen
an 241 Zweifelhafte Forderungen 7 310.

Damit ergibt sich auf dem Konto 241 folgender EB:

EB = 10 600 – 7 310 = 3 290.

Auf die verbliebenen »guten« Forderungen (hier von K2 und K3 in Höhe von 22 160) ist nunmehr eine Pauschalwertberichtigung zu bilden. Die **Pauschalwertberichtigung** zu den Forderungen hat ihren Grund in eventuell bestehenden, aber nicht bekannten Zahlungsschwierigkeiten der Schuldner, in erwarteten Abzügen bei der späteren Bezahlung (z.B. Skonto) sowie in Zinsaufwendungen, die dem Unternehmen durch Zielüberschreitung der Kunden möglicherweise im nächsten Geschäftsjahr entstehen. Die Pauschalwertberichtigung bemißt sich nach **Erfahrungswerten der Vergangenheit**, z.B. hier 5 %. 87

Das Konto 249 »Pauschalwertberichtigung zu Forderungen« wird als **passives Bestandskonto** nur zum Geschäftsjahresende im Rahmen der Abschlußbuchungen angesprochen, also nicht bei einem tatsächlichen Forderungsausfall. Der Anfangsbestand auf dem Konto 249 (Wertberichtigung des Vorjahrs) sei in unserem Beispiel 600. Dann lautet die Rechnung wie folgt:

»Gute« Nettoforderungen (ohne MWSt): $22\,160 \times \frac{100}{116} = 19\,103.$

EB der Pauschalwertberichtigung: 19 103 × 5 % = 955.

Zuführung zur Pauschalwertberichtigung
des Geschäftsjahrs: 955 – 600 = 355

Buchungssatz: 88

Von 695 Abschreibungen auf Forderungen **an** 249 Pauschal-WB 355.

Es ist dabei zu beachten, daß eine **Berichtigung des MWSt-Kontos** nicht im Rahmen der Abschlußbuchungen erfolgt, sondern erst, wenn die Forderung effektiv ganz oder teilweise ausfällt, d.h., **wenn das endgültige Schicksal der Forderung geklärt ist.** Dies ist der Fall, wenn die Konkurs- oder Vergleichsquote bei uns eingeht, der Gerichtsvollzieher feststellt, daß der Schuldner unbekannt verzogen ist oder keine pfändbare Habe besitzt, der Schuldner den Offenbarungseid geleistet hat oder wir ganz oder teilweise auf die Forderung verzichten. Angenommen wir erhalten im **folgenden Geschäftsjahr** 10 % unserer Forderung gegenüber Kl 1 (1 060) als Konkursquote; dann lautet der **Buchungssatz:**

Von 28 1 060 (Zahlung)
von 48 1 316 (MWSt-Korrektur)
von 695 914 (weiterer Forderungsausfall) **an** 241 3 290.

Das ergibt sich aus folgender Rechnung:

Bankeinzahlung: $10\,600 \times 10\,\% = 1\,060$.

In der Forderung enthaltene MWSt: $10\,600 \times \frac{16}{116} = 1\,462$.

MWSt-Ausfall: $1\,462 \times 90\,\% = 1\,316$.

Noch nicht gebuchter Forderungsausfall: $9\,138 \times (90\,\% - 80\,\%) = 914$.

Das Konto 241 ist damit ausgeglichen (vgl. Tz. 86). Es wurde bei allen Rechnungen jeweils auf ganze Beträge auf- oder abgerundet.

D. Anlagenbuchhaltung

I. Aufgabe und Technik

89 Die Aufgabe der Anlagenbuchhaltung besteht in der vollständigen Erfassung des Anlagevermögens. **Anlagevermögen** sind nach § 247 Abs. 2 HGB die Gegenstände, die dazu bestimmt sind, **dem Betrieb dauernd zu dienen,** wobei unter dauernd mindestens **länger als 1 Jahr** zu verstehen ist.

Zu diesem Zweck wird die nach den GoB unerläßliche Anlagenkartei eingerichtet (vgl. Tz 39), in der für jeden Anlagegegenstand eine Karteikarte zu führen ist. Mittels EDV läßt sich dies relativ problemlos bewerkstelligen. Zweckmäßigerweise enthält die **Anlagenkartei** folgende Daten:

- Bezeichnung der Anlage
- Maschinennummer, Motornummer
- Betriebliche Inventarnummer
- Lieferant
- Datum der Anschaffung oder Herstellung (sofern davon abweichend auch Datum der Inbetriebnahme)
- Datum des Abgangs
- Anschaffungskosten
- Voraussichtliche Nutzungsdauer
- Abschreibungsverfahren
- Jährliche Abschreibungsquote
- Jährlicher Restwert.

In die Anlagenkartei sind **alle** Anlagegüter aufzunehmen, auch die **geringwertigen.** Letztere braucht man nur einmal, im Jahr der Anschaffung oder Herstellung, auf einer Sammelkarte oder auf einem Sammelkonto zu erfassen. Sie können sofort in voller Höhe abgeschrieben werden. **Geringwertige Anlagegüter** sind nach § 6 Abs. 2 EStG **abnutzbare, bewegliche Wirtschaftsgüter des Anlagevermögens,** die einer **selbständigen Nutzung** fähig sind, wenn ihre Anschaffungs- oder Herstellungskosten (ohne MWSt) 410 € nicht übersteigen. Wirtschaftsgüter sind keiner selbständigen Nutzung fähig, wenn sie eine **Sachgesamtheit** bilden (z.B. Kinobestuhlung, verschraubte Regale). Dagegen sind Mehrwegflaschen und Bierkästen in einer Brauerei, Paletten, Vorhänge, Tische und Stühle nach der Rechtsprechung des BFH selbständig nutzbar.

Ausgenommen von der Pflicht zur Registrierung in der Anlagekartei sind nach Abschn. 31 Abs. 3 EStR **geringwertige Anlagegüter mit Anschaffungs- oder Herstellungskosten bis zu 60 €** (ohne MWSt), die sofort als Aufwand verbucht werden können, sowie bewegliche Anlagegegenstände, die zulässigerweise mit einem Festwert bilanziert werden (vgl. Tz. 280).

Voll abgeschriebene, abnutzbare Anlagegüter, die der Betrieb weiterhin nutzt, sind mit einem **Erinnerungswert von 1 €** zu führen.

Standardbuchung für den **Kauf eines Anlageguts:** 90

Von Klasse 0 Anlagen und
von 26 Vorsteuer **an** 44 Verbindlichkeiten.

Die MWSt gehört im Normalfall (soweit der Betrieb nur umsatzsteuerpflichtige Leistungen tätigt) nicht zu den Anschaffungskosten. Auf der Sollseite des Anlagekontos sind auch die **Anschaffungsnebenkosten** zu erfassen (vgl. Tz. 238): Transport-, Montagekosten, Kosten eines zur Aufstellung erforderlichen Fundaments, Kosten eines eventuell erforderlichen Probelaufs etc.

Preisnachlässe (z.B. nachträgliche Abzüge, Rabatte, Skonti etc.) mindern die Anschaffungskosten und sind im Haben des Anlagekontos zu verbuchen (vgl. Tz. 241).

Scheidet das Anlagegut aus dem Betrieb aus, so gibt es **drei Möglichkeiten:** 91

- Veräußerung **zum** Buchwert.

  Buchungssatz:

  Von 24 Forderungen **an** Klasse 0 (Buchwert) und
  an 48 MWSt.

- Veräußerung **über** dem Buchwert. Es entsteht ein sonstiger Ertrag.

  Buchungssatz:

  Von 24 Forderungen **an** Klasse 0 (Buchwert) und
  an 546 (sonst. Ertrag)
  an 48 MWSt.

- Veräußerung **unter** dem Buchwert. Es entsteht ein sonstiger Aufwand.

  Buchungssatz:

  Von 24 Forderungen und
  von 696 (sonst. Aufwand) **an** Klasse 0 (Buchwert) und
  an 48 MWSt.

Die Höhe des beim Abgang abnutzbarer Anlagegüter auf den Konten 546 und 696 entstehenden »sonstigen Ertrags« und »sonstigen Aufwands« läßt Rückschlüsse auf die **Abschreibungspolitik** des Betriebes zu. Hoher »sonstiger Aufwand« zeugt von zu niedrigen Abschreibungsquoten, hoher »sonstiger Ertrag« von zu reichlich bemessenen.

II. Regelmäßige Abschreibungen

92 Die Anschaffungs- oder Herstellungskosten **abnutzbarer** Anlagegüter sind unter betriebswirtschaftlichem Aspekt durch **regelmäßige, jährliche Abschreibungen** zu mindern. Wir wollen an dieser Stelle nur auf die Ursachen und die möglichen Abschreibungsverfahren eingehen. Die rechtliche Zulässigkeit wird später behandelt (vgl. Tz. 437 ff.).

1. Abschreibungsursachen

Das kennzeichnende Merkmal **abnutzbarer** Anlagegüter besteht darin, daß sie im Jahr der Anschaffung oder Herstellung nicht sofort verbraucht, sondern **über einen längeren Zeitraum hinweg genutzt** werden. Sie unterliegen in dieser Zeit einer laufenden Entwertung. Dafür kommen prinzipiell **zwei Gründe** in Betracht:

- **Verschleiß** (technische Entwertung)
- **Fristablauf** (wirtschaftliche Entwertung).

93 Eine Anlage (z.B. Maschine) verschleißt auch dann, wenn sie nicht genutzt wird: **Ruheverschleiß.** Der Ruheverschleiß kommt z.B. im Rosten oder Verwittern zum Ausdruck. Daneben zeigt sich **Verbrauchsverschleiß,** der durch Abnutzung beim Gebrauch einer Anlage entsteht. Als dritte Verschleißart kann eventuell **Katastrophenverschleiß** auftreten, wenn die Anlage durch einen Unfall, Brand, Blitzschlag etc. zerstört wird.

Die wirtschaftliche Entwertung einer Anlage kann jedoch schneller vonstatten gehen als ihr technischer Verschleiß, wenn die Nutzungsdauer **durch den Ablauf einer Frist** zusätzlich eingeschränkt wird. 94

So kann eine Anlage wertlos werden, wenn sie ihren **Zweck erfüllt** hat. Zum Beispiel wird eine fest in einem Kohleflöz installierte Förderanlage wertlos, wenn das Flöz erschöpft ist. Ein weiterer Grund einer zeitbedingten Wertminderung ist der **Rechtsablauf.** Eine in gemietete Räume eingebaute Anlage wird wertlos, wenn der Mietvertrag für den Raum abläuft. Oder ein immaterielles Anlagegut (z.B. Patent, Konzession) verliert seinen Wert spätestens, wenn die Schutzfrist ausläuft. Die dritte Art zeitlicher Wertminderung ist die **wirtschaftliche Überholung** einer Anlage **infolge technischen Fortschritts oder Geschmackswandels.** Sobald eine rationeller arbeitende Anlage auf den Markt kommt, wird die technisch veraltete Anlage wertlos. Das gleiche gilt, wenn das mit einer Anlage produzierte Gut nicht mehr gefragt ist, z.B. wenn Holzschreibtische durch Metall oder Blechbehälter durch Kunststoff ersetzt werden.

2. Abschreibungsverfahren

Grundsätzlich kennen wir **vier Verfahren** der regelmäßigen, jährlichen Abschreibung, die der begrenzten zeitlichen Einsatzmöglichkeit abnutzbarer Anlagegüter und der damit verbundenen Wertminderung Rechnung tragen. 95

a) Lineare Abschreibung

Bei linearer Abschreibung werden die Anschaffungs- oder Herstellungskosten **gleichmäßig** auf die erwartete Nutzungsdauer verteilt. So ergibt sich für eine Maschine mit AHK von 15 000 und einer geschätzten Nutzungsdauer (ND) von 5 Jahren eine jährliche Abschreibungsquote (A) von:

$$A = \frac{AHK}{ND} = \frac{15\,000}{5} = 3\,000.$$

Die jährliche Abschreibungsquote wird jedoch in der Regel durch einen festen Prozentsatz von den Anschaffungs- oder Herstellungskosten berechnet. Der **Abschreibungsprozentsatz** (p) errechnet sich, indem man 100 durch die Nutzungsdauer (5 Jahre) dividiert:

$$p = \frac{100}{5} = 20\ \%;\ A = AHK \times p = 15\,000 \times 20\ \% = 3\,000.$$

b) Degressive Abschreibung

Die degressive Abschreibung verteilt die Anschaffungs- oder Herstellungskosten **in fallenden Raten** auf die erwartete Nutzungsdauer. Gebräuchlich sind **zwei Arten:** 96

- geometrisch degressive Abschreibung **(Restwertabschreibung)**

- arithmetisch degressive Abschreibung (**Digitalabschreibung**).

Bei **geometrisch degressiver Abschreibung** bilden die Abschreibungsquoten eine unendliche geometrische Reihe, d.h., der **Quotient** aus zwei Abschreibungsbeträgen ist konstant. Die jährliche Abschreibungsquote wird durch einen festen Prozentsatz vom jeweiligen **Restwert** ermittelt, daher auch Restwertabschreibung.

Schreibt man z.B. o.g. Maschine (AHK 15 000) mit 20 % degressiv ab, so errechnen sich die jährlichen Abschreibungsquoten (A) und Restwerte wie folgt:

Periode	**A**	**Restwert**
1. Jahr	3 000	12 000
2. Jahr	2 400	9 600
3. Jahr	1 920	7 680
4. Jahr	1 536	6 144
5. Jahr	1 229	4 915
6. Jahr	983	3 932
7. Jahr	786	3 146

Ein Restwert von Null kann mit diesem Verfahren nicht erreicht werden. Man muß allenfalls im letzten Jahr der Nutzungsdauer den noch vorhandenen Restwert in voller Höhe abschreiben.

97 Bei **arithmetisch degressiver Abschreibung** bilden die Abschreibungsquoten eine arithmetische Reihe, d.h., die **Differenz** aus zwei aufeinanderfolgenden Abschreibungsquoten (A) ist konstant. Die Berechnung erfolgt, indem man zunächst die einzelnen Ziffern der geschätzten Nutzungsdauer addiert und anschließend die Anschaffungs- oder Herstellungskosten durch den Summenwert (W) dividiert. So erhält man den Degressionsbetrag (d), der in fallender Reihenfolge mit den einzelnen Ziffern der Nutzungsdauer multipliziert wird.

Für obiges Beispiel ergibt sich (AHK 15 000, ND 5 Jahre):

$$W = 1 + 2 + 3 + 4 + 5 = 15$$

$$d = \frac{AHK}{W} = \frac{15\,000}{15} = 1\,000$$

Periode	**A**	**Restwert**
1. Jahr	5 × 1 000 = 5 000	10 000
2. Jahr	4 × 1 000 = 4 000	6 000
3. Jahr	3 × 1 000 = 3 000	3 000
4. Jahr	2 × 1 000 = 2 000	1 000
5. Jahr	1 × 1 000 = 1 000	0

c) Progressive Abschreibung

Die progressive Abschreibung stellt eine Umkehrung der degressiven dar. Demzufolge unterscheidet man auch zwischen 98

- **geometrisch progressiver Abschreibung** und
- **arithmetisch progressiver Abschreibung.**

Die jährlichen Quoten der progressiven Abschreibung erhält man durch **Umkehrung** der Reihenfolge der degressiven Quoten. Bei Ermittlung der geometrisch progressiven Abschreibungsquoten ist von einer geometrisch degressiven Abschreibung auszugehen, die den Restwert der Anlage im letzten Jahr der Nutzungsdauer voll abschreibt.

d) Leistungsabschreibung

Die Leistungsabschreibung verteilt die Anschaffungs- oder Herstellungskosten 99
einer Anlage nach der **erbrachten Leistung. Zwei Voraussetzungen** sind dafür nötig:

- Die erwartete **Gesamtleistung** der Anlage muß hinreichend genau geschätzt werden können.
- Die **jährliche Leistungsabgabe** muß bekannt sein.

Angenommen, bei obigem Anlagegut handelt es sich um einen PKW, der eine geschätzte Gesamtleistung von 100 000 km hat und im ersten Jahr 20 000 km, im zweiten Jahr 28 000 km, im dritten Jahr 30 000 km und im vierten Jahr 22 000 km fährt.

Die Abschreibungsquoten (A) errechnen sich dann wie folgt:

$$\text{Abschreibungsprozentsatz p} = \frac{\text{Jahresleistung} \times 100}{\text{Gesamtleistung}}$$

$$\text{1. Jahr: } p = \frac{20\,000 \text{ x } 100}{100\,000} = 20\ \%;\ A = AHK \text{ x } p = 15\,000 \text{ x } 20\ \% = 3\,000,$$

$$\text{2. Jahr: } p = \frac{28\,000 \text{ x } 100}{100\,000} = 28\ \%;\ A = AHK \text{ x } p = 15\,000 \text{ x } 28\ \% = 4\,200,$$

$$\text{3. Jahr: } p = \frac{30\,000 \text{ x } 100}{100\,000} = 30\ \%;\ A = AHK \text{ x } p = 15\,000 \text{ x } 30\ \% = 4\,500,$$

$$\text{4. Jahr: } p = \frac{22\,000 \text{ x } 100}{100\,000} = 22\ \%;\ A = AHK \text{ x } p = 15\,000 \text{ x } 22\ \% = 3\,300,$$

$$\text{Summe: } 15\,000.$$

Im Hinblick auf die Frage, welches der geschilderten regelmäßigen **Abschrei-** 100
bungsverfahren nun den aufgezählten **Abschreibungsursachen** in besonderer Weise Rechnung trägt, muß zunächst festgestellt werden, daß der Katastrophenverschleiß und die wirtschaftliche Überholung nicht durch regelmäßige, sondern wegen mangelnder Vorhersehbarkeit nur durch **außerplanmäßige** Abschrei-

bungen (vgl. Tz. 456 ff.) berücksichtigt werden können. Allerdings mindern eine möglichst kurz geschätzte Nutzungsdauer sowie das degressive Abschreibungsverfahren grundsätzlich das Risiko eines überraschenden Wertverlustes, da auf diese Weise die Anlage stets mit relativ niedrigen Restwerten zu Buch steht.

Die lineare Abschreibung eignet sich besonders bei **gleichmäßigem Wertverzehr,** etwa durch Ruheverschleiß, kontinuierlichen Verbrauchsverschleiß oder Fristablauf.

Die degressive Abschreibung mindert das Risiko unvorhergesehenen Wertverzehrs. Sie trägt auch **hohen Wertverlusten zu Beginn der Nutzungsdauer** Rechnung, die durch geringere Wertschätzung gebrauchter Anlagen normalerweise entstehen. Bei jährlich ansteigendem Reparaturaufwand bleibt der **Gesamtaufwand** einer Maschine (Abschreibungen plus Reparaturen) im Zeitablauf weitgehend **konstant.**

Die progressive Abschreibung geht von niedrigen Werteinbußen am Anfang der Nutzungsdauer eines Anlageguts aus, was dann der Fall sein kann, wenn **mangels vollständiger Auslastung** anfangs wenig Verbrauchsverschleiß auftritt und die Produktion erst in Zukunft voll anlaufen soll.

Die Leistungsabschreibung stellt ganz auf den **Verbrauchsverschleiß** ab. Sie führt bei starker Beanspruchung der Anlage zu hohen Abschreibungsquoten und kann insbesondere bei erheblich schwankender Inanspruchnahme zweckmäßig sein.

3. Berücksichtigung eines Schrottwerts

101 Kann man erwarten, daß eine Anlage nach Ablauf ihrer Nutzungsdauer noch einen nennenswerten Schrottwert erbringt, so ist dies bei der Bemessung der Abschreibung zu berücksichtigen (Adler/Düring/Schmaltz zu § 253 HGB Tz. 416). Ein berücksichtigungspflichtiger Schrottwert tritt bei einer fest installierten Anlage allerdings erst dann in Erscheinung, wenn er die Beseitigungskosten (Demontagekosten) **erheblich** übersteigt.

Ist ein solcher Schrottwert vorhanden, so berechnet sich die Abschreibung grundsätzlich **von den um den Schrottwert geminderten Anschaffungs- oder Herstellungskosten.** Beträgt im genannten Beispiel der Schrottwert (S) 5 000, so ergibt sich folgende jährliche **lineare Abschreibung:**

$$AHK - S = 15\,000 - 5\,000 = 10\,000$$

$$A = \frac{AHK - S}{ND} = \frac{10\,000}{5} = 2\,000$$

Fällt am Ende der Nutzungsdauer ein nennenswerter Schrottwert an, so eignet sich die geometrisch degressive Abschreibung besonders, da sie ohnehin nicht zu einem Restwert von Null führt. Es braucht dann der erwartete Schrottwert zu

Beginn der Nutzungsdauer nicht von den Anschaffungs- oder Herstellungskosten abgesetzt werden.

Bei arithmetisch degressiver und progressiver Abschreibung sowie bei der Leistungsabschreibung ist die Bemessungsgrundlage (AHK) für die Berechnung der Abschreibungsquoten (A) - analog zur linearen Abschreibung - um den Schrottwert zu mindern. An die Stelle der AHK tritt der Wert: AHK – S.

4. Abschreibung bei Zu- und Abgang während des Geschäftsjahrs

Im Falle des Zu- oder Abgangs einer abnutzbaren Anlage während des Ge- **102**
schäftsjahrs gilt für die Abschreibungsbemessung folgende Regelung:

a) Zugang während des Geschäftsjahrs

Grundsätzlich ist die Abschreibungsquote **im Jahr des Zugangs** einer Anlage **zeitanteilig** zu bemessen, d.h., die Abschreibung wird für so viele Monate angesetzt, wie das Anlagegut - einschließlich des Anschaffungsmonats - dem Betrieb gedient hat.

Stimmt das Geschäftsjahr mit dem Kalenderjahr überein, so fallen für ein im Januar, Februar, März usw. angeschafftes Wirtschaftsgut im ersten Jahr 12/12, 11/12, 10/12 usw. der vollen Abschreibungsquote A an. Ein am 31. Januar angeschaftes Anlagegut wird also noch voll abgeschrieben, ein am 31. Dezember angeschafftes Anlagegut mit 1/12 A.

Neben dieser grundsätzlich gültigen Regel der zeitanteiligen Abschreibung ist **103**
ausnahmsweise **für bewegliche, abnutzbare Anlagegüter** (also nicht für Gebäude) nach Abschn. 44 Abs. 2 EStR die **Halbjahresregel** zugelassen. Danach **dürfen** im **1. Halbjahr** angeschaffte bewegliche Anlagegüter noch mit der vollen Quote A und im **2. Halbjahr** angeschaffte bewegliche Anlagegüter noch mit der halben Quote A abgeschrieben werden.

Handelt es sich also im obigen Beispiel um ein bewegliches Anlagegut (z.B. PKW), so darf im Jahr der Anschaffung (Geschäftsjahr = Kalenderjahr) die volle Quote A angesetzt werden, wenn die Anschaffung bis zum 30. Juni erfolgt. Wird die Anschaffung zwischen 1. Juli und 31. Dezember durchgeführt, so darf höchstens ½ A als Abschreibungsquote angesetzt werden. Allerdings würde eine zeitanteilige (monatliche) Abschreibungsbemessung den gesetzlichen Vorschriften ebenfalls entsprechen. **Die Halbjahresregel ermöglicht** jedoch im Jahr der Anschaffung **höhere Abschreibungsquoten** und mindert somit den Gewinn in stärkerem Maße.

Für die Berechnung der **Gebäudeabschreibung** im Anschaffungsjahr kommt demgegenüber nur die **zeitanteilige** Regelung in Frage.

b) Abgang während des Geschäftsjahrs

104 Die geschilderte Halbjahresregel gilt nur im ersten Jahr der Nutzung eines beweglichen, abnutzbaren Anlageguts, nicht aber im letzten Jahr. Scheidet ein noch nicht voll abgeschriebenes Anlagegut während des Geschäftsjahrs aus dem Betrieb aus, so ist für das letzte Jahr der Nutzung die Abschreibung grundsätzlich **zeitanteilig** zu berechnen, wobei der Monat des Ausscheidens meist nicht mehr mitgezählt wird.

Stimmen Geschäftsjahr und Kalenderjahr überein, so braucht für das Abgangsjahr keine Abschreibung mehr angesetzt werden, wenn die Veräußerung im Januar stattfindet. Wird das Wirtschaftsgut im Februar, März, April usw. veräußert, so ist für das Veräußerungsjahr noch 1/12, 2/12, 3/12 usw. der Jahresabschreibungsquote A zu berücksichtigen. Zur Berechnung der Abschreibung im **Veräußerungsjahr** zählt man somit meist die vollen Monate, die das Anlagegut noch dem Betrieb gedient hat.

5. Buchtechnische Behandlung der Abschreibung

105 Buchungstechnisch unterscheiden wir

- die direkte und
- die indirekte Abschreibung.

Bei **direkter** Verbuchung lautet der **Buchungssatz** für eine Abschreibung auf Sachanlagen:

Von Kontengruppe 65 **an** Klasse 0.

Auf dem Anlagekonto und damit auf der **Aktivseite der Bilanz** erscheint der jeweilige **Restwert** des Gutes.

106 Bei **indirekter** Verbuchung lautet der **Buchungssatz:**

Von Kontengruppe 65 **an** Kontengruppe 36.

Die Kontengruppe 36 »Wertberichtigungen zum Anlagevermögen« weist passive Bestandskonten aus. Die Anlagegüter erscheinen während ihrer **gesamten** Nutzungsdauer mit ihren **Anschaffungs- oder Herstellungskosten auf der Aktivseite der Bilanz.** Als **Korrekturposten** dazu tritt auf der **Passivseite** das **Konto »Wertberichtigungen«** auf. Die indirekte Abschreibung vermittelt insofern weitergehende Erkenntnisse als die direkte, da sie sowohl die Anschaffungs- oder Herstellungskosten der eingesetzten Anlagen erkennen läßt als auch deren Restwerte. Der Restwert ergibt sich als Differenz zwischen den Anschaffungs- oder Herstellungskosten auf der Aktivseite und den Wertberichtigungen auf der Passivseite der Bilanz.

Beim **Abgang** eines Anlageguts ist die zugehörige **Wertberichtigung aufzulösen.**

Buchungssatz:

Von Kontengruppe 36 **an** Klasse 0.

Beispiel: 107

Ein zu Beginn eines Wirtschaftsjahrs angeschafftes Anlagegut hat AHK von 15 000 und eine ND von 5 Jahren. Es wird im 9. Monat des 4. Jahres zu 5 000 (zuzügl. 16% MWSt) verkauft. Wie lautet der Buchungssatz bei linearer Abschreibung?

Lösung:

Direkte Verbuchung:

Restwert zu Beginn des 4. Jahres: 15 000 – (3 x 3 000) = 6 000

Abschreibung des 4. Jahres: 8/12 x 3 000 = 2 000

Verbuchung der Abschreibung des 4. Jahres:

Von Kontengruppe 65 **an** Klasse 0 2 000

Restwert zum Verkaufszeitpunkt: 6 000 – 2 000 = 4 000

Buchungssatz für den Verkauf:

Von 24	5 800	**an** Klasse 0	4 000
		an 546	1 000
		an 48	800

Indirekte Verbuchung:

Verbuchung der Abschreibung des Veräußerungsjahrs in Höhe von 2000:

Von Kontengruppe 65 **an** Kontengruppe 36 2 000.

Damit weist das Anlagekonto im Verkaufszeitpunkt die AHK von 15 000 und das Konto Wertberichtigung 11 000 (= 3 × 3 000 + 2 000) aus.

Auflösung der Wertberichtigung:

Von 36 **an** Klasse 0 11 000

Buchungssatz für den Verkauf:

Von 24	5 800	**an** Klasse 0	4 000
		an 546	1 000
		an 48	800

Da in der Bilanz der Kapitelgesellschaft der Passivposten »Wertberichtigungen« nicht mehr zulässig ist, kommt insofern hinsichtlich des Bilanzausweises nur ein Abzug von der entsprechenden Aktivposition in Frage. Es kann also in der Buchhaltung einer Kapitalgesellschaft durchaus indirekt abgeschrieben werden, nur darf im veröffentlichten Jahresabschluß der Posten »Wertberichtigungen« nicht auf der Passivseite der Bilanz erscheinen, sondern ist vom Aktivposten zu subtrahieren.

E. Personalbuchhaltung

108 Kennzeichnendes Merkmal der **Personalbuchhaltung (Lohn- und Gehaltsbuchhaltung)** ist ihre starke Prägung durch eine Vielzahl steuerrechtlicher, sozialversicherungsrechtlicher und sozialpolitischer (z.B. beteiligungs- oder sparfördernder) Vorschriften. Die Berücksichtigung aller dieser Rechtsnormen verursacht **erheblichen Verwaltungsaufwand.**

Die Ermittlung des **Brutto-** und **Nettoentgelts,** der verschiedenartigen **Abzüge** sowie **Zahlungen** an Arbeitnehmer, Finanzamt, Träger der Sozialversicherung (Renten-, Kranken-, Pflege-, Arbeitslosenversicherung, Berufsgenossenschaft) und an die unterschiedlichen Sparinstitute (Banken und Bausparkassen) erfordert bereits in kleineren Betrieben den Einsatz von EDV.

109 Ein weiteres sehr arbeitsaufwendiges Gebiet im Rahmen der Lohn- und Gehaltsabrechnung stellt die **Vergütung der** anläßlich von Dienstgängen oder -reisen der Arbeitnehmer entstandenen **Auslagen für Fahrtkosten, Verpflegung und Übernachtung** sowie die **Erstattung von Bewirtungskosten und sonstigen Spesen** dar. Dabei ist jeweils zu beachten, daß die Höchstgrenzen und Formvorschriften im Hinblick auf die Steuer- und Sozialversicherungsfreiheit eingehalten werden. **Andernfalls** handelt es sich rechtlich **nicht um Auslagenersatz,** sondern um steuer- und sozialversicherungspflichtiges **Arbeitsentgelt.**

Zum steuer- und sozialversicherungspflichtigen Entgelt zählen grundsätzlich nicht nur die gezahlten Löhne und Gehälter, sondern alle **»geldwerten Vorteile«** des Arbeitnehmers, wie kostenlose oder verbilligte Betriebswohnung, Überlassung eines firmeneigenen PKWs zu Privatfahrten, Erstattung von Wegegeldern für Fahrten des Arbeitnehmers zwischen Wohnung und Arbeitsstätte, verbilligte Abgabe von Kantinenmahlzeiten etc. Innerhalb bestimmter Grenzen werden jedoch auch hierfür Abgabevergünstigungen gewährt (§ 8 Abs. 2 und 3 EStG).

110 Einen weiteren umfangreichen Komplex bildet die in vielen Betrieben vorhandene **freiwillige betriebliche Altersvorsorge** für die Arbeitnehmer. Es können zu diesem Zweck vom Betrieb **Direktversicherungen** auf den Namen des Arbeitnehmers abgeschlossen werden; oder der Betrieb zahlt die Versicherungsprämien für seine Arbeitnehmer in eine eigens zu diesem Zweck gegründete **betriebliche Pensionskasse** oder einen **Pensionsfond.** Andere Betriebe wählen nicht den Weg über eine Versicherung, sondern sorgen selbst für den Pensionsfall vor durch Bildung einer **Pensionsrückstellung.** Dann ist jedoch eine **Insolvenzversicherung** abzuschließen.

111 Der **Standardbuchungssatz** für die Auszahlung von Löhnen und Gehältern lautet:

Von Kontengruppe 62 (Bruttolohn) **an** 28 (Nettolohn)
an 483 Noch abzuführende Abgaben (Abzüge).

Außerdem muß stets die **Verbuchung des Arbeitgeberanteils** zur gesetzlichen Sozialversicherung erfolgen:

Von Kontengruppe 64 **an** 483.

Die dem Arbeitnehmer abgezogenen Beträge für Lohn- und Kirchensteuer sowie für Sozialversicherung stellen im Zeitpunkt der Auszahlung des Arbeitsentgelts für den Arbeitgeber Verbindlichkeiten gegenüber dem Finanzamt und den Sozialversicherungsträgern dar (Konto 483 »Noch abzuführende Abgaben«). Darüber hinaus muß der Arbeitgeber in gleicher Höhe wie der Arbeitnehmer seinen Anteil zur gesetzlichen Sozialversicherung entrichten (Konto 64 »Arbeitgeberanteil zur gesetzlichen Sozialversicherung«). In dieser Höhe entstehen weiterer Aufwand und eine weitere Verbindlichkeit gegenüber den Sozialversicherungsträgern.

Der **Buchungssatz** für die **Abführung der Abzüge** lautet: 112

Von 483 **an** 28.

Legt der Arbeitnehmer Teile seines Arbeitsentgelts vermögenswirksam an (bis zu 40 € pro Monat sind bei Einzahlung auf Bausparvertrag gegenwärtig begünstigt zuzügl. 34 € pro Monat bei Anlage in Beteiligungswerten z.B. Aktienfond oder Beteiligung am Unternehmen des Arbeitgebers), so ist dieser Betrag nicht auf das laufende Konto des Arbeitnehmers, sondern direkt auf sein Sparkonto zu überweisen. Der Staat setzt in diesem Fall die sogenannte Arbeitnehmersparzulage fest, die der Arbeitnehmer am Ende eines Kalenderjahres beim Finanzamt beantragen muß. **Buchungssatz** für Überweisung:

Von 484 **an** 28 (Sparinstitute der Arbeitnehmer).

Beispiel:

Wie lauten die Buchungssätze für folgende Geschäftsvorfälle?

a) Lohnabrechnung:

Bruttolöhne			20 000
Abzüge:	Lohnsteuer	3 600	
	Kirchensteuer	288	
	Sozialversicherung	2 500	
	Vermögenswirksame Leistungen	600	
	Summe	6 988	6 988
Nettoüberweisung:			13 012

b) Arbeitgeberanteil zur Sozialversicherung: 2 500 (Diese Buchung ist auch vorzunehmen, wenn sie nicht ausdrücklich erwähnt wird.)

c) Überweisung der Lohn- und Kirchensteuer an das Finanzamt: 3 888

d) Überweisung der Sozialversicherungsabgaben an die Allgemeine Ortskrankenkasse: 5 000 (Arbeitnehmer- + Arbeitgeberanteil)

e) Überweisung des Beitrags zur Berufsgenossenschaft (Versicherung gegen Arbeitsunfälle trägt der Arbeitgeber allein): 500

f) Überweisung der vermögenswirksamen Leistungen an die Sparinstitute der Arbeitnehmer: 600

g) Zahlung von 1 000 an die Lebensversicherungen der Arbeitnehmer im Rahmen der betrieblichen Altersvorsorge.

h) Der betrieblichen Pensionsrückstellung werden 2 000 zugeführt.
i) Wir zahlen einem Arbeitnehmer einen Vorschuß von 800 € (wird erfolgsneutral wie Kreditgewährung behandelt).

Buchungssätze:

a) **Von** 62 20 000 **an** 28 13 012.
(Empfänger: laufende Konten der Arbeitnehmer)
an 483 6 388.
an 484 Verbindlichkeiten gegenüber Betriebsangehörigen 600.
b) **Von** 64 2 500 **an** 483 2 500.
c) **Von** 483 3 888 **an** 28 3 888.
(Empfänger: Finanzamt)
d) **Von** 483 5 000 **an** 28 5 000.
(Empfänger: Allgemeine Ortskrankenkasse)
e) **Von** 642 500 **an** 28 500.
(Empfänger: Berufsgenossenschaft)
f) **Von** 484 600 **an** 28 600.
(Empfänger: Sparinstitute der Arbeitnehmer)
g) **Von** 646 1 000 **an** 28 1 000.
(Empfänger: Lebensversicherungen der Arbeitnehmer)
h) **Von** 647 2 000 **an** 37 Pensionsrückstellung 2 000.
i) **Von** 264 800 **an** 28 800.
(Empfänger: Arbeitnehmer)

Drittes Kapitel

Die Grundlagen des Jahresabschlusses

A. Allgemeines

I. Bestandteile

Nach Ablauf des Geschäftsjahres ist aus den Unterlagen der Buchführung der **Jahresabschluß** zu entwickeln. Dabei wird grundsätzlich zwischen **Personenunternehmen** (z.B. Einzelfirma, OHG, KG) jedoch mit Ausnahme der GmbH & Co. KG auf der einen Seite und **Kapitalgesellschaften** (einschließlich eG, dem PublG unterworfene Großunternehmen und Konzerne sowie Personengesellschaften ohne vollhaftende natürliche Person) auf der anderen Seite unterschieden. 113

Bei **Personenunternehmen** besteht der Jahresabschluß nach § 242 Abs. 3 HGB aus

- **Bilanz** und
- **Erfolgsrechnung.**

Bei **Kapitalgesellschaften** besteht der Jahresabschluß nach § 264 Abs. 1 HGB aus

- **Bilanz,**
- **Erfolgsrechnung** und
- **Anhang.**

Zudem ist der Jahresabschluß zu ergänzen durch den **Lagebericht.**

Konzerne haben darüber hinaus einen Konzernabschluß zu erstellen, der in gleicher Weise aus

- **Konzernbilanz,**
- **Konzernerfolgsrechnung** und
- **Konzernanhang** besteht.

Der Abschluß ist auch zu ergänzen um den **Konzernlagebericht.**

Börsennotierte Konzern-Mutterunternehmen müssen darüber hinaus ihren Konzernabschluß nach § 297 Abs. 1 HGB um eine **Kapitalflußrechnung** (Mittelherkunft und Mittelverwendung), eine **Segmentberichterstattung** sowie einen Eigenkapitalspiegel erweitern (vgl. Tz. 775).

Außerdem sind nach § 264a HGB auf Jahresabschlüsse von GmbH & Co. KGs (nur Kapitalgesellschaft ist persönlich haftender Gesellschafter) die Vorschriften für Kapitalgesellschaften anwendbar und nicht nur diejenigen für Personenunternehmen. Es gilt allerdings darauf hinzuweisen, daß diese Betrachtungsweise nur **handelsrechtliche** Bedeutung hat; **steuerlich** ändert sich an der seit jeher erfolgten Einstufung der **GmbH & Co. KG** als Personengesellschaft dadurch gar nichts. Im Hinblick auf die **handelsrechtliche Rechnungslegung** soll daher **im folgenden die GmbH & Co. KG nicht im Begriff der Personenunternehmen** eingeschlossen sein, **sondern im Begriff der Kapitalgesellschaften.**

Die **grundsätzlichen Unterschiede** zwischen dem Jahresabschluß von Personenunternehmen und Kapitalgesellschaften liegen zum einen **im formalen Aufbau,** zum anderen in den **Gestaltungsmöglichkeiten.** Dies hat seine Ursache in der **Offenlegungspflicht der Kapitalgesellschaften.** Mit Rücksicht auf den rela- 114 tiv großen Kreis teils ungeübter Bilanzleser, denen auf diese Weise Einblick in den **Jahresabschluß von Kapitalgesellschaften** ermöglicht wird, **grenzt der Gesetzgeber den Handlungsspielraum** dieser Unternehmen erheblich ein und fordert ein Mindestmaß an Aussagekraft. Es ist daher bei Kapitalgesellschaften zwischen dem **internen** Jahresabschluß und dem zusätzlich aufbereiteten **veröffentlichten** Jahresabschluß zu unterscheiden.

115 Bildlich kann der **Umfang der Rechnungslegung** wie folgt verdeutlicht werden:

Rechtsform	Jahresabschluß			Lagebericht
	Bilanz	Erfolgsrechnung	Anhang	
Personenunternehmen, die nicht unter das PublG fallen	X	X		
die unter das PublG fallen	X	X		
Kapitalgesellschaften, eG und Konzerne	X	X	X	X

Die dem PublG unterworfenen Personenunternehmen werden im Hinblick auf den Umfang des Jahresabschlusses ausnahmsweise den kleineren Personenunternehmen gleichgestellt. Sie brauchen **keinen Anhang** und **keinen Lagebericht** zu erstellen; letzteres gilt auch für die kleinen Kapitalgesellschaften (§ 264 Abs. 1 Satz 3 HGB).

II. Gesetzesaufbau

116 Die **für mehr als eine Unternehmensform** gültigen, handelsrechtlichen Rechnungslegungsvorschriften sind im HGB nach folgender Gesetzessystematik verzeichnet:

§§ 238 – 263 HGB: Vorschriften für **alle Kaufleute**

§§ 264 – 335 HGB: Ergänzende Vorschriften für Kapitalgesellschaften (AG, KGaA, GmbH, GmbH & Co. KG)

§§ 336 – 339 HGB: Besondere Vorschriften für **eingetragene Genossenschaften** (eG) als Ergänzung zu den Vorschriften für Kapitalgesellschaften.

Die eG wird im wesentlichen wie eine Kapitalgesellschaft behandelt. Allerdings sind für sie nicht alle Sondervorschriften der Kapitalgesellschaften bindend; in einigen Fällen besteht ein Wahlrecht, auch nach den großzügigeren Bestimmungen der Personenunternehmen verfahren zu können (§ 336 Abs. 2 HGB). Darüber hinaus enthalten die §§ 336 - 339 HGB einige Anpassungen an spezielle Erfordernisse der eG.

Die **rechtsformspezifischen Sondergesetze,** 117

AktG (AG, KGaA),
GmbHG (GmbH),
GenG (eG),
PublG (große Personenunternehmen u.a.),

haben nur für die **jeweilige Unternehmensform** Bedeutung. Sie enthalten keinerlei allgemeingültige GoB. Daneben existieren noch branchenspezifische Bestimmungen (z.B. Kreditwesengesetz, Versicherungsaufsichtsgesetz). Außer diesen **handelsrechtlichen Rechnungslegungsvorschriften** haben Kaufleute auch die **Steuergesetze** zu beachten, so daß sich im Hinblick auf die Jahresabschlußvorschriften folgende tabellarische **Rechtssystematik** ergibt:

118

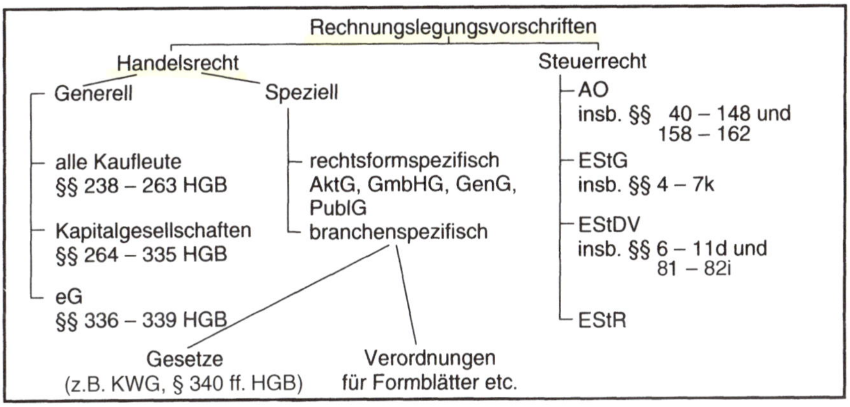

III. Größenklassen

Im Zusammenhang mit der Rechnungslegung spielt auch die **Größe des Unternehmens** eine Rolle. Bei **Kapitalgesellschaften** sind davon u.a. die Pflicht zur Erstellung eines Lageberichts, die Gliederung des Jahresabschlusses, die Berichtspflichten im Anhang, die Prüfung und Offenlegung abhängig. Es wird wie folgt unterschieden (§ 267 HGB): 119

Größenklasse	Bilanzsumme Mio. €	Umsatzerlöse Mio. €	Arbeitnehmer ∅ Zahl
Kleine Kapitalgesellschaft	≤ 3,438	≤ 6,875	≤ 50
Mittelgroße Kapitalgesellschaft	> 3,438 bis 13,75	> 6,875 bis 27,50	> 50 bis 250
Große Kapitalgesellschaft	> 13,75	> 27,50	> 250

Eine Kapitalgesellschaft ist erst dann der jeweils höheren Größenklasse zuzuordnen, wenn für sie an **zwei aufeinanderfolgenden Abschlußstichtagen mindestens zwei der drei bezeichneten Merkmale** zutreffen. Sind Aktien oder andere Wertpapiere der Gesellschaft zum amtlichen Handel an der Börse zugelassen oder in den geregelten Freiverkehr einbezogen, so gilt die Gesellschaft stets als groß.

120 Für **Personenunternehmen** gelten die Bestimmungen des **PublG,** wenn an **drei aufeinanderfolgenden Abschlußstichtagen mindestens zwei der drei folgenden Größenmerkmale** zutreffen:

Publizitätspflichtiges Unternehmen	Bilanzsumme Mio. €	Umsatzerlöse Mio. €	Arbeitnehmer ∅ Zahl
Einzelfirma, Personengesellschaft etc.	> 65,0	> 130,0	> 5 000

121 Die **Größe eines Unternehmens** kann auch in steuerlicher Hinsicht von Bedeutung sein, da sie die **Häufigkeit von Betriebsprüfungen** mit beeinflußt. So sollen bei Großbetrieben Außenprüfungen »nahtlos« aneinander anschließen, ohne daß ein ungeprüfter Zwischenraum entsteht. Bei anderen Betrieben soll sich die Prüfung auf nicht mehr als die drei vorangegangenen Besteuerungszeiträume erstrecken. Die steuerlichen Größenmerkmale sind in der Betriebsprüfungsordnung der Finanzverwaltung geregelt, sie richten sich nach dem Wirtschaftszweig und werden von Zeit zu Zeit angepaßt; sie haben mit den handelsrechtlichen nichts zu tun.

IV. Verfahrensschritte und Fristen

122 Im Handelsrecht vollzieht sich die **Rechnungslegung** eines Unternehmens in **bis zu fünf Verfahrensschritten:**

- **Aufstellung**

- **Prüfung**
- **Feststellung**
- **Ergebnisverwendung**
- **Offenlegung.**

Beim **Einzelkaufmann bedarf es außer der Aufstellung** des Jahresabschlusses **keiner** weiteren Maßnahmen. Der **Jahresabschluß von Gesellschaften** ist von dem für die **Geschäftsführung** zuständigen Organ aufzustellen. In der Personengesellschaft sind dafür i. d. R. der (die) persönlich haftende(n) Gesellschafter verantwortlich, in der GmbH der (die) Geschäftsführer, in der AG und eG der Vorstand. **123**

Der von der Geschäftsführung aufgestellte Jahresabschluß von **mittelgroßen und großen Kapitalgesellschaften, Genossenschaften, Konzernen und unter das PublG fallenden Personenunternehmen** muß anschließend dem **Abschlußprüfer** vorgelegt werden, der nach erfolgreicher Prüfung den **Bestätigungsvermerk** (§ 322 HGB) erteilt. Mit Ausnahme der mittelgroßen GmbH und GmbH & Co. KG, die auch von einem vereidigten Buchprüfer geprüft werden können, sind zur Abschlußprüfung nur Wirtschaftsprüfer (bei der eG der zuständige Prüfungsverband) berechtigt. Die eG mit einer Bilanzsumme bis 2 Mio. € wird nur alle zwei Jahre geprüft, ansonsten findet eine jährliche Prüfung statt (§ 53 GenG). **124**

Zur **Rechtsverbindlichkeit** des Jahresabschlusses von Gesellschaften bedarf es schließlich der **Feststellung.** Diese erfolgt (gegebenenfalls nach Prüfung) bei der Personengesellschaft und GmbH durch die Gesellschafter (§ 120 ff. HGB und § 42 a GmbHG). Der Jahresabschluß der AG ist festgestellt, wenn er vom Aufsichtsrat gebilligt wird (§ 172 AktG). Im Ausnahmefall beschließt die Hauptversammlung über die Feststellung des Jahresabschlusses (§ 172 f. AktG). Bei der eG ist die Generalversammlung zuständig (§ 33 GenG). **125**

Der **Beschluß über die Ergebnisverwendung** ist, sofern das Gesetz oder die Satzung nichts anderes vorsehen, Sache der Eigentümer (vgl. Tz. 582 ff.), also der Gesellschafterversammlung bzw. Hauptversammlung (zur Hälfte neben dem Aufsichtsrat).

Der Jahresabschluß von **Personenunternehmen** (z.B. Einzelfirma, OHG, KG), die dem **PublG unterliegen, von Kapitalgesellschaften, Genossenschaften und Konzernen ist offenzulegen.** Umfang und Art der Offenlegung richten sich in erster Linie nach der Größe des Unternehmens. Die **Offenlegungspflicht** umfaßt folgende **Unterlagen** (§ 325 HGB), wobei kleine und mittlere Kapitalgesellschaften **Erleichterungen** genießen (§ 326 f. HGB): **126**

- Jahresabschluß (Bilanz, Erfolgsrechnung, Anhang)
- Lagebericht
- Bericht des Aufsichtsrats
- Ergebnisverwendung (soweit nicht aus Jahresabschluß ersichtlich).

127 Die **Publizierung** erfolgt bei **kleinen und mittleren Kapitalgesellschaften** durch Einreichung der Unterlagen beim zuständigen Handelsregister (im Bundesanzeiger ist nur das Handelsregister der Einreichung bekannt zu machen), ansonsten durch **Veröffentlichung im Bundesanzeiger** und Einreichung der Unterlagen beim zuständigen Handelsregister. Prüfung und Offenlegung können durch folgende Tabelle näher verdeutlicht werden:

	Prüfungspflicht durch wen?	Offenlegungspflicht Umfang	Art
Personenunternehmen, die nicht unter das PublG fallen	nein	nein	nein
die unter das PublG fallen	WP	Bilanz ohne G + V	BA + HR
kleine Kapitalgesellschaft	nein	stark verkürzte Bilanz, (keine GuV), stark verkürzter Anhang, (kein Lagebericht), Ergebnisverwendung	HR
mittlere Kapitalgesellschaft	vBP für GmbH WP	vollständig; mit Erleichterungen bei Bilanz und Anhang	HR
große Kapitalgesellschaft	WP	vollständig	BA + HR
Konzerne	WP	vollständig	BA + HR

Zeichenerklärung:
WP = Wirtschaftsprüfer, vBP = vereidigter Buchprüfer, BA = Bundesanzeiger,
HR = Handelsregister

128 Der Jahresabschluß besitzt nur dann Aussagekraft, wenn er **zeitgerecht** erstellt wird. Für **Personenunternehmen,** die nicht vom PublG betroffen sind, gibt das HGB **keine festen Fristen** vor. Nach § 243 Abs. 3 HGB ist der Jahresabschluß innerhalb der **einem ordnungsgemäßen Geschäftsgang entsprechenden Zeit** aufzustellen. Was einem ordnungsgemäßen Geschäftsgang entspricht, hängt sehr stark vom Einzelfall ab. Ein Zeitraum von drei Monaten dürfte in jedem Fall angemessen sein. In einem Konkursverfahren hat der Bundesgerichtshof eine Frist von sechs Monaten bereits als zu lang erachtet. Mit Sicherheit ist jedoch eine Bilanz, die erst nach dem folgenden Stichtag - also **nach mehr als 12 Monaten** erstellt wird, als **ordnungswidrig** zu bezeichnen. Es liegt allerdings im Interesse des Kaufmanns, möglichst zeitnah zu bilanzieren. Nur dann eignet sich der Jahresabschluß als Steuerungsinstrument in der Hand der Unternehmensführung (vgl. Tz. 12).

Steuerlich setzt der Abgabetermin der Einkommensteuererklärung (31. 5.) eine gewisse Grenze. Bis dahin muß der Gewinn für eine im Vorjahr endende Geschäftsperiode feststehen. Einem Antrag auf Verschiebung des Abgabetermins bis zum 30. 9. wird meistens entsprochen. Allerdings kann sich die Bilanzierung nicht nur am Abgabetermin der Steuererklärung ausrichten. 129

Für **Kapitalgesellschaften,** vom **PublG betroffene Personenunternehmen** und **Konzerne** bestehen **gesetzlich geregelte Höchstfristen.** Aber auch für sie gilt selbstverständlich das Gebot **möglichst zeitnaher** Bilanzierung: Je kürzer der **Zeitraum zwischen Bilanzstichtag und Bilanzaufstellung,** desto aussagekräftiger sind die Zahlen. Werden die Höchstfristen überschritten, liegt in jedem Fall ein Gesetzesverstoß vor. Für diese **Höchstfristen** gilt folgende Übersicht: 130

	Aufstellung (Monate)	Feststellung (Monate)	Offenlegung (Monate)
Personenunternehmen, die nicht unter das PublG fallen			
die unter das PublG fallen	3	analog 8	12
kleine Kapitalgesellschaft	6	11	12
mittlere Kapitalgesellschaft	3	8	12
große Kapitalgesellschaft	3	8	12
eG	5	6	unverzüglich, analog 12
Konzerne	5	analog 8	12

V. Folgen der Nichtbeachtung gesetzlicher Vorschriften

Wer die **steuerlichen** Buchführungsvorschriften nicht einhält, läuft Gefahr, daß sein Gewinn im Wege der Schätzung (§ 162 AO) ermittelt wird (vgl. Tz. 27). 131

Einzelunternehmen und Personengesellschaften, die nicht unter das PublG fallen, sowie **kleine Kapitalgesellschaften** sind **handelsrechtlich nicht prüfungspflichtig.** Führen diese Unternehmen keine oder keine ordnungsmäßigen Bücher oder verstoßen sie gegen die Abschlußvorschriften, so **tritt dieser Mangel im allgemeinen nicht zutage.** Ein Verstoß gegen die gesetzlichen Vorschriften hat daher für diese Unternehmen im Normalfall keinerlei Konsequenzen. Lediglich im Konkursfall droht dem Kaufmann durch § 283 und 283b StGB bei Mißachtung von Rechnungslegungsvorschriften eine Bestrafung. Es muß jedoch darauf hingewiesen werden, daß für diese Unternehmen eine ordnungsmäßige Steuerbilanz i.d.R. auch eine ordnungsmäßige Handelsbilanz darstellt (vgl. Tz. 166), so daß Unternehmen, die im Hinblick auf die Besteuerung ordnungsgemäß Bücher führen, damit zugleich ihren handelsrechtlichen Verpflichtungen nachkommen.

132 Den **Organen von Unternehmen,** die ihren Abschluß offenzulegen haben (**Kapitalgesellschaften** etc.), und den **Abschlußprüfern** drohen bei Verstoß gegen die Buchführungs- und Bilanzierungsvorschriften Freiheitsstrafen, Buß- und Zwangsgelder gemäß § 331 ff. HGB. Die gravierendste Folge – nämlich die **Nichtigkeit des Jahresabschlusses** – tritt nur bei **schwerwiegenden Rechtsverletzungen** ein (§ 256 AktG, z.B. Verletzung von Gläubigerschutzvorschriften, unterlassene Prüfung, gravierende Verstöße gegen Bilanzierungs- und Bewertungsvorschriften). Nach Ablauf bestimmter Fristen (§ 256 AktG) kann die Nichtigkeit nicht mehr geltend gemacht werden. Die vorgenannten Vorschriften des AktG dürften analog auch auf die übrigen Kapitalgesellschaften anwendbar sein.

133 Das **Registergericht** kann **die Organe einer Kapitalgesellschaft** zur ordnungsgemäßen **Erfüllung der Offenlegungspflicht** durch Festsetzen von Ordnungsgeldern auf Antrag von »jedermann« anhalten.

B. Zielsetzung des Jahresabschlusses

I. Handelsrechtliche Zielsetzung

1. Alle Unternehmen

134 Die **Zielsetzung des handelsrechtlichen Jahresabschlusses** wird in dem für alle Unternehmen gültigen Teil des HGB nicht eindeutig definiert; doch besagt § 243 Abs. 1 HGB: Der **Jahresabschluß** ist nach den **Grundsätzen ordnungsgemäßer Buchführung** aufzustellen. Dies verlangt (§ 238 Abs. 1 HGB), daß er

- **einen möglichst sicheren Einblick in die Vermögens- und Ertragslage des Betriebes** gibt.

Eine solche Umschreibung des Bilanzierungsziels ist zwar sehr allgemein, beinhaltet aber in jedem Fall das **Willkürverbot.** Der Kaufmann darf bei der Bilanzierung keinesfalls Willkür walten lassen; vielmehr hat er den ihm zustehenden Gestaltungsspielraum nach **pflichtgemäßem Ermessen** auszufüllen .

Eine **präzisere Zielangabe fällt** schon deshalb **schwer,** weil der handelsrechtliche Jahresabschluß allen am Wohlergehen eines Unternehmens interessierten **Gruppen** (Eigentümern, Gläubigern, Arbeitnehmern, Öffentlichkeit) **gleichzeitig** Aufschluß über die wirtschaftliche Lage vermitteln soll. Eine **»objektiv richtige«** Bilanz, die den unterschiedlichen Interessen aller Betroffenengleichermaßen gerecht wird, läßt sich aber **nicht verwirklichen.** Vielmehr kann eine Bilanz immer nur vom Standpunkt **eines** subjektiven Betrachters aus erstellt werden. Damit ist jedoch notwendigerweise eine **Relativierung ihres Wahrheitsgehaltes** verbunden. 135

- **Gläubigerschutz**

Dennoch kann als **oberstes Bilanzierungsziel der Gläubigerschutz** gelten, der vom Kaufmann die Einhaltung des **Vorsichtsprinzips** verlangt. Vorrangig hat also die Bilanzierung unter dem Blickwinkel der Gläubiger zu erfolgen; d.h., die Gläubiger des Unternehmens sollen durch den Jahresabschluß vor dem Verlust des von ihnen zur Verfügung gestellten Kapitals bewahrt werden. Ausdruck des Gläubigerschutzes ist das bei der Bilanzierung anzuwendende **Prinzip kaufmännischer Vorsicht.** Es besagt, daß der Kaufmann seine Vermögens- und Ertragslage **nicht günstiger** darstellen darf, **als sie wirklich ist.** Je **ungünstiger**er seine Lage darstellt, desto stärker betont er das Prinzip kaufmännischer Vorsicht. 136

Der **Gläubigerschutz** kommt insbesondere in folgenden allgemeinen Vorschriften zum Ausdruck:

- § 251 HGB: Angabe der **Haftungsverhältnisse** »unter dem Strich« der Bilanz
- § 253 Abs. 3 HGB: **Abwertungswahlrecht** für Gegenstände des **Umlaufvermögens auf einen niedrigeren Zukunftswert** (nach dem Bilanzstichtag)
- § 253 Abs. 4 HGB: Über die Normalabschreibung hinausgehendes **Abschreibungswahlrecht im Rahmen vernünftiger kaufmännischer Beurteilung.**

Das letztgenannte Abschreibungswahlrecht steht allerdings nur Personenunternehmen zu.

2. *Besonderheiten bei Kapitalgesellschaften*

In **Kapitalgesellschaften** hat der Jahresabschluß weiteren Anforderungen gerecht zu werden. So besteht die Notwendigkeit, einen **Interessenausgleich zwischen den Organen** herbeizuführen. Da die Gesellschafter (z.B. Hauptversammlung der AG) oftmals nur einen relativ geringen Einfluß auf die Unternehmensführung haben, geht es dabei hauptsächlich um die Stärkung der Gesellschafterinteressen gegenüber der Verwaltung (z.B. Vorstand, Aufsichtsrat). So 137 tritt als **zweites Bilanzierungsziel in der Kapitalgesellschaft** neben den Gläubigerschutz

- der **Gesellschafterschutz.**

Hierbei handelt es sich um ein dem Gläubigerschutz weitgehend **konträres Bilanzierungsziel.** Es besagt, daß dem Gesellschafter durch übertriebene Vorsicht bei der Bilanzierung nicht ungerechtfertigterweise Gewinne vorenthalten werden dürfen. Der **Gesellschafter hat Anspruch auf Ausweis und Ausschüttung eines angemessenen Gewinnes,** sofern das Geschäftsjahr erfolgreich verlaufen ist.

138 Im Hinblick auf die Offenlegungspflicht muß der Jahresabschluß der Kapitalgesellschaft auch auf die Belange der interessierten Öffentlichkeit Rücksicht nehmen. So tritt ein **drittes Bilanzierungsziel** in Erscheinung,

- der **Öffentlichkeitsschutz.**

Der Öffentlichkeitsschutz zielt vor allem auf **klare und umfassende Information** ab. Diesbezüglich spielen die Aufbereitung und Gliederung des Jahresabschlusses sowie die Erläuterungen in Anhang und Lagebericht eine wesentliche Rolle.

139 Diesen verschiedenartigen Zielsetzungen versucht § 264 Abs. 2 HGB gerecht zu werden, wenn er fordert: Der **Jahresabschluß einer Kapitalgesellschaft** hat unter Beachtung ordnungsmäßiger Buchführung **ein den tatsächlichen Verhältnissen entsprechendes Bild der Vermögens-, Finanz- und Ertragslage des Unternehmens** zu vermitteln. Das angelsächsische Bilanzrecht bezeichnet dies als den **Grundsatz des true and fair view.**

Der Jahresabschluß der Kapitalgesellschaft soll also **nicht nur einen möglichst sicheren Einblick** ins Unternehmen geben, sondern

- **ein den tatsächlichen Verhältnissen entsprechendes Bild.**

Dadurch wird die **Bildung stiller Rücklagen** (vgl. Tz. 370) **eingeschränkt**. Sie bedeuten für Außenstehende insofern eine Gefahr, als der Unternehmer durch deren schrittweise Auflösung im Jahresabschluß eine ungünstige Geschäftsentwicklung über längere Zeit verschleiern kann. Bei Personenunternehmen kann dies hingenommen werden, daher gilt für sie der Grundsatz des true and fair view nicht.

Das an den **tatsächlichen Verhältnissen** orientierte Bilanzierungsziel kommt in folgenden **Spezialvorschriften** für Kapitalgesellschaften zum Ausdruck:

- § 279 Abs. 1 i.V. m. § 253 Abs. 4 HGB: **Verbot** der über die Normalabschreibung hinausgehenden **Abschreibungen im Rahmen vernünftiger kaufmännischer Bewertung** (vgl. Tz. 458)

- § 279 Abs. 1 i.V. m. § 253 Abs. 2 HGB: **Gemildertes Niederstwertprinzip** gilt **nur für Finanzanlagen,** nicht für übriges Anlagevermögen (vgl. Tz. 290)
- § 279 Abs. 2 und § 273 HGB: **Steuerliche Abschreibungen und Sonderposten mit Rücklageanteil** sind in der Handelsbilanz **nur im Hinblick auf ihre steuerliche Anerkennung** zulässig (vgl. dazu Umkehrung des Maßgeblichkeitsgrundsatzes Tz. 168 ff.)
- § 280 HGB: **Wertaufholungsgebot** (vgl. Tz. 304).

Im Unterschied zu Personenunternehmen fordert der **Grundsatz des true and fair view** zudem **nicht nur Einblick in die Vermögens- und Ertragslage,** sondern darüber hinaus auch in die **Finanzlage** der Kapitalgesellschaft, d.h., es sind Auskünfte über ihre Liquidität erforderlich. Diese ist gegeben, wenn die Unternehmung in der Lage ist, ihren Zahlungsverpflichtungen nachzukommen. Die **Zahlungsfähigkeit** eines Unternehmens läßt sich infolge der Vergangenheitsbezogenheit der Bilanzzahlen aus dem Jahresabschluß nur in begrenztem Umfang erkennen. Vielmehr benötigt man dazu neben Fristengaben im Jahresabschluß auch **zukunftsorientierte** Angaben, die im **Lagebericht** zu erfolgen haben. Aber auch die **Kapitalflußrechnung** (vgl. Tz. 113) soll diesbezüglich Auskünfte vermitteln. Letztlich würde man zur Beurteilung der Liquiditätslage einen Finanzplan benötigen. **140**

II. Steuerrechtliche Zielsetzung

Die Zielsetzung der Steuerbilanz ist eindeutig. Sie dient der **Ermittlung der Besteuerungsgrundlagen.** Nach § 88 Abs. 1 AO ermittelt die Finanzbehörde den Sachverhalt, also die Besteuerungsgrundlagen, zwar von Amts wegen, doch hat der Steuerpflichtige als Beteiligter nach § 90 Abs. 1 AO dabei mitzuwirken. Eine besondere **Mitwirkungspflicht** in Form einer **Buchführung** trifft die von §§ 140, 141 AO Betroffenen. **141**

Vorrangiges Ziel der Steuerbilanz ist speziell die **einkommensteuerliche (körperschaftsteuerliche) Gewinnermittlung.** Der Gewinn bildet einerseits die bedeutungsvollste Besteuerungsgrundlage, andererseits stellt eine an diesem Ziel ausgerichtete Buchhaltung und Bilanz aber auch die Ausgangsbasis für die Ermittlung der übrigen Steuern dar. Das gilt nicht nur für die weitere Ertragsteuer, nämlich die Gewerbeertragsteuer, sondern auch für die ertragsunabhängige Steuer: die Erbschaft- oder Schenkungsteuer.

Insofern zielt die Steuerbilanz auf den **betriebswirtschaftlich angemessenen Gewinn** ab. Die Fragestellung lautet: Welchen Gewinnausweis und damit welche Steuerbelastung kann der Betrieb im Rahmen eines ausgewogenen Interessenausgleichs zwischen Individuum (Betrieb, Eigentümer etc.) und Allgemeinheit (Staat) verkraften?

In zunehmendem Maße wird die Steuerbilanz darüber hinaus als **Instrument staatlicher Wirtschaftspolitik** eingesetzt (vgl. Tz. 170, 205 und 375).

C. Die Grundsätze ordnungsmäßiger Bilanzierung

142 Neben die bereits genannten GoB (vgl. Tz 28 ff.), die im Rahmen der laufenden Buchhaltung zu beachten sind, treten die speziell für die Jahresabschlußarbeiten gültigen **Grundsätze ordnungsmäßiger Bilanzierung.** Im einzelnen sind hier zu nennen:

- der Grundsatz der Bilanzklarheit
- der Grundsatz der Bilanzwahrheit
- der Grundsatz der Bilanzkontinuität.

Die Grundsätze ordnungsmäßiger Bilanzierung werden vielfach auch als Bestandteil der allgemeingültigen GoB aufgefaßt. Hier sollen sie gleichrangig neben die GoB gestellt werden.

I. Grundsatz der Bilanzklarheit

143 Der **Grundsatz der Bilanzklarheit** betrifft den **Bilanzausweis** und die **Gliederung des Jahresabschlusses** und beinhaltet im einzelnen

- das Gebot der Mindestgliederung (§ 247 HGB),
- das Vollständigkeitsgebot (§ 246 HGB),
- das Verrechnungsverbot (§ 246 HGB) und
- das Gebot der eindeutigen Zuordnung (§ 247 HGB).

144 **Für Personenunternehmen** ist zwar **kein bestimmtes Gliederungsschema** für Bilanz und Erfolgsrechnung vorgeschrieben; dennoch ergibt sich aus § 247 HGB die Notwendigkeit einer **Mindestgliederung.** Auf der **Aktivseite** ist zwischen **Anlage- und Umlaufvermögen,** auf der **Passivseite** zwischen **Eigen- und Fremdkapital** zu unterscheiden. Analog gilt für die **Erfolgsrechnung** der Mindestausweis der wichtigsten Positionen: Umsatzerlöse, Material-, Personalaufwand, außerordentliche Erträge und Aufwendungen etc.

145 Wesentliches Merkmal des Grundsatzes der Bilanzklarheit ist zudem das **Vollständigkeitsgebot.** Sofern im Gesetz nicht ausdrücklich etwas anderes vermerkt ist, müssen **sämtliche Vermögensgegenstände, Schulden und Rechnungsabgrenzungsposten** in der Bilanz erfaßt werden; **alle Aufwendungen und Erträge** sind in die Erfolgsrechnung aufzunehmen. Es gilt also grundsätzlich ein **Bilanzierungsgebot.** Danach darf im Jahresabschluß nichts fehlen.

Nach § 246 Abs. 2 HGB liegt dem Jahresabschluß das **Bruttoprinzip** zugrunde. Dies beinhaltet die Pflicht zum vollständigen Ausweis aller Positionen; **jegliche Verrechnung ist verboten.** So dürfen z.B. Grundstücksrechte nicht mit Grundstückslasten, Forderungen nicht mit Verbindlichkeiten, Umsatzerlöse nicht mit Materialaufwand, Zinsaufwendungen nicht mit Zinserträgen saldiert werden.

Des weiteren ist eine **eindeutige Zuordnung** zu den einzelnen Positionen des Jahresabschlusses vorzunehmen. Verschiedene Vermögens- oder Schuldteile dürfen nicht in einer Bilanzposition zusammengefaßt werden, z.B. nicht materielle und immaterielle Anlagen, nicht Wertpapiere des Anlage- und Umlaufvermögens. Das gleiche gilt für unterschiedliche Ertrags- und Aufwandsarten in der Erfolgsrechnung. So dürfen betriebliche und betriebsfremde Umsätze oder Material- und Personalaufwand nicht in einer Position der Gewinn- und Verlustrechnung miteinander vermengt werden. Bisweilen kann zweifelhaft sein, welcher Position ein Vermögensgegenstand oder eine Erfolgsart zuzuordnen ist. In diesem Fall sollte man sich für eine Alternative entscheiden, die einmal getroffene Entscheidung auch künftig beibehalten und in dem gegebenenfalls zu erstellenden Anhang erläutern. **146**

Kapitalgesellschaften tragen dem **Grundsatz der Bilanzklarheit** nur dann Rechnung, wenn sie die gesetzlichen Gliederungsvorschriften für Bilanz (§§ 266 - 274 HGB) und **Erfolgsrechnung** (§§ 275 - 279 HGB) einhalten. Die Gliederungsschemata des § 266 HGB für die Bilanz und des § 275 HGB für die Gewinn- und Verlustrechnung sind am Ende des Buches abgedruckt. **147**

II. Grundsatz der Bilanzwahrheit

Der **Grundsatz der Bilanzwahrheit** verlangt die **Einhaltung der gesetzlichen Bewertungsvorschriften:** §§ 240, 241, 252 - 256 HGB sowie §§ 6 - 7 EStG. Die Bilanz ist also »wahr«, wenn sie **148**

- **die einschlägigen Bewertungsvorschriften** beachtet.

Da diese dem Unternehmer oftmals einen gewissen Spielraum gewähren, können mehrere verschiedene Jahresabschlüsse diesem Grundsatz entsprechen, sofern sie den Rahmen der gesetzlichen Regelungen nicht verlassen. Eine Bilanz wird dann »unwahr«, wenn man sich außerhalb dieses Rahmens begibt.

Für **Kapitalgesellschaften** gelten **zusätzlich** die Bewertungsvorschriften der **§§ 279 - 283 HGB.** Sie verwirklichen den **Grundsatz der Bilanzwahrheit** demnach erst, wenn diese **Sonderregelungen beachtet** werden. **149**

Die **handelsrechtlichen** Bewertungsvorschriften basieren - in Übereinstimmung mit dem **Steuerrecht** - auf dem **150**

- **Prinzip der nominellen Kapitalerhaltung.**

Nominell ist das Kapital eines Unternehmes dann erhalten, wenn am Ende des Geschäftsjahrs der gleiche Betrag in € vorhanden ist wie zu Beginn. Das heißt, jeder €, der am Geschäftsjahresende mehr zur Verfügung steht als am

Anfang, ist Gewinn, **ohne Rücksicht auf eventuelle Kaufkraftänderungen** während des Jahres.

151 Im Unterschied dazu geht die KLR vom **Prinzip der realen Kapitalerhaltung** aus. Hier erscheint nur das als Gewinn, was am Ende des Geschäftsjahrs die Kaufkraft des anfänglich vorhandenen Kapitalbetrags übersteigt. Bei einer Geldentwertung von 4 % im Geschäftsjahr und einem Anfangskapital von 100 ist nur der Teil des Endkapitals Gewinn, der 104 übersteigt. Nominell wird dagegen das Endkapital als Gewinn ausgewiesen, soweit es 100 übersteigt. Das Prinzip der realen Kapitalerhaltung läßt sich noch verfeinern, indem man die wirtschaftliche Entwicklung der unmittelbaren Konkurrenz oder der Branche berücksichtigt. Doch sind derlei Überlegungen der FBH fremd (anders aber IAS Tz. 781).

III. Grundsatz der Bilanzkontinuität

152 **Der Grundsatz der Bilanzkontinuität,**

- auch Grundsatz der **Bilanzidentität,** der **Bilanzstetigkeit** oder des **Bilanzzusammenhangs**

genannt, verlangt zunächst einmal die bilanztechnisch selbstverständliche, völlige Übereinstimmung der Schlußbilanz einer Periode mit der Eröffnungsbilanz der nächsten. Beide Bilanzen müssen vollständig kongruent, also deckungsgleich sein. Zwischen der Aufstellung der Schlußbilanz und der nächsten Eröffnungsbilanz darf keinerlei Veränderung erfolgen (**Bilanzidentität,** vgl. § 252 Abs. 1 Ziff. 1 HGB).

Darüber hinaus können aber auch die Gliederung des Jahresabschlusses sowie die Bilanzierung und Bewertung von Periode zu Periode **nicht willkürlich geändert** werden. Es ist die

- **formelle und**
- **materielle** Bilanzkontinuität

zu wahren.

153 Jede Änderung in der Gliederung des Jahresabschlusses von einer Periode zur anderen beeinträchtigt die Vergleichbarkeit und erschwert dadurch einen möglichst sicheren Einblick in die Vermögens- und Ertragslage des Unternehmens. Daher soll **die formelle Bilanzkontinuität,** wenn irgend möglich, erhalten bleiben. Nur im Falle einer zwingenden sachlichen Notwendigkeit kann von der früheren Gliederung des Jahresabschlusses abgewichen werden.

154 Kapitalgesellschaften realisieren die formelle Bilanzkontinuität zwangsläufig, indem sie alljährlich die **vorgegebenen Gliederungsschemata** für Bilanz und Erfolgsrechnung verwenden.

Die **materielle Bilanzkontinuität** ist nicht so zu verstehen, daß der Betrieb gesetzlich zulässige Bilanzierungs- und Bewertungswahlrechte in jeder Periode stets in gleicher Weise ausüben müßte. Vielmehr kann der vom Gesetzgeber eingeräumte Spielraum vom bilanzierenden Unternehmer bei jedem Abschluß von neuem so genutzt werden, wie es ihm zweckmäßig erscheint. 155

Die Grenze für einen **Wechsel der Bilanzierungs- und Bewertungsmethoden** einmal **von Vermögensgegenstand zu Vermögensgegenstand** innerhalb eines Abschlusses und zum anderen **in aufeinanderfolgenden Jahresabschlüssen** bildet das Willkürverbot. Grundsätzlich erhöht sich die Vergleichbarkeit von Meßgrößen, wenn sie nach gleichen Maßstäben ermittelt werden, so daß man einen Wechsel vernünftigerweise nicht ohne Grund vollziehen wird. Ein solcher kann allerdings auch z.B. die Gewinnminimierung, die Stetigkeit des Gewinnes oder aber die Änderung der Verhältnisse sein, der man sich durch geänderte Bilanzierungs- und Bewertungsmethoden anpassen muß. 156

Der Grundsatz der **materiellen Bilanzkontinuität** gilt allerdings **uneingeschränkt für ein und denselben Gegenstand.** So muß die einmal gewählte Art der Bilanzierung eines Anlagegutes in mehreren aufeinanderfolgenden Abschlüssen beibehalten werden. Dies verlangt auch der **Grundsatz der Bewertungsstetigkeit** (vgl. Tz. 308 f.). Das z.B. für eine Maschine einmal gewählte Abschreibungsverfahren darf nicht von Jahr zu Jahr gewechselt werden. Dagegen kann man im Geschäftsjahr neu angeschaffte oder hergestellte Anlagegüter sehr wohl anders abschreiben als bereits vorhandene gleichartige. Auch darf ein und dasselbe Wirtschaftsgut, für das ein Aktivierungswahlrecht besteht, nicht in einem Jahr bilanziert und im nächsten Jahr weggelassen werden. 157

Kapitalgesellschaften müssen zudem **Änderungen der Bilanzierungs- und Bewertungsmethoden im Anhang angeben** und deren Einfluß auf die Vermögens-, Finanz- und Ertragslage gesondert darstellen (§ 284 Abs. 2 Ziff 3 HGB). 158

D. Das Verhältnis von Handels- zu Steuerbilanz

I. Maßgeblichkeit der Handelsbilanz für die Steuerbilanz

§ 5 EStG bildet die Brücke zwischen Handels- und Steuerrecht. So gilt das **Prinzip der Maßgeblichkeit der Handelsbilanz für die Steuerbilanz** gemäß § 5 Abs. 1 Satz 1 EStG. 159

Die **Handelsbilanz** des Kaufmanns ist die **ursprüngliche** Bilanz. Die **Steuerbilanz** wird daraus **abgeleitet;** sie kann kein eigenständiges Dasein führen, losgelöst von der Handelsbilanz. Vielmehr ist zunächst die Handelsbilanz zu erstellen und anschließend die Steuerbilanz daraus zu entwickeln. Dabei darf von der Handelsbilanz nur dann abgewichen werden, wenn die Besteuerungsgrundsätze dies zwingend erfordern. Es ist allerdings zwischen Bilanzierungs- und Bewertungsvorschriften zu unterscheiden.

160 Da die Steuerbilanz zum Ziel hat, den Gewinn möglichst exakt nach betriebswirtschaftlichen Maßstäben zu ermitteln, fordert die steuerliche Rechtsprechung, **Bilanzierungswahlrechte so weit wie möglich einzuschränken.** Es kann prinzipiell nicht dem Belieben des Kaufmanns überlassen bleiben, ob er ein Wirtschaftsgut aktiviert bzw. passiviert. Die

- **handelsrechtlichen Bilanzierungswahlrechte gelten** somit **in der Steuerbilanz nicht.**

Vielmehr gelten nur solche Bilanzierungswahlrechte, die im Steuerrecht ausdrücklich zugelassen sind. Solche **steuerlichen Bilanzierungswahlrechte** bestehen nur für **steuerfreie Rücklagen** (vgl. Tz. 205). Sofern das Steuerrecht keine Bestimmung enthält, werden **handelsrechtliche Aktivierungswahlrechte steuerlich** zu einem **Aktivierungsgebot; handelsrechtliche Passivierungswahlrechte steuerlich** zu einem **Passivierungsverbot.**

161 Ausgenommen von dieser Regelung sind die **handelsrechtlichen Bilanzierungshilfen** (z.B. Aufwendungen für die Ingangsetzung des Geschäftsbetriebs, § 269 HGB, vgl. Tz. 223). Da diesen **Bilanzierungshilfen kein Vermögensgegenstand** entspricht, besteht **im Steuerrecht ein Aktivierungsverbot.** In die Steuerbilanz dürfen nur aktive und passive Vermögensgegenstände aufgenommen werden. Liegt ein solcher Vermögensgegenstand vor, besteht eine Bilanzierungspflicht, sofern nicht ausdrücklich ein steuerliches Wahlrecht zugelassen ist. Existiert dagegen gar kein Vermögensgegenstand (Bilanzierungshilfe), so darf auch nicht bilanziert werden.

162 An dieser Stelle stellt sich die Frage nach der Definition des Begriffes **Vermögensgegenstand.** Er wird synonym mit dem Ausdruck **Wirtschaftsgut** verwendet. Darunter fallen alle Vermögenswerte, die **Gegenstand des Rechtsverkehrs** sein können:

- **materielle** Wirtschaftsgüter, also körperliche und unkörperliche Gegenstände (z.B. Energie),
- **immaterielle** Wirtschaftsgüter (z.B. Rechte, Firmenwert) sowie
- **Schulden und Lasten** (negative Ansprüche).

Wirtschaftsgut ist alles, was im Wirtschaftsverkehr einen **realistischen Wert** hat, es muß nach der Verkehrsauffassung selbständig bewertbar sein, also eine eigene **Umsatzfähigkeit** aufweisen; d.h., es muß sich ein Käufer für den Gegenstand ausfindig machen lassen, der für den Erwerb ein gesondertes Entgelt zu entrichten bereit ist. Diese Eigenschaft fehlt den Bilanzierungshilfen.

163 **Handelsrechtliche Bilanzierungsge- und -verbote** gelten nach dem **Maßgeblichkeitsgrundsatz auch für die Steuerbilanz** (Ausnahme: Drohverlustrückstellungen, vgl. Tz. 386), so daß sich folgende **Übersicht** ergibt:

Handelsbilanz		Steuerbilanz
Bilanzierungsgebot	=	Bilanzierungsgebot
Bilanzierungsverbot	=	Bilanzierungsverbot
Aktivierungswahlrecht	→	Aktivierungsgebot
Passivierungswahlrecht	→	Passivierungsverbot
Bilanzierungshilfe	→	Bilanzierungsverbot

Anders ist demgegenüber die Bedeutung der **handelsrechtlichen Bewertungsvorschriften für die Steuerbilanz** zu beurteilen. Das Steuerrecht bietet mit seinen Bewertungsregeln in §§ 6 - 7 EStG lediglich eine Art **»steuerlicher Grenzpfähle«.** Nur wenn sich die Handelsbilanz außerhalb dieser Grenzen bewegt, muß sie verändert werden, um zur Steuerbilanz zu gelangen. Das Steuerrecht enthält keinen eigenständigen Katalog von Bewertungsnormen. Vielmehr gilt für die Steuerbilanz das Handelsrecht immer dann, wenn im Steuerrecht keine zwingende abweichende Regelung enthalten ist. Aus diesem Grund sind die **handelsrechtlichen Vorschriften stets auch für die Steuerbilanz verbindlich, soweit nicht ausdrücklich etwas anderes vermerkt** ist. 164

Aus dem Maßgeblichkeitsgrundsatz folgt auch, daß **handelsrechtliche Bewertungswahlrechte, die auch steuerlich zulässig sind, in Handels- und Steuerbilanz nicht unterschiedlich ausgeübt werden können.** Wird von einem Wahlrecht in der Handelsbilanz in einer bestimmten Weise Gebrauch gemacht, so kann in der Steuerbilanz keine andere Beurteilung Platz greifen, sofern man sich im Rahmen der steuerlichen Vorschriften bewegt. 165

- **Handelsrechtliche Bewertungswahlrechte** gelten also im Unterschied zu Bilanzierungswahlrechten **auch im Steuerrecht,**

sofern die steuerlichen Grenzpfähle der §§ 6 - 7 EStG nicht enger gezogen sind. Die Steuerbilanz ist in der Ausübung jedoch an die Handelsbilanz gebunden. Wird ein Gegenstand in der Handelsbilanz z.B. linear abgeschrieben, kann er steuerlich nicht degressiv abgeschrieben werden, obwohl in beiden Bilanzen grundsätzlich eine Wahlmöglichkeit zwischen diesen Abschreibungsverfahren besteht.

Scheinbar völlig **konträr** zu diesem Primat der Handelsbilanz verhält sich die **betriebliche Praxis.** Manche Betriebe erstellen zuerst die Steuerbilanz und anschließend die Handelsbilanz. In vielen mittleren und kleinen Betrieben begnügt man sich mit der Steuerbilanz und **verzichtet auf eine gesonderte Handelsbilanz.** 166

Diese Verfahrensweise steht jedoch in der überwiegenden Zahl aller Fälle in Einklang mit der geltenden Rechtslage, wenn bei der Aufstellung der Steuerbilanz die **handels- und steuerrechtlichen Vorschriften** zugleich beachtet werden. Handelsrechtliche Wahlrechte werden von Anfang an unter steuerlichen Gesichtspunkten ausgeübt. Die so zustande gekommene Steuerbilanz kann im nachhinein auch als Handelsbilanz gelten, da eine **ordnungsmäßige Steuerbilanz i.d.R. auch eine zulässige Handelsbilanz** darstellt. Obligatorische Diskrepanzen treten im Falle einer Drohverlustrückstellung und bei vorübergehenden Wertminderungen im Umlaufvermögen auf (Tz. 299).

167 Vor dem Hintergrund der **handelsrechtlichen Offenlegungspflicht von Kapitalgesellschaften** (vgl. Tz. 126) stellt sich allerdings die Frage, ob es zweckmäßig ist, diese sogenannte **Einheitsbilanz** beizubehalten, da dies einer Veröffentlichung des steuerlichen Ergebnisses gleichkommt. Unter Umständen ist es für die Kapitalgesellschaft (z.B. GmbH) günstiger, steuerlich unzulässige handelsrechtliche Bewertungsspielräume »nach unten« (gewinnmindernd) auszuschöpfen, um vorhersehbare Schwierigkeiten in Zukunft besser ausgleichen zu können: Im veröffentlichten Abschluß werden somit zusätzliche stille Reserven gelegt, die man später unbemerkt – ohne daß es aus dem Jahresabschluß ausdrücklich hervorgeht – wieder auflösen kann. Insofern ist bei **Kapitalgesellschaften** eine zunehmende **Abkehr von der Einheitsbilanz** zu beobachten.

II. Umkehrung des Maßgeblichkeitsprinzips

168 Die Umkehrung des Maßgeblichkeitsprinzips der Handelsbilanz für die Steuerbilanz ist in § 5 Abs. 1 Satz 2 EStG verankert. Dieser fordert, daß **steuerliche Bilanzierungs- und Bewertungsspielräume nur in Anspruch genommen werden können, wenn von ihnen auch in der Handelsbilanz Gebrauch gemacht wurde.** Diese Anforderung des § 5 Abs. 1 Satz 2 EStG korrespondiert im Handelsrecht mit den §§ 247 Abs. 3, 254, 273, 279 Abs. 2, 280 Abs. 2, 281 HGB, die im Ergebnis ein **enges wechselseitiges Abhängigkeitsverhältnis** zwischen Handels- und Steuerbilanz bewirken.

169 So darf von **steuerlichen Bilanzierungswahlrechten** in Form **steuerfreier Rücklagen** - die vorwiegend wirtschaftspolitische Hintergründe haben (vgl. Tz. 205) - zum Zwecke der Minderung des steuerpflichtigen Gewinnes **nur dann Gebrauch gemacht werden,** wenn zuvor in der Handelsbilanz ein entsprechender Passivposten **»Sonderposten mit Rücklageanteil«** (§ 247 Abs. 3 HGB) angesetzt wurde. Analog dazu dürfen steuerliche Sonderabschreibungen, erhöhte Absetzungen sowie steuerliche Bewertungsfreiheiten und Bewertungsabschläge in der Steuerbilanz nur dann in Anspruch genommen werden, wenn sie zuvor in der Handelsbilanz vorgenommen wurden (§ 254 HGB i.V. m. § 5 Abs. 1 Satz 2 EStG).

Das **Prinzip der umgekehrten Maßgeblichkeit** kommt also **ausschließlich bei wahlweise gewährten Steuervergünstigungen** zum Tragen. Sein Anwendungsbereich ist somit **wesentlich enger als der des Maßgeblichkeitsprinzips** der Handelsbilanz für die Steuerbilanz, das für die Bilanzierung und Bewertung im Rahmen der Jahresabschlußerstellung grundsätzlich gilt. **Steuervergünstigungen** dienen entweder der Arbeitserleichterung oder - was die überwiegende Zahl aller Fälle anbelangt – als **Instrument staatlicher Wirtschaftspolitik.** Solche wirtschaftspolitischen Zielsetzungen werden neben der Gestattung **steuerfreier Rücklagen** in besonderen Situationen hauptsächlich in Form von **Sonderabschreibungen** - die neben der Normalabschreibung zum Zuge kommen - und **erhöhten Absetzungen** gewährt - die an die Stelle der Normalabschreibung treten.

Als **Beispiele** seien genannt:

für **steuerfreie Rücklagen,** solche 170

- nach § 6b EStG auf Re-Investitionsgüter oder
- nach Abschn. 35 EStR auf bestimmte Ersatzwirtschaftsgüter,

für **steuerliche Sonderabschreibungen,** solche

- nach § 7f EStG für Anlagegüter von Krankenhäusern oder
- nach § 7g EStG für kleinere und mittlere Betriebe,

für **erhöhte Absetzungen,** solche

- nach § 7h EStG auf Gebäude in Sanierungsgebieten und städtebaulichen Entwicklungsbereichen,
- nach § 7c und § 7k EStG für neue Mietwohnungen und Wohnungen mit Sozialbindung oder
- nach § 7i EStG auf Herstellungskosten bei Baudenkmälern;

für **steuerliche Bewertungsfreiheiten,** solche

- nach § 6 Abs. 2 EStG für geringwertige Wirtschaftsgüter.

sowie für **Bewertungsabschläge,** als

- steuerliche Teilwertabschreibung (vgl. Tz. 463),
- steuerliche Absetzung für außerordentliche Abnutzung (vgl. Tz. 463).

Da nach dem Prinzip der umgekehrten Maßgeblichkeit die **handels- und steuerrechtliche Ausübung von Bewertungswahlrechten stets im Gleichklang** zu erfolgen hat, setzt die steuerliche Nutzung dieser Wahlrechte voraus, daß von ihnen zuvor in der Handelsbilanz Gebrauch gemacht wurde. Demzufolge gestattet § 254 HGB diese rein steuerlichen Wertabschläge sämtlich auch in der Handelsbilanz. 171

§ 273 HGB und § 279 Abs. 2 HGB **verstärken das wechselseitige Abhängigkeitsverhältnis zwischen Handels- und Steuerbilanz der Kapitalgesellschaft** noch dadurch, daß die vorgenannten Zuführungen zu **Sonderposten mit Rücklageanteil** und **besonderen Abschreibungen** in der Handelsbilanz **nur dann vorgenommen werden dürfen,** wenn das Steuerrecht die Anerkennung vom handelsrechtlichen Ansatz abhängig macht, was jedoch regelmäßig der Fall ist, so daß diese Zusatzanforderung inhaltsgleich ist mit der umgekehrten Maßgeblichkeit des § 5 Abs. 1 Satz 2 EStG.

E. Abgrenzung zwischen Betriebs- und Privatvermögen

I. Begriffe

172 In **Personenfirmen ist zwischen dem betrieblichen und privaten Vermögen** zu unterscheiden. Aus § 238 HGB könnte man schließen, daß der Kaufmann sein **gesamtes,** also auch sein privates Vermögen bilanzieren müßte. Das ist aber nicht der Fall. Der **Jahresabschluß darf nur das Betriebsvermögen** ausweisen. Bei Kapitalgesellschaften treten diesbezüglich **keine Probleme** auf, da sie nur Betriebsvermögen besitzen.

In der Einzelfirma und Personalgesellschaft (OHG, KG) sind **drei Vermögensarten** zu unterscheiden:

- **notwendiges Betriebsvermögen**
- **notwendiges Privatvermögen**
- **gewillkürtes Betriebsvermögen.**

173 Zum **notwendigen Betriebsvermögen** zählen alle **Wirtschaftsgüter, ohne die ein bestimmter Betrieb nicht geführt werden kann.** Es kann sich dabei um aktive und passive Wirtschaftsgüter handeln: z.B. Grundstücke, Gebäude, Maschinen, Einrichtungen, Fahrzeuge, Waren, Forderungen, Zahlungsmittel, Schulden und sonstige Verpflichtungen. Wird ein zum notwendigen Betriebsvermögen gehöriges Gut nicht bilanziert, **ist der Jahresabschluß falsch.** Er muß nachträglich **berichtigt** werden (vgl. Tz. 195).

174 Zum **notwendigen Privatvermögen** zählen alle **Wirtschaftsgüter, die ihrer Natur nach nicht geeignet** sind, **einem Betrieb zu dienen,** z.B. Privatvilla, Wohnungseinrichtung, Schmuck, silbernes Besteck. Nimmt der Kaufmann derartige Wirtschaftsgüter in die Bilanz auf, so ist diese fehlerhaft und bedarf der sofortigen **Berichtigung** (vgl. Tz. 195).

175 **Gewillkürtes Betriebsvermögen** stellen diejenigen Wirtschaftsgüter dar, die von ihrem Wesen her **weder** notwendiges Betriebsvermögen **noch notwendiges Privatvermögen sind. Insbesondere kommen Immobilien und Wertpapiere** in Betracht. **Gewillkürtes Betriebsvermögen** gibt es nur bei **bilanzierenden Steuerpflichtigen.** In den übrigen Fällen (vgl. Tz. 21) gehören die hier einschlägigen Wirtschaftsgüter zum notwendigen Privatvermögen.

Bei solchen Gütern kann der Kaufmann **wählen,** ob er sie zum Betriebsvermögen rechnen will oder nicht, sofern ein irgendwie gearteter, **objektiver Zusammenhang zum Betrieb** besteht. Der objektive Zusammenhang mit dem Betrieb wird in der Praxis großzügig beurteilt, so daß z.B. für Mietshäuser und Wertpapiere grundsätzlich ein solches Wahlrecht existiert. Entscheidet sich der Unternehmer für die Zugehörigkeit zum Betriebsvermögen, so muß er dies **nach außen klar erkenntlich zum Ausdruck bringen;** d.h., er muß das Wirtschaftsgut **dem Betrieb widmen.** Die Widmung geschieht in der Regel durch die **Auf-**

nahme in die Buchhaltung. Es ist allerdings zu beachten, daß Gegenstände des **notwendigen Privatvermögens** (z.B. Schmuck oder Privatwohnung) dem Betrieb auch dann nicht gewidmet werden können, wenn sie zur Absicherung betrieblicher Kredite verpfändet wurden.

Fehlt ein Wirtschaftsgut des gewillkürten Betriebsvermögens im Jahresabschluß, so ist dieser **dennoch richtig:** Das Wirtschaftsgut wurde dem Betrieb nicht gewidmet und ist daher Privatvermögen. Erscheint ein solches Wirtschaftsgut im Jahresabschluß, ist dieser **ebenfalls richtig:** Das Wirtschaftsgut wurde dem Betrieb gewidmet und zählt zum Betriebsvermögen. Allerdings widerspräche ein ständiges Hin- und Herwechseln dem Willkürverbot.

Grundlegendes **Entscheidungskriterium** für die Zuordnung des gewillkürten **176**
Betriebsvermögens ist die **Steuerfreiheit privater Vermögenszuwächse.** Erwartet der Unternehmer also künftig Wertsteigerungen, wird er den fraglichen Gegenstand dem **Privatvermögen** zurechnen, was i. d. R. zu empfehlen ist bei Gebäuden und Wertpapieren.

II. Gemischt genutzte Wirtschaftsgüter

Gemischt genutzte Wirtschaftsgüter sind solche, die **sowohl für betriebliche** **177**
als auch für private Zwecke genutzt werden, z.B. Fahrzeug oder Gebäude. Es ist zwischen **beweglichen und unbeweglichen** Gegenständen zu unterscheiden.

Bewegliche, gemischt genutzte Wirtschaftsgüter (z.B. Fahrzeuge) werden grundsätzlich **nicht** in einen betrieblichen und privaten Anteil **aufgeteilt,** sie werden entweder insgesamt dem Betriebsvermögen oder insgesamt dem Privatvermögen zugeordnet (Abschn. 14 EStR).

Dabei erfolgt die **Zuordnung eines beweglichen Wirtschaftsgutes zum Betriebs- oder Privatvermögen** nach folgenden Regeln:

- Betrieblicher Nutzungsanteil liegt über 50 % (**überwiegende** betriebliche Nutzung): **notwendiges Betriebsvermögen.**
- Betrieblicher Nutzungsanteil liegt unter 10 % (**unwesentliche** betriebliche Nutzung): **notwendiges Privatvermögen.**
- Betrieblicher Nutzungsanteil beträgt zwischen 10 % und 50 %: **gewillkürtes Betriebsvermögen.**

Ein zu 50 % betrieblich genutzter PKW stellt somit gewillkürtes Betriebsvermögen dar, für den der Unternehmer insgesamt ein **Bilanzierungswahlrecht hat.** Von diesem **Zuordnungswahlrecht** zu unterscheiden ist allerdings die **Berücksichtigung der seiner Zuordnung nicht entsprechenden Verwendung** durch eine **Nutzungsentnahme** bzw. **Nutzungseinlage** der angefallenen Kosten.

Im Falle eines **Kraftfahrzeuges** kann die **vorrangige Zuordnung zum Privatvermögen nicht** – wie bei Gebäuden und Wertpapieren – **ohne weiteres** Platz greifen. Vielmehr ist hier grundsätzlich zu berücksichtigen, daß der Vorsteuerabzug für eine Zuordnung zum unternehmerischen Bereich spricht. Da dem Vorsteuerabzug vielfach Priorität vor der Steuerfreiheit privater Veräußerungensgewinne eingeräumt wird, werden **bewegliche Wirtschaftsgüter des gewillkürten Betriebsvermögens i.d.R. dem Betriebsvermögen zugeordnet.** Der Einfachheit halber wird hier der Unternehmensbegriff des Umsatzsteuerrechts mit dem Begriff des Betriebsvermögens im Einkommensteuerrecht gleichgesetzt, was nicht zwingend geboten ist.

178 **Unbewegliche, gemischt genutzte Wirtschaftsgüter** (Immobilien) werden **je nach ihrer Nutzung in verschiedene Wirtschaftsgüter aufgeteilt,** die gesondert bilanziert und abgeschrieben werden. Dabei sind

- **zu eigenen Wohnzwecken** genutzte Gebäudeteile **notwendiges Privatvermögen,**
- zu **eigenbetrieblichen Zwecken** genutzte Gebäudeteile **notwendiges Betriebsvermögen** und
- **fremdvermietete Gebäudeteile** (gleichgültig ob zu Wohnzwecken oder betrieblichen Zwecken genutzt) **gewillkürtes Betriebsvermögen,** für das der Unternehmer das vorgenannte **Zuordnungswahlrecht** hat, das **vorteilhafterweise** i. d. R. **zugunsten des Privatvermögens** ausgeübt wird.

Die als Betriebsvermögen behandelten Grundstücks- und Gebäudeteile sind im Jahresabschluß zu erfassen, nicht dagegen die als Privatvermögen eingestuften Teile. Von dieser Regel wird nur dann eine Ausnahme gemacht, wenn der betriebliche Nutzungsanteil von **untergeordneter** Bedeutung ist, d.h., wenn er relativ 20 % und absolut 20.500 € nicht übersteigt. In diesem Fall **kann** auch das **ganze Gebäude zum Privatvermögen** gerechnet werden.

179 **Buchungstechnisch** ist zu beachten, daß die private Nutzung eines betrieblichen Gegenstandes eine **private Nutzungsentnahme,** die betriebliche Nutzung eines privaten Gegenstandes eine **betriebliche Nutzungseinlage** der anteiligen Gesamtkosten p.a. (z.B. KFZ-Kosten, d.h. lfd. Kosten + AfA) darstellt.

Buchungssatz für eine **private KFZ-Nutzungsentnahme** von z.B. 1000:
Von 3001 1160 **an** 542 1000.
an 48 160.

Die private **(Nutzungs-)Entnahme** stellt allerdings nur dann MWSt-bare Entnahme (Verwendung) eines Gegenstandes für unternehmerische Zwecke dar, wenn bei der Anschaffung dieses Gegenstandes der volle Vorsteuerabzug grundsätzlich möglich war, wie dies beim Kauf von einem Unternehmer der Fall ist.

Buchungssatz für eine betriebliche Nutzungseinlage von z.B. ceteris paribus 1100:
Von 685 1100 **an** 3001 1100.

Die **Nutzungseinlage** berechtigt **nicht zum Vorsteuerabzug.** Im vorgenannten Betrag von 1100 ist anteilig MWSt enthalten, da im Privatbereich der Bruttobetrag (incl. MWSt.) Kosten darstellt und nicht wie im Unternehmensbereich der Nettobetrag (ohne MWSt.).

F. Das Inventar

I. Wesen und Bedeutung

Nach § 240 Abs. 1 und 2 HGB ist jeder Vollkaufmann verpflichtet, zu Beginn seines Handelsgewerbes sowie am Ende jeden Geschäftsjahrs Inventur zu machen. Steuerlich trifft die Verpflichtung alle, die unter die §§ 140, 141 AO fallen. Zwischen Buchhaltung und Jahresabschluß schiebt sich somit die Inventur. **180**

Die **Inventur** stellt eine **körperliche Bestandsaufnahme** der einzelnen Vermögensgegenstände und Schulden des Unternehmers durch Messen, Zählen, Wiegen, Schätzen und Errechnen dar. Nach § 241 Abs. 1 HGB kann vom Erfordernis einer körperlichen Bestandsaufnahme abgesehen werden, wenn der Bestand der Vermögensgegenstände nach Art, Menge und Wert mit Hilfe anerkannter mathematisch-statistischer Methoden auf Grund von Stichproben ermittelt wird: **Stichprobeninventur.** Das anläßlich der Inventur erstellte **Bestandsverzeichnis** aller aufgenommenen Wirtschaftsgüter nennt man **Inventar.**

Grundsätzlich ist das Inventar auf den Bilanzstichtag zu erstellen: **Stichtagsinventur.** Als Stichtagsinventur wird die Inventur noch anerkannt, wenn sie 10 Tage vor bis 10 Tage nach dem Bilanzstichtag durchgeführt wird (Abschn. 30 Abs. 1 EStR). Erforderlich sind jedoch Belege oder Aufzeichnungen über alle zwischenzeitlich erfolgten Bestandsveränderungen, da auch hier stets der Bestand am Bilanzstichtag maßgebend ist.

Da die Inventurarbeiten aber oft schwierig und zeitraubend sind, was in vielen Fällen zu einer Unterbrechung der normalen Geschäftstätigkeit führt, erlaubt § 241 Abs. 3 HGB die **vor- oder nachverlegte Stichtagsinventur.** Sie kann innerhalb der letzten drei Monate vor oder der ersten zwei Monate nach dem Abschlußstichtag erfolgen, wenn auf Grund eines den GoB entsprechenden **Fortschreibungs- oder Rückrechnungsverfahrens** gesichert ist, daß sich der am Schluß des Geschäftsjahrs vorhandene Bestand an Vermögensgegenständen ordnungsgemäß feststellen läßt. Die zeitlich vor- oder nachverlegte Stichtagsinventur verlangt also, daß im Zeitraum zwischen Bestandsaufnahme und Abschlußstichtag jeder einzelne Zu- und Abgang nach Art, Menge und Wert erfaßt wird, damit vom aufgenommenen zu dem am Bilanzstichtag vorhandenen Bestand zweifelsfrei **vor- bzw. zurückgerechnet** werden kann. **181**

182 Die Stichtagsinventur entfällt, wenn man statt dessen die **permanente Inventur** wählt: § 241 Abs. 2 HGB. Wird **jeder einzelne Zu- und Abgang** auf dem Vorratslager nach Art, Menge und Wert durch die **Lagerbuchhaltung** festgehalten, so läßt sich der vorhandene Bestand in jedem beliebigen Zeitpunkt aus den Lagerbüchern (Lagerkartei) erkennen. In diesem Fall braucht das Inventar nicht auf den Bilanzstichtag **erstellt zu werden; dennoch ist einmal im Jahr Inventur** zu machen. Der Unternehmer kann dabei für jeden Warenposten einen Zeitpunkt wählen, der ihm wirtschaftlich am günstigsten erscheint (Zeitpunkt des geringsten Bestands, arbeitsarme Zeit).

183 Von einer jährlichen Bestandsaufnahme kann nach § 240 Abs. 3 HGB nur im Falle der Festwertbewertung (vgl. Tz. 280) abgesehen werden. Wird ein Vermögensbestand zulässigerweise mit einem Festwert angesetzt, so ist die **Inventur nur alle drei Jahre durchzuführen.**

184 Die Inventur dient der **Kontrolle.** Rein rechnerisch ließe sich der wertmäßige Schlußbestand auch auf den Bestandskonten ermitteln, wenn jeder Zu- und Abgang verzeichnet wird. Trotzdem ist (von der Festwertbewertung abgesehen) an Hand der jährlichen Bestandsaufnahme zu prüfen, ob die Buchbestände mit der Realität übereinstimmen.

Das Inventar weist folgende **Gliederung** auf:

Vermögen – Schulden = **Reinvermögen**

Ersetzt man den Ausdruck **Reinvermögen** durch **Eigenkapital,** so erhält man die Bilanzbegriffe. Sachlich stimmen Inventar und Bilanz vollständig überein. Der grundlegende Unterschied liegt in der Entstehung. Die Bilanz erhält man durch Abschluß der Bestandskonten, das Inventar durch Bestandsaufnahme. Weiterhin ist das **Inventar wesentlich detaillierter als die Bilanz.** Während im **Inventar jeder einzelne Vermögens- und Schuldposten** nach **Art, Menge und Wert** genau zu verzeichnen ist, enthält die **Bilanz nur Wertangaben,** wobei in einer Position eine ganze Reihe verwandter Vermögens- oder Schuldteile zusammengefaßt sind.

II. Typische Inventurfehler

185 Wir wollen hier **sechs typische Inventurfehler** nennen:

- mangelnde Vollständigkeit
- mangelnde Richtigkeit
- falsche zeitliche Abgrenzung
- falsche räumliche Abgrenzung
- falsche rechtliche Abgrenzung
- Rechen- und Übertragungsfehler.

Das Inventar ist **unvollständig,** wenn es **nicht alle Vermögens- und Schuldposten** einzeln verzeichnet, es sei denn, daß sie von einer jährlichen Bestandsaufnahme ausgenommen sind (z.B. Ansatz mit Festwerten). Eine solche Ausnahme bilden auch die Gegenstände des beweglichen Anlagevermögens. Sie sind durch ein Bestandsverzeichnis (Anlagenkartei) zu erfassen (vgl. Tz. 89), in das alle Zu- und Abgänge nach Art, Menge und Wert eingetragen und die jährliche Abschreibung festgehalten werden müssen. Für die im Anlagenverzeichnis enthaltenen Gegenstände kann eine jährliche körperliche Bestandsaufnahme nach Abschn. 31 Abs. 6 EStR unterbleiben. 186

Die jährlichen Käufe und Verkäufe von **Grundstücken und Gebäuden** lassen sich an Hand von Grundbuchauszügen des Amtsgerichts kontrollieren. **Finanzanlagen** werden mit Hilfe der Bankdepotauszüge überprüft. Im Hinblick auf **immaterielle Anlagegüter** (Patente, Lizenzen, Firmenwert) sind die bestehenden Vertragsunterlagen einzusehen.

Das **Vorratsvermögen** wird durch Zählen, Messen und Wiegen aufgenommen. Den Stand auf den betrieblichen **Postscheck- und Bankkonten** (Forderungen und Verbindlichkeiten) vergleicht man mit den Postscheck- und Bankauszügen zum Bilanzstichtag. Die Stände auf den **Debitoren- und Kreditorenkonten** sind durch Saldenbestätigungen der Geschäftspartner nachzuweisen. **Barvermögen** überprüft man durch »Kassensturz«.

Das Inventar ist unrichtig, wenn ein Vermögens- oder Schuldposten der falschen Position zugeordnet oder nicht korrekt bewertet wird. Diese Probleme erörtern wir im Zusammenhang mit der Bilanz (vgl. Tz. 310 ff. und Tz. 436 ff.). 187

Es ist weiterhin darauf zu achten, daß die Geschäftsvorfälle der **richtigen Periode** zugeordnet werden. Nötigenfalls führt man die periodengerechte Abgrenzung durch den Ansatz von **Rechnungsabgrenzungsposten** herbei (vgl. Tz. 421 ff.). Geleistete und erhaltene Anzahlungen sind exakt zu erfassen. 188

Inventurfehler durch **falsche räumliche Abgrenzung** können insbesondere bei sogenannter rollender oder schwimmender Ware auftreten, also bei einer Ware, die sich am Bilanzstichtag weder im Lager des Verkäufers noch des Käufers befindet. Hier gilt der Grundsatz, daß der Verkäufer eine Ware (mit den Anschaffungs- oder Herstellungskosten, nicht etwa mit dem Verkaufspreis) solange inventarisieren und bilanzieren muß, als die Gefahr des zufälligen Untergangs oder einer zufälligen Verschlechterung noch nicht auf den Käufer übergegangen ist. Den **Gefahrübergang** regeln die §§ 446, 447, 644 BGB. 189

Nach § 446 BGB geht die Gefahr beim Kauf- und Werklieferungsvertrag mit der **Übergabe** auf den Käufer über. Holt demnach der Käufer die Ware beim Verkäufer ab, so ist die unterwegs befindliche Ware in das Inventar des Käufers aufzunehmen. Bringt der Verkäufer die Ware zum Käufer hin, so zählt sie im Regelfall auf dem Weg noch zum Vermögen des Verkäufers. Dessen **Gewinn** aus dem Geschäft ist **bis zur Übergabe noch nicht realisiert.**

Beim **Versendungskauf** trägt nach § 447 BGB der **Käufer** einer Ware die **Gefahr des zufälligen Untergangs** oder einer zufälligen Verschlechterung **während des Transports.** Das bedeutet, daß diese bereits ab dem Zeitpunkt zum Vermögen des Käufers gerechnet werden muß, in dem sie der Verkäufer an den Spediteur, den Frachtführer oder die sonst zur Ausführung der Versendung bestimmte Person ausliefert: Am Abschlußstichtag inventarisiert der Käufer die Ware mit seinen Anschaffungskosten; der Verkäufer weist in Höhe des Verkaufspreises eine Forderung aus. Der **Gewinn** aus dem Geschäft ist damit **realisiert.** Insofern besteht eine Abweichung vom Sachenrecht (§ 929 BGB), wonach das **Eigentum** erst durch Einigung **und Übergabe** auf den Käufer **übergeht.**

Der BFH (BStBl. 1989 II, S. 21) fordert formell, daß sowohl die Forderung als auch die Ware vom Verkäufer aktiviert wird, solange noch keine Übergabe an den Käufer erfolgt ist. Dabei gelangt er jedoch zum gleichen Erfolgsausweis wie oben, da ab dem Zeitpunkt des Gefahrübergangs desweiteren eine Lieferverbindlichkeit (in Höhe des aktivierten Warenbestands) beim Verkäufer passiviert wird, so daß in Höhe der Differenz zwischen Forderung (Verkaufspreis) und Bilanzwert der Ware Gewinnrealisierung eingetreten ist. Der Käufer bilanziert die Ware in diesem Fall erst bei Erhalt.

Handelt es sich um einen Werkvertrag, so geht die Gefahr nach § 644 BGB mit der **Abnahme** des Werkes oder dem Verzug der Abnahme durch den Besteller auf diesen über.

190 Eine fehlerhafte Inventur kann auch durch **falsche rechtliche Abgrenzung** bedingt sein. Vor allem im Fall der Lieferung unter **Eigentumsvorbehalt, bei Sicherungsübereignung** und beim **Leasing** (Mietkauf) können Zweifel entstehen.

Grundsätzlich sind die Wirtschaftsgüter nach § 39 Abs. 1 AO dem (rechtlichen) **Eigentümer** zuzurechnen. § 39 Abs. 2 AO nennt die Ausnahmefälle, in denen statt des rechtlichen das **wirtschaftliche Eigentum** entscheidet. Danach ist bei Lieferung unter **Eigentumsvorbehalt** der Käufer, bei **Sicherungsübereignung** der Sicherungsgeber und bei **Treuhandverhältnissen** der Treugeber zur Inventarisierung und Bilanzierung verpflichtet. Keinen Fall des wirtschaftlichen Eigentums stellt das Kommissionsgeschäft nach § 383 ff. HGB dar; hier erfolgt die Zurechnung beim juristischen Eigentümer, dem Kommittenten.

191 Das **Leasing-Geschäft** unterscheidet sich von der üblichen Miete dadurch, daß entweder der Vermieter (Leasing-Geber) eine Wartungspflicht während der Mietdauer hat (**Operating-Leasing,** z.B. einer EDV-Anlage) oder der Mieter (Leasing-Nehmer) nach Ablauf der Grundmietzeit eine Option auf Kauf oder Mietverlängerung ausüben kann (**Finanzierungs-Leasing,** z.B. eines Gebäudes oder Kraftfahrzeugs). Es ist zwischen dem Spezial-Leasing und dem Universal-Leasing zu unterscheiden. Beim Universal-Leasing kann ein **Vollamortisations-** oder **Teilamortisationsvertrag** geschlossen werden.

192 Beim **Spezial-Leasing** wird ein nach den besonderen Wünschen des Leasing-Nehmers angefertigter Gegenstand vermietet, für den keine anderweitige Verwendung in Frage kommt. Im Fall des Spezial-Leasings erwirbt der **Leasing-Nehmer** wirtschaftliches Eigentum. Er hat den **Leasing-Gegenstand zu aktivieren** und die **Rückgabeverpflichtung zu passivieren.** In Höhe der Verbindlichkeit des Leasing-Nehmers entsteht beim Leasing-Geber (Vermieter) eine Rückgabeforderung. Die **Leasing-Raten** sind wie eine Annuität in einen Zins- und Tilgungsanteil zu zerlegen. Die Verbindlichkeiten des Leasing-Nehmers und die Forderung des Leasing-Gebers vermindern sich während der Mietdauer durch den in der Leasing-Miete enthaltenen Tilgungsanteil korrespondierend bis zum Erlöschen.

Beim **Universal-Leasing** (Operating- oder Finanzierungsleasing) mit Vollamorti- **193**
sationsvertrag, bei dem ein vielseitig verwendbarer Gegenstand vermietet wird, behält der **Leasing-Geber** das wirtschaftliche Eigentum (wie bei der normalen Miete), wenn die **Grundmietzeit zwischen 40 % und 90 %** der voraussichtlichen Nutzungsdauer des Gegenstands ausmacht, mit der Folge, daß die **Leasing-Raten beim Leasing-Nehmer in voller Höhe Mietaufwand** darstellen. Eine im voraus zu entrichtende, etwaige **Anzahlung** ist vom Leasing-Nehmer **gleichmäßig über die Leasing-Dauer zu verteilen.** Voraussetzung dafür ist allerdings noch, daß nach Ablauf der Grundmietzeit der Kaufpreis oder die Anschlußmiete im Vergleich zum Restbuchwert **nicht unangemessen niedrig** sind. Andernfalls würde das Leasing-Geschäft von vornherein in einen **Ratenkauf** umgedeutet, mit der Konsequenz, daß der **Leasing-Nehmer** von Anfang an – analog dem Spezial-Leasing – als **wirtschaftlicher Eigentümer** behandelt wird.

Beträgt beim Universal-Leasing die **Grundmietzeit weniger als 40 % oder mehr als 90 %** der voraussichtlichen Nutzungsdauer des Gegenstands, so geht das wirtschaftliche Eigentum auf den **Leasing-Nehmer** über. Inventarisierung und Bilanzierung erfolgen daher wie beim Spezial-Leasing.

Während beim **Vollamortisationsvertrag** die in der Grundmietzeit gezahlten Leasingraten die Gesamtkosten (AHK, Finanzierungs- und Nebenkosten) des Leasing-Gebers decken, ist dies beim **Teilamortisationsvertrag** nicht vollständig der Fall. Beim Teilamortisationsvertrag erfolgt grundsätzlich eine Zurechnung beim **Leasing-Geber,** es sei denn der nach Ablauf der Grundmietzeit anfallende Verwertungserlös steht dem Leasing-Geber zu weniger als 25 % zu.

Nach internationalen Bilanzierungsregeln (US-GAAP, IAS/IFRS) hat derjenige Vertragspartner den Gegenstand zu bilanzieren, der die wesentlichen Risiken und Chancen trägt. Dies ist beim **Operating-Leasing i.d.R. der Leasing-Geber** beim **Finanzierungsleasing i.d.R. der Leasing-Nehmer** (häufigster Fall).

G. Nachträgliche Änderung des Jahresabschlusses

194 Soll der **Jahresabschluß eines Unternehmens nachträglich geändert** werden, so ist zu unterscheiden zwischen

- Bilanzberichtigung und
- Bilanzänderung.

I. Bilanzberichtigung

195 Unter **Bilanzberichtigung** versteht man das **Ersetzen eines fehlerhaften Bilanzansatzes durch einen zutreffenden.** Sie **muß** nach § 4 Abs. 2 EStG erfolgen, wenn gegen zwingende handels- oder steuerrechtliche Vorschriften verstoßen wurde. Zur **Berichtigung der Steuerbilanz** bedarf es der **bloßen Mitteilung** des Fehlers an das Finanzamt. **Handelsrechtlich** ist dasjenige **Gesellschaftsorgan** für die Berichtigung zuständig, **das den ursprünglichen Jahresabschluß festgestellt hat** (vgl. Tz. 125).

196 Während es handelsrechtlich für ausreichend gehalten wird, den laufenden Jahresabschluß zu berichtigen, besteht steuerlich der Grundsatz der **Fehlerbeseitigung zurück bis zur Quelle.** Allerdings gilt dies nur insoweit, als nach den Vorschriften der AO noch eine **Änderung des entsprechenden Steuerbescheids möglich** ist. Ist der Steueranspruch für das Jahr des Fehlers bereits verjährt (§ 169 AO) oder eine Änderung des bestandskräftigen Bescheids ausgeschlossen (§ 173 AO), so hat die **Bilanzberichtigung in der Schlußbilanz des ersten noch offenen Veranlagungszeitraums** grundsätzlich **erfolgswirksam** zu erfolgen.

Jedoch dürfen Gegenstände des notwendigen Privatvermögens, die zu Unrecht bilanziert wurden (vgl. Tz. 174), generell **erfolgsneutral** ausgebucht werden (mit ihrem Buchwert). Ist eine Privatentnahme nicht erfaßt worden und kann der bestandskräftige Steuerbescheid des Fehlerjahres nach den Vorschriften der AO nicht mehr geändert werden, so ist in gleicher Weise eine **erfolgsneutrale** Fehlerberichtigung im ersten noch offenen Veranlagungszeitraum zulässig, da andernfalls eine gesetzlich nicht gedeckte Besteuerung eines fiktiven Sachverhalts (Entnahme) des Berichtigungsjahrs vorläge. Die für eine Besteuerung notwendige Entnahmehandlung des Steuerpflichtigen kann nicht in andere Veranlagungszeiträume verlegt werden.

II. Bilanzänderung

197 Unter **Bilanzänderung** versteht man das **Ersetzen eines richtigen Bilanzansatzes durch einen anderen richtigen Bilanzansatz.** Hat der Steuerpflichtige ein Bilanzierungs- oder Bewertungswahlrecht und kann er demzufolge zwischen

mehreren Wertansätzen wählen, so **trifft er seine Entscheidung** grundsätzlich durch **Einreichen der Steuererklärungen mit dem Jahresabschluß** beim zuständigen Finanzamt (§ 60 Abs. 2 EStDV i.V.m. Abschn. 15 EStR). Danach ist eine Bilanzänderung ausgeschlossen; es sei denn der Ausnahmefall des § 4 Abs. 2 EStG ist gegeben.

Dann muß ein entsprechender Antrag vor **Bestandskraft der Veranlagung** ge- **198**
stellt werden. Das Finanzamt darf dem nur entsprechen, wenn die Bilanzänderung in engem zeitlichen und sachlichen Zusammenhang mit einer Bilanzberichtigung steht, wobei ihre Auswirkungen auf den Gewinn nicht über die der Bilanzberichtigung hinausgehen dürfen. Dies ist insbesondere im Rahmen einer **Betriebsprüfung** dann von Bedeutung, wenn sich infolge von Fehlerberichtigungen des Finanzamts der Gewinn gegenüber der ursprünglichen Veranlagung erheblich erhöht.

Handelsrechtlich ist auch für eine **eventuelle Bilanzänderung** dasjenige **Gesellschaftsorgan** zuständig, **das den ursprünglichen Jahresabschluß festgestellt** hat (vgl. Tz. 125). Infolge des Prinzips der Maßgeblichkeit der Handelsbilanz für die Steuerbilanz setzt eine Änderung der Steuerbilanz – im Hinblick auf ein handels- und steuerrechtlich bestehendes Wahlrecht – zuvor eine gleichartige Änderung der Handelsbilanz voraus. So kann ein neues Anlagegut, für das in der Steuerbilanz zunächst die lineare Abschreibung gewählt wurde, nachträglich steuerlich von Beginn an nur dann degressiv abgeschrieben werden, wenn zuvor eine neue Handelsbilanz mit korrespondierender degressiver Abschreibung des gleichen Anlagegutes erstellt wurde (vgl. Tz. 165).

Viertes Kapitel

Die Bilanz

A. Allgemeines

Das Aufstellen einer Bilanz ist mit **zwei Fragestellungen** verknüpft: 199

- **Was ist zu bilanzieren?** Welche Posten sind in die Bilanz aufzunehmen? Was ist in der Bilanz auszuweisen, und in welcher Form ist es zu gliedern?
- **Wie ist zu bilanzieren?** Wie sind die einzelnen Bilanzpositionen zu bewerten? Welcher Wertansatz ist ihnen beizulegen?

Diesen beiden Grundfragen wollen wir uns im folgenden zuwenden.

I. Bilanzausweis und Bilanzgliederung

1. Personenunternehmen

Für **Personenunternehmen** (Einzelfirma, OHG, KG etc.) ist **im Gegensatz zu Kapitalgesellschaften weder ein Gliederungsschema für die Bilanz noch für die Erfolgsrechnung verbindlich** vorgeschrieben. So bleibt es prinzipiell dem Belieben des Kaufmanns überlassen, einen dem **Grundsatz der Bilanzklarheit** entsprechenden Jahresabschluß zu erstellen. Indirekt ergibt sich allerdings aus § 247 HGB eine gewisse Mindestgliederung. Berücksichtigt man darüber hinaus die im kaufmännischen Verkehr üblichen Gepflogenheiten, kann der nachstehende **Grobgliederungsvorschlag** gemacht werden:

200

Aktiva	Bilanz XY OHG Passiva
A. Anlagevermögen	A. Eigenkapital
I. Immaterielle Anlagen	I. Kapital A
II. Sachanlagen	II. Kapital B
III. Finanzanlagen	B. Sonderposten mit Rücklageanteil
B. Umlaufvermögen	C. Wertberichtigungen
I. Vorräte	D. Rückstellungen
II. Forderungen	E. Verbindlichkeiten
III. Wertpapiere	I. Langfristige Verbindlichkeiten
IV. Liquide Mittel	II. Kurzfristige Verbindlichkeiten
C. Rechnungsabgrenzungsposten	F. Rechnungsabgrenzungsposten
Eventualverbindlichkeiten	

Dieses Grobgliederungsschema ist im Einzelfall weiter zu verfeinern; für eventuell entfallende Positionen braucht **kein Leerposten** ausgewiesen zu werden.

Die **Aktivseite** ist in **Anlage- und Umlaufvermögen** unterteilt. Beim **Anlagevermögen** sind nach § 247 Abs. 2 HGB nur die Gegenstände auszuweisen, die am Abschlußstichtag dazu bestimmt sind, **dauernd** dem Geschäftsbetrieb der Gesellschaft zu dienen. Dauernd heißt mindestens länger als ein Jahr. **Zum Umlaufvermögen** zählen demgegenüber die Gegenstände, die dem Betrieb nur **vorübergehend** angehören, die zur Be- oder Verarbeitung oder zur Veräußerung be- 201 stimmt sind. Ein Gegenstand ist also nicht als solcher stets Anlage- oder Umlaufvermögen; es kommt vielmehr auf seine **betriebliche Zweckbestimmung** an. So zählt der Kraftwagen des Geschäftsreisenden zum Anlagevermögen, der Kraftwagen im Vorratslager des Fahrzeughändlers zum Umlaufvermögen.

202 Das Vermögen auf der **Aktivseite** ist unter dem Gesichtspunkt **zunehmender Liquidität** angeordnet, wobei unter Liquidität die Nähe zum Absatzmarkt, also die Nähe zum Geld im Ablauf des betrieblichen Umsatzprozesses verstanden wird. Während das Anlagevermögen noch relativ weit vom Geldstadium entfernt ist, nähern sich die einzelnen Teile des Umlaufvermögens von den Vorräten über die Forderungen bis hin zu den liquiden Mitteln diesem Stadium immer mehr. Diese Gliederung wird nicht streng eingehalten; so unterteilt man im Interesse der Bilanzklarheit das Anlagevermögen noch in: immaterielle Anlagen, Sachanlagen, Finanzanlagen.

203 Die **Passivseite** unterscheidet im wesentlichen zwischen **Eigenkapital** (Position A und Teile von B) und **Fremdkapital** (Positionen D und E sowie Rest von B). Die einzelnen Positionen sind nach dem Gesichtspunkt **abnehmender Fristigkeit** angeordnet. Das Eigenkapital steht dem Betrieb praktisch unbegrenzt zur Verfügung. Beim Fremdkapital sinkt die Bindungsdauer tendenziell ab.

204 Am **Eigenkapitalausweis** eines Unternehmens wird die **Rechtsform** deutlich.

Das **Eigenkapital von Personenunternehmen** ist grundsätzlich **variabel.** Es wird für jeden Eigenkapitalgeber ein **Kapitalkonto** geführt, wobei gegebenenfalls zu unterscheiden ist zwischen vollhaftendem Gesellschafter (Komplementär) und Gesellschaftern, deren Haftung auf die Einlage beschränkt ist (Kommanditisten). Der Erfolg bzw. die Erfolgsanteile werden dem Eigenkapitalkonto ebenso gutgeschrieben wie Privatentnahmen und Privateinlagen (vgl. Tz. 306 ff.).

205 Unter »**Sonderposten mit Rücklageanteil**« versteht man nach § 247 Abs. 3 HGB Passivposten, die nach steuerlichen Vorschriften gebildet werden, also **steuerfreie Rücklagen** oder Gegenposten (Wertberichtigungen) zu steuerlichen Sonderabschreibungen (vgl. Tz. 375 ff.). Während **Gewinnrücklagen** (vgl. Tz. 220) stets nach der Besteuerung, also aus dem versteuerten Gewinn gebildet werden, **wirken steuerfreie Rücklagen gewinnmindernd.** Die **Versteuerung** erfolgt erst im Zeitpunkt ihrer **gewinnerhöhenden Auflösung,** so daß steuerfreien Rücklagen eine **steuerstundende Wirkung** zukommt. Die Gewinnauswirkungen stimmen mit denen von Rückstellungen (vgl. Tz. 385) überein. Sonderposten mit Rücklageanteil entstammen dem unversteuerten Gewinn und enthalten daher neben dem **Eigenkapitalanteil** in Höhe der bei ihrer Auflösung künftig anfallenden Steuer auch einen **Fremdkapitalanteil. Als Beispiele** seien aufgezählt:

- Rücklage für Ersatzbeschaffung (Abschn. 35 EStR)
- Re-Investitionsrücklage (§ 6b Abs. 3 EStG)

- Insolvenzenrücklage (§ 6d EStG)
- Rücklage nach dem Gesetz über steuerliche Maßnahmen bei der Stillegung von Steinkohlenbergwerken
- Rücklage für Zuschüsse (Abschn. 34 Abs. 3 EStR)
- Rücklagen nach § 1 und § 3 des Gesetzes über steuerliche Maßnahmen bei Auslandsinvestitionen
- Rücklage nach § 6b Abs. 8 EStG im Zusammenhang mit städtebaulichen Sanierungs- oder Entwicklungsmaßnahmen.

Nach dem umgekehrten Maßgeblichkeitsprinzip des § 5 Abs.1 Satz 2 EStG darf von diesen Steuervergünstigungen nur Gebrauch gemacht werden, wenn in der Handelsbilanz ein entsprechender »**Sonderposten mit Rücklageanteil**« zum Ansatz gelangt (vgl. Tz. 168).

206 **Wertberichtigungen** stellen kein Kapital dar, sondern bilden einen **Korrekturposten** zu den mit ihren Anschaffungs- oder Herstellungskosten angesetzten Anlagegegenständen. Sie entstehen nur bei **indirekter** Abschreibung. Der Buchwert indirekt abgeschriebener Anlagen errechnet sich als Differenz zwischen ihren auf der Aktivseite ausgewiesenen Anschaffungs- oder Herstellungskosten und den zugehörigen Wertberichtigungen auf der Passivseite (vgl. Tz. 106). Personenunternehmen können derartige Wertberichtigungen (z.B. für Sachanlagen oder als Einzel- bzw. Pauschalwertberichtigung zu Forderungen) bilden, wohingegen diese Passivpostition im Gliederungsschema für Kapitalgesellschaften nicht vorgesehen ist (vgl. Tz. 214).

207 Die Angabe der **Eventualverbindlichkeiten** »unter dem Strich« der Bilanz ist nach § 251 HGB für alle Unternehmen zwingend vorgeschrieben. Dies kann bei Personenfirmen in einer Summe geschehen. Eventualverbindlichkeiten sind **von ihrem Eintritt her ungewiß.** Es ist nicht sicher, aber möglich, daß das Unternehmen aus einer derartigen Verpflichtung in Anspruch genommen wird. Dabei handelt es sich um die Haftung aus indossierten Wechseln, aus Bürgschaften und Garantieverträgen etc. Solange der Hauptschuldner zahlungsfähig ist bzw. sich der Garantiefall nicht ankündigt, braucht mit einer Inanspruchnahme nicht gerechnet werden. Es liegt daher **kein bilanzierungsfähiges Passivum,** keine Verbindlichkeit, vor. Eventualverbindlichkeiten sind streng von passivierungspflichtigen Rückstellungen zu unterscheiden (vgl. Tz. 381 ff.).

2. Kapitalgesellschaften

208 Die **Offenlegungspflicht** bedingt bei Kapitalgesellschaften die Beachtung einer Reihe **zusätzlicher Erfordernisse.**

So ist das **Gliederungsschema** des § 266 Abs. 2 und 3 HGB **zwingend vorgeschrieben.** Mittelgroße und große Kapitalgesellschaften müssen das vollständige Schema verwenden, wobei aber § 327 HGB der **mittleren** Kapitalgesellschaft für Zwecke der **Offenlegung** eine Reihe von **Zusammenfassungen** ermöglicht. Kleine Kapitalgesellschaften können nach § 266 Abs. 1 HGB **die mit arabischen Zahlen versehenen Posten weglassen** und somit eine **stark komprimierte Bilanz** erstellen und offenlegen. Das Schema des § 266 HGB ist ein **Mindestschema.** Für einige Branchen gelten besondere Formblätter (z.B. Banken, Versicherungen). Sofern der Grundsatz der Bilanzklarheit es erfordert, sind tiefere Untergliederungen notwendig. Das Bilanzschema weist **Kontoform** auf. Die Staffelform, also die stufenweise, offene Saldierung von Aktiva und Passiva ist - im Gegensatz zur Erfolgsrechnung - unzulässig (vgl. Tz. 513).

209 Die **Bilanzgliederung** hat unter Beachtung der **allgemeinen Grundsätze** des § 265 HGB zu erfolgen:

- **Kontinuität der Gliederung** (Abs. 1)
- **Angabe der Vorjahresbeträge** zu Vergleichszwecken (Abs. 2)
- **Angabe der Mitzugehörigkeit** zu anderen Posten (Abs. 3)
- Gliederung bei Zugehörigkeit zu mehreren Geschäftszweigen (Abs. 4)
- **Untergliederung, Gliederungserweiterungen** (Abs. 5)
- Änderungen der Gliederung (Abs. 6)
- Zusammenfassungen von nicht erheblichen Posten (Abs. 7)
- **Verzicht auf Leerposten** (Abs. 8).

a) Aufgliederungen

210 Nach § 268 Abs. 2 HGB ist die Entwicklung der einzelnen **Posten des Anlagevermögens** und des **Postens »Aufwendungen für die Ingangsetzung und Erweiterung des Geschäftsbetriebs«** in Vorspalten - genannt Anlagenspiegel oder Anlagengitter - gesondert darzustellen. Dies kann in der Bilanz oder im Anhang erfolgen. Kleine Kapitalgesellschaften brauchen nach § 274a HGB kein Anlagengitter zu erstellen. Für den **Anlagenspiegel** gilt die **direkte Bruttomethode,** die folgendes Aussehen hat:

Posten	Anschaffungs- und Herstellungskosten	Zugänge	Abgänge	Umbuchungen	Zuschreibungen	Abschreibungen (kumuliert)	Buchwert zum Schluß des Geschäftsjahres	Buchwert Vorjahr	Abschreibungen des Geschäftsjahres
		des Geschäftsjahrs							
		+	./.	+ ./.	+	./.			
1	2	3	4	5	6	7	8	9	10

Spalte 2 weist die **ursprünglichen Anschaffungs- oder Herstellungskosten** aller zu Beginn des Geschäftsjahres vorhandenen Gegenstände aus, nicht etwa deren Buchwert. In **Spalte 3 und 4** sind die **Zu- und Abgänge** des Geschäftsjahrs wiederum mit den gesamten Anschaffungs- und Herstellungskosten - also mit **Bruttowerten** zu verzeichnen. **Umbuchungen** dienen der Ausweisänderung z.B. im Falle der Fertigstellung einer Anlage vom Posten »Anlagen im Bau« zur entsprechenden Anlagenposition. **Zuschreibungen in Spalte 6 sind**

Werterhöhungen und damit das Gegenteil von Abschreibungen. Die **Abschreibungen** sind in **Spalte 7** - im Gegensatz zu den Werten in den Spalten 3 bis 6 - kumuliert anzugeben, also die Summe aller Abschreibungen von der Anschaffung oder Herstellung bis zum Bilanzstichtag auf die am Bilanzstichtag vorhandenen Anlagegüter (bisherige Abschreibungen auf Abgänge sind rückgängig zu machen) saldiert mit den Zuschreibungen bis zum Vorjahr, somit der **Saldo aller** bisher durchgeführten **Wertveränderungen.** Zu- und Abgängen liegen **Mengenänderungen** zugrunde; Zu- und Abschreibungen stellen **Wertänderungen** an vorhandenem Vermögen dar. Der **Buchwert** einer Anlage in **Spalte 8** errechnet sich aus den Spalten 2 - 7. **Spalte 9** nennt den Vorjahresvergleichswert und **Spalte 10** die **Jahresabschreibungen,** die aus der Erfolgsrechnung hervorgehen.

Forderungen mit einer **Restlaufzeit von mehr als einem Jahr** sind in der **Vorspalte** gesondert zu vermerken. In einer solchen »Davon-Spalte« sind bei den **Verbindlichkeiten** solche mit einer **Restlaufzeit bis zu einem Jahr** gesondert anzugeben (zur weiteren Aufgliederung der Verbindlichkeiten im Anhang vgl. Tz. 648). **211**

Weiterhin werden innerhalb der Forderungen und Verbindlichkeiten die **Geschäftsbeziehungen zu verbundenen Unternehmen** und zu denjenigen, mit denen ein **Beteiligungsverhältnis** besteht, sichtbar gemacht (Positionen B II.2. und 3. der Aktivseite sowie C 6. und 7. der Passivseite). **212**

Die **Eventualverbindlichkeiten** »unter dem Strich« der Bilanz von Kapitalgesellschaften sind näher **aufzugliedern** (§ 268 Abs. 7 HGB). **213**

b) Wertberichtigungen

Kapitalgesellschaften dürfen in ihrer Bilanz **keine Wertberichtigungen ausweisen,** auch keine Pauschalwertberichtigung zu Forderungen. **Abschreibungen** sind somit **direkt** vorzunehmen, d.h., von der betreffenden Aktivposition abzusetzen. Dies kann auch offen in einer entsprechenden Vorspalte geschehen. Deshalb und wegen des Ausweises von Bruttowerten in den Spalten 2, 3, 4 und 7 des Anlagengitters verwendet man zu dessen Charakterisierung den Begriff der **direkten Bruttomethode.** Da sich diese Vorschrift nur auf die **veröffentlichte Bilanz** der Kapitalgesellschaft bezieht, wird dadurch die Vornahme indirekter Abschreibungen in der Buchhaltung nicht ausgeschlossen (vgl. Tz. 107). **214**

c) Eigenkapitalausweis

Rechtsformspezifisch für Kapitalgesellschaften ist insbesondere der **Ausweis des Eigenkapitals** in folgender Form: **215**

A) Eigenkapital
   I. Gezeichnetes Kapital
   II. Kapitalrücklage
   III. Gewinnrücklagen
      1. gesetzliche Rücklage
      2. Rücklage für eigene Anteile
      3. satzungsmäßige Rücklagen
      4. andere Gewinnrücklagen
   IV. Gewinnvortrag/Verlustvortrag
   V. Jahresüberschuß/Jahresfehlbetrag

216 Das **gezeichnete Kapital** stellt i. d. R. eine **feste Größe** dar und ist der **Teil des Eigenkapitals,** auf den sich die Haftung der Gesellschafter für die Verbindlichkeiten der Kapitalgesellschaft gegenüber den Gläubigern **beschränkt** (§ 272 Abs. 1 HGB), z.B. **Grundkapital** bei der AG, **Stammkapital** bei der GmbH, **Geschäftsguthaben** bei der eG. Es ist das Kapital, zu deren Einzahlung sich die Gesellschafter oder Genossen verpflichtet haben. Infolge der Mitgliederfluktuation bei der eG unterliegen auch deren Geschäftsguthaben gewissen Schwankungen (§ 337 HGB).

Wurde das gezeichnete **Kapital nicht voll eingezahlt,** ist in Höhe des Differenzbetrages der **Korrekturposten »ausstehende Einlagen auf das gezeichnete Kapital«** auf der **Aktivseite** vor dem Anlagevermögen gesondert auszuweisen. Soweit ausstehende Einlagen **eingefordert** sind, ist das zusätzlich zu vermerken (§ 272 Abs. 1 Satz 2 HGB). Die nicht eingeforderten ausstehenden Einlagen dürfen auch von dem Posten »Gezeichnetes Kapital« **offen abgesetzt** werden. Dann ist der verbleibende Betrag als **»Eingefordertes Kapital«** in der Hauptspalte der Passivseite auszuweisen und außerdem der eingeforderte, aber noch nicht eingezahlte Betrag unter den Forderungen gesondert auszuweisen und entsprechend zu bezeichnen (§ 272 Abs. 1 Satz 3 (HGB).

217 **Beispiel:**

Das gezeichnete Kapilal beträgt 400 000. Nicht eingezahlt sind 100 000, davon sind 80 000 eingefordert. Es bestehen **2 Ausweismöglichkeiten** in der Bilanz:

Alternative a)

Aktiva	Bilanz		Passiva
Ausstehende Einlagen,	100000	Gezeichnetes Kapital	400000
davon eingefordert	80000		

Alternative b)

Aktiva		Bilanz		Passiva
Forderungen und sonstige Vermögensgegenstände		Gezeichnetes Kapital	400 000	
		./. nicht eingeforderte ausstehende Einlage	20 000	
Eingeforderte aber nicht eingezahlte Einlagen	80 000	Eingefordertes Kapital		380 000

Oftmals sind bei der **Ausgabe von Anteilen,** Wandelschuldverschreibungen und Optionsrechten zum Erwerb von Anteilen **den Nennbetrag übersteigende Beträge** zu entrichten. Diese **Agiobeträge** sind der **Kapitalrücklage** zuzuführen. Das gleiche gilt für Zuzahlungen, die anläßlich der Ausgabe von Vorzugsanteilen (z.B. Vorzugsaktien) zu leisten sind. **Sonstige Zuzahlungen und Einlagen** der Gesellschafter auf das Eigenkapital rechnen ebenfalls zur Kapitalrücklage. Die **Kapitalrücklage wird nicht aus dem Geschäftserfolg** des Unternehmens gespeist. **Einstellungen in die Kapitalrücklage** und deren **Auflösung** sind bereits **bei Aufstellung der Bilanz vorzunehmen** (§ 270 Abs. 1 HGB) . **218**

Sieht der **Gesellschaftsvertrag einer GmbH** gemäß §§ 26 - 28 GmbHG eine **Nachschußpflicht** vor, so sind effektiv **eingeforderte Beträge in die Kapitalrücklage** einzustellen; auf der Aktivseite erfolgt - solange die Gesellschafter die eingeforderten Beträge noch nicht geleistet haben - der gesonderte Ausweis eines Postens »**eingeforderte Nachschüsse**« unter den Forderungen (§ 42 Abs. 2 GmbHG). **219**

Demgegenüber entstammen **Gewinnrücklagen dem Geschäftserfolg des Unternehmens.** Es handelt sich um **einbehaltene Gewinne** des laufenden oder eines früheren Wirtschaftsjahres. Im einzelnen zählen dazu: **220**

- **Die gesetzliche Rücklage,** zu deren Bildung nur die AG verpflichtet ist.
- **Die Rücklage für eigene Anteile.** Sie ist für den Fall zu bilden, daß die Gesellschaft eigene Anteile (Aktivposition B III.2.) erwirbt. Grundsätzlich ist der **Erwerb eigener Anteile verboten,** da dies wirtschaftlich einer Rückzahlung des haftenden Kapitals gleichkommt. Ausnahmsweise gestatten § 71 AktG und § 33 GmbHG den Kauf eigener Anteile in Sonderfällen (bei der AG u.a. mit Zustimmung der Hauptversammlung bis zu 10 % des Grundkapitals). Werden solche Anteile erworben, so ist parallel dazu aus dem laufenden Gewinn oder vorhandenen frei verfügbaren Gewinnrücklagen eine **Rücklage für eigene Anteile** abzuzweigen. Sie ist auch für Anteile eines herrschenden oder eines mit Mehrheit beteiligten Unternehmens zu bilden und darf nur im Gleichklang mit dem Verkauf oder der Abwertung dieser Anteile aufgelöst werden. Sie dient damit als »**Ausschüttungssperre**« (vgl. Tz. 225). Bildung und Auflösung sind bereits bei der Bilanzaufstellung vorzunehmen (§ 270 Abs. 1 HGB).

- **Satzungsmäßige Rücklagen,** die entsprechend den **Satzungsbestimmungen** bei der Aufstellung des Jahresabschlusses gebildet und aufgelöst werden.
- **Andere Gewinnrücklagen.** Sie werden aus dem Jahresergebnis im Rahmen der Gewinnverwendung (vgl. Tz. 597 ff.) gebildet, soweit der **erwirtschaftete Gewinn im Unternehmen einbehalten** und nicht an die Gesellschafter ausgeschüttet werden soll. Ihre Auflösung erfolgt gegebenenfalls bei Erstellung des Jahresabschlusses.

221 Die Positionen IV. **Gewinnvortrag/Verlustvortrag** aus dem Vorjahr und V. **Jahresüberschuß/Jahresfehlbetrag** machen das Jahresergebnis **vor seiner Verwendung** sichtbar. Der Jahresüberschuß/-fehlbetrag stimmt mit dem Ergebnis der Gewinn- und Verlustrechnung überein.

222 Die Bilanz kann nach § 268 Abs. 1 HGB auch **unter Berücksichtigung der vollständigen oder teilweisen Ergebnisverwendung** aufgestellt werden. In diesem Fall tritt an die Stelle der vorgenannten Positionen IV. und V. die Position **»Bilanzgewinn/Bilanzverlust«.** Ein Bilanzgewinn gibt also **nicht** den im Geschäftsjahr **erwirtschafteten Gewinn** an - das ist der Jahresüberschuß -, sondern den noch **zur Ausschüttung verbleibenden Restbetrag** nach Verrechnung mit dem Ergebnisvortrag aus dem Vorjahr und nach Berücksichtigung bereits erfolgter Einstellungen (Entnahmen) in (aus) Gewinnrücklagen. War aus dem Vorjahr ein Ergebnisvortrag vorhanden, so ist er in der Vorspalte zum Bilanzgewinn/Bilanzverlust oder im Anhang gesondert zu bezeichnen.

d) Bilanzierungshilfen

223 Das **Bilanzgliederungsschema der Kapitalgesellschaft** erlaubt schließlich noch den Ausweis zweier rechtsformspezifischer Bilanzierungshilfen:

- **aktivierte Aufwendungen für die Ingangsetzung und Erweiterung des Geschäftsbetriebs** (§ 269 HGB) und
- **aktivisch abgegrenzte, latente Steuern** (§ 274 Abs. 2 HGB).

Eine **Bilanzierungshilfe** ist ein ausschließlich **handelsrechtlicher Begriff. Sie gestattet die Aktivierung von Aufwendungen, ohne daß ein abgrenzbares Wirtschaftsgut erworben wurde.** Bei **Personenunternehmen** besteht in Ermangelung eines aktivierungsfähigen Wirtschaftsgutes ein **Bilanzierungsverbot.** Die Aufwendungen sind gewinnmindernd zu verbuchen.

224 Demgegenüber darf die Kapitalgesellschaft nach § 269 HGB die **Kosten der Ingangsetzung und der Erweiterung des Geschäftsbetriebs aktivieren,** also z.B. die Aufwendungen für die Gewinnung und Schulung von Mitarbeitern, die Einführungswerbung für neue Produkte etc. Der Posten ist vor dem Anlagevermögen auszuweisen und im Anhang zu erläutern. Es besteht demnach ein **handelsrechtliches Aktivierungswahlrecht,** dem ein **steuerliches Ansatzverbot** entspricht. Die Abschreibung erfolgt gemäß § 282 HGB **in den vier folgenden**

Geschäftsjahren mit mindestens 25 %, also ist auch ein höherer Satz zulässig. Im ersten Jahr braucht keine Abschreibung zu erfolgen; sie ist aber möglich.

Macht die **Kapitalgesellschaft von diesem Aktivierungswahlrecht Gebrauch,** um entsprechend höhere Gewinne auszuweisen, so besteht für solche Gewinne eine **Ausschüttungssperre,** d.h., es dürfen Gewinne nur ausgeschüttet werden, wenn nach der Ausschüttung **jederzeit auflösbare Gewinnrücklagen** (einschließlich Ergebnisvortrag) mindestens in Höhe dieses Postens verbleiben. Mit anderen Worten, kommt es infolge Aktivierung von Ingangsetzungskosten in der Anfangsphase eines Unternehmens bereits zum Ausweis eines handelsrechtlichen Jahresüberschusses, so darf dieser nicht an die Gesellschafter ausgeschüttet werden (§ 269 Satz 2 HGB). **225**

Die **zweite handelsrechtliche Bilanzierungshilfe für Kapitalgesellschaften** stellt gemäß § 274 Abs. 2 HGB das Aktivierungswahlrecht für latente Steuern dar. Weist die **Handelsbilanz einen niedrigeren Gewinn aus als die Steuerbilanz** und erscheint dadurch in der Erfolgsrechnung ein in bezug auf dieses niedrigere, handelsrechtliche Ergebnis ein **zu hoher, tatsächlicher Steueraufwand,** der sich in späteren Geschäftsjahren voraussichtlich ausgleichen wird, besteht die Möglichkeit, im Betrag dieses zu hohen Steueraufwandes einen **Rechnungsabgrenzungsposten** (vgl. Tz. 421 ff.) zu aktivieren. Er ist gesondert auszuweisen und im Anhang zu erläutern. In der Steuerbilanz stellt sich diese Frage ex definitione nicht. **226**

Ein im Vergleich zur Steuerbilanz **vorübergehend niedrigerer Handelsbilanzgewinn** kann z.B. in folgenden Fällen auftreten: **227**

- **Höhere handelsrechtliche Abschreibungen** (z.B. arithmetisch degressiv, vgl. Tz. 442) sind steuerlich nicht zugelassen.
- In der Steuerbilanz **muß der derivative Firmenwert aktiviert** werden, in der Handelsbilanz wird vom Bilanzierungswahlrecht **kein** Gebrauch gemacht (vgl. Tz. 314 ff.)
- Das **Disagio** wird analog dazu in Handels- und Steuerbilanz **unterschiedlich** behandelt (vgl. Tz. 494 ff.).
- In der **Handelsbilanz** werden **Drohverlust- oder Aufwandsrückstellungen** passiviert, deren Ansatz in der Steuerbilanz verboten ist (vgl. Tz. 386).

Permanente Differenzen zwischen Handels- und Steuerbilanz z.B. auf Grund steuerlich nicht abziehbarer Aufwendungen (vgl. Tz. 576 ff.) dürfen nicht in die Steuerabgrenzung einbezogen werden. Obwohl es an den betriebswirtschaftlichen Voraussetzungen eines Rechnungsabgrenzungspostens fehlt, räumt § 274 Abs. 2 HGB den Kapitalgesellschaften die Möglichkeit des Ausweises derartiger Steuerabgrenzungen unter diesem Posten ausdrücklich ein. **228**

Bei der **Berechnung der aktiven Steuerabgrenzung sind Ertragsteuerdifferenzen, also Körperschaftsteuer und Gewerbeertragsteuer** zu berücksichtigen, wobei sich die Höhe durch Ergebnisvergleich, also als **Saldo aller handels-** **229**

und steuerrechtlichen Gewinnunterschiede ergibt. Erst wenn nach Saldierung aller positiven und negativen Differenzen ein niedrigerer Handelsbilanzgewinn verbleibt, entsteht das **Aktivierungswahlrecht.**

230 Macht die Kapitalgesellschaft von diesem Recht Gebrauch, um entsprechend höhere Gewinne auszuweisen, so besteht - wie bei den aktivierten Kosten der Ingangsetzung und Erweiterung des Geschäftsbetriebs (vgl. Tz. 225) - für diese Gewinne eine **Ausschüttungssperre** (§ 274 Abs. 2 Satz 3 HGB).

231 **Vorübergehende Abweichungen** zwischen Handels- und Steuerbilanz **gleichen sich langfristig aus,** so daß sich in späteren Jahren ein vergleichsweise **höheres** Handelsbilanzergebnis - mit relativ zu niedrigem tatsächlichen Steueraufwand - einstellen wird. **In dem Maße wie die Steuerentlastung eintritt,** ist der **aktive Rechnungsabgrenzungsposten gewinnmindernd aufzulösen.**

II. Bilanzwerte

232 Die einzelnen Bilanzpositionen sind mit einem konkreten Wertansatz zu versehen. Dafür kommen eine Reihe unterschiedlicher Werte in Betracht.

1. Wertarten

Wir unterscheiden zwischen

- handelsrechtlichen Werten und
- steuerrechtlichen Werten.

233 Grundsätzlich stehen für die **Bewertung in der Handelsbilanz** zur Verfügung

- der **Vergangenheitswert,** also die Anschaffungs- oder Herstellungskosten,
- der **Gegenwartswert** oder Tageswert,
- der **Zukunftswert** oder zukünftige Wiederbeschaffungswert.

Das **Einkommensteuerrecht** kennt darüber hinaus

- den **Teilwert.**

a) Die Anschaffungskosten

234 In erster Linie sind zur Bewertung der vom Beschaffungsmarkt bezogenen Wirtschaftsgüter **die Anschaffungskosten** heranzuziehen. Die Anschaffungskosten umfassen alle **Aufwendungen,** die geleistet werden, um einen **Vermögensgegenstand zu erwerben** und ihn **in einen betriebsbereiten Zustand zu versetzen,** soweit sie dem Vermögensgegenstand **einzeln zugeordnet** werden können (§ 255 Abs. 1 HGB). Zu den Anschaffungskosten gehören auch die **Nebenkosten** sowie die nachträglichen Anschaffungskosten. **Anschaffungspreisminderungen sind abzusetzen.** Dabei gelten im Normalfall des USt-pflichtigen Betriebes stets die **Nettokosten ohne MWSt.** Es gilt also folgende **Formel:**

	Anschaffungspreis
+	Anschaffungsnebenkosten
–	Preisnachlässe
=	Anschaffungskosten

Anschaffungspreis ist das mit dem Lieferanten vereinbarte Entgelt. Wurde **von Anfang an** ein Rabatt auf die Listenpreise eingeräumt, so bildet der um den Rabatt geminderte Listenpreis den Anschaffungspreis. Nachträgliche Preissteigerungen, z.B. auf Grund vereinbarter Preisgleitklauseln, oder nachträgliche Anschaffungskosten für Ergänzungs-, Erweiterungs- oder Verbesserungsmaßnahmen am erworbenen Gegenstand erhöhen den Anschaffungspreis im nachhinein. **235**

Wird für mehrere Wirtschaftsgüter (z.B. für ein Grundstück und Gebäude) **ein globaler Anschaffungspreis bezahlt,** so ist zum Zweck der Bilanzierung eine **Aufteilung** auf die einzelnen Gegenstände vorzunehmen. **236**

Erhält der Betrieb **öffentliche oder private Zuschüsse** für den Erwerb eines Wirtschaftsguts, so besteht ein **Wahlrecht,** ob diese den Anschaffungspreis mindern oder ob sie unmittelbar erfolgswirksam vereinnahmt werden sollen (Abschn. 34 Abs. 1 EStR). **237**

Im ersten Fall lautet der **Buchungssatz:**

Von 28 **an** Klasse 0.

Im zweiten Fall lautet der **Buchungssatz:**

Von 28 **an** Kontengruppe 54.

Zu den Anschaffungsnebenkosten zählen alle Ausgaben, die **bis zur Betriebsbereitschaft des Wirtschaftsguts** aufgewendet werden müssen. **238**

Im einzelnen sind das: vom Käufer zu tragende Verpackungskosten, Transportkosten (Fracht, Rollgeld, Transportversicherung), Einfuhrzölle etc. Bei Maschinen gehören auch die Montagekosten, die Kosten für die Errichtung eines zusätzlichen Fundaments und die Kosten eines vor Inbetriebnahme notwendigen Probelaufs zu den Anschaffungsnebenkosten. Der Wertpapierkauf ist in der Regel mit Anschaffungsnebenkosten in Form von Gebühren, Maklerprovision und Bankspesen verbunden. Werden Grundstücke und Gebäude gekauft, so fallen an Anschaffungsnebenkosten meist an: Maklerprovision, Grunderwerbsteuer, Notarkosten für den Kaufvertrag und die Auflassung, Kosten des Amtsgerichts für die Eintragung ins Grundbuch.

Zu den **Anschaffungsnebenkosten eines Grundstücks** rechnen darüber hinaus alle Aufwendungen mit dem Zweck, **das Grundstück baureif zu machen,** also auch die Kosten der Parzellierung und Straßenanliegerbeiträge sowie Kosten für Erschließungsmaßnahmen (Strom-, Gas-, Wasserversorgung und Kanalisation), soweit es sich um **Einrichtungen auf Gemeindegrund** handelt. Demgegenüber zählen derartige **Erschließungskosten,** soweit sie **Anlagen auf dem Grundstück selbst** betreffen, einschließlich der sogenannten Kanalanstichgebühr, die für die Benutzung der gemeindlichen Abwässerbeseitigungsanlagen entrichtet werden muß, zu den **Herstellungskosten des** auf dem Grundstück befindlichen **Gebäudes.**

239 Wird ein objektiv technisch oder wirtschaftlich **nicht verbrauchtes** Gebäude in der Absicht erworben, es abzubrechen, oder erfolgt der Abbruch verhältnismäßig kurze Zeit nach dem Erwerb, so erhöhen der **Restbuchwert des abgebrochenen Gebäudes und die Abbruchkosten** (gemindert um eventuelle Erlöse aus dem abgebrochenen Material) die **Anschaffungskosten des Grundstücks,** sofern **kein Neubau** erstel!t wird, sondern der Erwerb der Freimachung des Grund und Bodens dient. Tritt an die Stelle des abgebrochenen Gebäudes **ein Neubau,** so gehören der **Restbuchwert und die Abbruchkosten** zu den Herstellungskosten des neuen Gebäudes. Steht der Abbruch eines Gebäudes dagegen **nicht mehr mit dem Erwerb des Grundstücks** in Zusammenhang (es wird z.B. eine bereits längere Zeit genutzte, veraltete Werkshalle abgerissen) oder stellt sich erst nach dem Erwerb eines bebauten Grundstücks heraus, daß das Gebäude objektiv technisch oder wirtschaftlich verbraucht ist (Erwerb ohne Abbruchabsicht), so stellen die Abschreibung des Restbuchwerts und die Abbruchkosten **gewinnmindernden Aufwand** dar. Die Abbruchabsicht wird vermutet (sog. Beweis des ersten Anscheins), wenn mit dem Abbruch **innerhalb von drei Jahren nach dem Erwerb** begonnen wird.

240 **Nicht** zu den **Anschaffungsnebenkosten** zählen die **Finanzierungskosten.** So sind Kreditzinsen in jedem Fall Aufwand, auch wenn sie für ein Darlehen gezahlt werden, das zur Anschaffung aktivierungspflichtiger Wirtschaftsgüter aufgenommen wurde. Das gleiche gilt für Kreditsicherungskosten.

241 Als **Preisnachlässe, die die Anschaffungskosten mindern,** sind alle nachträglichen Entgeltkürzungen zu berücksichtigen: nachträgliche Mengen- oder Treuerabatte, Boni, Skonti, Preisminderungen und Abzüge (zur Verbuchung vgl. Tz. 74 und 90).

242 Bei **unentgeltlichem Erwerb** von Wirtschaftsgütern sind **zwei Fälle** zu unterscheiden:

- **Unentgeltlicher Erwerb eines ganzen Betriebs.** Der Rechtsnachfolger ist an die Werte seines Vorgängers gebunden. Die vorhandenen **Buchwerte** sind also fortzuführen; sie stellen die **Anschaffungskosten** des Erwerbers dar (§ 6 Abs. 3 EStG, Fußstapfentheorie).
- **Unentgeltlicher Erwerb eines einzelnen Wirtschaftsgutes** aus betrieblichem Anlaß. Für den Erwerber gilt der derzeitige **Tageswert als fiktiver Anschaffungspreis** in der Steuerbilanz, der gewinnerhöhend einzubuchen ist. Nach herrschender Meinung soll in der Handelsbilanz an die Stelle der steuerlichen Aktivierungspflicht ein Aktivierungswahlrecht bei körperlichen, unentgeltlich überlassenen Gegenständen treten.

b) Die Herstellungskosten

Wurde ein Wirtschaftsgut nicht am Beschaffungsmarkt erworben, sondern vom Betrieb selbst hergestellt, so bilden die **Herstellungskosten den in erster Linie zur Bewertung** heranzuziehenden Vergangenheitswert (§ 255 Abs. 2 HGB). Ausgangspunkt für die Ermittlung der Herstellungskosten ist das **Kalkulationsschema** der KLR, das im Normalfall des USt.-pflichtigen Betriebes die **Nettokosten ohne MWSt** ausweist: 243

Fertigungsmaterial		UGr	UGr	OGr
+ Fertigungslöhne		|	|	|
+ Sondereinzelkosten der Fertigung	= Einzelkosten	↓	|	|
+ Materialgemeinkosten		HR	|	|
+ Fertigungsgemeinkosten	= Gemeinkosten der Herstellung		↓	|
	= Herstellkosten[3]		StR	|
	+ Fertigungszinsen			|
	+ Verwaltungsgemeinkosten			↓
	+ Vertriebsgemeinkosten			HR u. StR
	+ Sondereinzelkosten des Vertriebs			
	= Selbstkosten			

UGr = Untergrenze, OGr = Obergrenze, HR = Handelsrecht, StR = Steuerrecht

Das Handelsrecht definiert die Herstellungskosten in § 255 Abs. 2 HGB als die Aufwendungen, die durch den Verbrauch von Gütern und die **Inanspruchnahme von Diensten** für die **Herstellung eines Vermögensgegenstandes,** seine Erweiterung oder für eine **über seinen ursprünglichen Zustand hinausgehende wesentliche Verbesserung** entstehen. Dazu gehören die **Materialkosten,** die **Fertigungskosten** und die **Sonderkosten der Fertigung.** Die KLR bezeichnet diese für die Herstellung **eines** Vermögensgegenstandes erforderlichen Material- und Fertigungskosten als **direkt zurechenbare Kosten,** als **Einzelkosten.** Für sie besteht demnach eine Zurechnungspflicht: Die Einzelkosten stellen die **handelsrechtliche Untergrenze der Bewertung** dar. 244

Diese Einzelkosten sind bei **vollautomatischer Fertigung** oftmals **relativ** gering, so daß der Betrieb bei **selbsterstellten Produkten handelsrechtlich** einen **erheblichen Bewertungsspielraum »nach unten«** besitzt, was einen vergleichsweise niedrigen Gewinnausweis ermöglicht.

---

3 Es ist der sprachliche Unterschied zwischen FBH und KLR zu beachten: während man in der FBH von Herstellungskosten spricht, heißt es in der KLR Herstellkosten.

245 Für die Material- und Fertigungsgemeinkosten der Herstellung, also sowohl für die variablen als auch für die fixen, besteht handelsrechtlich ein **Ansatzwahlrecht.** Sie machen bei modernen Fertigungsverfahren **häufig ein Vielfaches der Einzelkosten** aus (z.B. Hilfsmaterial, Löhne und Gehälter von Steuerungs- und Kontrollpersonal, Abschreibungen, Energie etc.).

246 Im Steuerrecht entfällt dieses Aktivierungswahlrecht für die Gemeinkosten der Herstellung (Abschn. 33 EStR). Als **Untergrenze für die Herstellungskosten** sind in jedem Fall die **Herstellkosten** im Sinne des Kalkulationsschemas der KLR anzusetzen. Abschn. 33 Abs. 2 EStR rechnet zu den **aktivierungspflichtigen Gemeinkosten** der Herstellung u.a. die Aufwendungen für:

- Lagerhaltung, Transport und Prüfung des Fertigungsmaterials
- Vorbereitung und Kontrolle der Fertigung
- Werkzeuglager
- Betriebsleitung, Raumkosten, Sachversicherungen
- Unfallstationen und Unfallverhütungseinrichtungen der Fertigungsstätten
- Lohnbüro, soweit in ihm die Löhne und Gehälter der in der Fertigung tätigen Arbeitnehmer abgerechnet werden
- Wertverzehr des Anlagevermögens (Abschreibungen), soweit er der Fertigung gedient hat
- Betriebliche Altersversorgung
- Gewerbekapitalsteuer auf das der Fertigung dienende Gewerbekapital.

247 Die **Obergrenze der Herstellungskosten** stimmt **im Handelsrecht und Steuerrecht überein.** Sie beinhaltet neben den Herstellkosten der KLR auch die **Fertigungszinsen** sowie die **Verwaltungsgemeinkosten.**

Zu den **nicht** aktivierungs**pflichtigen, aber** aktivierungs**fähigen** Verwaltungsgemeinkosten gehören u.a. die Aufwendungen für:

- Geschäftsleitung
- Einkauf und Wareneingang
- Betriebsrat
- Personalbüro
- Nachrichtenwesen
- Ausbildungswesen
- Rechnungswesen (z.B. FBH, KLR, Statistik)
- Feuerwehr
- Werkschutz
- allgemeine Fürsorge einschließlich Betriebskrankenkasse
- Gewerbeertragsteuer.

248 **Zinsen zählen im allgemeinen nicht zu den Herstellungskosten.** Nur ausnahmsweise sind die dem **einzelnen Objekt im Zeitraum der Herstellung zurechenbaren Zinsen** aktivierungsfähig (§ 255 Abs. 3 HGB). Dieses **Aktivierungswahlrecht - das in Handels- und Steuerbilanz gleichermaßen** gilt - hat

vornehmlich für den Großanlagenbau (z.B. Baugewerbe, Schiffs-, Flugzeugbau) Bedeutung.

Für **Vertriebskosten** besteht in Handels- und Steuerbilanz übereinstimmend ein **Aktivierungsverbot.** 249

Bei der Übernahme der Herstellungskosten aus der KLR in die FBH zum Zweck der Bilanzierung ist darauf zu achten, daß sowohl im Handels- als auch im Steuerrecht **nur Aufwendungen** angesetzt werden dürfen, also Kosten, die mit **Ausgaben** verbunden sind (Grundkosten), nicht aber kalkulatorische Kosten (Zusatzkosten). Kalkulatorische Kostenarten bleiben bei der Ermittlung der Herstellungskosten unberücksichtigt. 250

Ein weiteres Problem bilden die sogenannten **Leerkosten** (Kosten der unausgenutzten Kapazität im Fall der Unterbeschäftigung) bei der Berechnung der Herstellungskosten. Kalkuliert der Betrieb mit **Ist-Kosten,** also mit tatsächlich angefallenen Kosten, so **sinken** bei zunehmender Ausbringungsmenge wegen der sich ständig vergrößernden Verteilungsbasis die **fixen Stückgemeinkosten (Fixkostendegression).** Umgekehrt steigen bei fallender Beschäftigung die Fixkosten pro hergestelltes Stück. 251

Dies hat zur Folge, daß bei stockendem Absatz und dadurch bedingter Produktionseinschränkung wegen der steigenden Stückgemeinkosten die Herstellungskosten pro erzeugte Einheit dann zunähmen, wenn man - wie es das Steuerrecht zwingend vorschreibt - fixe Gemeinkosten in die Herstellungskosten mit einbezieht. Je höher man aber die Aktiva in der Bilanz bewertet, desto mehr wächst der Erfolg. Gerade in absatzschwachen Perioden würde somit ein relativ hohes Ergebnis ausgewiesen. Dies **widerspricht** jedoch **dem Prinzip kaufmännischer Vorsicht** (vgl. Tz. 136). Es ist daher sowohl im Handels- als auch im Steuerrecht **unzulässig, die Kosten der unausgenutzten Kapazität** bei der Ermittlung der Herstellungskosten **zu berücksichtigen.**

Im Falle der **Unterbeschäftigung** dürfen daher **nicht** die (tatsächlich entstandenen) fixen **Ist-Gemeinkosten,** sondern nur die fixen **Soll-Gemeinkosten** pro Stück angesetzt werden; d.h., die fixen Stückgemeinkosten, die bei **Normalbeschäftigung** auf die hergestellte Einheit entfallen. Arbeitet der Betrieb mit einer **Normal- oder Plankostenrechnung,** so ist es nicht nur zulässig, sondern geboten, statt der Ist-Gemeinkosten die Soll-Gemeinkosten zur Bewertung heranzuziehen. 252

Wendet der Betrieb dagegen die **Teilkosten- oder Deckungsbeitragsrechnung** an, die den einzelnen Produkten nur die variablen, nicht aber die fixen Kosten zurechnet, so sind die kalkulierten Herstellkosten, die **lediglich variable Gemeinkosten** der Herstellung beinhalten, zwar für die Bewertung in der **Handelsbilanz zulässig,** nicht aber in der Steuerbilanz. In der **Steuerbilanz müssen auch die fixen** Teile der Material- und Fertigungsgemeinkosten berücksichtigt werden. Die Teilkostenrechnung scheidet daher bei der Ermittlung der steuerlichen Herstellungskosten aus.

253 Werden Aufwendungen für ein **bereits vorhandenes Anlagegut** nachträglich getätigt, so ist zu prüfen, ob es sich dabei um

- **Erhaltungs- oder**
- **Herstellungsaufwand**

handelt. Ersterer wird im Jahr des Anfalls in voller Höhe als **gewinnmindernder Aufwand** verbucht (Kontenklasse 6/7, **letzterer** ist zu aktivieren und zählt zu den **Herstellungskosten** des Gegenstandes. **Herstellungsaufwand** liegt immer dann vor, wenn durch eine derartige Maßnahme (vgl. BMF, Schr. v. 16.12.1996)

- ein **neues Wirtschaftsgut** hergestellt wird (Vollverschleiß des alten)
- das **Anlagegut erweitert** (Aufstockung, Anbau, Vergrößerung der Gebäudefläche, Vermehrung der Substanz z.B. durch zusätzliche Trennwände, Außentreppe, Alarmanlage, Markise) oder
- das **Anlagegut** über seinen ursprünglichen Zustand hinaus **wesentlich verbessert** wird (Abschn. 157 EStR), wenn man den ursprünglichen Neuzustand mir dem Zustand nach Renovierung vergleicht (BFH v. 12.9.2001, IX R 39/97 und BFH v. 3.12.2002, IX R 64/99).

254 Soll durch die Maßnahme das **Anlagegut** dagegen

- in **gebrauchsfähigem Zustand** erhalten (funktionserhaltende Reparatur) oder
- dem **technischen Fortschritt entsprechend modernisiert** werden (substanzerhaltende Erneuerung),

so ist gewinnmindernder **Erhaltungsaufwand** gegeben (z.B. sog. Schönheitsreparaturen an einem Gebäude oder Instandhaltung an einer Maschine).

255 Findet innerhalb von **drei Jahren nach dem Erwerb** eines Gebäudes eine **größere Reparaturmaßnahme** statt, so handelt es sich um **anschaffungsnahen Herstellungsaufwand,** der stets mit dem Gebäude aktiviert wird. Grundsätzlich stellen zwar auch umfangreichere Instandsetzungsmaßnahmen gewinnmindernden Aufwand dar, sofern die oben genannten Kriterien erfüllt sind. Dies ist jedoch ausnahmsweise dann nicht der Fall, wenn derartige Großreparaturen (der Aufwand übersteigt 15 % der Anschaffungskosten des Gebäudes) in den ersten drei Jahren nach dem Erwerb eines Gebäudes durchgeführt werden. Der beim langjährigen Eigentümer als Erhaltungsaufwand zu verbuchende Betrag wird beim Neuerwerber zu aktivierungspflichtigem Herstellungsaufwand. Dagegen sind Aufwendungen für kleinere Reparaturmaßnahmen (ein Aufwand bis zu 15 % der Anschaffungskosten des Gebäudes) auch in den ersten drei Jahren nach dem Erwerb gewinnmindernder Erhaltungsaufwand.

256 Maßnahmen zur **Instandhaltung- oder Modernisierung** eines Gebäudes können auch Elemente des **Herstellungs- und Erhaltungsaufwandes nebenein-**

ander beinhalten. Sofern ein ganzes Bündel solcher Arbeiten in engem räumlichen, zeitlichen und sachlichen Zusammenhang steht, so daß sie **bautechnisch ineinandergreifen**, handelt es sich **insgesamt um Herstellungsaufwand**, auch soweit einzelne Teile für sich allein betrachtet Erhaltungsaufwand wären (z.B. Erneuern der Tapeten im Rahmen des Einbaus zusätzlicher Trennwände). Im übrigen sind die **Kosten solcher Maßnahmen** jedoch grundsätzlich – ggf. im Wege der Schätzung – **auf Herstellungs- und Erhaltungsaufwand aufzuteilen**, auch wenn sie einheitlich in Rechnung gestellt werden.

Da die **Grenzen zwischen Erhaltungs- und Herstellungsaufwand oft fließen,** kann nach Abschn. 157 Abs. 3 EStR **Gebäudeaufwand,** der für die einzelne Baumaßnahme 2100 € (ohne MWSt) nicht übersteigt, **stets** – also auch in den ersten drei Jahren nach Erwerb – als **Erhaltungsaufwand** behandelt werden. 257

c) Der Tageswert

Für die Bewertung der einzelnen Wirtschaftsgüter kommt nach § 253 HGB auch ihr Gegenwartswert, ihr **Tageswert am Bilanzstichtag,** in Betracht, der als **Marktpreis** oder **"beizulegender Wert"** in Erscheinung tritt. 258

Bei Wirtschaftsgütern, die an einer Börse gehandelt werden, läßt sich der Tageswert in Form ihres **Börsenkurses** ohne Schwierigkeiten feststellen: Das trifft insbesondere auf Wertpapiere zu, die an der Wertpapierbörse, aber auch auf Rohstoffe, die an der Warenbörse gehandelt werden.

Bei marktgängigen Wirtschaftsgütern gilt als Tageswert ihr **Marktpreis.** Der Marktpreis ist der auf dem Markt für Waren einer bestimmten Gattung und Güte am Bilanzstichtag durchschnittlich gezahlte Preis. 259

Börsen- oder marktgängige Wirtschaftsgüter sind i. d. R. **vertretbare Sachen.** 260
Ihr Tageswert läßt sich meist zweifelsfrei feststellen. Schwierigkeiten können bei der Ermittlung des Tageswertes solcher Wirtschaftsgüter auftreten, die nicht regelmäßig umgesetzt werden, also bei **gebrauchten Anlagegütern** sowie **Sonder- oder Spezialanfertigungen.** Hier ist als Tageswert grundsätzlich der **„beizulegende Wert“** anzusetzen, wobei darunter der **heutige Wiederbeschaffungs- oder Reproduktionswert** zu verstehen ist. Notfalls kann eine Rückfrage beim Hersteller gleichartiger oder ähnlicher Produkte weiterhelfen. **Der Tageswert** läßt sich normalerweise sowohl auf dem **Beschaffungsmarkt** als auch 261
auf dem **Absatzmarkt** ermitteln. Weder das Handels- noch das Steuerrecht macht diesbezüglich eine eindeutige Aussage. Nach dem Going-concern-Prinzip (vgl. Tz. 273) orientiert man sich auf dem **Beschaffungsmarkt** hinsichtlich des Tageswerts von Anlagegütern, die sich im Produktionseinsatz befinden, von Roh-, Hilfs- und Betriebsstoffen sowie von Wertpapieren. Am **Absatzmarkt** sollte man sich informieren, sofern man den Tageswert ausrangierter Anlagen oder nicht mehr im Bestand erwünschter Wertpapiere, die zum Verkauf bestimmt sind, und unfertiger oder fertiger Erzeugnisse feststellen will. Bei Han-

delswaren steht es dem Unternehmer frei, ob er sich am Beschaffungs- oder Absatzmarkt ausrichtet.

262 Wird der **Tageswert am Beschaffungsmarkt** ermittelt, so ist zu beachten, daß zum eigentlichen Anschaffungspreis noch die Anschaffungsnebenkosten hinzutreten. Der Tageswert errechnet sich demnach aus: **Anschaffungspreis zuzüglich Anschaffungsnebenkosten.** Wird der **Tageswert am Absatzmarkt** festgestellt, so ist der voraussichtliche Verkaufspreis noch um die erforderlichen Vertriebskosten zu mindern. Der Tageswert lautet daher: **voraussichtlicher Verkaufspreis abzüglich noch anfallende Vertriebskosten.** Bei unfertigen Erzeugnissen sind außer den Vertriebskosten auch die bis zur **Fertigstellung noch aufzuwendenden Fertigungs- und Verwaltungskosten** vom voraussichtlichen Verkaufspreis zu subtrahieren (vgl. Tz. 487 ff.).

d) Der Wiederbeschaffungswert

263 Der **zukünftige Wiederbeschaffungspreis,** der zu entrichten ist, wenn ein im Betrieb vorhandenes Gut ausscheidet und ersetzt werden muß, also sein Zukunftswert, findet lediglich in der KLR Verwendung. **In der FBH ist er grundsätzlich unzulässig.**

Ganz abgesehen davon, daß er z.B. für eine Maschine mit langer Nutzungsdauer **sehr schwer festzustellen** ist - es muß u. U. die Frage beantwortet werden: Was kostet eine gleichartige Ersatzmaschine bei Ausscheiden der jetzt vorhandenen in 10 Jahren? -, **widerspricht** die Bewertung mit Zukunftswerten dem von der FBH angestrebten Ziel **der nominellen Kapitalerhaltung.** Die KLR, die die reale Kapitalerhaltung gewährleisten soll, muß demgegenüber mit zukünftigen Wiederbeschaffungswerten arbeiten (vgl. Tz. 151).

264 Nur in **einem ganz speziellen Ausnahmefall** sieht auch die FBH **eine Bewertung mit Zukunftswerten** vor: Nach § 253 Abs. 3 Satz 3 HGB **dürfen** Gegenstände des Umlaufvermögens mit ihrem **niedrigeren** Zukunftswert angesetzt werden, um zu verhindern, daß in der nächsten Zukunft der Wertansatz dieser Gegenstände auf Grund von Wertschwankungen geändert werden muß (vgl. Tz. 490).

e) Der Teilwert

265 Im Steuerrecht taucht darüber hinaus der Begriff des **Teilwerts** auf. Nach § 6 Abs. 1 Nr. I EStG bildet der Teilwert den Betrag, den ein Erwerber des ganzen Betriebs im Rahmen des Gesamtkaufpreises für das einzelne Wirtschaftsgut ansetzen würde; dabei ist davon auszugehen, daß der Erwerber den Betrieb fortführt.

Der Teilwert ist nach dieser Definition ein **Gegenwartswert.** Im Unterschied zum Tageswert trägt er zusätzlich das Merkmal der **Betriebsbezogenheit.** Er beruht auf einer **Fiktion,** nämlich dem Verkauf des gesamten Betriebs am Bilanzstichtag. Der potentielle Erwerber des Gesamtbetriebs würde das einzelne

Wirtschaftsgut nicht für sich, losgelöst vom Betriebszusammenhang, betrachten, sondern er würde berücksichtigen, daß jedes Wirtschaftsgut einen passenden Bestandteil des Ganzen ausmacht (Going-concern-Prinzip Tz. 273).

Insofern hing der Teilwert ursprünglich von der spezifischen Situation des einzelnen Betriebs ab. Geht es um ein florierendes Unternehmen, erklärt sich der potentielle Erwerber sicherlich bereit, für das einzelne Wirtschaftsgut, das in den betrieblichen Funktionszusammenhang eingebunden ist, mehr zu bezahlen als für das gleiche Wirtschaftsgut eines darniederliegenden Unternehmens. Somit war der Teilwert als **subjektiver Wert** gedacht, der sich am **Ertrag eines Wirtschaftsguts,** also an seinem Kapitalwert, orientiert.

Die Praxis zeigte allerdings sehr bald, daß man damit kaum operieren kann. Die Ermittlung eines so abstrakten und darüber hinaus subjektiven Werts stieß in der Realität auf unüberwindliche Hindernisse. Daher **objektivierte** ihn der BFH durch die **vier sogenannten Teilwertvermutungen:**

- **Im Zeitpunkt der Anschaffung oder Herstellung** eines Wirtschaftsguts – sei es Anlage- oder Umlaufvermögen – stimmt der Teilwert grundsätzlich mit den Anschaffungs- oder Herstellungskosten überein **(Teilwert = AHK).** 266
- Bei Wirtschaftsgütern des **abnutzbaren** Anlagevermögens, die bereits seit einiger Zeit vom Betrieb genutzt werden, gilt: Teilwert = Anschaffungs- oder Herstellungskosten – planmäßige Abschreibungen **(fortgeschriebene AHK)**. Bei Wirtschaftsgütern des **nicht abnutzbaren** Anlagevermögens lautet die zweite Teilwertvermutung auch in späteren Jahren noch: Teilwert = AHK. Es kommt handelsrechtlich das gemilderte Niederstwertprinzip zum Zug, steuerrechtlich das beschränkte Niederstwertprinzip (Tz. 285 ff.).
- Bei Wirtschaftsgütern des **Umlaufvermögens** gilt: **Teilwert = Tageswert,** sofern dieser die Anschaffungs- oder Herstellungskosten nicht überschreitet. Es kommt handelsrechtlich das strenge Niederstwertprinzip zum Zug, steuerrechtlich das beschränkte Niederstwertprinzip (Tz. 285 ff.).
- Bei Wirtschaftsgütern, die im abgelaufenen Geschäftsjahr in den Betrieb **eingelegt** oder aus dem Betrieb **entnommen** wurden, gilt: **Teilwert = Tageswert** (Einzelveräußerungspreis oder -einkaufspreis). Im Gegensatz zur dritten Teilwertvermutung gelangt der Tageswert auch dann zum Ansatz, wenn er die Anschaffungs- oder Herstellungskosten **übersteigt,** was eine dementsprechende Gewinnrealisierung zur Folge hat.

Durch diese vier Teilwertvermutungen wird der **besondere Charakter des Teilwerts** gegenüber den bereits genannten Vergangenheits- und Gegenwartswerten praktisch **aufgehoben.** Er stimmt je nach Situation mit einem von diesen überein.

Nachdem es sich bei den vom BFH aufgestellten Grundsätzen zur Ermittlung des Teilwerts um **Vermutungen** handelt, sind sie prinzipiell vom Steuerpflichtigen widerlegbar. 267

Die **erste Vermutung** kann im Zugangsjahr allerdings nur dann widerlegt werden, wenn der Steuerpflichtige nachweist, daß sich die Anschaffung oder Herstellung als **krasse Fehlentscheidung** (z.B. Fehlinvestition) erwiesen hat. Nur in diesem Fall liegt der Teilwert **unter** den Anschaffungs- oder Herstellungskosten. Die in späteren Jahren geltende **zweite Vermutung** ist leichter widerlegbar, nämlich dann, wenn der **Marktpreis** des Wirtschaftsguts seit der Anschaffung infolge eines besonderen Ereignisses **gesunken** ist (vgl. Tz. 463). In diesen Fällen darf der **vermutete Teilwert unterschritten** werden.

Die **dritte und vierte Vermutung** lassen sich als solche nicht widerlegen. Hier kann allenfalls die Art und Weise der Ermittlung des Tageswerts, z.B. auf dem Beschaffungs- oder Absatzmarkt, strittig sein (vgl. Tz. 261). So ist bei Warenentnahmen bzw. Sacheinlagen als Teilwert generell der **Einkaufspreis** des Unternehmers anzusetzen, wobei im Falle von **Sachentnahmen** – als USt-pflichtiger Tatbestand – **MWSt hinzukommt,** während im Falle von **Sacheinlagen** zwar keine MWSt gesondert anfällt, dafür aber die im Privatbereich gültigen **Bruttopreise** zum Zuge kommen (kein Vorsteuerabzug).

Bei **Einlagen** ist die Ausnahmeregel des § 6 Abs. 1 Nr. 5 a EStG von besonderer Bedeutung: Ist das eingelegte Wirtschaftsgut **innerhalb der letzten drei Jahre** angeschafft oder hergestellt worden, so stellen die **seinerzeitigen Anschaffungs- oder Herstellungskosten** - bei abnutzbaren Anlagegütern die **fortgeschriebenen** AHK - die **absolute Obergrenze** der Bewertung dar (gegebenenfalls die im Privatbereich angefallenen Bruttopreise).

2. *Bewertungsprinzipien*

268 Am Bilanzstichtag ist den Wirtschaftsgütern des Betriebs einer der genannten Werte beizumessen. Es steht allerdings **nicht** im freien Belieben des Unternehmens, aus den aufgeführten Werten **irgendeinen** auszuwählen. Vielmehr sind dabei **bestimmte Regeln** zu beachten, **die Prinzipien der Bewertung,** mit denen wir uns nunmehr befassen wollen.

a) Stichtagsprinzip

Maßgebend für die Bilanzierung sind die **Verhältnisse am Bilanzstichtag** (§ 252 Abs. 1 Nr. 4 HGB). Die Bilanz zeichnet ein Augenblicksbild, eine Momentaufnahme der betrieblichen Vermögensverhältnisse. Da aber i. d. R. **zwischen Bilanzstichtag und Bilanzaufstellung ein gewisser Zeitraum** vergeht, stellt sich die Frage, welchen Einfluß **neue Erkenntnisse** haben, die innerhalb dieses Zeitraums auftreten.

269 Hinsichtlich der nach dem Bilanzstichtag auftretenden Ereignisse sind **nur** die sogenannten **wertaufhellenden Tatsachen,** nicht aber die **wertbeeinflussenden Tatsachen** zu berücksichtigen (§ 252 Abs. 1 Nr. 4 HGB).

Unter **wertaufhellenden Tatsachen** versteht man solche, die **am Bilanzstichtag bereits eingetreten** waren, von denen man jedoch erst nach dem Bilanzstichtag, aber vor Bilanzaufstellung Kenntnis erlangte. Solche **wertaufhellenden Tatsachen sind zu berücksichtigen.**

Beispiel: 270

Der Schuldner einer Forderung, die wir am Bilanzstichtag, dem 31. 12. 01, für einbringlich halten, geht im Februar 02 in Konkurs. Bei Bilanzaufstellung im März 02 ist die Forderung auszubuchen, da sie am 31. 12. 01 bereits objektiv wertlos war. Ein Konkurs ist i. d. R. kein plötzliches Ereignis, sondern zeichnet sich lange vorher ab. Der Schuldner hat es jedoch verstanden, uns über seine tatsächlichen Verhältnisse lange Zeit im unklaren zu halten.

Wertbeeinflussende Tatsachen sind Ereignisse, die erst **nach dem Bilanzstichtag eintreten.** Diese dürfen **nicht berücksichtigt** werden. 271

Beispiele: 272

a) Das Bürogebäude brennt am 1. 1. 02 um 1 Uhr früh ab. In der Bilanz zum 31. 12. 01 ist das Bürogebäude zu erfassen, da der Brand eine neue Tatsache ist.
b) Der am 31. 12. 01 zahlungsunfähige Schuldner macht am 15. 2. 02 einen Lottogewinn und bezahlt unsere Forderung. Die Forderung ist bei Bilanzaufstellung im März 02 für den 31. 12. 01 voll wertzuberichtigen, da der Lottogewinn ein neues Ereignis ist, das nicht berücksichtigt werden darf.

b) Going-concern-Prinzip

Gemäß § 252 Abs. I Nr. 2 HGB ist bei der Bewertung von der **Fortführung des Unternehmens** auszugehen **(Going-concern-Prinzip),** sofern dem nicht tatsächliche oder rechtliche Gegebenheiten entgegenstehen. 273

Die Bewertung nach dem Going-concern-Prinzip bedeutet, daß der einzelne Vermögensgegenstand als **Glied in der Kette des betrieblichen Umsatzprozesses** zu sehen ist. Dies spielt vor allem bei langlebigen Wirtschaftsgütern (z.B. Anlagen) eine Rolle. Sie sind nicht mit ihrem Liquidationswert anzusetzen, sondern mit dem Wert, der ihnen im Rahmen ihrer betrieblichen Funktion zukommt. Dieser aber leitet sich von den ursprünglich aufgewendeten **Anschaffungs- oder Herstellungskosten** ab, vermindert um zwischenzeitlich angefallene Abschreibung.

Die **Prämisse der Betriebsfortführung konkretisiert sich** beispielsweise in der Ermittlung **planmäßiger Abschreibung** für abnutzbare Anlagen durch Verteilen der Anschaffungs- oder Herstellungskosten auf die Nutzungsdauer oder in der **Unterstellung planmäßigen Begleichens** von Forderungen und Verbindlichkeiten.

c) Prinzip der Einzelbewertung

Nach § 252 Abs. 1 Ziff. 3 HGB hat der Unternehmer die **Vermögensgegenstände und Schulden** zum Abschlußstichtag **einzeln zu bewerten.** Ein grundlegendes Bewertungsprinzip ist daher das **Prinzip der Einzelbewertung.** 274

Es verbietet die pauschale Bewertung einer oder mehrerer Vermögenspositionen oder des Gesamtbetriebs in einem einzigen Akt. Vielmehr ist der Unternehmer grundsätzlich verpflichtet, den Wert jedes Gegenstands **einzeln** zu benennen, wobei nur eine Zusammenfassung von Gegenständen **gleicher Beschaffenheit** erfolgen kann. Daraus resultiert für mittlere und größere Betriebe meist ein **erheblicher Arbeitsaufwand,** wenn man nur an die Vielzahl unterschiedlicher Gegenstände in manchem Vorratslager denkt.

Aus diesem Grund läßt der Gesetzgeber **zwei Ausnahmen vom Prinzip der Einzelbewertung** zu:

- die Gruppen- oder Sammelbewertung und
- die Bewertung mit Festwerten oder eisernen Beständen.

275 **Die Gruppenbewertung** ist nach § 240 Abs. 4 HGB **in zwei Fällen** zugelassen:

- bei gleichartigen Gegenständen des **Vorratsvermögens** und
- bei **anderen beweglichen Gegenständen,** sofern diese gleichartig oder annähernd gleichwertig sind.

276 **Gegenstände des Vorratsvermögens** sind Roh-, Hilfs- und Betriebsstoffe, unfertige und fertige Erzeugnisse sowie Handelswaren. Als **andere bewegliche Gegenstände** kommen insbesondere **bewegliche Anlagegegenstände** in Betracht.

277 **Gleichartig** sind Gegenstände, die zur gleichen Art gehören. Dabei muß es sich nicht unbedingt um genau gleiche Gegenstände handeln. Es genügt die gleiche Warengattung, Funktionsgleichheit etc. Gleichartig sind auch gleiche Erzeugnisse mit unterschiedlichen Abmessungen, Größen, Qualitäten und Ausführungen, wie es z.B. bei Herrensocken im Kaufhaus der Fall sein kann.

278 **Annähernd gleichwertig** sind die zu einer Gruppe zusammengefaßten Vermögensgegenstände, wenn ihre Preise nicht wesentlich voneinander abweichen. Bei Gegenständen mit relativ geringem Wert dürfte ein Spielraum von 20 % zwischen dem höchsten und niedrigsten Einzelwert vertretbar sein. Mit steigenden Einzelwerten verringert sich diese Spanne.

Um annähernd gleichwertige Gegenstände - außerhalb der Vorräte - zulässigerweise zu einer Gruppe zusammenfassen zu können, ist **kein weiteres Merkmal,** auch nicht das der Gleichartigkeit, erforderlich. Allerdings dürfte es den GoB widersprechen, wenn völlig ungleiche Gegenstände, die zufälligerweise annähernd gleiche Anschaffungs- oder Herstellungskosten besitzen, zu einer Gruppe zusammengefaßt werden. Eine **gewisse Verwandtschaft** sollte gegeben sein, z.B. Zugehörigkeit zum gleichen Sortiment, wie es bei Einrichtungsgegenständen wie Sesseln, Tischen und Schränken der Fall sein kann.

279 Für derartige Gegenstände ist ein **gewogener Durchschnittswert** zu ermitteln, indem man die Summe aller Werte durch die Anzahl der Stücke dividiert.

Die Gruppenbewertung kann demgegenüber **nicht** zur Anwendung gelangen bei Grundstücken, Gebäuden, immateriellen Anlagen und sonstigen individuellen Gütern. Wird zulässigerweise von ihr Gebrauch gemacht, so entbindet dies nicht von der Pflicht zur **jährlichen Inventur.** Es kann jedoch allen Gegenständen einer Gruppe der **gleiche Wert** beigemessen werden.

Der Rationalisierungseffekt der **Bewertung mit Festwerten oder eisernen Beständen** übertrifft den der Gruppenbewertung bei weitem. Sie ist dadurch gekennzeichnet, daß ein ganzer Vermögensposten von Jahr zu Jahr **mit gleichbleibender Menge und gleichbleibendem Wert** angesetzt wird. Damit entfällt nach § 240 Abs. 3 HGB die Pflicht zur jährlichen Inventur. Eine körperliche Bestandsaufnahme ist nurmehr **alle drei Jahre** durchzuführen. Die Bewertung mit einem Festwert kommt ausschließlich für Gegenstände des **Sachanlagevermögens** sowie wie für **Roh-, Hilfs- und Betriebsstoffe des Vorratsvermögens** in Betracht, wenn sie **regelmäßig ersetzt** werden und **ihr Gesamtwert für das Unternehmen von nachrangiger Bedeutung** ist, sofern ihr Bestand in seiner Größe, seinem Wert und seiner Zusammensetzung nur geringen Veränderungen unterliegt. Als Beispiele seien Gegenstände der Betriebs- und Geschäftsausstattung genannt, wie Werkzeuge, Formen, Walzen, Modelle, Schreibmaschinen, Gerüst- und Schalungsteile, Hotelgeschirr und -wäsche etc. Für Roh-, Hilfs- und Betriebsstoffe treffen die geforderten Voraussetzungen seltener zu; denn das Festwertverfahren darf bei Gütern des Vorratsvermögens insbesondere nicht dem Ausgleich von Preisschwankungen dienen (Abschn. 36 EStR). Die Einschränkung der nachrangigen Bedeutung des Gesamtwertes für das Unternehmen verbietet die Anwendung auf die großen Bilanzpositionen. Nachrangigkeit kann noch angenommen werden, wenn der einzelne Bilanzposten 10 % der Bilanzsumme nicht übersteigt (BMF v. 8.3.1993). Diesem Bewertungsverfahren liegt die Annahme zugrunde, daß sich Zu- und Abgänge von Gegenständen eines Vermögenspostens in etwa ausgleichen. Die **Zugänge** werden daher stets als **Aufwand,** Erlöse für die **Abgänge als Ertrag** verbucht. Der Festwert ändert sich dabei nicht. 280

Übersteigt der anläßlich einer Inventur ermittelte **tatsächliche** Wert den **bisherigen** Festwert **um mehr als 10 %,** so ist der ermittelte Wert maßgebend. Die Anschaffungs- oder Herstellungskosten der Zugänge sind ab dem Bilanzstichtag so lange zu aktivieren, bis der neue Festwert erreicht ist. Der überholte Festwert muß also nicht unmittelbar am Bilanzstichtag korrigiert werden. Beträgt die **Erhöhung nicht mehr als 10 %,** kann man auf eine Berichtigung verzichten. Liegt der durch Inventur festgestellte Wert **unter dem bisherigen** Festwert, so kann der niedrigere Wert über eine entsprechende Abschreibung sofort zum Ansatz gelangen (Abschn. 31 Abs. 4 EStR). Handelt es sich bei dem zu bewertenden Vermögensposten um abnutzbares Anlagevermögen, dann darf als Festwert ein Betrag **zwischen 40 % und 60 % des Neuwerts** der Gegenstände gewählt werden, um der mit der Abnutzung verbundenen Wertminderung Rechnung zu tragen. Abschreibungen entfallen daher. 281

d) Anschaffungswertprinzip

282 Im Rahmen der Bewertung ist das **Anschaffungswertprinzip** unbedingt einzuhalten. Es gilt **ohne jede Ausnahme** und besagt, daß die für ein Wirtschaftsgut aufgewendeten **Anschaffungs- oder Herstellungskosten** in keinem Fall überschritten werden dürfen. Sie bilden die **absolute Obergrenze der Bewertung.** Ein Unterschreiten der Anschaffungs- oder Herstellungskosten ist dagegen zulässig.

Bei Gütern des abnutzbaren Anlagevermögens treten die um planmäßige Abschreibungen (vgl. Tz. 437 ff.) geminderten Anschaffungs- oder Herstellungskosten an die Stelle der Anschaffungs- oder Herstellungskosten; d.h., die Obergrenze der Bewertung wird von den fortgeschriebenen AHK gesetzt.

e) Realisationsprinzip

283 Das **Realisationsprinzip gilt nur für Gewinne.** Es besagt, daß Gewinne in der Bilanz erst dann in Ansatz gebracht werden dürfen, wenn sie realisiert sind. **Nicht realisierte Gewinne dagegen dürfen nicht ausgewiesen werden.** Das bedeutet z.B., daß auf Lager liegende Handelswaren und Fertigerzeugnisse mit ihren Anschaffungs- bzw. Herstellungskosten zu bewerten sind, nicht aber mit ihrem Verkaufspreis, der bereits einen Gewinnzuschlag enthält (§ 252 Abs. 1 Ziff. 4 HGB). Realisationszeitpunkt ist der Zeitpunkt des Gefahrübergangs, also z.B. der Lieferung einer Ware bzw. der Abnahme eines Wertes (vgl. Tz. 189).

f) Imparitätsprinzip

284 Das **Imparitätsprinzip** (§ 252 Abs. 1 Ziff. 4 HGB), auch Prinzip der Ungleichheit oder Inkonsequenz genannt, ist auf Verluste anzuwenden. Danach dürfen nicht realisierte Gewinne zwar nicht ausgewiesen werden, **nicht realisierte Verluste müssen jedoch ausgewiesen werden.** Verluste sind also schon dann zu bilanzieren, wenn sie noch nicht eingetreten sind. Es genügt, daß man sie am Bilanzstichtag vorhersehen kann. Ein typisches Beispiel für das Imparitätsprinzip stellt die Rückstellung für drohende Verluste aus schwebenden Geschäften in der Handelsbilanz dar (vgl. Tz. 394).

g) Niederstwertprinzip

aa) Personenunternehmen

285 Wie bereits ausgeführt, kommen für die Bewertung grundsätzlich nur **zwei Wertarten** in Frage, nämlich der Vergangenheitswert (Anschaffungs- oder Herstellungskosten, vgl. Tz. 234 ff. und 243 ff.) und der Gegenwartswert (Tageswert, vgl. Tz. 258 ff.). Eine Bewertung mit Zukunftswerten ist prinzipiell ausgeschlossen (vgl. Tz. 263). Der als vierte Wertart genannte steuerliche Teilwert fällt im großen und ganzen je nach Situation mit einem der beiden erstgenannten zusammen (vgl. Tz. 266).

Bei der Bewertung ist nunmehr nach dem **Niederstwertprinzip** zu verfahren. Es besagt, daß **von beiden möglichen Wertarten** – den Anschaffungs- oder Herstellungskosten einerseits und dem Tageswert andererseits – in der Bilanz **die niedrigere zu wählen** ist. Dabei tritt das Niederstwertprinzip in **drei Formen** in Erscheinung, als

- strenges Niederstwertprinzip, als
- gemildertes Niederstwertprinzip und als
- beschränktes Niederstwertprinzip (in der Steuerbilanz generell gültig).

Das nach § 253 Abs. 3 HGB **für das Umlaufvermögen geltende, handelsrechtliche strenge Niederstwertprinzip** verlangt **den niedrigeren Wertansatz in jedem Fall.** Dabei spielt es keine Rolle, weshalb der Tageswert abgesunken ist und wie lange seine Wertminderung anhält. Am Bilanzstichtag sind die Anschaffungs- oder Herstellungskosten dem augenblicklichen Tageswert gegenüberzustellen. Liegt der **Tageswert unter** den Anschaffungs- oder Herstellungskosten, so **ist** er zur Bewertung heranzuziehen, ohne Rücksicht auf Gründe und Dauer seines Absinkens. Selbst wenn der niedrigere Tageswert nach dem Bilanzstichtag wieder ansteigt, dürfen die Gegenstände des Umlaufvermögens am Bilanzstichtag nicht mit ihren Anschaffungs- oder Herstellungskosten, sondern nur mit dem niedrigeren Tageswert in der Bilanz erscheinen (im Umlaufvermögen der Handelsbilanz generell gültig). 286

Nach § 253 Abs. 2 Satz 3 HGB gilt **für das Anlagevermögen handelsrechtlich das gemilderte Niederstwertprinzip.** Danach müssen diese Gegenstände **mit dem Tageswert nur** dann angesetzt werden, **wenn dessen Absinken** am Bilanzstichtag **voraussichtlich von Dauer** ist. Handelt es sich dagegen nur um eine **vorübergehende Wertminderung, dann darf** er zwar gewählt werden, **muß aber nicht.** 287

Das Niederstwertprinzip verlangt also in jedem Fall einen **Vergleich der Anschaffungs- oder Herstellungskosten mit dem Tageswert** am Bilanzstichtag. Unterschreitet der Tageswert die Anschaffungs- oder Herstellungskosten, so ist nach dem **gemilderten** Niederstwertprinzip bei Gütern des Anlagevermögens zu prüfen, ob die Wertminderung **voraussichtlich von Dauer** (z.B. Listenpreisänderungen des Herstellers eines Produkts) ist oder **nur vorübergehend** (z.B. Kursschwankungen an der Wertpapierbörse). Kann man annehmen, daß es sich um eine **dauerhafte** Wertminderung handelt, **muß** mit dem niedrigeren Tageswert bewertet werden. Liegt aber nur ein **vorübergehendes** Absinken vor, dann hat der Unternehmer ein Wahlrecht: Er kann die Anschaffungs- oder Herstellungskosten beibehalten, er kann auch den niedrigeren Tageswert in Ansatz bringen, und er kann jeden beliebigen Zwischenwert zwischen Anschaffungs- oder Herstellungskosten einerseits und Tageswert andererseits wählen. Wer ein 288

- **Wahlrecht zwischen zwei Werten** hat, kann sich grundsätzlich auch für einen **beliebigen Zwischenwert** entscheiden.

Besteht ein **Bewertungswahlrecht,** so muß sich der Unternehmer für eine der möglichen Alternativen entscheiden. 289

• **Richtschnur** für die Entscheidung bildet die **Höhe des angestrebten Gewinns.**

Lautet das Ziel auf **minimalen Gewinnausweis** (z.B. um möglichst wenig Steuer zahlen zu müssen), so ist auf der **Aktivseite der niedrigstmögliche** und auf der **Passivseite der höchstmögliche Wertansatz** zu wählen. Sowohl eine möglichst niedrige Bewertung der Aktiva als auch eine möglichst hohe Bewertung der Passiva vermindern den Gewinn. Strebt der Unternehmer dagegen **maximalen Gewinnausweis** an (z.B. um möglichst hohe Gewinnausschüttungen vornehmen zu können), so ist **umgekehrt** zu verfahren: möglichst hohe Bewertung der Aktiva und möglichst niedrige Bewertung der Passiva. Hat also ein Unternehmer auf Grund des gemilderten Niederstwertprinzips ein Bewertungswahlrecht, so wird er in der Bilanz den niedrigeren Tageswert auch bei vorübergehender Wertminderung ansetzen, wenn er einen minimalen Gewinn anstrebt.

Beispiel:

Wertpapiere des Anlagevermögens wurden am 1. 9. zum Kurs von 200 % gekauft. Der Börsenkurs am Bilanzstichtag, dem 31. 12., beträgt 190 %. Unter der Voraussetzung, daß der Unternehmer möglichst wenig Gewinn ausweisen will, wird er die Wertpapiere in der Handelsbilanz mit 190 % bewerten, obwohl er den Wertansatz von 200 % beibehalten könnte, nachdem es sich nur um eine vorübergehende Wertminderung handelt, und 10 % außerplanmäßig abschreiben. In der Steuerbilanz muß eine Teilwertabschreibung unterbleiben (beschränktes Niederstwertprinzip).

In der **Steuerbilanz gilt generell** – d.h. im Anlage- und Umlaufvermögen sowie für alle Rechtsformen – **das beschränkte Niederstwertprinzip,** das **Teilwertabschreibungen nur bei dauerhafter Wertminderung** zuläßt: § 6 Abs. 1 Nr. 2 EStG. Über das **Prinzip der Maßgeblichkeit der Handelsbilanz für die Steuerbilanz** (strenges Niederstwertprinzip im Umlaufvermögen und gemildertes Niederstwertprinzip im Anlagevermögen) wird aus dem »Kann« **ein »Muß« zur Teilwertabschreibung bei dauerhafter Wertminderung:** ein handelsrechtlicher Wertansatz **muß** in die Steuerbilanz übernommen werden, wenn er **dort nur zulässig** ist. Das beschränkte Niederstwertprinzip der Steuerbilanz besagt also: **eine Teilwertabschreibung muß bei dauerhafter Wertminderung vorgenommen werden,** aber auch nur dann.

Steuerlich lautet die Frage **bei** einem am Bilanzstichtag **gesunkenen Tageswert** also immer: **ist die Wertminderung vorübergehend oder von Dauer.** So dürften die **in Tz. 463 genannten Gründe für ein Absinken des Tageswerts von Anlagegütern i.d.R. von Dauer sein,** also sowohl in der Handels- als auch in der Steuerbilanz eine **Pflicht** zur Vornahme von außerplanmäßigen bzw. Teilwertabschreibungen auslösen. Im **Umlaufvermögen** sind **dauerhafte Wertminderungen** bei sog. **Ladenhütern** vorstellbar, also bei Waren, die infolge Mode- oder Geschmackswandel auch längerfristig nicht kostendeckend absetzbar sind. Dagegen stellen **Kurssenkungen an der Waren- oder Wertpapierbörse** sowohl für Güter des Anlage- als auch des Umlaufvermögens stets **vor-**

übergehende Wertminderungen dar, die **eine steuerliche Teilwertabschreibung ausschließen.**

bb) Kapitalgesellschaften

§ 279 Abs. 1 Satz 2 HGB **schränkt** die Geltung des **handelsrechtlichen gemilderten Niederstwertprinzips für Kapitalgesellschaften ein.** Bei ihnen ist das **gemilderte Niederstwertprinzip nur auf Finanzanlagen** anzuwenden, d.h., Sachanlagen und immaterielle Anlagen dürfen bei vorübergehender Wertminderung **nicht** außerplanmäßig abgeschrieben werden, sondern – sofern sie abnutzbar sind – nur planmäßig. Im Falle einer dauernden Wertminderung gilt allerdings – wie bei Personenunternehmen – eine Abschreibungspflicht. Auf diese Weise soll dem **Grundsatz des true and fair view** (vgl. Tz. 139) Rechnung getragen werden. In der **Handelsbilanz von Kapitalgesellschaften** gilt also für **Sachanlagen** das steuerliche **beschränkte Niederstwertprinzip,** während **Finanzanlagen** übereinstimmend mit Personenunternehmen dem **gemilderten Niederstwertprinzip** unterliegen. **290**

Beispiel: **291**

Das vorgenannte Beispiel Tz. 289 gilt unverändert auch für Kapitalgesellschaften, da es sich um Finanzanlagen handelt. Sinkt dagegen der Wert einer Maschine oder eines Grundstücks nur vorübergehend (z.B. wegen eines behebbaren Mangels), so darf von einer Kapitalgesellschaft keine außerplanmäßige Abschreibung in der Handelsbilanz und keine Teilwertabschreibung in der Steuerbilanz erfolgen.

Die eG hat nach § 336 Abs. 2 HGB die **Wahl,** ob sie § 279 HGB anwendet oder nicht, ob sie also – wie Personenunternehmen – das gemilderte Niederstwertprinzip auch auf Sachanlagen und immaterielle Anlagen bezieht oder – wie Kapitalgesellschaften – nur auf Finanzanlagen. Für publizitätspflichtige Personenunternehmen gilt § 279 HGB nicht, d.h., das gemilderte Niederstwertprinzip ist auf das gesamte Anlagevermögen anzuwenden (§ 5 Abs. 1 PublG). **292**

h) Prinzip des Wertezusammenhangs

aa) Personenunternehmen

Das **Prinzip des Wertezusammenhangs** betrifft nur Wirtschaftsgüter, die dem Betrieb bereits am vorangegangenen Bilanzstichtag angehört haben. Des weiteren setzt seine Anwendung voraus, daß an einem **früheren Bilanzstichtag** auf Grund des Niederstwertprinzips eine **Bewertung zum niedrigeren Tageswert erfolgte.** **293**

Ein solcher Wertabschlag wird bei Gütern des Vorratsvermögens **buchungstechnisch** über eine Erhöhung des Materialaufwands, bei Gütern des Anlagevermögens und bei Wertpapieren des Umlaufvermögens über eine außerplanmäßige Abschreibung (vgl. dazu Tz. 456 ff.) bewerkstelligt. Liegt z.B. der Tageswert der Rohstoffe am Bilanzstichtag unter den Anschaffungs- oder Herstellungskosten, so lautet der **Buchungssatz für die Wertminderung:**

Von 6000 **an** 2000.

Buchungssatz für eine außerplanmäßige Abschreibung auf Anlagevermögen:

Von 655 **an** Klasse 0.

Die Fragestellung lautet nunmehr: Wenn derartige Vermögensgegenstände am folgenden Bilanzstichtag noch im Betrieb vorhanden sind, kann dann unter der Voraussetzung, daß der **Tageswert zwischenzeitlich wieder gestiegen** ist, eine Wertaufstockung vorgenommen werden? Wegen des **Anschaffungswertprinzips** kann nur eine Wertaufstockung bis zu den **ursprünglichen Anschaffungs- oder Herstellungskosten** zur Diskussion stehen, auch wenn der neue Tageswert darüber liegt.

294 Das Prinzip des Wertezusammenhangs tritt in **drei Ausprägungen** auf:

- Prinzip des eingeschränkten Wertezusammenhangs und
- Prinzip des uneingeschränkten Wertezusammenhangs.
- Wertaufholungsgebot (in der Steuerbilanz generell gültig).

Das **Prinzip des eingeschränkten Wertezusammenhangs** besagt, eine solche **Wertaufstockung** bis zu den ursprünglichen Anschaffungs- oder Herstellungskosten **ist zulässig.** Das **Prinzip des uneingeschränkten Wertezusammenhangs** dagegen **verbietet jegliche Wertaufstockung.** Es besagt, ein einmal gewählter niedrigerer Wertansatz muß an den folgenden Bilanzstichtagen auch dann beibehalten werden, wenn seine Gründe weggefallen sind, wenn also der Tageswert wieder gestiegen ist.

295 **Buchungstechnisch** erfolgt diese **Wertaufstockung** bei Gütern des Vorratsvermögens über eine Verringerung des Materialaufwands, bei Gütern des Anlagevermögens und Wertpapieren des Umlaufvermögens über eine **Zuschreibung.**

Buchungssatz für eine Wertaufstockung bei Rohstoffen:

Von 2000 **an** 6000.

Buchungssatz für Zuschreibungen zu Gegenständen des Anlagevermögens:

Von Klasse 0 **an** 544.

296 Nach § 253 Abs. 5 HGB gilt in der **Handelsbilanz für alle Vermögensgegenstände,** also sowohl für das Anlage- als auch für das Umlaufvermögen, das

- **Prinzip des eingeschränkten Wertezusammenhangs;**

d.h., eine Wertaufstockung bis zu den ursprünglichen Anschaffungs- oder Herstellungskosten ist **zulässig.** Es besteht anders herum ausgedrückt ein **Beibehaltungswahlrecht** für den geminderten Wert.

297 In der **Steuerbilanz gilt generell** – d.h. im Anlage- und Umlaufvermögen sowie für alle Rechtsformen – das **Wertaufholungsgebot** des § 6 Abs. 1 Nr. 1 EStG. Während also in der **Handelsbilanz** (von Personenunternehmen) **stets** der **eingeschränkte Wertezusammenhang (Zuschreibungswahlrecht)** zum Tragen kommt, gilt **steuerlich stets** das **Wertaufholungsgebot (Zuschreibungspflicht),** sofern die Voraussetzungen der Tz. 293 vorliegen.

Für Zuschreibungen besteht unter den Prämissen der Tz. 293 jedoch niemals ein Zuschreibungsverbot, d.h. der **uneingeschränkte Wertezusammenhang kommt nicht zur Anwendung,** sowohl in der Handels – als auch in der Steuerbilanz nicht (lediglich im Rahmen der US-GAAP, Tz. 768). 298

Beispiel: 299

Kauf von Wertpapieren am 1. 10. 01 zum Kurs von 200 % zur kurzfristigen Kapitalanlage. Tageskurs am Bilanzstichtag, dem 31. 12. 01: 180 %. Der Tageskurs am folgenden Bilanzstichtag, dem 31. 12. 02, beträgt 210 %. Mit welchem Wert sind sie zu bilanzieren?

Lösung:

a) **Bewertung am 31. 12. 01:** Es ist zuerst zu klären, ob es sich um Wertpapiere des Anlage- oder Umlaufvermögens handelt. Da sie der kurzfristigen Kapitalanlage dienen, stellen sie Umlaufvermögen dar. Wegen des **strengen Niederstwertprinzips** muß am 31. 12. 01 in der Handelsbilanz mit 180 % bewertet werden. Es ist eine außerplanmäßige Abschreibung von 20 % vorzunehmen. In der Steuerbilanz darf keine Teilwertabschreibung erfolgen (beschränktes Niederstwertprinzip).

b) **Bewertung am 31. 12. 02:** Der Grund für die außerplanmäßige Wertminderung besteht nicht mehr, da der Börsenkurs wieder auf 210 % gestiegen ist. Erstrebt der Unternehmer einen **möglichst hohen Gewinn,** so wird er in der Handelsbilanz von seinem **Recht auf Zuschreibung Gebrauch machen,** allerdings wegen des **Anschaffungswertprinzips** nur bis maximal 200 %; daher Bewertung mit 200 % durch eine Zuschreibung von 20 %. Damit stimmt der Handelsbilanzwert mit den steuerlich stets anzusetzenden AK von 200 % wieder überein.

Erstrebt er einen möglichst niedrigen Gewinn, so wird er auch am 31. 12. 02 **den niedrigeren Wertansatz von 180 % beibehalten.** Es bedarf keiner Buchung. Der handelsrechtliche Wertansatz weicht in diesem Fall vom steuerlichen ab. **Handels- und Steuerbilanz differieren am 31. 12. 01 zwangsläufig** (strenges steht gegen beschränktes Niederstwertprinzip); am 31. 12. 02 können sie **fakultativ** übereinstimmen oder abweichen.

Beispiel: 300

Wie Tz. 299, nur dienen die Wertpapiere der langfristigen Kapitalanlage. Mit welchem Wert sind sie zu bilanzieren?

Lösung:

a) **Bewertung am 31. 12. 01:** Die Wertpapiere stellen Anlagevermögen dar, es gilt handelsrechtlich das **gemilderte Niederstwertprinzip.** Daher muß zunächst geprüft werden, ob die Wertminderung am 31. 12. 01 **vorübergehend oder von Dauer** ist.

Börsenkursschwankungen sind in der Regel **vorübergehender** Natur; d.h., es besteht ein **Bewertungswahlrecht** zwischen 200 % und 180 %. Macht der Unternehmer, um den **Gewinn zu minimieren,** von seinem Recht zu einer außerplanmäßigen Abschreibung Gebrauch, so stimmt die weitere Behandlung mit Tz. 299 überein. Strebt er aber einen **möglichst hohen Gewinn an,** wird er die Anschaffungskosten von 200 % am 31. 12. 01 **beibehalten.** Es besteht dann Übereinstimmung mit den steuerlich anzusetzenden AK von 200 %.

b) **Bewertung am 31. 12. 02:** Unter der Voraussetzung, daß am 31. 12. 01 eine **außerplanmäßige Abschreibung** vorgenommen wurde, bietet sich dem Unternehmer – wie in Tz. 299 – handelsrechtlich die **Möglichkeit einer Zuschreibung** von 20 %. War dies nicht der Fall, so müssen auch am 31. 12. 02 die Anschaffungskosten von 200 % angesetzt werden, eine Überschreitung verbietet das Anschaffungswertprinzip. Für diesen Fall stimmen Handels- und Steuerbilanz an beiden Stichtagen überein.

Die Übereinstimmung von Handels- und Steuerbilanz richtet sich danach, ob der Unternehmer in der Handelsbilanz am 31. 12. 01 von seinem Wahlrecht zur außerplanmäßigen Abschreibung, am 31. 12. 02 von seinem Zuschreibungswahlrecht Gebrauch macht. Sie können also, müssen aber nicht übereinstimmen.

301 **Beispiel:**

Kauf eines Grundstücks am 1. 5. 01 für 10000. Es ist im kommunalen Bebauungsplan als Bauerwartungsland ausgewiesen. Auf Grund einer Änderung des Bebauungsplans fällt das Grundstück ab 15. 11. 01 in ein Naturschutz- und Erholungsgebiet. Sein Tageswert sinkt dadurch auf 3000. Am 15. 7. 02 ändert die Gemeinde den Bebauungsplan abermals; das Grundstück wird nunmehr zu Bauland erklärt. Sein Tageswert steigt auf 18000. Mit welchem Wert ist es zu bilanzieren?

Lösung:

a) **Bewertung am 31. 12. 01:** Das Grundstück stellt Anlagevermögen dar. Der Tageswert beträgt 3000. Die Änderung des Bebauungsplans der kommunalen Verwaltungsbehörde bedingt eine **dauernde Wertminderung.** Es **muß** mit dem niedrigeren Tageswert von 3000 bewertet werden: Die außerplanmäßige Abschreibung beträgt 7000, ebenso wie die steuerlich vorzunehmende Teilwertabschreibung.

b) **Bewertung am 31. 12. 02:** Der Grund für die Wertminderung ist entfallen, da sich der Tageswert nunmehr auf 18000 beläuft. Eine **Zuschreibung** ist in der Handelsbilanz **möglich,** aber wegen des Anschaffungswertprinzips maximal in Höhe von 7000. Man kann aber auch, wenn der Gewinn möglichst niedrig gehalten werden soll, den niedrigeren Wertansatz von 3000 in der Handelsbilanz beibehalten. In der Steuerbilanz muß wegen des Wertaufholungsgebots eine Zuschreibung von 7000 erfolgen.

Handels- und Steuerbilanz müssen am 31. 12. 01, am 31. 12. 02 können sie übereinstimmen.

302 **Beispiel:**

Kauf eines LKW am 1. 3. 01 für 50000, Nutzungsdauer 5 Jahre, lineare Abschreibung. Das Herstellerwerk senkt den Listenpreis am 1. 12. 01 auf 45000, da sich die Absatzmöglichkeiten zwischenzeitlich erheblich verschlechtert haben. Im nächsten Jahr verbessert sich die Konjunkturlage grundlegend. Dadurch steigt auch der LKW-Absatz wesentlich an. Das Herstellerwerk beschließt deshalb zum 1. 11. 02 eine Anhebung des Listenpreises für derartige Fahrzeuge auf 60000. Mit welchem Wert ist es zu bilanzieren?

Lösung:

a) **Bewertung am 31. 12. 01:** Anschaffungskosten des dem abnutzbaren Anlagevermögen zuzurechnenden Gegenstands 50000. Bei der Bemessung der Abschreibung wird die Halbjahresregel in Anspruch genommen. Sie macht demnach im Anschaffungsjahr einen vollen Jahressatz von 10000 aus. Der Buchwert beträgt zunächst: 50000 – 10000 = 40000.

Senkt das Herstellerwerk die Listenpreise, so ist darin eine **dauernde Wertminderung** zu sehen. Es **muß** der niedrigere Tageswert zum Zuge kommen. Dieser wird ermittelt, indem man unterstellt, die Anschaffungskosten hätten 45000 betragen. Dann ergäbe sich unter sonst gleichen Bedingungen (Nutzungsdauer 5 Jahre, lineare Abschreibung) am 31. 12. 01 ein Restwert von 36000. Demnach **muß** eine **außerplanmäßige Abschreibung** in Höhe von 40000 – 36000 = 4000 vorgenommen werden. Damit effektiver Restbuchwert am 31. 12. 01: 36000. Das gleiche gilt auch steuerlich.

b) **Bewertung am 31. 12. 02:** Nach einer außerplanmäßigen Abschreibung ist die jährliche, planmäßige Abschreibung neu zu berechnen, indem man den **Restwert auf die Restnutzungsdauer** verteilt. Sie beträgt demnach für das Jahr 02: A = 36000 : 4 = 9000. Restwert am 31. 12. 02 somit: 36000 – 9000 = 27000.

In der **Handelsbilanz** trifft **auf alle Wirtschaftsgüter das Prinzip des eingeschränkten Wertezusammenhangs** zu. Eine Wertaufstockung ist zulässig, und zwar auf den Wert, den das abnutzbare Wirtschaftsgut am 31. 12. 02 hätte, wenn die außerplanmäßige Abschreibung des Vorjahrs unterblieben wäre (aber auch Beibehaltungswahlrecht).

Nach dem ursprünglichen Abschreibungsplan hätte der Restwert am 31. 12. 02 betragen: 50000 – (2 x 10000) = 30000. Somit ist eine maximale Zuschreibung möglich von: 30000 – 27000 = 3000. Ein Buchwert von 30000 darf für den 31. 12. 02 wegen des Anschaffungswertprinzips nicht überschritten werden. Die handelsrechtlich mögliche Zuschreibung reicht also nur bis zu den fortgeschriebenen, ursprünglichen AHK. In der Steuerbilanz muß die Zuschreibung von 3000 wegen des Wertaufholungsgebots erfolgen.

Handels- und Steuerbilanz müssen am 31. 12. 01, am 31. 12. 02 können sie übereinstimmen.

Beispiel: 303

Eine Brauerei kauft Mehrwegflaschen und -kästen für 100000. Es handelt sich um geringwertige Anlagegüter, die am 31. 12. 01 gemäß § 6 Abs. 2 EStG in voller Höhe abgeschrieben werden. Am 31. 12. 02 soll die maximale Zuschreibung erfolgen, da ein entsprechend höherer Gewinnausweis angestrebt wird (Nutzungsdauer 3 Jahre).

Lösung:

Die Bewertung erfolgt wegen der Vollabschreibung am 31. 12. 01 in der Handels- und Steuerbilanz mit Null. Eine steuerliche Vergünstigung (Bewertungsfreiheit des § 6 Abs. 2 EStG) darf später wieder zurückgenommen werden, wobei die (fortgeschriebenen) AHK stets die Obergrenze darstellen. Die **maximale Zuschreibung** beträgt AHK – planmäßige Abschreibung, also 100000 – (2 x 33333) = **33334.** Es darf in 02 eine **Zuschreibung von höchstens 33334** erfolgen.

Handels- und Steuerbilanz müssen übereinstimmen. Es gilt das Prinzip der umgekehrten Maßgeblichkeit der Tz. 168 ff.

bb) Kapitalgesellschaften

§ 280 Abs. 1 HGB postuliert für **Kapitalgesellschaften ein Wertaufholungsgebot,** also eine **Zuschreibungspflicht.** Eine derartige Zuschreibungspflicht wird 304 von Personenunternehmen in keinem Fall gefordert. Dort lautet die Fragestellung nur: Besteht ein **Zuschreibungswahlrecht oder ein -verbot?** Dieses Wertaufholungsgebot soll die Möglichkeiten, stille Reserven zu legen und wieder aufzulösen, bei Kapitalgesellschaften im Hinblick auf den **Grundsatz des true and fair view** einschränken (vgl. Tz. 139). Handels- und Steuerbilanz stimmen überein.

305 Dem § 280 Abs. 2 HGB kommt keinerlei Bedeutung zu. Der **eingeschränkte Wertezusammenhang** (Zuschreibungswahlrecht) wird durch § 280 Abs. 1 HGB auf die **Handelsbilanz von Personenunternehmen** begrenzt, während für die **Handelsbilanz von Kapitalgesellschaften wie für die Steuerbilanz aller Unternehmen das Wertaufholungsgebot** gilt.

306 **Beispiel:**

Wie sind die vorstehenden Beispiele der Tz. 299 – 303 zu beurteilen, wenn es sich um eine Kapitalgesellschaft handeln würde?

Lösung:

An der Lösung zu **Tz. 299 und Tz. 300** würde sich auch im Falle einer **Kapitalgesellschaft nichts ändern.** Bei Differenzen zwischen Handels- und Steuerbilanz entsteht das **Aktivierungswahlrecht für latente Steuern** (Tz. 226). Die Beispiele **Tz. 301 und 302** wären auch **in der Handelsbilanz der Kapitalgesellschaft** so zu lösen **wie dort für die Steuerbilanz** angegeben. An der Lösung zu Tz. 303 würde sich nichts ändern, so daß für **Tz. 301 – 303 Handels- und Steuerbilanz** zwangsläufig gleich lauten.

307 **Die eG** hat nach § 336 Abs. 2 HGB die **Wahl,** ob sie § 280 HGB anwendet oder nicht; ob sie sich also dem Wertaufholungsgebot unterwirft, oder ob sie – wie Personenunternehmen – das Wertaufholungsgebot schon vom Grundsatz her negiert. Für publizitätspflichtige Personenunternehmen gilt das Wertaufholungsgebot des § 280 HGB ohnehin nicht.

i) Prinzip der Bewertungsstetigkeit

308 Das **Prinzip der Bewertungsstetigkeit** des § 252 Abs. 1 Ziff. 6 HGB ist Teil der **materiellen Bilanzkontinuität** (vgl. Tz. 155). Dieses Prinzip soll die Vergleichbarkeit aufeinanderfolgender Abschlüsse verbessern.

Das Prinzip der **Bewertungsstetigkeit** ist in § 252 Abs. 1 Ziff. 6 HGB als **Sollvorschrift** gefaßt. Änderungen der Bewertungsmethoden (z.B. bezüglich Abschreibungsverfahren, Wahl der Nutzungsdauer, Ansatz der Herstellungskosten, Verbrauchsfolgeverfahren, Festwertbewertung etc.) sind daher zulässig, bedürfen aber einer **Begründung** (§ 252 Abs. 2 HGB). **Gründe** für eine derartige **Durchbrechung der Bewertungsstetigkeit** können sich ergeben aus der

- Änderung der wirtschaftlichen Verhältnisse, insbesondere der Ertragslage des Unternehmens,
- Änderung der kaufmännischen Gepflogenheiten oder
- Änderung des technischen und wirtschaftlichen Umfeldes etc.

Es ist allerdings zu unterscheiden zwischen ein und desmselben Gegenstand und verschiedenartigen Bewertungsobjekten. Für **einen** Gegenstand gilt die **Gleichartigkeit der Bewertung** in aufeinanderfolgenden Abschlüssen äußerst **streng. Bei verschiedenen** Objekten kann die **Bewertungsmethode** grundsätzlich **differieren.** Die Grenze wird lediglich vom **Willkürverbot** gezogen. Daß im übrigen die Art der Ausnutzung steuerlicher Vergünstigungen nicht vom Stetigkeitsgebot beeinträchtigt wird, ist allgemein unstrittig. 309

B. Die einzelnen Bilanzpositionen

Nunmehr sollen die bisher gewonnenen Erkenntnisse zur Bilanzierung und Bewertung an **Einzelproblemen** vertieft werden. 310

I. Die Bilanzierung im einzelnen

1. Bilanzierung des Anlagevermögens

a) Immaterielle Vermögensgegenstände

Unter immateriellen Vermögensgegenständen versteht man die in Position A I. des Anlagevermögens im handelsrechtlichen Gliederungsschema aufgezählten Konzessionen, gewerblichen Schutzrechte und ähnlichen Rechte (Patente, Markenrechte, Warenzeichen, Gebrauchsmuster, Rezepturen, Geheimverfahren, EDV-Anwendungssoftware etc.) sowie Lizenzen an solchen Rechten. Weiterhin gehört der sogenannte Geschäfts- oder Firmenwert dazu. EDV-Betriebssystemsoftware ist kein immaterielles Anlagegut, sondern unselbständiger Bestandteil der materiellen EDV-Anlage. Sie werden **unterschieden** in **originäre** und **derivative** Gegenstände. 311

Originäre sind selbsterstellte, derivative entgeltlich erworbene immaterielle Anlagegüter. § 248 Abs. 2 HGB und § 5 Abs. 2 EStG **verbieten die Bilanzierung originärer immaterieller Anlagewerte in Handels- und Steuerbilanz** einschließlich des **originären Firmenwerts.** Es ist also lediglich die Bilanzierung **derivativer immaterieller Anlagen** und des **derivativen Firmenwerts** gestattet. Aufwendungen für **eigene** Forschungen, für **selbst entwickelte** Patente oder für einen **Werbefeldzug,** der das Firmenimage heben soll (auch wenn eine Werbeagentur damit beauftragt wird), sind als originäre immaterielle Wirtschaftsgüter nicht aktivierbar. Sie bilden im Jahr ihres Anfalls in voller Höhe **gewinnmindernden Aufwand.** 312
Wird ein Patent oder eine Konzession dagegen **von einem Dritten entgeltlich erworben,** handelt es sich also um ein derivatives immaterielles Wirtschaftsgut, besteht eine **Aktivierungspflicht.** Dies ergibt sich aus dem **Vollständigkeitsgebot** des § 246 Abs. 1 HGB. Wenn aus dem Gesetz zu einem Vermögensgegenstand nichts Gegenteiliges hervorgeht, greift jeweils das Vollständigkeitsgebot des § 246 Abs. 1 HGB. Derivative immaterielle Anlagegü- 313

ter allgemeiner Art sind im HGB nicht gesondert erwähnt, so daß das Vollständigkeitsgebot zum Zuge kommt. § 5 Abs. 2 EStG enthält für derivative immaterielle Wirtschaftsgüter ausdrücklich eine **Aktivierungspflicht,** so daß die **handels- und steuerrechtliche Behandlung übereinstimmen.**

314 Etwas anderes gilt allerdings für den Spezialfall des **derivativen Firmenwerts,** der beim Kauf eines ganzen Unternehmens dann entsteht, wenn der Gesamtkaufpreis mehr ausmacht als die Summe der Tageswerte der einzelnen Vermögensgegenstände, vermindert um die Schulden des Betriebs. Durch einen solchen derivativen Firmenwert werden der gute Ruf des Unternehmens, der Kundenstamm, die eingespielte Organisation und die Fähigkeiten und Fertigkeiten der Mitarbeiter abgegolten. Für ihn besteht nach § 255 Abs. 4 HGB ein **Aktivierungswahlrecht.**

315 Von einem solchen

- **Aktivierungswahlrecht wird analog zu einem Bewertungswahlrecht Gebrauch gemacht**

(vgl. Tz. 289): Erstrebt man einen möglichst **hohen Gewinn,** so nimmt man die **Aktivierung** vor; soll der **Gewinn möglichst niedrig** ausfallen, so **unterläßt** man sie. Je mehr Wirtschaftsgüter auf der Aktivseite der Bilanz angesetzt werden, desto mehr steigt der Gewinn. Eine **Teilaktivierung ist ausgeschlossen.**

316 Dieses Wahlrecht besitzt jedoch nur in der Handelsbilanz Gültigkeit. Nach § 5 Abs. 2 EStG besteht für den **derivativen Firmenwert steuerlich** in gleicher Weise eine **Bilanzierungspflicht** wie für die übrigen derivativen immateriellen Anlagegüter auch.

317 Nach § 248 Abs. 1 HGB dürfen die **Kosten der Gründung und der Beschaffung des Eigenkapitals in keinem** Fall als immaterielle Anlagegüter bilanziert werden. Bei Personenunternehmen gilt das auch für die **Kosten der Ingangsetzung und Erweiterung des Geschäftsbetriebs,** also z.B. die Aufwendungen für die Gewinnung und Schulung von Mitarbeitern, für Einführungswerbung neuer Produkte etc. Demgegenüber können derartige Aufwendungen von Kapitalgesellschaften als Bilanzierungshilfe aktiviert werden (vgl. Tz. 224).

318 Immaterielle Anlagen **nutzen sich** in aller Regel ab. Ihre **Nutzungsdauer** wird von **rechtlichen Fristen** nach oben begrenzt, z.B. von der Schutzdauer eines Patents oder der Laufzeit einer Konzession. **Wirtschaftlich** betrachtet liegt sie meist jedoch **erheblich niedriger,** da der wirtschaftliche Vorteil aus einem immateriellen Gut normalerweise schon vor dem Rechtsablauf erlischt. So wird z.B. ein langfristiges Patent bereits vorzeitig wertlos, wenn die Konkurrenz außerhalb des geschützten Rahmens ähnliche Entwicklungen tätigt oder gar ein neues Patent anmeldet, das die ursprüngliche Erfindung überholt.

Derivative immaterielle Anlagen sind daher **abnutzbar** und müssen **planmäßig** abgeschrieben werden. Als Abschreibungsverfahren kommt nur das **lineare** in Betracht. Für immaterielle Wirtschaftsgüter sind andere planmäßige Abschreibungsverfahren nicht zulässig, da diese nur bei beweglichen Sachanlagen zum Zuge kommen dürfen.

Der **derivative Firmenwert** ist nach § 255 Abs. 4 Satz 2 HGB in jedem auf den Zugang folgenden Jahr mit mindestens 25 % abzuschreiben; d.h., eine höhere Abschreibung ist zulässig, nicht aber eine niedrigere. Im Zugangsjahr braucht keine Abschreibung zu erfolgen; sie ist jedoch erlaubt. **319**

Steuerlich beträgt die **Nutzungsdauer des derivativen Firmenwertes** gemäß § 7 Abs. 1 Satz 3 EStG **15 Jahre,** d.h., die Anschaffungskosten sind gleichmäßig über diesen Zeitraum zu verteilen. § 255 Abs. 4 Satz 3 HGB gestattet neben der oben genannten Abschreibung in den 4 folgenden Jahren auch die **planmäßige** Verteilung auf die **Geschäftsjahre der voraussichtlichen Nutzung.** Damit wird die **steuerliche Abschreibung** über 15 Jahre **auch handelsrechtlich ermöglicht.** Selbstverständlich kann handelsrechtlich auch in weniger als 15 Jahren abgeschrieben werden, **steuerrechtlich jedoch nicht.** Der 15-Jahres-Zeitraum dürfte für Handels- und Steuerbilanz gleichermaßen die **Obergrenze** darstellen.

Diese steuerliche Behandlung des derivativen Firmenwertes gilt nur für Gewerbebetriebe und Betriebe der Land- und Forstwirtschaft. Der beim Kauf einer **freiberuflichen Praxis** bezahlte Firmenwert kann nach der Rechtsprechung wegen der starken Bindung an die Person des Inhabers wesentlich kurzfristiger abgeschrieben werden, z.B. in 5 - 8 Jahren. **320**

Anzahlungen auf immaterielle Anlagen werden unter Position A I.3. erfaßt. **321**

b) Grundstücke und grundstücksgleiche Rechte

Grundstücke zählen zu den **nicht abnutzbaren Sachanlagen.** Sie werden nach dem Gliederungsschema des § 266 HGB in Position A II. 1. des Anlagevermögens zusammen mit Gebäuden aller Art ausgewiesen. Gemäß § 94 BGB bilden Grundstücke und Gebäude **rechtlich eine Einheit.** Alle mit einem Grundstück fest verbundenen Sachen sind **wesentliche** Bestandteile desselben. **322**

Bilanziell hat jedoch eine andere Betrachtungsweise Platz zu greifen, da **Gebäude** im Gegensatz zu Grundstücken der **Abnutzung unterliegen und planmäßig abzuschreiben** sind. In der Buchhaltung müssen daher für Grundstücke und Gebäude getrennte Konten eingerichtet werden, die man erst bei Bilanzaufstellung zusammenführen darf. Selbstverständlich steht einem **gesonderten Ausweis** von Grundstücken und Gebäuden in der Bilanz nichts entgegen. **323**

Bei der **Abgrenzung eines selbständigen Grundstücks** kommt es nicht auf die grundbuchmäßige Parzellierung, sondern auf wirtschaftliche Gesichtspunkte an. So kann eine Plannummer wirtschaftlich in mehrere Grundstücke zerfallen, wenn die einzelnen Teile selbständig genutzt werden können; andererseits können mehrere Plannummern ein Grundstück bilden, wenn diese nur einheitlich nutzbar sind.

324 **Grundstücksgleiche Rechte** sind das Erbbaurecht und Abbaurechte von Bodenschätzen. Hierbei handelt es sich im Gegensatz zu Grundstücken um **abnutzbares Anlagevermögen,** und damit auch um selbständige Wirtschaftsgüter.

c) Gebäude

325 Das Gliederungsschema des § 266 HGB faßt **Gebäude** in der Position A II. 1. des Anlagevermögens mit den zugehörigen Grundstücken zusammen. Auch Bauten auf fremden Grundstücken sind nicht gesondert auszuweisen. Sie können, wenn die voraussichtliche Laufzeit des Grundstückspachtvertrags ihre voraussichtliche Nutzungsdauer nicht erreicht, innerhalb der kürzeren Pachtdauer abgeschrieben werden.

Ein **Gebäude umfaßt sämtliche Einrichtungen, die seiner Benutzung dienen,** wie Heizungs-, Beleuchtungs-, Lüftungsanlagen, Zuleitungen, Installationen, Fahrstühle, Rolltreppen etc. Allerdings ist die **Abgrenzung gegenüber der Position »technische Anlagen und Maschinen«** besonders bei Fabrikbauten nicht immer einfach. »Technische Anlagen und Maschinen« gehören **wirtschaftlich** auch dann **nicht zum Gebäude,** wenn sie fest mit diesem verbunden sind. Während **Gebäude andere Anlagen umschließen oder Schutz vor Witterungseinflüssen bieten sollen,** dienen »technische Anlagen und Maschinen« der Produktion. Die Grenze verläuft also dort, wo mit dem Gebäude fest verbundene Einrichtungen in engem Zusammenhang mit der Produktion stehen.

326 **Derartige Anlagen, die rechtlich als Gebäudeteile, wirtschaftlich aber als technische Anlagen** zu betrachten sind, nennt man **Betriebsvorrichtungen** (Abschn. 42 Abs. 3 EStR). Davon unterscheidet man **vier Gruppen:**

- Bauwerke und bauliche Anlagen, in denen die **Fabrikation** vor sich geht (z.B. Hochofen, Abfallverbrennungsofen, Kühlturm, Förderturm, Transformatorenhaus)
- Spezialbauten für **Lagerzwecke** (z.B. Silo, Tank, Bunker)
- Spezialbauten für **Transportzwecke** (z.B. Gleisanlagen, Hafenanlagen, Brücken, Verladeeinrichtungen, Hebebühnen, Laufkran, fest installierte Transportbänder und Rohrleitungen)
- **Behelfsbauten** (z.B. Hallen, Baracken, Schuppen, die nicht durch Grundmauern mit dem Grundstück fest verbunden sind).

Betriebsvorrichtungen zählen als »technische Anlagen und Maschinen« zum beweglichen Anlagevermögen und besitzen eine wesentlich kürzere Nutzungs- und Abschreibungsdauer als Gebäude.

327 **Grundsätzlich bilden alle Gebäudeteile eine Einheit** und dürfen daher nur mit einem **einheitlichen Prozentsatz abgeschrieben** werden (vgl. Tz. 440). Ausnahmsweise stellt ein **Gebäudeteil** dann ein **selbständiges Wirtschaftsgut** dar,

wenn er in einem von der eigentlichen Gebäudenutzung **verschiedenen Nutzungs- und Funktionszusammenhang** steht, z.B. Ladeneinbauten, Restauranteinrichtungen, Umbauten und Schaufensteranlagen. **Selbständige Gebäudeteile** sind getrennt vom übrigen Gebäude nach ihrer voraussichtlichen Nutzungsdauer abzuschreiben. Eine Nutzungsdauer von 7 Jahren wird im allgemeinen nicht beanstandet. Im Unterschied zu den Betriebsvorrichtungen rechnen selbständige Gebäudeteile i. d. R. zur Betriebs- und Geschäftsausstattung.

Werden durch eine Baumaßnahme Sachen nur zu einem **vorübergehenden** **328**
Zweck (§ 95 BGB) in das Gebäude eingefügt, so handelt es sich um **Scheinbestandteile,** die als Betriebs- und Geschäftsausstattung gesondert aktiviert und abgeschrieben werden, z.B. Raumteiler. Sie sind vor allem dadurch gekennzeichnet, daß sie auch nach ihrem Ausbau noch einen erheblich über dem Schrottwert liegenden Wert repräsentieren.

Mietereinbauten sind grundsätzlich genauso zu beurteilen **wie Ein- und Um-** **329**
bauten des Eigentümers. Je nach Art und Zweck der Verbindung mit dem Gebäude können unselbständige Gebäudebestandteile, Bauten auf fremden Grundstücken, Betriebsvorrichtungen, selbständige Gebäudeteile oder Scheinbestandteile vorliegen, wobei die beiden letztgenannten Fälle zur Betriebs- und Geschäftsausstattung zählen. Bei Mietereinbauten kommt es jedoch häufiger vor, daß der Einbau **nur zu einem vorübergehenden Zweck** erfolgt (Scheinbestandteile).

d) Technische Anlagen und Maschinen

Zu technischen Anlagen und Maschinen zählen alle Kraft- und Arbeitsma- **330**
schinen, ohne Rücksicht darauf, ob es sich rechtlich um Gebäudebestandteile handelt (vgl. Tz. 326). Häufig pflegt man **zu trennen** nach: Transportanlagen, Kraftanlagen, Produktionseinrichtungen und anderes. Bei Lieferung unter Eigentumsvorbehalt oder Sicherungsübereignung ist der wirtschaftliche Eigentümer zum Ausweis verpflichtet (vgl. Tz. 190).

Spezielle Ersatz- und Reserveteile, die nur für eine bestimmte Anlage verwendbar sind, müssen **mit dieser aktiviert** und abgeschrieben werden. Dem Umlaufvermögen (Vorräten) kann man nur **universell einsetzbare Teile** zurechnen, die als **Verschleißteile** einem alsbaldigen Verbrauch unterliegen.

e) Andere Anlagen, Betriebs- und Geschäftsausstattung

Die Ausdrücke **»andere Anlagen« und »Betriebs- und Geschäftsausstattung«** **331**
sind gleichbedeutend. Dieser Posten setzt sich aus sehr heterogenen Bestandteilen zusammen. Auf der einen Seite ist er von den »technischen Anlagen und Maschinen«, auf der anderen Seite aber auch von den Vorräten des Umlaufvermögens abzugrenzen. Er umfaßt z.B. Werkstatteinrichtung, Werkzeuge, Kleingeräte, Modelle, Vorrichtungen, Fahrzeuge und Büroausstattung (einschließlich Telefon- und Rohrpostanlage). **Kleinere Werkzeuge und Arbeitsgeräte** dage-

gen können als Vorräte des Umlaufvermögens behandelt werden, wenn sie innerhalb kurzer Frist verschleißen oder untergehen (z.B. Schubkarren oder Schaufeln in einer Baufirma oder Schraubenschlüssel in der Metallindustrie).

Auf die Möglichkeit der Bilanzierung mit einem Festwert wurde bereits hingewiesen (vgl. Tz. 280).

f) Geleistete Anzahlungen und Anlagen im Bau

332 Unter Position A II. 4. des Anlagevermögens sind im Gliederungsschema des § 266 HGB die beiden unterschiedlichen Posten »Anlagen im Bau« und »Geleistete Anzahlungen auf Anlagen« zusammengefaßt. Dies erscheint zweckmäßig, da die Abgrenzung in der Praxis oft Schwierigkeiten bereitet und von Zufälligkeiten, wie der Art der Abrechnung zwischen den Vertragspartnern, stark beeinflußt wird.

Als **Anlagen im Bau** gelten die zu aktivierenden Aufwendungen für **betriebliche Investitionen,** die am Bilanzstichtag noch nicht abgeschlossen sind, gleichgültig, ob es sich dabei um Eigen- oder Fremdleistungen handelt. **Anzahlungen auf Anlagen sind Vorleistungen des Käufers einer Ware oder des Bestellers eines Werks** auf einen von der Gegenseite noch nicht oder nicht vollständig erfüllten Vertrag. Bei sogenannten Abschlagsrechnungen und Zwischenabrechnungen auf Bauwerke können Zweifel über die richtige Zuordnung auftreten. Wo eine klare Unterscheidung möglich ist, sollte getrennt bilanziert werden.

Beide Posten tragen der Forderung Rechnung, ein Anlagegut der zuständigen Position so lange nicht zuzuordnen, als es noch unvollendet und damit nicht nutzbar ist. Es dürfen darauf keinerlei Abschreibungen vorgenommen werden. Diese beginnt erst mit der **Fertigstellung.** Zu diesem **Zeitpunkt bucht man** die im Bau befindlichen Anlagen oder die Anzahlungen auf Anlagen auf die zuständige Position um.

g) Finanzanlagen

333 **Finanzanlagen** repräsentieren in fremde Unternehmen investiertes Kapital und unterscheiden sich von den Sachanlagen hinsichtlich der **Art ihrer Erträge.** Auch sind die Abschreibungen auf Finanzanlagen betriebswirtschaftlich anders zu beurteilen als diejenigen auf Sachanlagen. Ein getrennter Ausweis der Finanzanlagen ist daher unumgänglich. Das handelsrechtliche Gliederungsschema unterteilt sie in **sechs Gruppen:**

- Anteile an verbundenen Unternehmen
- Ausleihungen an verbundene Unternehmen
- Beteiligungen
- Ausleihungen an Unternehmen mit denen ein Beteiligungsverhältnis besteht
- Wertpapiere des Anlagevermögens
- sonstige Ausleihungen.

Der Begriff der »**verbundenen Unternehmen**« ist in § 271 Abs. 2 HGB definiert. Es handelt sich um **konzernzugehörige Unternehmen** (vgl. Tz. 659 ff.). 334

Anteile an solchen Unternehmen stellen hingegebenes **Eigenkapital, Ausleihungen** hingegebenes **Fremdkapital** dar. Anteile müssen nicht verbrieft sein. Es kommen Anteile an Kapitalgesellschaften, Personengesellschaften oder stille Gesellschaften in Betracht. Ausleihungen sind Forderungen, die durch Kapitalhingabe erworben wurden. Die Fristigkeit kann unterschiedlich sein, allerdings muß es sich um eine Daueranlage handeln.

Beteiligungen haben mit **Wertpapieren des Anlagevermögens** den Charakter als **langfristige Kapitalanlagen** gemeinsam. Während jedoch Wertpapiere des Anlagevermögens unter **Ertragsgesichtspunkten** gehalten werden, steht bei der Beteiligung **darüber hinaus die Herstellung einer dauernden wirtschaftlichen Verbindung** zu anderen Unternehmen im Vordergrund (§ 271 Abs. 1 HGB). Auf eine **bestimmte Anteilsquote** kommt es dabei grundsätzlich **nicht** an. Beteiligungen können an Unternehmen aller Art bestehen (Kapital-, Personengesellschaften, stille Beteiligung), ausschlaggebend ist die **Zweckbestimmung.** 335

Die **Quote von 20 %** stellt lediglich eine **Vermutung** dar: Danach gelten Anteile an einer Kapitalgesellschaft, deren Nennbeträge insgesamt 20 % des Nennkapitals dieser Gesellschaft erreichen, sowie Kuxe einer bergrechtlichen Gewerkschaft, deren Zahl insgesamt 20 % der Kuxe dieser Gewerkschaft erreichen, **im Zweifelsfall** als Beteiligung. Diese Vermutung greift lediglich Platz, wenn vom Unternehmer **keine andere Zweckbestimmung genannt** wird. Es können z.B. Anteile in Höhe von 1 % des Stammkapitals einer GmbH zu Beteiligungszwecken gehalten werden. Genossenschaftsanteile gelten grundsätzlich **nicht** als Beteiligung (§ 271 Abs. 1 HGB). Anteile an **Personengesellschaften** stellen demgegenüber **i. d. R. eine Beteiligung** dar.

Wertpapiere des Anlagevermögens sind solche, die keinen Beteiligungscharakter besitzen: Aktien, öffentliche und private Anleihen, Pfandbriefe, Kuxe etc. Nicht unter diese Rubrik fallen Anteile an einer GmbH oder an einem Personenunternehmen, da in diesem Fall keine verbrieften Rechte vorhanden sind. 336

Ausleihungen aller Art können nur im Rahmen von Finanzierungsgeschäften, nicht aber von Warenlieferungen entstehen. Langfristig gestundete Forderungen aus Lieferungen und Leistungen gehören daher nicht dazu. Demgegenüber wird es für zulässig erachtet, Genossenschaftsanteile unter diese Position einzuordnen, obwohl sie Eigenkapitalcharakter besitzen. 337

2. *Bilanzierung des Umlaufvermögens*

a) *Vorräte*

Die **Vorräte** des Umlaufvermögens gliedert das handelsrechtliche Schema in **vier Teile:** 338

- Roh-, Hilfs- und Betriebsstoffe
- unfertige Erzeugnisse, unfertige Leistungen
- fertige Erzeugnisse, Waren
- geleistete Anzahlungen.

Rohstoffe gehen unmittelbar in das Fertigerzeugnis ein und bilden dessen Hauptbestandteile. **Hilfsstoffe** gehen ebenfalls in das hergestellte Produkt ein, ohne daß sie dessen Hauptbestandteil ausmachen (z.B. Nägel, Schrauben, Lacke, Farben, Verpackungsmaterialien). **Betriebsstoffe** sind für die Produktion zwar erforderlich, gehen aber nicht ins Endprodukt ein (z.B. Brennstoffe, Reinigungs-, Schmiermittel, Büro-, Werbematerial).

Keine Roh-, Hilfs- oder Betriebsstoffe stellen **Leihverpackungen** dar, z.B. Fässer, Kästen, Flaschen in Brauereien, die gegen Pfand ausgeliefert werden, oder Spulen in Elektro-, Draht- und Kabelwerken. Hier handelt es sich um **Anlagevermögen.** Werden solche Materialien mit der Ware als Pfand in Rechnung gestellt und in den Forderungen bilanziert, so ist auf der Passivseite **in Höhe des berechneten Pfandgelds eine Rückstellung** zu bilden.

Roh-, Hilfs- und Betriebsstoffe sind mit ihren Anschaffungskosten anzusetzen. Auf die aus Wirtschaftlichkeitsgründen vorhandene Möglichkeit der Gruppen- oder Festwertbewertung sei hingewiesen (vgl. Tz. 275 ff.).

339 Besondere Probleme treten bei der Bewertung der mit ihren Herstellungskosten anzusetzenden **unfertigen Erzeugnisse und Leistungen** sowie der **fertigen Erzeugnisse** auf. Daher sind diese von den Roh-, Hilfs- und Betriebsstoffen zu trennen.

Von **unfertigen Erzeugnissen** wird aus abrechnungstechnischen Gründen oft schon dann gesprochen, wenn ein Stoff vom Materiallager entnommen wurde, ohne Rücksicht darauf, ob die Be- oder Verarbeitung bereits begonnen hat. Das erscheint zweckmäßig, weil hier der **Materialentnahmeschein** als Beleg für die Zuordnung Verwendung finden kann. Im übrigen zählen zu den unfertigen Erzeugnissen alle Vorräte, die nicht mehr Stoffbestände und noch nicht Fertigerzeugnisse darstellen. Häufig ist die exakte Abgrenzung mit Schwierigkeiten verbunden, insbesondere bei **mehrstufigen** Verarbeitungsbetrieben, die ihre Erzeugnisse in verschiedenen Stadien der Produktion teils verkaufen, teils weiterverarbeiten; z.B. Braunkohlegewinnung mit anschließender Brikettfabrikation; Spinnweberei, bei der Garne verkaufsfähiges Fertigerzeugnis und zur Weiterverarbeitung bestimmtes unfertiges Erzeugnis sein können; chemische Industrie, die Kunststoffe teils absetzt, teils weiterverarbeitet.

Als Merkmal des Übergangs zum **fertigen Erzeugnis** wird in vielen Betrieben der **Übergabeschein** ins Fertiglager herangezogen, der auch die Grundlage für die Umbuchung bildet. Zu den Fertigprodukten gehören Vorräte immer dann, wenn sie versandbereit auf Lager liegen. Bei der Inventur ist auf den Zeitpunkt der Übergabe auf den Abnehmer zu achten (vgl. Tz. 189). Von da an ist nicht mehr das Erzeugnis, sondern eine Forderung auszuweisen.

Zu den **unfertigen Leistungen** gehören bei Bauunternehmen die in Arbeit befindlichen Bauten auf fremdem Grund und Boden. Auch bei anderen Unternehmen mit **langfristiger Fertigung** oder in **Dienstleistungsbetrieben** werden die unfertigen und noch nicht abgerechneten Arbeiten **für bestimmte Einzelaufträge** als »unfertige Leistungen« aktiviert. Ausschlaggebend ist, daß noch keine Fertigstellung erfolgt und damit die **Gewinnrealisierung noch nicht eingetreten** ist (completed-contract-method). **340**

Nicht zu den unfertigen Leistungen zählen **abgrenzbare Teilleistungen,** wenn z.B. bei Bau- oder Dienstleistungsaufträgen eine schrittweise Abnahme bzw. eine schrittweise Auftragsabwicklung vereinbart ist. Ist der **Gefahrübergang** für einzelne, abgrenzbare Teilleistungen auf den Abnehmer erfolgt, liegen in Höhe der Abschlagsrechnungen **Forderungen** vor, bei denen ein entsprechender **Gewinnanteil realisiert** ist.

Fertigerzeugnisse, die zum Vermieten bestimmt sind und nicht zum Verkauf (z.B. Fahrzeugbau, Maschinenfabriken, Filmwirtschaft), rechnen zum Anlagevermögen, nicht zu den Vorräten. **341**

Handelswaren werden im Gliederungsschema des § 266 HGB unter Position B I.3. des Umlaufvermögens zusammen mit den Fertigerzeugnissen ausgewiesen. Zweckmäßiger erscheint eine Trennung, da die Ermittlung der Anschaffungskosten der Handelswaren i. d. R. wesentlich unproblematischer verläuft als die Ermittlung der Herstellungskosten der Fertigerzeugnisse. **342**

Soweit **Anzahlungen auf Gegenstände des Vorratsvermögens erfolgten,** werden sie der Position B I.4. **des Umlaufvermögens** zugeordnet. Daneben sind nur geleistete Anzahlungen auf immaterielle Anlagen (A I.3.) und auf Sachanlagen (A II.4.) gesondert auszuweisen. Die **übrigen Anzahlungen** (z.B. auf nicht aktivierungsfähige Gegenstände oder auf Dienstleistungen) rechnen zu den **sonstigen Vermögensgegenständen.** **343**

Erhaltene Anzahlungen auf Bestellungen von Vorratsgegenständen können entweder unter **Position C.3. der Passivseite** erfaßt werden oder **vom Posten »Vorräte« offen abgesetzt werden** (§ 268 Abs. 5 Satz 2 HGB). Eine solche Ausweisform verstößt nicht gegen das Verrechnungsverbot des § 246 Abs. 2 HGB, da nicht verrechnet, sondern offen abgesetzt wird. Der offene Abzug von den Vorräten findet sich häufig bei engem Zusammenhang zwischen bestimmten Vorräten und dafür erhaltenen Anzahlungen, z.B. in der Bauindustrie. **344**

b) Forderungen und sonstige Vermögensgegenstände

Hauptbestandteil der Forderungen sind diejenigen **aus »Lieferungen und Leistungen«.** Sie stammen aus dem betrieblichen **Umsatzprozeß,** der entsprechende **Gewinn** ist bereits **realisiert.** **345**

Forderungen aus Lieferungen und Leistungen entstehen durch unbare Lieferungen und sonstige Leistungen. Gewährte Rabatte und Nachlässe mindern den Forderungsbestand, Verkaufsprovisionen dagegen nicht. Für letztere ist eine Verbindlichkeit zu passivieren. Die Forderung der Handelsmittler (Vertreter, Kommissionär, Makler) besteht in Höhe ihrer Provision, des Spediteurs in Höhe seiner Speditionsgebühr, des Frachtführers in Höhe der Fracht und nicht jeweils in Höhe des gesamten Warenwerts. Forderungen sind am Bilanzstichtag auf ihre **Einbringlichkeit** hin zu prüfen (vgl. Tz. 85 ff.). Daneben werden die **Geschäftsbeziehungen zu verbundenen und im Beteiligungsverhältnis stehenden Unternehmen** sichtbar gemacht. Auch sie können aus dem betrieblichen Umsatzprozeß herrühren.

346 Zu den **sonstigen Vermögensgegenständen** zählen z.B. Gehaltsvorschüsse, Kostenvorschüsse, Schadenersatzansprüche, Steuererstattungsansprüche und andere Forderungen, insbesondere auch **antizipative Posten** - bei größerem Umfang - mit Vermerkpflicht im Anhang.

347 Beträgt die **Restlaufzeit mehr als ein Jahr** ist eine gesonderte »Davon-Spalte« bei der betreffenden Position zu bilden (§ 268 Abs. 4 HGB) (Zu **Valutaforderungen** vgl. Valutaverbindlichkeiten Tz. 500). Unverzinsliche Forderungen mit einer Laufzeit von mehr als 1 Jahr sind nach dem Realisationsprinzip handels- und steuerrechtlich mit dem marktüblichen Zinssatz abzuzinsen. Bei **dauerhafter Wertminderung** stimmen das handelsrechtliche, **gemilderte** und das steuerliche, **beschränkte** Niederstwertprinzip überein.

c) Wertpapiere

348 **Wertpapiere des Umlaufvermögens** dienen entweder der **kurzfristigen Kapitalanlage** überschüssiger liquider Mittel, oder sie werden aus **Spekulationsgründen** gekauft. Ihre Bewertung hat nach dem strengen Niederstwertprinzip zu erfolgen. Bei langfristiger Zweckbestimmung sind sie den Finanzanlagen zuzuordnen.

Letzteres wird i. d. R. für Anteile an verbundenen Unternehmen gelten. **Eigene Anteile** sind dagegen immer kurzfristig, da ihr **Erwerb grundsätzlich verboten** ist. Wirtschaftlich stellt der Erwerb eigener Anteile eine Rückzahlung des haftenden Eigenkapitals an die Gesellschafter dar. Aus diesem Grund ist nur ausnahmsweise ein Erwerb zu vorübergehenden Zwecken möglich (§ 71 AktG, § 33 GmbHG, vgl. Tz. 220).

d) Flüssige Mittel

349 Diese Sammelposition enthält

- Schecks
- Kassenbestand
- Bundesbank- und Postgiroguthaben
- Guthaben bei Kreditinstituten

in zusammengefaßter Form.

Der **Scheck** ist im Gegensatz zum Wechsel ein **Sichtpapier,** das sofortige Fälligkeit besitzt. Schecks finden sich in der Bilanz relativ selten, da die eingehenden Schecks meist noch am gleichen Tag der Hausbank zur Gutschrift übergeben und gar nicht erst verbucht werden. Auffällig ist, daß im Schema des § 266 HGB für Kapitalgesellschaften **kein gesonderter Ausweis von Besitzwechseln** vorgesehen ist. Anstelle des Wechsels wird die zugrundeliegende Forderung ausgewiesen, z.B. Forderungen aus Lieferungen und Leistungen.

Personenunternehmen, für die § 266 HGB nicht gilt, **können den Wechselbestand gesondert ausweisen** und auch die Bundesbankfähigkeit vermerken. Die Bundesbank nimmt einen Wechsel nur dann zum Rediskont an, wenn er mindestens drei gute Unterschriften (im Ausnahmefall zwei) aufweist und längstens in 90 Tagen zahlbar ist. Es muß ein Warengeschäft zugrunde liegen. Kautions- und Sicherheitswechsel dürfen in keinem Fall bilanziert werden. 350

Bundesbank- und Postgiroguthaben sind praktisch dem Geldvermögen gleichzusetzen. Beim **Barvermögen** ist zu beachten, daß auch alle Nebenkassen (z.B. Werks- und Portokasse, Gerichtskosten- und Wechselsteuermarken sowie unverbrauchte Frankierstreifen) mit zum Kassenbestand gehören. Getrennt von den Barbeständen könnte der Ausweis von **Guthaben bei Kreditinstituten erfolgen. Ihre Höhe wird an Hand der Bankauszüge zum Bilanzstichtag ermittelt.** 351

3. Bilanzierung des Eigenkapitals

Die Bilanzierung des **Eigenkapitals** einer **Kapitalgesellschaft** unterscheidet sich grundlegend von der eines **Personenunternehmens.** Während sich bei **Kapitalgesellschaften** mindestens **zwei verschiedene Arten von Eigenkapitalkonten** vorfinden, ein festes Konto für das Grund- oder Stammkapital und eines für die Kapitalrücklage sowie **variable** Konten für die Gewinnrücklagen, haben **Personenfirmen** i. d. R. **nur variable Eigenkapitalkonten -** aber für jeden Gesellschafter. Allerdings ist auch in Personengesellschaften buchtechnisch die Aufspaltung der Eigenkapitalkonten der einzelnen Gesellschafter in einen festen Bestandteil (Einlage) und einen variablen Bestandteil (Verrechnungskonto) möglich. 352

a) Kapitalgesellschaften

Die Position **»gezeichnetes Kapital«** gibt das **Nennkapital** einer Gesellschaft an (Grundkapital der AG, Stammkapital der GmbH, Geschäftsguthaben der Genossenschaft). Bei nicht vollständiger Einzahlung sind als **Korrekturposten »ausstehende Einlagen«** aktivisch auszuweisen oder passivisch abzusetzen (§ 272 Abs. 1 HGB). Änderungen dieser Position finden auf Beschluß der Hauptversammlung (AG) oder Gesellschafterversammlung (GmbH) im Rahmen einer **Kapitalerhöhung oder -herabsetzung** statt. Im Gegensatz dazu schwankt bei der Genossenschaft die Höhe der Geschäftsguthaben laufend mit der Zahl der Genossen und der von ihnen übernommenen Geschäftsanteile. In die **»Kapital-** 353

rücklage« sind nach § 272 Abs. 2 HGB **Agiobeträge** bei der Anteilsausgabe und **Zuzahlungen aller Art der Gesellschafter** einzustellen.

354 Bei der **GmbH** sind über die Stammeinlage hinausgehende **Gesellschaftereinzahlungen,** aber auch **eingeforderte Nachschüsse** (falls gemäß § 26 ff. GmbHG derartige Nachschüsse im Gesellschaftsvertrag vorgesehen sind) der **Kapitalrücklage** zuzuführen (vgl. Tz. 219). Hinsichtlich der **Auflösung der Kapitalrücklagen** bestehen für die GmbH keine gesetzlichen Bestimmungen, mit der Ausnahme, daß die aus Nachschüssen stammende Kapitalrücklage **vorrangig zum Verlustausgleich** zu verwenden ist. Im übrigen beschließt die Gesellschafterversammlung oder die Geschäftsführung entsprechend der jeweiligen Bestimmungen des Gesellschaftsvertrages.

355 Hinsichtlich der **Bildung der Kapitalrücklage** bestehen **bei der AG** keine grundsätzlichen Besonderheiten. Auch für sie gelten die Bestimmungen des § 272 Abs. 2 HGB, allerdings mit der Maßgabe, daß gewissermaßen zwischen **Pflichtzuzahlungen und Agiobeträgen** der Aktionäre **im Sinne der Ziffern 1 - 3 und freiwilligen Leistungen ohne Gewährung von Vorzügen der Gesellschaft** im Sinne der **Ziffer 4 § 272 Abs. 2 HGB unterschieden** wird. Die Bildung der Kapitalrücklage obliegt der Hauptversammlung.

356 Über die **Auflösung der Kapitalrücklage** können Vorstand und Aufsichtsrat als i. d. R. zuständiges Organ nur insoweit frei entscheiden, als diese **freiwilligen Leistungen entsprechend § 272 Abs. 2 Ziff. 4 HGB** entstammt. Dies kommt relativ selten vor. Im Regelfall - **regelmäßige Kapitalrücklage** (§ 272 Abs. 2 Ziff. 1 - 3 HGB) - gelten für die Auflösung der **Kapitalrücklage die gleichen Bestimmungen** wie für die Auflösung der **gesetzlichen Rücklage,** so daß deren **Auflösung gemeinsam** besprochen werden soll (vgl. Tz. 596). Nach § 152 Abs. 2 AktG sind unter dem Posten **»Kapitalrücklage«** in der Bilanz oder im Anhang **gesondert auszuweisen**

- der Betrag, der während des Geschäftsjahrs eingestellt wird, und
- der Betrag, der für das Geschäftsjahr **entnommen** wird.

357 **Gewinnrücklagen** werden demgegenüber **aus dem erwirtschafteten Gewinn, aus dem Jahresüberschuß gebildet.** Nach § 152 Abs. 3 AktG müssen **zu den einzelnen Posten der Gewinnrücklagen** in der Bilanz oder im Anhang jeweils **gesondert angegeben** werden

- die Beträge, die die Hauptversammlung aus dem **Bilanzgewinn des Vorjahrs** eingestellt hat,
- die Beträge, die aus dem **Jahresüberschuß des Geschäftsjahres** eingestellt werden, und
- die Beträge, die für das Geschäftsjahr **entnommen** werden.

358 **Die Bildung von Gewinnrücklagen** erfolgt somit im Rahmen der **Gewinnverwendung** dadurch, daß die **erwirtschafteten Überschüsse** nicht ausgeschüttet,

sondern **einbehalten** werden. Folgende **drei Motive** veranlassen den Unternehmer **zur Bildung von Gewinnrücklagen:**

- Ausgleich zukünftiger Verluste auf Grund betrieblicher Fehlschläge oder ungünstiger Marktentwicklungen **(Zukunftsvorsorge)**
- Ansammlung von finanziellen Mitteln für zukünftige Investitionsmaßnahmen, insbesondere für Erweiterungs- und Rationalisierungsinvestitionen, aber auch für Ersatzinvestitionen, soweit in Zeiten steigender Preise wegen des in der FBH gültigen Prinzips der nominellen Kapitalerhaltung die »verdienten Abschreibungsgegenwerte« dafür nicht ausreichen **(Investitionsfinanzierung)**
- Ausgleich von Gewinnschwankungen zum Zweck der Ausschüttung einer gleichbleibenden Dividende **(Dividendenkonstanz).**

Die Gewinnrücklagen setzen sich zusammen aus

- der **gesetzlichen Rücklage,**
- der Rücklage für eigene Anteile,
- satzungsmäßigen Rücklagen und
- **anderen Gewinnrücklagen.**

Die Bildung einer gesetzlichen Rücklage ist gemäß § 150 Abs. 1 AktG nur **für** **359**
die AG zwingend vorgeschrieben (vgl. Tz. 593).

Die Rücklage für eigene Anteile stellt einen Sonderfall dar. Ihre Bildung und **360**
Auflösung richtet sich nach dem korrespondierenden Posten auf der Aktivseite **»eigene Anteile«.** Sie entsteht nur, wenn ausnahmsweise der Erwerb eigener Anteile zulässig ist (vgl. Tz. 220). Bildung und Auflösung der **satzungsmäßigen Rücklagen** vollzieht sich nach den gegebenenfalls in der Satzung vorgesehenen Bestimmungen.

Zu den **»anderen Gewinnrücklagen«** gehören alle übrigen freien Rücklagen der **361**
Kapitalgesellschaften (vgl. Tz. 597).

Für den Fall, daß das Eigenkapital durch Verluste aufgebraucht ist und sich ein **362**
Überschuß der Passivposten über die Aktivposten ergibt, ist dieser Betrag am Schluß der Aktivseite unter **»Nicht durch Eigenkapital gedeckter Fehlbetrag«** auszuweisen (§ 268 Abs. 3 HGB). Damit soll der Ausweis eines negativen Eigenkapitals auf der Passivseite vermieden werden. Dieser Posten, um den das Fremdkapital das Vermögen übersteigt, zeigt die **buchmäßige Überschuldung** des Unternehmens an.

b) Personenunternehmen

In der Bilanz der **Einzelfirma erscheint ein einziges variables Eigenkapital-** **363**
konto, dem der Gewinn des laufenden Geschäftsjahrs in voller Höhe gutgeschrieben wird. Die Erfolgsrechnung ist im Rahmen der Abschlußbuchungen mit dem Eigenkapitalkonto abzuschließen.

Buchungssatz:

Von 802 Gewinn- und Verlustrechnung **an** 30 Eigenkapital.

Die Höhe des Eigenkapitals **ändert sich** während des Geschäftsjahrs durch private **Einlagen und Entnahmen** ständig. Diese werden auf dem **Privatkonto** festgehalten. Damit weist das Eigenkapitalkonto zwei Unterkonten auf: Gewinn- und Verlustrechnung und Privatkonto.

364 Die **OHG** unterscheidet sich davon im Prinzip nur dadurch, daß **für jeden Gesellschafter** ein derartiges, **variables** Eigenkapitalkonto mit einem Privatkonto als Unterkonto zu führen ist. Der Erfolg der Gewinn- und Verlustrechnung teilt sich nach dem **vereinbarten Verteilungsschlüssel** auf die Gesellschafter auf (vgl. Tz. 585).

365 In der **KG** ist mindestens ein Vollhafter **(Komplementär)** und ein Gesellschafter vorhanden, dessen Haftung auf seine Einlage beschränkt ist **(Kommanditist).** Der Ausweis des dem Komplementär zustehenden Eigenkapitals stimmt mit der für Einzelfirma und OHG geschilderten Bilanzierung überein.

Die **Einlage des Kommanditisten** dagegen lautet auf einen **festen Betrag;** d.h., sein Eigenkapital ist **unveränderlich,** sobald es in voller Höhe einbezahlt oder durch Gewinnanteile entsprechend aufgefüllt wurde. Von diesem Zeitpunkt ab werden die auf ihn entfallenden Gewinnanteile einem Darlehenskonto gutgeschrieben, über das er frei verfügen kann. Solange sein Eigenkapitalkonto die Höhe der von ihm übernommenen Einlage noch nicht erreicht hat, ist der volle Gewinnanteil nach § 169 HGB dem Kapitalkonto gutzuschreiben; d.h., jegliche Entnahmen, auch um anfallende Gewinnsteuern zu entrichten, sind ausgeschlossen.

366 Im **Verlustfall** ist der Kommanditist **nicht verpflichtet, irgendwelche Nachzahlungen zu leisten,** sofern er seine Einlage voll erbracht hat. Seine Haftung beschränkt sich auf seine Einlage (§ 171 HGB). Der ihn treffende Verlustanteil wird seinem Eigenkapitalkonto belastet. Übersteigt der Verlust die voll eingezahlte Einlage, so entsteht ein **negatives Eigenkapitalkonto des Kommanditisten.** Auch dieses braucht nicht ausgeglichen zu werden. Allerdings sind spätere Gewinnanteile dem Eigenkapitalkonto solange gutzuschreiben, bis es die Höhe der übernommenen Einlage wieder erreicht hat. Als Folge dieser fehlenden Ausgleichspflicht des negativen Eigenkapitalkontos schränkte der Gesetzgeber durch § 15 a EStG die steuerliche Abzugsfähigkeit von Verlusten des Kommanditisten ein, die seine Einlage übersteigen.

367 **Steuerlich** bilden die **Personengesellschaften** (oHG, KG, GmbH & Co. KG) sowie die **atypische stille Gesellschaft keine selbständigen Subjekte.** Besteuert werden lediglich die beteiligten Unternehmer, genannt **Mitunternehmer.** Das Steuerrecht behandelt die Personengesellschaft also wie eine Zusammenfassung **gedachter Gewerbebetriebe von Einzelunternehmen.** Daher bezeichnet man diese Personengesellschaften im Steuerrecht als **Mitunternehmerschaften.**

Das zivilrechtliche Gesamthandsverhältnis wird steuerlich gemäß § 39 Abs. 2 AO weitgehend ignoriert. Wirtschaftsgüter, die mehreren **zur gesamten Hand** gehören, werden den Beteiligten **anteilig** zugerechnet.

Nach der früheren **Bilanzbündeltheorie** wird die Bilanz einer Mitunternehmerschaft als **Zusammenfassung** - als Bündel - **der Einzelbilanzen der beteiligten Gesellschafter** aufgefaßt. Als Folge davon sind - analog zum Einzelunternehmen - **bestimmte Verträge zwischen Gesellschafter und Gesellschaft steuerlich zu negieren.** Nach § 15 EStG werden im Rahmen von Mitunternehmerschaften **folgende Verträge eines Gesellschafters mit »seiner« Gesellschaft nicht anerkannt: Dienstleistungs- und Werkverträge, Darlehensverträge, Miet- und Pachtverträge.** 368

Werden **solche Verträge handelsrechtlich wirksam geschlossen** (ein Arbeitsvertrag mit dem voll haftenden Gesellschaftergeschäftsführer einer Personengesellschaft ist allerdings auch im Handelsrecht nicht möglich, da das Arbeitsentgelt Gewinnbestandteil ist), so werden die dafür gewährten Vergütungen der Gesellschaft **steuerlich als Gewinnanteile (Vorweggewinn) der Gesellschafter** behandelt. **Zahlungen** der Gesellschaft an den Gesellschafter stellen buchtechnisch **Privatentnahmen** dar. Demgegenüber trägt die Rechtsprechung der zivilrechtlichen Eigenständigkeit einer Personengesellschaft insoweit Rechnung als sie **Darlehens- sowie Miet- und Pachtverträge, die die Gesellschaft mit ihrem Gesellschafter schließt, mit steuerlicher Wirkung anerkennt**, wenn sie zu **marktüblichen Bedingungen** wie unter Fremden aus Gesellschaftsinteresse eingegangen werden. **Kaufverträge** zwischen Mitunternehmergemeinschaften und ihren Beteiligten (und umgekehrt) wurden unter den genannten Voraussetzungen schon **seit jeher steuerlich anerkannt**. Neben der **Steuerbilanz der Gesellschaft** kann für den einzelnen Gesellschafter eine **Ergänzungsbilanz** (erfaßt Bewertungsdifferenzen bezüglich der in der Gesellschaftsbilanz enthaltenen Wirtschaftsgüter im Falle des Anteilskaufs), eine **Sonderbilanz I** (erfaßt vom Gesellschafter der Gesellschaft überlassene Wirtschaftsgüter seines Sonderbetriebsvermögens) und eine **Sonderbilanz II** (erfaßt Wirtschaftsgüter, die der Beteiligung an der Gesellschaft dienen) erforderlich sein.

Verfahrensrechtlich bildet die **Mitunternehmerschaft aber auch steuerlich ein eigenes Subjekt.** Die Besteuerung erfolgt in **zwei Stufen:** 369

- **Die Gesellschaft** hat den **Jahresabschluß** beim zuständigen **Betriebsfinanzamt** einzureichen und erhält von dort die **einheitliche und gesonderte Gewinnfeststellung** (§ 180 AO). In der einheitlichen und gesonderten Gewinnfeststellung wird der Gesamtgewinn einheitlich für die Gesellschaft und der Gewinnanteil gesondert für jeden Gesellschafter mittels **rechtsbehelfsfähigen Steuerbescheides** festgestellt.
- Gleichzeitig informiert das Betriebsfinanzamt die **Wohnsitzfinanzämter** der Gesellschafter über deren Gewinnanteile. Das Wohnsitzfinanzamt veranlagt den Gewinnanteil des einzelnen Gesellschafters als **Einkünfte aus Gewerbebetrieb** zur Einkommensteuer.

c) Nicht bilanziertes Eigenkapital

370 Neben dem bilanzierten Eigenkapital stellen auch die sogenannten **»stillen Reserven« Eigenkapital** dar. Stille Reserven sind **aus der Bilanz nicht ersichtlich.** Sie entstehen durch zu niedrigen Ausweis der Aktiva oder durch zu hohen Ausweis der Passiva. Dazu kommt es, wenn Vermögensteile nicht oder mit zu niedrigen Werten bzw. Verbindlichkeiten in überhöhtem Ausmaß bilanziert werden. Legt man in dieser Weise stille Reserven oder stille Rücklagen, so steht das Eigenkapital mit einem zu niedrigen Wert in der Bilanz. Folgende **Motive** veranlassen den Unternehmer zur **Bildung stiller Rücklagen** (vgl. dazu auch die Motive für die Bildung von Gewinnrücklagen in Tz. 358):

- **Zukunftsvorsorge**
- **Investitionsfinanzierung**
- **Steuerstundung.**

Im Zeitpunkt ihrer Bildung mindern stille Rücklagen den Gewinn und damit die Besteuerungsgrundlage. Sie **lösen sich von selbst auf,** sobald das **Wirtschaftsgut,** in dem sie enthalten sind, **aus dem Betrieb ausscheidet. Im Zeitpunkt ihrer Auflösung** wirken sie **gewinnerhöhend** und unterliegen der Besteuerung. Die auf stille Rücklagen zu entrichtende Steuerzahlung wird damit vom Zeitpunkt der Bildung auf den Zeitpunkt der Auflösung verschoben. Stille Rücklagen führen somit zu **einer Steuerstundung;** d.h., sie besitzen die gleichen Gewinnauswirkungen wie Sonderposten mit Rücklageanteil (vgl. Tz. 205) und erhalten daher betriebswirtschaftlich in Höhe der noch zu zahlenden Steuern auch einen Fremdkapitalanteil.

Nach ihren Entstehungsgründen lassen sich **vier Arten** stiller Reserven unterscheiden:

371 • **Zwangsreserven.** Sie entstehen als **Folge der** in den **gesetzlichen Rechnungslegungsvorschriften** enthaltenen Aktivierungsverbote und Bewertungsgrenzen. Beispiele: nicht aktivierbare, originäre immaterielle Anlagegüter (vgl. Tz. 312) oder das Anschaffungswertprinzip, das eine marktgerechte Bewertung des Vermögens bei gestiegenem Tageswert verbietet (vgl. Tz. 282).

372 • **Schätzreserven.** Sie entstehen **unbewußt** durch zu kurze Schätzung der Nutzungsdauer abnutzbarer Anlagegegenstände (vgl. Tz. 437) oder durch zu hohe Einschätzung von Rückstellungsrisiken (vgl. Tz. 385).

373 • **Ermessensreserven.** Der Unternehmer hat sowohl bezüglich der **Bilanzierung** als auch bezüglich der **Bewertung** einen gewissen **Ermessensspielraum.** Als Beispiele seien genannt: das handelsrechtliche Bilanzierungswahlrecht für den derivativen Firmenwert (vgl. Tz. 314) und das Bewertungwahlrecht im Hinblick auf die Bemessung der Herstellungskosten (vgl. Tz. 243 ff.). Geht er bei den Aktiva an die zulässige Untergrenze und bei den Passiva an die zulässige Obergrenze, so entstehen Ermessensreserven.

- **Willkürreserven.** Während die Bildung der bisher genannten Arten stiller Reserven im Einklang mit den gesetzlichen Vorschriften erfolgt, zum Teil sogar von diesen erzwungen wird (Zwangsreserven), **widersprechen** Willkürreserven den **Grundsätzen ordnungsmäßiger Bilanzierung.** 374
  Sie entstehen, indem man die Bilanzierung aktivierungspflichtiger Wirtschaftsgüter unterläßt, die gesetzlichen Bewertungsgrenzen unterschreitet, Rückstellungen für nicht vorhandene Risiken bildet oder diese bewußt überbewertet. Als **Ausnahme** kann hier die Bestimmung des § 6 Abs. 2 EStG gelten, die zuläßt, bewegliche, abnutzbare Anlagegüter mit Anschaffungs- oder Herstellungskosten bis € 410 (ohne MWSt), die einer selbständigen Nutzung fähig sind, im Jahr der Anschaffung oder Herstellung in voller Höhe als Aufwand zu verbuchen (**Bewertungsfreiheit für geringwertige Anlagegüter,** vgl. Tz. 89.

d) Sonderposten mit Rücklageanteil

Dieser Posten stellt **nicht in voller Höhe Eigenkapital** dar, sondern setzt sich aus Eigen- und Fremdkapital zusammen. Seine Ursache liegt in **steuerlichen Vergünstigungen** begründet, die der Gesetzgeber den Betrieben i. d. R. aus wirtschaftspolitischen Gründen einräumt (vgl. Tz. 141). 375

Sonderposten mit Rücklageanteil können auf **zweierlei Weise** zustande kommen:

- In der Steuerbilanz wird eine **»steuerfreie Rücklage«** gebildet (zu den Gründen vgl. Tz. 205). § 247 Abs. 3 HGB gestattet in diesen Fällen korrespondierend dazu den Ansatz eines Sonderpostens mit Rücklageanteil in der Handelsbilanz.
- Es werden **steuerliche Sonderabschreibungen, erhöhte Absetzungen, Bewertungsfreiheiten oder Bewertungsabschläge** in Anspruch genommen (zu den Gründen vgl. Tz. 170). § 254 HGB gestattet Abschreibungen solcher Art auch in der Handelsbilanz, jedoch mit der Pflicht genauerer Angaben dazu in Bilanz oder Anhang der Kapitalgesellschaft gemäß § 281 Abs. 2 HGB. Dies kann entweder **direkt** durch Verminderung des Aktivpostens geschehen - dann entsteht **kein** Sonderposten - oder nach § 281 Abs. 1 HGB **indirekt** durch **Ausweis eines Sonderpostens mit Rücklageanteil** auf der Passivseite. § 281 HGB gilt zwar nur für Kapitalgesellschaften, jedoch kann ein Personenunternehmen stets indirekt abschreiben, also auch in diesem Fall.

Bezüglich **steuerfreier Rücklagen** ist zu beachten, daß ihre Bildung und Auflösung in der Steuerbilanz nach dem **umgekehrten Maßgeblichkeitsprinzip** übereinstimmende Vorgehensweise in der Handelsbilanz voraussetzt. 376

Darüber hinaus dürfen **Sonderposten mit Rücklageanteil in der Handelsbilanz von Kapitalgesellschaften** nach § 273 HGB nur dann gebildet werden, wenn es deren **steuerliche Anerkennung verlangt;** d.h., Kapitalgesellschaften dürften, 377 wenn es zur steuerlichen Anerkennung nicht nötig ist, keinen Sonderposten mit Rücklageanteil ansetzen, dafür allerdings den darin **enthaltenen Eigenkapitalanteil in andere Gewinnrücklagen** einstellen (§ 29 Abs. 4 GmbHG und § 58 Abs. 2a AktG, vgl. Tz. 598). In Höhe des **Fremdkapitalanteils** wäre eine **Rückstellung für latente Steuern** zu bilden (§ 274 Abs. 1 HGB, vgl. Tz. 414). Dieser Fall ist jedoch durch das umgekehrte Maßgeblichkeitsprinzip ex definitione ausgeschlossen so daß § 273 HGB keinerlei praktische Auswirkungen hat.

378 Bei **Kapitalgesellschaften** gilt die **gleiche Bedingung auch für steuerliche Sonderabschreibungen,** erhöhte Absetzungen etc. Sie können nach § 279 Abs. 2 HGB in der Handelsbilanz nur dann zum Zuge kommen, wenn es Voraussetzung für ihre steuerliche Anerkennung ist. Das ist jedoch – wiederum infolge der umgekehrten Maßgeblichkeit – stets der Fall, so daß auch § 279 Abs. 2 HGB eine Tantologie darstellt. Des weiteren haben Kapitalgesellschaften nach § 281 Abs. 1 HGB in der Bilanz oder im Anhang die steuerlichen Vorschriften zu nennen, nach denen ein solcher Sonderposten mit Rücklageanteil gebildet wurde.

379 Solche für steuerliche Sonderabschreibungen etc. gebildeten Sonderposten sind **mit dem Ausscheiden des Wirtschaftsgutes aufzulösen,** für das die Sonderabschreibung vorgenommen wurde. Ansonsten hat die **gewinnerhöhende Auflösung korrespondierend mit der höheren Abschreibung** auf dieses Wirtschaftsgut zu erfolgen, denn **nach** einer **direkten** Sonderabschreibung wäre die planmäßige AfA wegen des niedrigeren Restwertes in den Folgejahren **geringer,** als es bei **indirekter Verbuchung** der Sonderabschreibung der Fall ist.

Bildung und Auflösung eines Sonderpostens mit Rücklageanteil sollen am Beispiel der **steuerfreien Rücklage für Ersatzbeschaffung** (Abschn. 35 EStR) näher veranschaulicht werden:

Beispiel:

380 Am 1. 10. 03 wird eine Hobelbank der XY-AG durch Brand total zerstört. Die Anschaffung erfolgte am 1. 1. 01 zu 100 000, Nutzungsdauer 10 Jahre, lineare Abschreibung. Am 1. 12. 03 zahlt die Versicherung als Entschädigung für die zum Neuwert versicherte Maschine 110 000. Die XY-AG bilanziert zum 31. 12. und führt am 1. 5. 04 eine Ersatzbeschaffung durch.

Alternative a:
Sie erwirbt eine gleichartige Ersatzmaschine mit Anschaffungskosten von 120 000 (zuzügl. 16 % MWSt.).

Alternative b:
Sie erwirbt wegen schlechter Absatzlage eine kleinere Ersatzmaschine mit Anschaffungskosten von 66 000 (zuzügl. 16 % MWSt.).

Wie sind die genannten Vorfälle buchungstechnisch zu behandeln?

Lösung:

Restwert der Maschine am 31. 12. 02:

100 000 – (2 × 10 000) = 80 000

Restwert der Maschine am Schadenstag:

$80\,000 - (\frac{9}{12} \times 10\,000) = 72\,500$

Buchgewinn auf Grund der Entschädigung:

110 000 – 72 500 = 37 500.

Am Bilanzstichtag, dem 31. 12. 03, kann **in Höhe des durch die Entschädigung entstandenen Buchgewinns** nach Abschn. 35 EStR eine **steuerfreie Rücklage für Ersatzbeschaffung** (= Sonderposten mit Rücklageanteil) **gebildet** werden, um zu verhindern, daß der Gewinn der Besteuerung unterliegt und deshalb die finanziellen Mittel zur Ersatzbeschaffung fehlen. Die Bildung einer steuerfreien Rücklage für Ersatzbeschaffung setzt voraus, daß ein Wirtschaftsgut entweder infolge **höherer Gewalt oder** eines **behördlichen Eingriffs** (z.B. Enteignung) gegen Entschädigung aus dem Betrieb ausscheidet.

Buchungssätze des Jahres 03:

Verlust der Maschine am 1. 10. 03:

Von 653 7 500
Von 655 72 500 **an** 07 80 000

Eingang der Versicherungssumme am 1. 12. 03:

Von 28 110 000 **an** 655 72 500
an 58 37 500.

Ohne die Vergünstigung des Abschn. 35 EStR entstünde per Saldo ein **a.o. Ertrag** in Höhe von 37 500.

Bildung der steuerfreien Rücklage am Bilanzstichtag, dem 31. 12. 03:

Von 58 37 500 **an** 35 37 500.

Die **steuerfreie Rücklage für Ersatzbeschaffung** ist gemäß Abschn. 35 Abs. 4 EStR **im Zeitpunkt der Ersatzbeschaffung aufzulösen.** Dies geschieht durch **Übertragung auf das Ersatzwirtschaftsgut,** sofern die Ersatzbeschaffung mindestens in Höhe der Entschädigung erfolgt (Alternative a). Erreicht der für die Ersatzbeschaffung verausgabte Betrag die Entschädigungssumme nicht, so kann die Rücklage für Ersatzbeschaffung nur anteilig (im Verhältnis Ersatzbeschaffung zu Entschädigung) auf das Ersatzwirtschaftsgut übertragen werden. Der **Rest ist gewinnerhöhend aufzulösen** (Alternative b).

Buchungssätze des Jahres 04:

Alternative a:

Ersatzbeschaffung am 1. 5. 04:

Von 07 120 000
von 26 19 200 **an** 44 139 200.

Auflösung der steuerfreien Rücklage am 1. 5. 04:

Von 35 37 500 **an** 07 37 500.

Somit belaufen sich die buchmäßigen Anschaffungskosten (AK) der Maschine, die für die Ermittlung der Abschreibung maßgebend sind, auf:

AK = 120 000 – 37 500 = 82 500

Lineare Abschreibung (A) des Jahres 04 bei Anwendung der Halbjahresregel unter der Voraussetzung einer Nutzungsdauer von 10 Jahren:

$$A = \frac{AK}{ND} = \frac{82\,500}{10} = 8\,250$$

Alternative b:

Ersatzbeschaffung am 1. 5. 04:

Von 07 66 000
von 26 10 560 **an** 44 76 560.

Das Verhältnis (V) von Ersatzbeschaffung zu Entschädigung beträgt:

$$V = \frac{66\,000}{110\,000} = \frac{3}{5}$$

In Höhe des Anteils V kann die steuerfreie Rücklage auf das Ersatzwirtschaftsgut übertragen werden:

$$37\,500 \times V = 37\,500 \times \frac{3}{5} = 22\,500$$

Damit gewinnerhöhend aufzulösen:

37 500 – 22 500 = 15 000

Auflösung der steuerfreien Rücklage am 1. 5. 04:

Von 35 37 500 **an** 07 22 500
an 58 15 000.

Somit belaufen sich die buchmäßigen Anschaffungskosten (AK) der Maschine, die für die Ermittlung der Abschreibung maßgebend sind, auf:

AK = 66 000 – 22 500 = 43 500

Lineare Abschreibung (A) des Jahres 04 unter den gleichen Voraussetzungen wie bei Alternative a:

$$A = \frac{AK}{ND} = \frac{43\,500}{10} = 4\,350$$

Der auf das Konto 58 gebuchte Betrag von 15 000 wirkt im Jahr 04 gewinnerhöhend und unterliegt der Besteuerung.

4. Bilanzierung des Fremdkapitals

a) Rückstellungen

Die **betriebswirtschaftliche Grundlage** bildet **ein am Bilanzstichtag noch nicht exakt bestimmbarer Aufwand,** dessen Ursache zwar in der abgelaufenen Geschäftsperiode liegt, der aber erst in der Zukunft genau bekannt sein wird. Dafür ist nach § 249 Abs. 1 Satz 1 HGB eine **Rückstellung** zu bilden, sofern er sich am Bilanzstichtag so weit konkretisiert hat, daß es sich bereits um 381

- **ungewisse Verbindlichkeiten (Pflicht)** oder
- **drohende Verluste aus schwebenden Geschäften (Pflicht)**

handelt. Neben diese **beiden generellen Rückstellungsarten** treten noch **drei Sonderrückstellungen:**

- **für im Geschäftsjahr unterlassene Aufwendungen für Instandhaltung oder Abraumbeseitigung,** die im folgenden Geschäftsjahr nachgeholt werden (erste 3 Monate **Pflicht;** Monate 4–12 **Wahlrecht**),
- **für Gewährleistungen, die ohne rechtliche Verpflichtung** erbracht werden (aus Kulanz) **(Pflicht)**, und
- sogenannte **Aufwandsrückstellungen** gemäß § 249 Abs. 2 HGB **(Wahlrecht).**

Ungewisse Verbindlichkeiten sind Verbindlichkeiten, die dem Grunde nach feststehen, deren Höhe und/oder Fälligkeit jedoch ungewiß ist. Rückstellungen setzen somit eine Verbindlichkeit, d.h. **eine rechtliche Verpflichtung gegenüber einem Dritten,** voraus, **die mit Gewißheit besteht.** Sie unterscheiden sich insofern von **Eventualverbindlichkeiten** (vgl. Tz. 207). Ungewiß an einer ungewissen Verbindlichkeit ist lediglich, wann und/oder in welcher Höhe die Rechtspflicht den Betrieb belasten wird. Das wichtigste Beispiel stellt die Pensionsrückstellung dar, die für die Zusage des Betriebs gebildet wird, einem Mitarbeiter nach Erreichen der Altersgrenze eine Altersrente zu gewähren. 382

Darüber hinaus können Rückstellungen ihre Ursache in **drohenden Verlusten aus schwebenden Geschäften** haben. **Schwebende Geschäfte** sind fest abgeschlossene Geschäfte, die entweder von einem oder von beiden Vertragspartnern noch nicht vollständig erfüllt wurden. Um **schwebende Geschäfte im engeren Sinn** handelt es sich, sofern noch keine Seite mit der Erfüllung begonnen hat. **Im weiteren Sinn** zählen dazu alle vertraglichen Abmachungen, die noch nicht vollständig abgewickelt sind. Schwebende Geschäfte werden grundsätzlich **zu dem Zeitpunkt in die Bilanz aufgenommen, in dem ein Partner mit der Erfüllung beginnt,** d.h., für schwebende Geschäfte im engeren Sinn besteht ein Bilanzierungsverbot. Droht jedoch ganz generell aus einem schwebenden Geschäft im engeren oder im weiteren Sinne ein **Verlust,** so ist dafür eine Rückstellung zu bilden, **auch wenn das Geschäft selbst noch nicht bilanzierungsfähig ist.** 383

Obwohl weder eine ungewisse Verbindlichkeit noch ein drohender Verlust aus einem schwebenden Geschäft vorliegt, sondern im Grunde ein Fall der Zu- 384 kunftsvorsorge (daher handelt es sich vom Wesen her um steuerfreie Rücklagen, vgl. Tz. 358, 375), gibt es auch Rückstellungen

- **für im Geschäftsjahr unterlassene Reparaturen oder Abraumbeseitigung,** wobei im Hinblick auf die Rückstellung für unterlassene Reparaturen noch zu unterscheiden ist, ob die Reparatur **in den ersten 3 Monaten des folgenden Jahres** oder in den **Monaten 4 - 12 des folgenden Jahres nachgeholt** wird,
- für **Gewährleistungen aus Kulanz** und
- für der **Vergangenheit** zuzuordnende, in **ihrer Eigenart genau umschriebene Aufwendungen,** deren Anfall am Abschlußstichtag **wahrscheinlich oder sicher** ist, deren **Höhe und/oder Fälligkeit** jedoch **unbestimmt ist (z.B. aperiodische, künftig zu erwartende Großreparaturen an den technischen Anlagen oder Betriebsvorrichtungen) -** sogenannte **Aufwandsrückstellungen.**

385 **Rückstellungen wirken im Zeitpunkt ihrer Bildung gewinnmindernd.** Da sie im Hinblick auf einen **Aufwand des Betriebs** gebildet werden, zählen sie zum **Fremdkapital.** Sie erhöhen im Zeitpunkt ihrer **Auflösung,** die **bei Eintritt des Rückstellungsfalls** zu erfolgen hat, nur dann den Gewinn, wenn sie für den vorgesehenen Zweck nicht in voller Höhe benötigt werden. Nach § 253 Abs. 1 HGB sind sie jeweils nur in Höhe des **Betrags** anzusetzen, **der nach vernünftiger kaufmännischer Beurteilung notwendig ist.**

386 **Für Rückstellungen besteht** grundsätzlich gemäß § 249 Abs. 1 Satz 1 - 2 HGB eine **Passivierungspflicht in Handels- und Steuerbilanz.** Allerdings **untersagt § 5 Abs. 4a EStG** die Bildung von **Rückstellungen für drohende Verluste aus schwebenden Geschäften**, so daß für diese **Drohverlustrückstellungen** in der **Handelsbilanz eine Passivierungspflicht**, in der **Steuerbilanz ein Passivierungsverbot** besteht. Außerdem **verbietet** der Maßgeblichkeitsgrundsatz der Handelsbilanz für die Steuerbilanz (vgl. Tz. 163) eine **Passivierung der beiden handelsrechtlichen Rückstellungswahlrechte in der Steuerbilanz**, nämlich **der Rückstellung für unterlassene Reparaturen,** sofern die Reparaturen in den **Monaten 4 - 12 des nächsten Jahres nachgeholt** werden (§ 249 Abs. 1 Satz 3 HGB), und der **Aufwandsrückstellungen** gemäß § 249 Abs. 2 HGB.

Somit gelten in der **Steuerbilanz** insgesamt **drei Bilanzierungsverbote**, denen in der **Handelsbilanz eine Passivierungspflicht und zwei -wahlrechte** gegenüberstehen. Für alle übrigen Zwecke dürfen handels- und steuerrechtlich **keine** Rückstellungen gebildet werden (Bilanzierungsverbot des § 249 Abs. 3 HGB).

Als **häufigste Rückstellungsfälle** seien genannt:

aa) Pensionsrückstellung

387 Für die Pensionsrückstellung besteht eine **Passivierungspflicht,** da eine ungewisse Verbindlichkeit vorliegt. Jedoch ist sie steuerlich nur dann zulässig, wenn eine schriftliche, **unbedingte und unwiderrufliche Pensionszusage** vorliegt.

Wurde die Pensionszusage für einen Mitarbeiter an eine Bedingung geknüpft, z.B. daß der Begünstigte bis zum Eintritt des Versorgungsfalls Sonderleistungen irgendwelcher Art erbringt oder daß das Unternehmen zukünftig ein bestimmtes Wachstum erreicht, so kann eine den steuerlichen Gewinn mindernde Pensionsrückstellung nicht gebildet werden. Auch der Vorbehalt eines jederzeitigen Widerrufs wirkt steuerschädlich. Selbstverständlich sind arbeitsrechtlich derartige Bedingungen und Widerrufsmöglichkeiten im Rahmen einer Pensionszusage zulässig, sofern diese eine außertarifliche und freiwillige Leistung darstellt. Nur kann für solche Pensionszusagen keine den steuerlichen Gewinn mindernde Rückstellung gebildet werden. **Steuerunschädlich** sind wegen der weit in die 388
Zukunft reichenden Wirkung von Pensionszusagen lediglich Vorbehalte, in denen sich der Betrieb unter Wahrung der berechtigten Interessen des Mitarbeiters gegen die Gefahr absichert, daß sich die bei Erteilung der Pensionszusage bestehenden **Verhältnisse grundlegend geändert** haben; z.B. es behält sich der Betrieb eine Überprüfung der Pensionszusage im Fall nachhaltiger Verluste vor. Für den geschäftsführenden **Gesellschafter einer Personengesellschaft** darf eine Pensionsrückstellung mit steuerlicher Wirkung **nicht** gebildet werden, da Arbeitsverträge zwischen einer Personengesellschaft und ihren Gesellschaftern steuerlich nicht anerkannt werden (vgl. dazu auch Tz. 368). Wohl aber ist für den **geschäftsführenden Gesellschafter einer Kapitalgesellschaft** die Bildung ei- 389
ner gewinnmindernden Pensionsrückstellung **möglich.** Dies gilt auch für den **beherrschenden Gesellschafter-Geschäftsführer** (dessen Anteile an der Gesellschaft 50 % übersteigen) und den alleinigen Gesellschafter einer Ein-Mann-GmbH. In diesen Fällen ist jedoch auf die **Angemessenheit der Bezüge** insgesamt (Gehalt plus sonstige Leistungen des Betriebes) zu achten. Die Versorgung gilt i. d. R. als angemessen, wenn sie 75 % des letzten Bruttogehalts vor dem Ausscheiden aus dem Betrieb nicht übersteigt. Außerdem darf das Ruhegehalt nicht auf einen vor Erreichen des 65. Lebensjahres liegenden Zeitpunkt zugesagt werden; der **Erdienungszeitraum** (von der Versorgungszusage bis zum Beginn des Ruhegehalts) muß sich mindestens über 10 Jahre erstrecken und darf nicht nach Erreichen des 70. Lebensjahres enden. Es ist eine **Wartezeit** von ca. 3 Jahren nach Bestellung zum Geschäftsführer einzuhalten und die **Finanzierbarkeit** der Pensionszusage muß ohne bilanzielle Überschuldung der GmbH gewährleistet sein (BFH v. 4.9.2002, IR 7/01). Gemäß § 6 a EStG ist die **Höhe der** 390
Pensionsrückstellung nach versicherungs-mathematischen Grundsätzen zu berechnen, wobei der Barwert der Rente im Zeitpunkt zwischen Pensionszusage und Eintritt des Versorgungsfalls im Weg der Zinseszinsrechnung gleichmäßig angesammelt werden muß. Der Rechnungszinsfuß beträgt 6 %. Nach **Eintritt** 391
des Versorgungsfalls ist die **Pensionsrückstellung** entsprechend den versicherungsmathematischen Regeln **gewinnerhöhend aufzulösen.** Die **Pensionszahlungen mindern den steuerlichen Gewinn,** so daß nur eine **Erfolgsauswirkung in Höhe des Differenzbetrags** eintritt.

bb) Steuerrückstellungen

Nur **betriebliche Steuern** können bei der steuerlichen Gewinnermittlung als **Be-** 392
triebsausgaben behandelt werden: Gewerbe-, Grund-, Verbrauchsteuern etc.

Die personenbezogenen Steuern (Einkommen-, Körperschaftsteuer) sind dagegen **steuerlich** nicht als Betriebsausgaben abzugsfähig (vgl. Tz. 578). In der **Handelsbilanz der Kapitalgesellschaft** stellt demgegenüber auch die Körperschaftsteuer gewinnmindernden Aufwand dar.

Soweit die Höhe und/oder Fälligkeit **abzugsfähiger Steuern des Geschäftsjahrs** am Bilanzstichtag noch nicht feststeht, z.B. weil noch kein Steuerbescheid vorliegt, muß eine Rückstellung gebildet werden. Es besteht eine Verbindlichkeit dem Grunde nach. Ihre Höhe kann, da die Steuerbemessungsgrundlage (z.B. der Gewerbeertrag für die Gewerbeertragsteuer) meist bekannt ist, ziemlich genau berechnet werden. Die Fälligkeit ist jedoch noch ungewiß. Demzufolge ist z.B. die **Gewerbesteuerrückstellung in Steuer- und Handelsbilanz, die Körperschaftsteuerrückstellung nur in der Handelsbilanz** zu bilden.

393 Vielfach müssen **im Anschluß an Außenprüfungen des Finanzamts** erhebliche **Steuernachzahlungen** entrichtet werden. Wurde dem Betrieb kurz vor Geschäftsjahresende eine solche Außenprüfung für den Beginn des neuen Jahrs angekündigt, so liegt am Bilanzstichtag dem Grunde nach **keine** Verpflichtung zur Entrichtung einer Steuernachzahlung vor. Eine **»Rückstellung für zu erwartende Steuernachzahlungen«** kann auf die bloße Ankündigung einer Außenprüfung hin **nicht** gebildet werden. Das muß vielmehr erst dann geschehen, wenn die Außenprüfung am Bilanzstichtag bereits in vollem Gang ist und an Hand konkreter Einzelsachverhalte detaillierte Steuernachforderungen beziffert sind.

cc) Rückstellung für drohende Verluste aus schwebenden Geschäften sowie aus Dauerschuldverhältnissen

Beispiel:

394 Am 15. 10. 01 schließt der Unternehmer einen Kaufvertrag über 100 t Rohkupfer ab. Preis 3 000 €/t, Liefertermin 15. 2. 02, Zahlung bei Lieferung. Am Bilanzstichtag, dem 31. 12. 01, liegt der Preis für Rohkupfer bei 2 800 €/t. Muß eine Rückstellung, und wenn ja, in welcher Höhe, gebildet werden?

Lösung:

Am Bilanzstichtag, dem 31. 12. 01, liegt ein schwebendes Geschäft im engeren Sinn vor: Der Kaufvertrag ist fest abgeschlossen, keine der beiden Parteien hat mit der Erfüllung begonnen. Das Geschäft ist **nicht bilanzierungsfähig.**

Es droht jedoch ein Verlust aus diesem Geschäft in Höhe von 100 t x (3 000 – 2 800 €/t) = 20 000 €.

Hätte der Unternehmer den Kaufabschluß vom 15. 10. 01 nicht getätigt, könnte er die Ware am Bilanzstichtag um 20 000 € billiger einkaufen. Es sind die Voraussetzungen zu einer Rückstellung für drohende Verluste aus schwebenden Geschäften erfüllt, die mit einem Betrag von 20 000 € in der **Handelsbilanz passiviert werden muß**. In der **Steuerbilanz** ist diese Rückstellung gemäß § 5 Abs. 4a EStG **verboten.**

395 Eine Rückstellung für **drohende Verluste aus Dauerschuldverhältnissen** (z.B. Miet- oder Serviceverträgen) ist nach der BFH-Rechtsprechung in der Handels-

bilanz nur zulässig, wenn aus dem Dauerschuldverhältnis insgesamt ein Verlust droht. Verluste in einzelnen Wirtschaftsjahren genügen nicht. So darf z.B. **keine Rückstellung für die Verpflichtungen aus Ausbildungsverträgen** gebildet werden, da sich der Betrieb auf lange Sicht aus dem Ausbildungsverhältnis einen Gewinn verspricht.

dd) Rückstellung für Prozeßkosten

Ein am Bilanzstichtag noch **nicht entschiedener Prozeß** ist mit dem **Risiko des Unterliegens** behaftet, und zwar auch dann, wenn der Betrieb seine Erfolgsaussichten günstig beurteilt. Die unterliegende Partei hat die Prozeßkosten zu tragen (Gerichtskosten, eigene und gegnerische Anwaltskosten, Gutachterkosten etc.). Das gilt sowohl für Aktivprozesse, in denen der Betrieb selbst klagt, als auch für Passivprozesse, in denen er verklagt wird. 396

Mit Eintritt der Rechtshängigkeit (Klageeinreichung) entsteht **für beide Parteien die Verpflichtung zur Übernahme der Prozeßkosten dem Grunde nach**, nur noch Höhe und/oder Fälligkeit sind ungewiß. Folglich **muß eine Rückstellung für ungewisse Verbindlichkeiten** gebildet werden, aber nur für die Prozeßkosten, nicht etwa für den Streitgegenstand, der gesondert zu bewerten ist. Hat der Betrieb z.B. am Bilanzstichtag eine ausstehende Forderung eingeklagt, so ist einerseits die Forderung in Höhe ihres wahrscheinlichen Eingangs zu bewerten und andererseits für die Prozeßkosten eine Rückstellung zu bilden.

ee) Rückstellung für unterlassene Instandhaltung und Abraumbeseitigung

Produktionsbetriebe müssen ihre Anlagen regelmäßig warten, Bergbaubetriebe den Abraum über den von ihnen geförderten Bodenschätzen kontinuierlich abtragen. Soweit derartige Arbeiten im laufenden Geschäftsjahr durchgeführt werden, schlagen sie sich als Aufwand in der Erfolgsrechnung nieder. Das ist jedoch nicht der Fall, wenn eine Instandhaltung oder Abraumbeseitigung aus irgendeinem Grund (z.B. wegen dringender Auftragserledigungen vor Geschäftsjahresende) in die nächste Abrechnungsperiode verschoben werden muß. Dann stehen am Bilanzstichtag noch **Aufwendungen** aus, die der **vergangenen Periode zuzurechnen** sind. 397

Da jedoch keine Rechtspflicht gegenüber einem Dritten besteht, eine unterlassene Reparatur oder Abraumbeseitigung im nächsten Geschäftsjahr nachzuholen, liegt keine Verbindlichkeit dem Grunde nach vor. Es ist auch kein schwebendes Geschäft vorhanden, so daß die generellen **Voraussetzungen für eine Rückstellungsbildung fehlen.**

Dennoch gebietet § 249 Abs. 1 HGB als Ausnahmefall die Bildung einer derartigen **Rückstellung, für unterlassene Reparaturen** jedoch nur dann, wenn diese **innerhalb der ersten 3 Monate des nächsten Jahres nachgeholt** werden. Wird die **Reparatur innerhalb der Monate 4 – 12 nachgeholt,** so gilt das **handelsrechtliche Passivierungswahlrecht** des § 249 Abs. 1 Satz 3 HGB, das **steuer-** 398

lich ein Bilanzierungsverbot zur Folge hat. Es darf sich bei diesen Reparaturen **nicht um kontinuierlich** durchzuführende Arbeiten handeln, sondern es muß eine gewisse Zusammenballung von Maßnahmen vorliegen (z. B. Maschinenschaden). Die Höhe ist sorgfältig zu schätzen.

ff) Rückstellung für Großreparaturen

399 Bei anlageintensiven Betrieben (z.B. Eisen- und Stahlindustrie, Kraftwerksbetriebe, Fluggesellschaften etc.) werden **in mehrjährigen Abständen umfangreiche Instandhaltungsmaßnahmen oder Generalüberholungen** fällig. Es muß sich jedoch dabei um **Erhaltungsaufwand** (vgl. Tz. 254) handeln, nicht etwa um Herstellungsaufwand. Außerdem muß der Aufwand abgrenzbar und nachprüfbar sein.

In derartigen Fällen liegt kein genereller Rückstellungsgrund vor; dennoch ist eine Rückstellung nach § 249 Abs. 2 HGB zulässig, es besteht also **handelsrechtlich ein Wahlrecht** mit der Folge des **steuerlichen Ansatzverbotes.** Für aktivierungspflichtigen Herstellungsaufwand darf keine Rückstellung gebildet werden, da Grundvoraussetzung einer Rückstellung das Vorliegen eines gewinnmindernden Erhaltungsaufwandes ist (vgl. Tz. 381).

Macht eine Kapitalgesellschaft von diesem handelsrechtlichen Bilanzierungswahlrecht keinen Gebrauch, besteht gemäß § 285 Nr. 3 HGB eine Angabepflicht solcher finanzieller Verpflichtungen im Anhang.

gg) Rückstellungen für Garantieverpflichtungen

400 Erbringt ein Unternehmer eine **Gewährleistung,** so kann dies aus **drei verschiedenen Ursachen** herrühren,

- aus Gesetz,
- aus Vertrag oder
- aus Kulanz.

Nach §§ 459 ff. und 633 ff. BGB haftet der Verkäufer einer Ware oder der Hersteller eines Werks dafür, daß die Leistung im Zeitpunkt des Gefahrübergangs, also der Übergabe oder Abnahme, **nicht mit Sachmängeln behaftet** ist. Andernfalls hat der Käufer oder Besteller Anspruch auf Umtausch, Wandlung, Minderung, Nachbesserung oder Schadensersatz wegen Nichterfüllung. Der Unternehmer ist **gesetzlich** zur kostenlosen Abhilfe verpflichtet.

Durch eine Garantievereinbarung im Kaufvertrag kann die Haftung des Unternehmers über den Zeitpunkt des Gefahrübergangs hinaus verlängert werden; z.B. ein Uhrenhersteller garantiert Störungsfreiheit seiner Produkte für einen Zeitraum von einem Jahr nach dem Kauf. Treten vorzeitig Mängel auf, so trifft den Unternehmer eine **vertragliche** Pflicht zur unentgeltlichen Beseitigung.

401 Für Mängel, die nach dem Gefahrübergang, bei Garantievereinbarungen nach Ablauf der Garantiefrist, oder auf Grund eines Umstands auftreten, den der Ab-

nehmer zu vertreten hat, haftet der Unternehmer nicht. Es besteht somit **keine Rechtspflicht zur Mängelbeseitigung.** Leistet der Unternehmer auf entsprechende Beanstandungen hin aus wirtschaftlichen Erwägungen heraus freiwillig Ersatz oder räumt er freiwillig eine Kaufpreisminderung ein, z.B. damit das Firmenansehen nicht leidet oder der Abnehmer als Kunde erhalten bleibt, so erbringt er **Garantieleistungen aus Kulanz.**

In den beiden zuerst genannten Fällen, den **Gewährleistungen aus Gesetz und aus Vertrag,** besteht am Bilanzstichtag eine **Rechtspflicht gegenüber einem Dritten,** deren Höhe und Fälligkeit noch unbekannt ist, soweit es sich um Mängel an Leistungen der abgelaufenen Periode handelt, deren Reklamation erst in der Zukunft erfolgen wird. Die Voraussetzungen zur Bildung einer Rückstellung für ungewisse Verbindlichkeiten sind demnach erfüllt. Insbesondere kann der **Verkäufer industrieller Massenprodukte** nach der Erfahrung des Lebens davon ausgehen, daß aus den im Geschäftsjahr getätigten Umsätzen nach dem Bilanzstichtag noch Ansprüche auf Beseitigung von Sachmängeln geltend gemacht werden. Er muß daher eine Rückstellung für Garantieverpflichtungen bilden. Die Höhe richtet sich nach Erfahrungswerten der Vergangenheit und wird in der Regel nach einem Prozentsatz am Umsatz bemessen (z.B. 3 %). **402**

Anders sind demgegenüber die **auf Kulanz beruhenden Gewährleistungen** zu beurteilen, die der Unternehmer nach dem Bilanzstichtag für im Geschäftsjahr abgesetzte Leistungen freiwillig erbringt. Eine rechtliche Verpflichtung liegt **nicht** vor; demnach auch **keine ungewisse Verbindlichkeit. Es fehlt an den generellen Voraussetzungen für die Bildung einer Rückstellung,** nachdem auch kein schwebendes Geschäft gegeben ist. Jedoch **gebietet** § 249 Abs. 1 HGB als **Ausnahmefall die Bildung einer Rückstellung für Gewährleistungen aus Kulanz.** Für die Höhe sind wiederum die Erfahrungssätze der Vergangenheit maßgebend. **403**

hh) Rückstellung aus Garantieverträgen für Einzelobjekte

Anders als Gewährleistungen für industrielle Massenprodukte (vgl. Tz. 402) ist die Gewährleistung zu beurteilen, die ein Unternehmen im Rahmen eines gesonderten **Garantievertrags** für die Funktionstauglichkeit eines von ihm gelieferten **Großprojekts** (z.B. Brücke, Staudamm, Industrieanlage etc.) übernimmt. Der Abschluß eines solchen Garantievertrags bildet eine nach § 251 HGB »unter dem Strich« auszuweisende **Eventualverbindlichkeit. Eine ungewisse Verbindlichkeit liegt nicht vor, solange das Unternehmen noch keine konkreten Anhaltspunkte für eine tatsächliche Leistungspflicht hat.** **404**

Dies ist jedoch dann der Fall, wenn sich erkennbare Funktionsstörungen an dem Objekt einstellen, für die das Unternehmen aller Wahrscheinlichkeit nach haftet. Nur wenn am Bilanzstichtag auf Grund solcher Mängel mit einer Inanspruchnahme gerechnet werden kann, ist in deren wahrscheinlicher Höhe eine Rückstellung zu bilden.

ii) Rückstellung für Bürgschaftsleistungen

405 Hat ein Unternehmen für einen Dritten eine Bürgschaft übernommen, so erwächst daraus noch kein Anlaß für die Bildung einer Rückstellung. Vielmehr handelt es sich um eine **Eventualverbindlichkeit,** die nach § 251 HGB »unter dem Strich« auszuweisen ist (vgl. Tz. 207). Erst wenn am Bilanzstichtag **konkrete Anhaltspunkte für die Zahlungsunfähigkeit des Hauptschuldners** vorliegen (z.B. wurde Vergleichs- oder Konkursantrag gestellt), muß in Höhe der voraussichtlichen Inanspruchnahme aus der Bürgschaft eine Rückstellung gebildet werden, da dann eine ungewisse Verbindlichkeit gegeben ist.

jj) Rückstellung für Wechselobligo

406 Wer einen Wechsel als **Aussteller oder Indossant** unterschreibt, übernimmt damit eine Bürgschaftsfunktion und geht eine Eventualverbindlichkeit ein. Es gilt das gleiche wie für die Rückstellung für Bürgschaftsleistungen: Eine ungewisse Verbindlichkeit liegt nicht vor. Sobald sich jedoch am Bilanzstichtag die **Zahlungsunfähigkeit des Bezogenen** (Hauptschuldners) durch entsprechende Vorfälle (z.B. Verweigerung der Einlösung anderer Wechsel oder Schecks) **deutlich abzeichnet,** muß eine Rückstellung in Höhe der wahrscheinlichen Inanspruchnahme gebildet werden, da nunmehr eine ungewisse Verbindlichkeit eingetreten ist (Einzelrückstellung). Besteht die Möglichkeit des Regresses bei einem anderen Bürgen (Aussteller oder Indossant), so ist dieser **Regreßanspruch** am Bilanzstichtag **zu aktivieren.** Unternehmen mit **umfangreichem Wechselgeschäft** sind auch zur Bildung einer **Pauschalrückstellung verpflichtet**, sofern entsprechende Erfahrungswerte für Wechselausfälle in der Vergangenheit bestehen. Die Höhe bemißt sich nach dem Erfahrungssatz bezogen auf die am Bilanzstichtag weitergegebenen Wechsel; höchstens allerdings bezogen auf die im **Zeitpunkt der Bilanzaufstellung** noch nicht eingelösten und nicht in der Einzelrückstellung erfaßten Wechsel.

kk) Rückstellung für Verpflichtungen aus Miet- oder Pachtverträgen sowie für Rekultivierungsverpflichtungen

407 Hat ein Unternehmen ein Grundstück oder ein Gebäude langfristig gemietet oder gepachtet, z.B. auf 10 oder 20 Jahre, und entschließt es sich, auf dem Pachtgrund eine Betriebsstätte zu errichten bzw. das gepachtete Gebäude für seine Zwecke umzubauen, so kann daraus die Ursache einer Rückstellung erwachsen. Dies ist dann der Fall, wenn der Pachtvertrag eine Klausel enthält, in der sich das Unternehmen verpflichtet, **bei Ablauf des Pachtvertrags den ursprünglichen Zustand wieder herzustellen:** Am Bilanzstichtag besteht eine **rechtliche Verpflichtung gegenüber einem Dritten zum zukünftigen Abbruch der getätigten Baumaßnahmen.** Das gleiche gilt für ein Unternehmen, das eine behördliche Ausbeutegenehmigung mit der **Auflage der anschließenden Rekultivierung** des Geländes erhalten hat. Es muß vom Zeitpunkt der Fertigstellung der Baulichkeiten bis Pachtvertragsende (bzw. Abbaubeginn bis -ende) in gleichen Raten eine Rückstellung **in Höhe der voraussichtlichen Abbruchkosten bzw.**

der voraussichtlichen Rekultivierungskosten bewertet auf der Basis gegenwärtiger Preisverhältnisse angesammelt werden. Da der Eintritt der Verpflichtung erst nach mehr als 1 Jahr erwartet wird, ist **steuerlich eine Abzinsung** mit einem Zinssatz von 5,5 % vorzunehmen (§ 6 Abs. 1 Nr. 3ae EStG).

ll) Rückstellung für nicht versicherte Haftpflichten und Produkthaftung

Die Teilnahme am geschäftlichen Verkehr ist mit Risiken verbunden. Wurde irgendeinem Dritten (z.B. Kunden, Arbeitnehmer, Allgemeinheit) vom Betrieb im abgelaufenen Geschäftsjahr ein **Schaden** zugefügt, der **nicht durch eine Versicherung abgedeckt** ist (z.B. Bergschäden, die über unterirdischen Stollen auftreten können, Schäden am Fahrzeug eines Kunden durch unvorsichtiges Beladen oder Schäden durch Umweltverschmutzungen bzw. gesundheitsgefährdende Produkte), so muß dafür eine Rückstellung gebildet werden, sofern die Schadenshöhe am Bilanzstichtag noch nicht endgültig feststeht (z.B. Rückstellungen für ungewisse Verbindlichkeiten aus Produkthaftung für zugefügte Gesundheitsschäden). **408**

mm) Rückstellung für Altlastensanierung und Umweltschutzeinrichtungen

Die Unternehmen sehen sich in zunehmendem Maße Verpflichtungen ausgesetzt, die dem Schutz von Mensch und Natur vor Umweltgefährdungen dienen. So besteht eine öffentlich-rechtliche (gesetzliche oder durch Verordnungen umschriebene) Verpflichtung zur Beseitigung der Bodenkontamination von Grundstücken durch den Eigentümer (bzw. Pächter), gleichgültig ob die Altlasten aus einer bereits aufgegebenen Nutzung des Voreigentümers oder einer noch betriebenen, gewerblichen Nutzung des Inhabers stammen. **409**

Nach der Rechtsprechung des BFH reicht das Bestehen einer **öffentlich-rechtlichen Verpflichtung für sich allein noch nicht aus**, um eine Verbindlichkeit dem Grunde nach entstehen zu lassen, vielmehr **bedarf es einer Konkretisierung** durch einen Verwaltungsakt der Behörde oder einer inhaltlich genau bestimmten gesetzlichen Regelung, die mittels konkreter Sanktionen durchgesetzt werden kann. So muß die Schadstoffbelastung entweder der zuständigen Fachbehörde **bekannt** (gemacht worden) **sein** oder der Unternehmer mit seiner Inanspruchnahme ernsthaft rechnen, da z. B. das Bekanntwerden unmittelbar bevorsteht oder die Behörde kostenpflichtige Ersatzvornahme angedroht hat.

Das gleiche gilt auch für die **Nachrüstung bestehender Anlagen** durch Umweltschutzauflagen. Die allgemeine gesetzliche Regelung reicht für die Rückstellungsbildung noch nicht aus. Sobald jedoch die Behörde eine konkrete Anordnung erlassen hat, besteht eine Verbindlichkeit dem Grunde nach, für die **eine Rückstellung in Handels- und Steuerbilanz gebildet werden muß.**

nn) Rückstellung für nicht genommenen Urlaub

Nicht alle Arbeitnehmer nehmen den ihnen zustehenden Urlaub in der Periode, **410**
in der der Anspruch entstanden ist. Soweit **Urlaubstage am Bilanzstichtag**

noch offen stehen, liegt eine rechtliche Verpflichtung des Betriebs zur Nachgewährung oder Abgeltung vor. Es muß daher in Höhe des durchschnittlichen Urlaubsentgelts (Durchschnittslohn × offene Urlaubstage der Arbeiter zuzüglich Durchschnittsgehalt × offene Urlaubstage der Angestellten) eine Rückstellung gebildet werden.

oo) Rückstellung für Tantiemezusagen, Gratifikationen und Gewinnbeteiligungen

411 **Gewinnabhängige Vergütungen** der Mitarbeiter eines Betriebs im allgemeinen und der Verwaltungsorgane einer Kapitalgesellschaft im besonderen können meistens erst im Rahmen der Jahresabschlußarbeiten in ihrer Höhe errechnet werden und im folgenden Geschäftsjahr zur Auszahlung gelangen. Dafür ist eine Rückstellung auch dann zulässig, wenn eine schriftlich fixierte Verpflichtung des Betriebs nicht vorliegt, aber die Erfahrung der Vergangenheit gezeigt hat, daß Gewinnbeteiligungen regelmäßig gewährt werden. **Es genügt eine sittlich-moralische Verpflichtung,** sofern der Begünstigte nicht beherrschender Gesellschafter-Geschäftsführer ist. Steuerlich ist zu beachten, daß nach § 10 Nr. 3 KStG die Tantieme des Aufsichtsrats nur zur Hälfte als Betriebsausgabe abzugsfähig ist. Daher kann die voraussichtliche Aufsichtsratstantieme nur in halber Höhe in die Rückstellung einbezogen werden (vgl. Tz. 580).

pp) Rückstellung für Jahresabschlußkosten

412 **Buchführungspflichtige Gewerbetreibende** sowie Land- und Forstwirte (vgl. Tz. 13 ff.) **sind verpflichtet, regelmäßig einen Jahresabschluß nebst Steuererklärungen zu erstellen (§ 60 EStDV). Prüfungspflichtige Unternehmen** (vgl. Tz. 124) müssen darüber hinaus ihren handelsrechtlichen Jahresabschluß auf seine Ordnungsmäßigkeit hin **prüfen lassen.** Am Bilanzstichtag besteht die **gesetzliche Prüfungspflicht.** Die Prüfung findet in der Regel in den ersten Monaten des neuen Geschäftsjahrs statt und verursacht je nach Dauer und Umfang entsprechende Kosten. Der BFH erkennt Rückstellungen für derartige Jahresabschlußkosten ausdrücklich an. Die handels- bzw. steuerrechtliche Verpflichtung zur Durchführung der Jahresabschlußarbeiten ist schon in dem Jahr wirtschaftlich verursacht, **für das der Jahresabschluß anzufertigen ist.** Somit besteht am Bilanzstichtag eine ungewisse Verbindlichkeit in Höhe der voraussichtlichen Jahresabschlußkosten, für die eine Rückstellung gebildet werden muß. Die genaue Höhe und Fälligkeit dieser Verbindlichkeit kennt man erst nach Aufstellung (und eventueller Prüfung) des Jahresabschlusses.

Die steuerliche Rückstellung für Jahresabschlußkosten umfaßt die internen Einzelkosten und Gemeinkosten sowie die externen Kosten (Steuerberater, Wirtschaftsprüfer) für die Erstellung und Prüfung des Jahresabschlusses einschließlich Lagebericht sowie Geschäftsbericht, für die Veröffentlichung im Bundesanzeiger und Handelsregister sowie für die Anfertigung der die Betriebssteuern (Aufwandssteuern) des abgelaufenen Jahres betreffenden Steuererklärungen;

nicht dagegen die Kosten der Hauptversammlung. Letztere werden **steuerlich dem neuen Jahr** zugerechnet. Handelsrechtlich erachtet man demgegenüber die Bildung einer Aufwandsrückstellung für die Kosten der Hauptversammlung als zulässig.

qq) Rückstellung für rückständige Buchführungsarbeiten und zukünftige Kosten der Aufbewahrung

Neben der Rückstellung für Jahresabschlußkosten muß eine eigenständige Rückstellung für Kosten der laufenden Buchführungsarbeiten nach dem Bilanzstichtag, die Geschäftsvorfälle vor dem Bilanzstichtag betreffen, gebildet werden. Es handelt sich um eine **ungewisse Verbindlichkeit,** die **im alten Geschäftsjahr verursacht** ist und eigenständig neben die Rückstellung für Jahresabschlußkosten tritt (BFH v. 25.3.1992 I R 69/91). Das gleiche gilt auch für zukünftige Kosten der Aufbewahrung von Geschäftsunterlagen (BFH v. 19.8.2002, VIII R 30/01). **413**

rr) Rückstellung für latente Steuern

Diese **Rückstellung** ist eine **rein handelsrechtliche Angelegenheit,** sie setzt die **getrennte Erstellung von Handels- und Steuerbilanz** voraus. Bei Unternehmen mit einheitlicher Bilanz für beide Zwecke entfällt die Problematik von vornherein (vgl. dazu Tz. 167). Weist die **Handelsbilanz** einen **höheren Gewinn aus als die Steuerbilanz** und erscheint dadurch in der Erfolgsrechnung ein in bezug auf dieses höhere, handelsrechtliche Ergebnis **zu niedriger, tatsächlicher Steueraufwand,** der sich in **späteren Geschäftsjahren voraussichtlich ausgleichen wird,** liegt eine ungewisse Verbindlichkeit vor, für die in der Handelsbilanz eine **Rückstellung gebildet werden muß.** In der Steuerbilanz stellt sich diese Frage ex definitione nicht. **414**

Ein im Vergleich zur Steuerbilanz höherer Handelsbilanzgewinn tritt wegen des Maßgeblichkeitsprinzips **relativ selten** in Erscheinung. **Als wichtigste Fälle** seien genannt: **415**

- **handelsrechtlich** wird von der steuerlich verbotenen **arithmetisch-degressiven** Abschreibung Gebrauch gemacht, wobei diese niedrigere Quoten aufweist als z.B. die steuerlich angewandte **geometrisch-degressive** Abschreibung (vgl. Tz. 442);
- **handelsrechtliche Aktivierung von Ingangsetzungs- und Erweiterungsaufwendungen** als Bilanzierungshilfe für die Kapitalgesellschaft (vgl. Tz. 224), die steuerlich unzulässig ist;
- handelsrechtlich zulässige **Bewertung von Vorräten nach der Fifo-Methode** für den Fall, daß die steuerlich erlaubte Methode niedrigere Werte ergibt (vgl. Tz. 468), und
- lineare Abschreibung auf neue Wirtschaftsgebäude wird in der Handelsbilanz unter der steuerlichen Abschreibungsquote von 4 % angesetzt, indem die Nutzungsdauer auf mehr als die steuerlich zugrunde zu legenden 25 Jahre geschätzt wird (vgl. Tz. 440).

Permanente Differenzen zwischen Handels- und Steuerbilanz, z.B. auf Grund steuerfreier Erträge, **dürfen nicht in die Steuerrückstellung einbezogen wer-** **416**

den. In § 274 Abs. 1 HGB ist diese Rückstellungspflicht für **Kapitalgesellschaften,** bei denen sich - wenn überhaupt - das Problem vorwiegend stellt, gesetzlich ausdrücklich verankert. Grundsätzlich ist eine solche Rückstellung jedoch **auch von Personenunternehmen** zu bilden; § 274 Abs. 1 HGB ist insoweit lediglich **deklaratorischer Natur.**

417 Bei der Berechnung der Rückstellung sind Ertragsteuerdifferenzen, also Körperschaftsteuer und Gewerbeertragsteuer, zu berücksichtigen, wobei sich der **Rückstellungsbedarf durch Ergebnisvergleich,** also als **Saldo aller handels- und steuerrechtlichen Gewinnunterschiede** ergibt. Erst wenn **nach Saldierung** aller positiven und negativen Differenzen ein höherer Handelsbilanzgewinn verbleibt, entsteht die Pflicht, eine Rückstellung für latente Steuern zu passivieren.

418 Die Passivierung dieser Rückstellung in der Handelsbilanz wirkt als **Ausschüttungssperre.** Es werden diejenigen Teile des Jahresüberschusses zurückbehalten, die später noch zum Begleichen der dann im Vergleich zum handelsrechtlichen Ergebnis zu hohen, tatsächlichen Steuerbelastung benötigt werden.

419 **Vorübergehende Abweichungen** zwischen Handels- und Steuerbilanz **gleichen sich langfristig aus,** so daß sich in späteren Jahren ein vergleichsweise niedrigeres Handelsbilanzergebnis - mit relativ zu hohem Steueraufwand einstellen wird. In dem Maße **wie die höhere Steuerbelastung eintritt, ist die Rückstellung gewinnerhöhend aufzulösen.**

b) Verbindlichkeiten

420 **Die Verbindlichkeiten** werden in § 266 HGB **wie folgt unterteilt:**

1. Anleihen,
   davon konvertibel
2. Verbindlichkeiten gegenüber Kreditinstituten
3. Erhaltene Anzahlungen auf Bestellungen,
   erhaltene Anzahlungen auf Vorräte können auch von diesen offen abgesetzt werden (§ 268 Abs. 5 HGB, vgl. Tz. 344)
4. Verbindlichkeiten aus Lieferungen und Leistungen
5. Wechselverbindlichkeiten,
   Schuldwechsel werden im Gegensatz zu Besitzwechseln nach dem Schema des § 266 HGB gesondert ausgewiesen
6. Verbindlichkeiten gegenüber verbundenen Unternehmen
7. Verbindlichkeiten gegenüber Unternehmen, mit denen ein Beteiligungsverhältnis besteht.
   (Die beiden vorgenannten Positionen zeigen die Geschäftsbeziehungen zu verbundenen und im Beteiligungsverhältnis stehenden Unternehmen.)
8. Sonstige Verbindlichkeiten,
   davon aus Steuern
   davon im Rahmen der sozialen Sicherheit
   Hierunter fallen u.a. auch Schadenersatzpflichten, Bürgschaftsschulden etc.;

insbesondere auch **antizipative Posten** – bei größerem Umfang – mit Vermerkpflicht im Anhang.

Als »Davon-Posten« sind jeweils diejenigen Verbindlichkeiten anzugeben, deren Restlaufzeit weniger als ein Jahr beträgt (§ 268 Abs. 5 HGB). Unverzinsliche Verbindlichkeiten mit einer Laufzeit von mehr als 1 Jahr sind steuerlich mit einem Zinssatz von 5,5 % abzuzinsen (§ 6 Abs. 1 Nr. 3 EStG).

5. *Bilanzierung von Rechnungsabgrenzungsposten*

Rechnungsabgrenzungsposten dienen der periodengerechten Gewinnermittlung. Sie haben im Rahmen der Bilanzierung ausschließlich eine **abgrenzende Funktion** zu erfüllen; d.h., sie werden zum Abschlußstichtag gebildet und mit den Eröffnungsbuchungen in der neuen Periode wieder aufgelöst. Rechnungsabgrenzungsposten sind stets dann erforderlich, wenn Zahlungen einer Periode auch die benachbarte(n) Periode(n) betreffen; wenn also die **Periode der Zahlung und der Erfolgsauswirkung voneinander abweichen.** Anders als bei Rückstellungen steht die Höhe und Fälligkeit der Zahlungen fest. Es sind **zwei Situationen** denkbar: 421

- **Zahlung alte Periode,** Erfolg neue Periode und
- **Erfolg alte Periode,** Zahlung neue Periode.

Im ersten Fall wirkt sich die **Zahlung der vergangenen Periode** noch in (einer) späteren Periode(n) auf den Erfolg aus, man spricht von 422

- **transitorischen Rechnungsabgrenzungsposten.**

Im zweiten Fall liegen die Erfolgsauswirkungen der **Zahlung einer späteren Periode** zumindest teilweise bereits in der vergangenen Periode begründet, man spricht von

- **antizipativen Rechnungsabgrenzungsposten.**

Je nachdem, ob die Zahlung eine **Einnahme oder Ausgabe** darstellt, lassen sich wieder **je zwei Fälle** unterscheiden: 423

zum einen

- **transitorisches Aktivum:** Ausgabe alte Periode, Aufwand neue Periode (z.B. wir zahlen im alten Jahr Miete, Versicherungsprämien etc. im voraus für einen ins neue Jahr hineinreichenden Zeitraum) und
- **transitorisches Passivum:** Einnahme alte Periode, Ertrag neue Periode (z.B. wir erhalten im alten Jahr Mietvorauszahlungen, vorschüssige Zinszahlungen etc. für einen ins neue Jahr hineinreichenden Zeitraum)

zum anderen

- **antizipatives Aktivum:** Ertrag alte Periode, Einnahme neue Periode (z.B. wir erhalten die Miete Zinsen, etc. für das alte Jahr erst nachschüssig im neuen Jahr) und
- **antizipatives Passivum:** Aufwand alte Periode, Ausgabe neue Periode (z.B.

wir zahlen Miete, Zinsen, Versicherungsprämien etc. für das alte Jahr erst nachschüssig im neuen Jahr).

424 Nach § 250 Abs. 1 und 2 HGB dürfen als Rechnungsabgrenzungsposten in der Bilanz **nur transitorische** ausgewiesen werden. Die Positionen C der Aktivseite und D der Passivseite des handelsrechtlichen Gliederungsschemas enthalten also aus Gründen der Bilanzklarheit **nur transitorische Aktiva bzw. Passiva. Antizipative** Rechnungsabgrenzungsposten sind als **»sonstige Forderungen«** bzw. **»sonstige Verbindlichkeiten«** zu bilanzieren. Erstere fallen demnach im Gliederungsschema des § 266 HGB unter die Position II.4. des Umlaufvermögens auf der Aktivseite und letztere unter die Position C.8. auf der Passivseite. Diese Bilanzierungsweise ermöglicht einen **besseren Überblick** über die verschiedenartigen Sachverhalte, die man andernfalls als »Rechnungsabgrenzungsposten« zu einer Sammelposition zusammenfassen würde (vgl. Tz. 346 und 420).

425 Gemäß § 246 Abs. 1 HGB besteht für **sämtliche Rechnungsabgrenzungsposten eine Bilanzierungspflicht,** nicht etwa nur für die in § 250 Abs. 1 und 2 HGB erwähnten transitorischen Posten. Dies gilt auch für die Steuerbilanz (§ 5 Abs. 5 EStG). Allerdings ist zu beachten, daß nach § 250 Abs. 1 und 2 HGB Rechnungsabgrenzungsposten nur dann gebildet werden dürfen, wenn sie für eine **bestimmte Zeit** nach dem Abschlußstichtag erfolgswirksam sind. **Fehlt** periodenübergreifenden Zahlungen **das Merkmal der »bestimmten Zeit«,** so darf **kein Rechnungsabgrenzungsposten** angesetzt werden. Sie sind in diesem Fall erfolgswirksam zu behandeln. An das **Merkmal der bestimmten Zeit** sind **strenge Anforderungen** zu stellen. Die Zeit muß normalerweise auf den Tag genau bestimmt sein. Nach BMF vom 15. 3. 1995 reicht es jedoch bei zeitlich nicht befristeten Einmalleistungen für die Bildung eines aktiven oder passiven Rechnungsabgrenzungspostens aus, wenn deren **Höhe rechnerisch** für eine **bestimmte Zeitdauer** nach dem Abschlußstichtag bemessen wurde; z.B. Landwirt erhält Einmalentschädigung für unbefristetes Dulden eines Strommastes auf seinem Acker in Höhe von 10 Jahre mal 1 000 Nutzungsausfall p.a. = 10 000. Die Zahlung ist passiv abzugrenzen und auf 10 Jahre zu verteilen.

426 **Beispiele:**

1. Ein Unternehmen startet in einer Periode einen groß angelegten Werbefeldzug, um seine Produkte auf dem Markt über Jahre hinaus bekannt zu machen.
   Die Werbeausgaben sind in der Periode ihres Anfalls **in voller Höhe als Aufwand** zu verbuchen. Ein aktiver Rechnungsabgrenzungsposten kommt am Bilanzstichtag **nicht** in Frage, da die Ausgaben nicht für einen exakt abgrenzbaren, zukünftigen Zeitraum getätigt wurden. Sicherlich wirkt ein derartiger Werbefeldzug über den Bilanzstichtag hinaus verkaufsfördernd, wodurch neuerliche Werbeanstrengungen eingespart werden können, aber nicht für einen **genau bestimmbaren** Zeitraum.
2. Ein Unternehmen tätigt in einer Periode hohe Ausgaben für Forschung und Entwicklung, um die daraus resultierenden Grundlagenerkenntnisse auch in künftigen Jahren nutzen zu können.
   Die Aufwendungen belasten in der Periode ihres Anfalls **in voller Höhe die Erfolgsrechnung.** Ein aktiver Rechnungsabgrenzungsposten kann nicht gebildet werden, da

den Zahlungen das Merkmal der »bestimmten Zeit« fehlt. Sicherlich werden durch eine derartig breit angelegte Grundlagenforschung künftige Forschungsanstrengungen eingespart; jedoch kann nicht genau bestimmt werden, für welchen Zeitraum.

3. Ein Unternehmer gibt einem Hotelier einen verlorenen Baukostenzuschuß zum Ausbau seines Hotels. Dafür erhält er die Zusage, daß er und seine Firmenangehörigen in den nächsten 10 Jahren stets eine Unterkunft bei dem Hotelier erhalten, wann immer sie anfragen (Reservierung). **427**

   Diese Zahlung ist **als Rechnungsabgrenzungsposten zu aktivieren** und im vereinbarten Zeitraum von 10 Jahren gleichmäßig über Aufwandskonto abzuschreiben. Das Merkmal der »bestimmten Zeit« ist erfüllt.

Als **Sonderfälle** werden unter **aktiven Rechnungsabgrenzungsposten** auch das **Disagio** (vgl. Tz. 494) und gegebenenfalls eine als Bilanzierungshilfe zulässige **Steuerabgrenzung** ausgewiesen (vgl. Tz. 226). **428**

Wenig praktische Bedeutung kommt dem **aktivischen Abgrenzungswahlrecht bestimmter als Aufwand berücksichtigter Steuern durch** § 250 Abs. 1 Satz 2 HGB zu (Zölle und Verbrauchsteuern auf Vorräte und Umsatzsteuer auf erhaltene Anzahlungen). Das HGB hat hier die Formulierung des § 5 Abs. 4 EStG übernommen, wo für derartige Fälle eine **Aktivierungspflicht vorgese**hen ist. Solche Zahlungen **erfüllen die Merkmale eines transitorischen Rechnungsabgrenzungsposten nicht,** vielmehr handelt es sich i.d.R. um Teile der in die Herstellungskosten von Vorräten einzubeziehenden **Fertigungsgemeinkosten** bzw. im Hinblick auf die Mehrwertsteuer um einen **durchlaufenden Posten.** Hinsichtlich der Fertigungsgemeinkosten besteht handelsrechtlich ein Bilanzierungswahlrecht, steuerlich eine Aktivierungspflicht; im Ergebnis also die gleiche Situation wie bei dem vorgenannten aktivischen Abgrenzungswahlrecht. Verbucht man die in Anzahlungen enthaltene Mehrwertsteuer zulässigerweise gesondert bei Vereinnahmung der Anzahlung (Nettoverbuchung), entfällt die Notwendigkeit eines Rechnungsabgrenzungspostens zur Erfolgsneutralisierung. Nur wenn man der üblichen Vorgehensweise nicht folgt, die Zölle und Verbrauchsteuern auf Vorräte als Fertigungsgemeinkosten zu berücksichtigen (sondern diese als Aufwand verbucht) und die Mehrwertsteuer auf erhaltene Anzahlungen erfolgsneutral zu verbuchen (sondern diese zusätzlich zur Bruttoanzahlung als Aufwand verbucht), bedarf es der Aktivierung eines solchen **»fiktiven Rechnungsabgrenzungspostens«.** **429**

6. *Bilanzierungsgebote, -wahlrechte und -verbote*

Abschließend sollen die einzelnen Gebote, Wahlrechte und Verbote der Bilanzierung nochmals im Zusammenhang veranschaulicht werden. Bezüglich des Ansatzes von Positionen in der Bilanz statt in der Erfolgsrechnung gilt: **430**

Aktivseite der Bilanz:

Aktivierungsgebote:

Das Vollständigkeitsgebot des § 246 Abs. 1 HGB verlangt eine Bilanzierung **al-**

ler Wirtschaftsgüter des Betriebs. Soweit nicht ausdrücklich etwas anderes bestimmt ist, müssen daher alle auf der Aktivseite der Bilanzgliederung des § 266 HGB im einzelnen genannten Wirtschaftsgüter aktiviert werden (vgl. Tz. 145).

431 **Aktivierungswahlrechte:**

- § 255 Abs. 4 HGB: Derivativer Firmenwert (vgl. Tz. 314),
- § 250 Abs. 3 HGB: Damnum, Disagio (vgl. Tz. 494),
- Bilanzierungshilfen für Kapitalgesellschaften
  a) § 269 HGB: Aufwendungen für die Ingangsetzung und Erweiterung des Geschäftsbetriebs (vgl. Tz. 224),
  b) § 274 Abs. 2 HGB: Aktive Abgrenzung latenter Steuern (vgl. Tz. 226).

Sämtliche **Aktivierungswahlrechte** gelten **nur für die Handelsbilanz.** In der **Steuerbilanz** besteht **Bilanzierungsverbot für Bilanzierungshilfen,** im übrigen **ein Aktivierungsgebot.**

432 **Aktivierungsverbote:**

- § 248 Abs. 2 HGB: Originäre, immaterielle Anlagegüter (vgl. Tz. 312)
- § 248 Abs. 2: Originärer Firmenwert (vgl. Tz. 312)
- § 248 Abs. 1 HGB: Kosten der Gründung und Eigenkapitalbeschaffung (vgl. Tz. 317)
- § 250 Abs. I HGB: Aktive Rechnungsabgrenzungsposten, soweit die Zahlungen das Merkmal der »bestimmten Zeit« nicht erfüllen (vgl. Tz. 426)
- Bilanzierungshilfen bei Personenunternehmen (vgl. Tz. 223).

Die **Aktivierungsge- und -verbote gelten in Handels- und Steuerbilanz.**

Passivseite der Bilanz:

433 **Passivierungsgebote:**

Das Vollständigkeitsgebot des § 246 Abs. 1 HGB verlangt eine Bilanzierung **aller** passiven Wirtschaftsgüter des Betriebs. Soweit nicht ausdrücklich etwas anderes bestimmt ist, müssen daher alle auf der Passivseite der Bilanzgliederung des § 266 HGB im einzelnen genannten Wirtschaftsgüter passiviert werden (vgl. Tz. 145). Ausgenommen vom **Passivierungsgebot der Handelsbilanz** sind **Drohverlustrückstellungen,** für die in der **Steuerbilanz ein Passivierungsverbot** besteht.

434 **Passivierungswahlrechte:**

- § 249 Abs. 1, Satz 2 HGB: Rückstellungen für unterlassene Instandhaltung, die in den Monaten 4 - 12 des nächsten Jahres nachgeholt werden (vgl. Tz. 386)
- § 249 Abs. 2 HGB: Aufwandsrückstellungen (vgl. Tz. 386)
- § 247 Abs. 3 HGB: Sonderposten mit Rücklageanteil (vgl. Tz. 160, 375).

Sämtliche **Passivierungswahlrechte** gelten **in der Handelsbilanz.** In der **Steuerbilanz** besteht ein **Bilanzierungsverbot** für die **beiden erstgenannten** Fälle; das **letztgenannte Wahlrecht gilt auch in der Steuerbilanz** (Tz. 169).

Passivierungsverbote: 435

- § 249 Abs. 3 HGB: Rückstellungen für andere als die dort genannten Zwecke (vgl. Tz. 381)
- § 250 Abs. 2 HGB: Passive Rechnungsabgrenzungsposten, soweit die Zahlungen das Merkmal der »bestimmten Zeit« nicht erfüllen (vgl. Tz. 426).

Die **Passivierungsverbote gelten in Handels- und Steuerbilanz.**

Hinsichtlich des **Umfangs der in den Jahresabschluß einzubeziehenden Vorgänge** besteht das **Berücksichtigungsgebot** von

- notwendigem Betriebsvermögen (vgl. Tz. 173),
- schwebenden Geschäften im weiteren Sinne (vgl. Tz. 383),
- wertaufhellenden Tatsachen (vgl. Tz. 269),

Berücksichtigungswahlrecht von

- gewillkürtem Betriebsvermögen (vgl. Tz. 175),

Berücksichtigungsverbot von

- notwendigem Privatvermögen (vgl. Tz. 174),
- schwebenden Geschäften im engeren Sinne (vgl. Tz. 383),
- wertbeeinflussenden Tatsachen (vgl. Tz. 271).

Handels- und Steuerbilanz stimmen überein.

II. Die Bewertung im einzelnen

Soweit über die bisher geschilderten, allgemeinen Grundsätze hinaus noch besondere Bewertungsprobleme beim Ansatz der einzelnen Wirtschaftsgüter auftreten, sollen sie im folgenden näher erläutert werden. 436

1. Bewertung des Anlagevermögens

Hinsichtlich der **Bewertung des Anlagevermögens ist zu unterscheiden zwischen**

- **nicht abnutzbarem Anlagevermögen** (z.B. Grundstücke, Finanzanlagen) und
- **abnutzbarem Anlagevermögen** (z.B. Gebäude, Maschinen).

Gemäß § 253 Abs. 1 HGB sind die Gegenstände des Anlagevermögens höchstens **mit ihren Anschaffungs- oder Herstellungskosten** zu bewerten (vgl. Tz. 234 ff. und Tz. 243 ff.). Bei Gegenständen des **abnutzbaren** Anlagevermö- 437 gens sind davon nach § 253 Abs. 2 Satz 1 HGB **planmäßige Abschreibungen** abzusetzen (fortgeschriebene AHK).

a) Planmäßige Abschreibungen

Planmäßige Abschreibungen werden im Steuerrecht **Absetzungen für Abnutzung - kurz AfA -** genannt. § 253 Abs. 2 Satz 2 HGB besagt: »Der Plan muß die **Anschaffungs- oder Herstellungskosten auf die Geschäftsjahre verteilen, in denen der Vermögensgegenstand voraussichtlich genutzt werden kann.«**

Daraus folgt zunächst einmal, daß für die Zugänge des abnutzbaren Anlagevermögens die **voraussichtliche Nutzungsdauer geschätzt** und ein **Abschreibungsplan** erstellt werden muß. Die **Anschaffungs- oder Herstellungskosten** sind durch alljährliche planmäßige Abschreibungen auf die **geschätzte Nutzungsdauer zu verteilen;** d.h., würde der Unternehmer in einem Jahr auf die Vornahme planmäßiger Abschreibungen verzichten, wäre dies ein grober Verstoß gegen die GoB. Eine einmal unterlassene planmäßige Abschreibung kann **steuerlich** später **nicht mehr nachgeholt** werden. Die Abschreibung **beginnt mit dem Zeitpunkt der Anschaffung oder Fertigstellung** eines Anlageguts, d.h. mit dem Zeitpunkt der **Betriebsbereitschaft.**

438 Es erhebt sich nunmehr die Frage, inwieweit die unter Tz. 95 ff. geschilderten, **regelmäßigen** Abschreibungsverfahren den GoB entsprechen und damit als **planmäßig** bezeichnet werden können.

Dazu ist festzustellen:

- Die **lineare** Abschreibung (vgl. Tz. 95),
- die **degressive** Abschreibung (vgl. Tz. 96 f.) sowie
- die Abschreibung **nach der Leistung** (vgl. Tz. 99)

sind grundsätzlich **mit den GoB vereinbar** und können daher als planmäßige Abschreibungen angesehen werden.

439 Das gilt allerdings **nicht** für

- die **progressive** Abschreibung (vgl. Tz. 98),

da sie im Normalfall wegen ihrer zu niedrigen Anfangsquoten **dem Prinzip kaufmännischer Vorsicht widerspricht.** Nur in **Ausnahmefällen** ist sie anwendbar, nämlich wenn dem Betrieb andernfalls infolge fehlender und niedriger Anfangserträge unzumutbar hohe Verluste in den ersten Geschäftsjahren entstehen würden. Derartige **Anlaufverluste** können auf

- **natürlichen** Gegebenheiten beruhen, z.B. bei Plantagenanlagen oder Rinderfarmen, die erst eine bestimmte Wachstumsperiode benötigen, ehe sie Erträge abwerfen, oder auf
- **wirtschaftlichen** Gegebenheiten, z.B. wenn ein Betrieb ein völlig neues Produkt auf den Markt bringt und in den ersten Jahren wegen des geringen Be-

kanntheitsgrads erhebliche Werbeanstrengungen bei niedrigem Absatz verkraften muß.

Von diesen Ausnahmefällen abgesehen ist die **progressive Abschreibung unzulässig.**

Steuerlich gelten nach § 7 EStG noch weitere **Einschränkungen:** 440

- Die lineare Gebäudeabschreibung beträgt generell:
  1. bei Gebäuden, die nach dem 31. 12. 1924 fertiggestellt worden sind, **jährlich 2 %**,
  2. bei Gebäuden, die vor dem 1. 1. 1925 fertiggestellt worden sind, **jährlich 2,5 %** (§ 7 Abs. 4 EStG).

  Das bedeutet, daß bei ersteren eine **Nutzungsdauer von 50 Jahren,** bei letzteren eine solche von **40 Jahren** unterstellt wird. Nur wenn diese Fristen aller Voraussicht nach nicht erreichbar sind, kann die lineare Gebäudeabschreibung nach der tatsächlichen Nutzungsdauer bemessen werden (z.B. das Gebäude hat bereits im Zeitpunkt der Anschaffung den »Schwamm«, oder es handelt sich um eine Leichtbauhalle aus minderwertigem Material).
- Für **Wirtschaftsgebäude,** die sich im Betriebsvermögen befinden, beträgt der **lineare Satz 3 %** (Antrag auf Baugenehmigung nach 31. 3. 85); d.h. eine Nutzungsdauer von nur **33,3 Jahren.**
- Die Zulässigkeit und Höhe der **degressiven Abschreibung auf Gebäude** ist durch § 7 Abs. 5 EStG **eng umgrenzt** (maximal 5 % von den Anschaffungs- oder Herstellungskosten neuer Wohngebäude). Genau genommen handelt es sich dabei um einen gestaffelt fallenden linearen Satz.
- Unter ganz bestimmten Voraussetzungen können abweichend davon **erhöhte AfA oder auch Sonderabschreibungen** auf Gebäude vorgenommen werden (§ 7c, § 7f, § 7h – k EStG).
- Die **geometrisch-degressive Abschreibung (Restwertabschreibung)** ist bei beweglichen Wirtschaftsgütern des Anlagevermögens nur zulässig, wenn **zwei Grenzen** nicht überschritten werden (§ 7 Abs. 2 EStG): 441
  1. Der Abschreibungsprozentsatz darf das 2fache des bei linearer Abschreibung gültigen Satzes nicht übersteigen.
  2. Er darf **nicht mehr als 20 %** betragen.
- Die **arithmetisch-degressive Abschreibung** ist nach § 7 Abs. 2 EStG **steuerlich unzulässig.** Handelsrechtlich bildet sie ein **planmäßiges** Abschreibungsverfahren. 442
- Zur Anwendung der degressiven Abschreibung macht das Steuerrecht in § 7 Abs. 2 EStG eine weitere Einschränkung in der Weise, daß daneben **keine Absetzung für außerordentliche Abnutzung (AfaA)** möglich ist, also keine Zusatzabschreibung wegen außergewöhnlicher technischer oder wirtschaftlicher Wertminderungen (vgl. Tz. 464). 443

Steuerlich sind somit nur die lineare und die Leistungsabschreibung **unbeschränkt** anwendbar. Die geometrisch-degressive Abschreibung kann begrenzt 444 herangezogen werden. Damit stellt sich die Frage nach der **Zweckmäßigkeit der Restwertabschreibung im Hinblick auf maximale Anfangsquoten,** die eine Gewinnverlagerung in spätere Abrechnungszeiträume und damit eine **Steuerstundung bewirken.**

445 Liegt die **Nutzungsdauer** eines abnutzbaren Anlageguts **zwischen 2 bis 5 Jahren, erweist sich die lineare Abschreibung** gegenüber der Restwertabschreibung unter diesem Blickwinkel **als vorteilhafter.** Bei einer Nutzungsdauer von 2 bis 5 Jahren liegt der lineare Abschreibungssatz über 20 % und damit über der Höchstgrenze der Restwertabschreibung.

446 Bei abnutzbaren Anlagegütern mit einer **Nutzungsdauer von 6 Jahren und mehr erbringt die Restwertabschreibung anfangs Vorteile, da sie höhere Quoten hat** als die lineare. Liegt die Nutzungsdauer **zwischen 6 und 10 Jahren,** lautet der degressive Höchstsatz stets auf 20 %, nachdem diese absolute Grenze nicht überschritten werden darf. Bei einer **Nutzungsdauer von 11 Jahren** und mehr kann als Höchstsatz der Restwertabschreibung stets der **2fache lineare Satz** zum Zuge kommen, als bei 11, 12, 13 usw. Jahren 18,2 %, 16,7 %, 15,4 % usw.

Beispiel:

447 Ein Wirtschaftsgut hat Anschaffungskosten von 100 000 (ohne MWSt). Die Nutzungsdauer (ND) beträgt 10 Jahre. Wie lautet der Abschreibungsplan für die lineare und die maximale Restwertabschreibung?

Lösung:

	Lineare Abschreibung		Restwertabschreibung	
	A	RW	A	RW
1. Jahr	10 000	90 000	30 000	70 000
2. Jahr	10 000	80 000	21 000	49 000
3. Jahr	10 000	70 000	14 700	34 300
4. Jahr	10 000	60 000	10 290	24 010
5. Jahr	10 000	50 000	7 203	16 807
6. Jahr	10 000	40 000	5 042	11 765
7. Jahr	10 000	30 000	3 530	8 235
8. Jahr	10 000	20 000	2 470	5 765
9. Jahr	10 000	10 000	1 730	4 035
10. Jahr	10 000	-	1 210	2 825

A = Abschreibungsquote; RW = Restwert. Es wurde auf ganze Beträge auf- und abgerundet.

Zu Beginn der Nutzungsdauer liegen die **degressiven** Quoten erheblich **über den linearen;** sie sinken im Lauf der Zeit jedoch unter diese ab. Das Restwertverfahren weist nach Ablauf der Nutzungsdauer noch einen Buchwert von 2825 für die Anlage aus, der im Falle des Ausscheidens durch eine Totalabschreibung zu tilgen ist.

Grundsätzlich ist ein **Wechsel des planmäßigen Abschreibungsverfahrens** bei ein und demselben Wirtschaftsgut **ausgeschlossen.** Es gilt der Grundsatz der materiellen Bilanzkontinuität (vgl. Tz. 157). Von dieser Regel läßt § 7 Abs. 3 EStG **eine einzige Ausnahme** zu: Bei Anwendung der **degressiven** Abschreibung kann man in jedem **beliebigen** Zeitpunkt zur **linearen** Abschreibung **überwechseln.** Jeder andere Wechsel, z.B. von der linearen zur degressiven Abschreibung, ist dagegen ausgeschlossen. **448**

Es stellt sich daher die Frage **nach dem optimalen Zeitpunkt für einen Wechsel von der degressiven zur linearen Abschreibung,** wieder im Hinblick auf die Zielsetzung maximaler Anfangsabschreibungsquoten und damit **größtmöglicher Gewinnverlagerung in die Zukunft.**

Beispiel:

Bei oberflächlicher Betrachtung der Tz. 447 könnte man meinen, ein Wechsel zur linearen Abschreibung empfiehlt sich im 5. Jahr der Nutzungsdauer, da in diesem Jahr die lineare Quote bei 10 000, die degressive nurmehr bei 7 203 liegt. Das ist jedoch ein Trugschluß; denn bei einem **Wechsel der Abschreibungsmethode** muß ein **neuer Abschreibungsplan** erstellt werden, der den im Zeitpunkt des Wechsels vorhandenen **Restwert auf die Restnutzungsdauer verteilt.** Es würde sich bei einem Wechsel im **5. Jahr** eine lineare Quote ergeben von: **449**

$$A = \frac{RW}{ND} = \frac{24\,010}{6} = 4\,002$$

Dieser Betrag liegt **unter der degressiven** Quote von 7 203, die ohne einen Wechsel anfallen würde.

Ein Wechsel im **6. Jahr** der Nutzungsdauer würde folgende lineare Quote mit sich bringen:

$$A = \frac{RW}{ND} = \frac{16\,807}{5} = 3\,361$$

Auch diese Quote liegt **unter der degressiven** von 5 042, die ohne einen Wechsel anfallen würde.

Ein Wechsel im **7. Jahr** würde zu folgender linearer Quote fuhren:

$$A = \frac{RW}{ND} = \frac{11\,765}{4} = 2\,941$$

Auch diese Quote liegt **unter der degressiven** von 3 530, die ohne einen Wechsel anfallen würde.

Bei einem Wechsel im **8. Jahr** stellt sich folgende lineare Quote ein:

$$A = \frac{RW}{ND} = \frac{8\,235}{3} = 2\,745$$

Nunmehr liegt die **lineare Quote über der degressiven** von 2 470. Damit ist ein **Wechsel** zur linearen Abschreibung **im 8. Jahr** vorteilhaft, sofern eine maximale Gewinnverlagerung in die Zukunft angestrebt wird.

450 Zusammenfassend sei festgehalten, daß die **Restwertabschreibung in Verbindung mit der Halbjahresregel** (vgl. Tz. 103) die **höchstmöglichen** Anfangsabschreibungsquoten ergibt, sofern die Nutzungsdauer eines abnutzbaren Anlageguts **5 Jahre übersteigt.**

451 Stellt sich im Verlauf der Nutzung einer abnutzbaren Anlage die **ursprünglich geschätzte Nutzungsdauer als unzutreffend** heraus, so muß der vorhandene **Abschreibungsplan korrigiert** und ein neuer erstellt werden. Dies hat steuerlich in der Weise zu geschehen, daß ab dem Zeitpunkt der neuen Erkenntnis der noch vorhandene **Restwert auf die neue, voraussichtliche Restnutzungsdauer zu verteilen ist.**

452 **Beispiel:**

Eine Maschine mit Anschaffungskosten (AK) in Höhe von 100 000 (ohne MWSt) hat eine voraussichtliche Nutzungsdauer (ND) von 20 Jahren. Sie wird linear abgeschrieben. Im 6. Jahr der Nutzungsdauer stellt sich heraus, daß die voraussichtliche Restnutzungsdauer einschließlich des 6. Jahres statt 15 nurmehr weitere 10 Jahre beträgt. Wie lautet die neue Abschreibungsquote ab dem 6. Jahr der Nutzungsdauer?

Lösung:

Jährliche Abschreibungsquote A_1 im **ursprünglichen** Abschreibungsplan:

$$A_1 = \frac{AK}{ND} = \frac{100\,000}{20} = 5\,000$$

Restwert RW zu Beginn des 6. Jahres: RW = 100 000 – (5 × 5 000) = 75 000

Jährliche Abschreibungsquote A_2 im **neuen** Abschreibungsplan: Die neue Restnutzungsdauer RND zu Beginn des 6. Jahres beträgt 10 Jahre, daher:

$$A_2 = \frac{RW}{RND} = \frac{75\,000}{10} = 7\,500$$

Die neue Abschreibungsquote ab dem 6. Jahr der Nutzungsdauer beläuft sich auf 7 500.

Die Korrektur des Abschreibungsplans zu einer längeren Nutzungsdauer hin geschieht analog und bietet keine besonderen Probleme.

453 **Die Korrektur des Abschreibungsplans** in Richtung auf eine **kürzere Restnutzungsdauer** als ursprünglich angenommen bedeutet, daß früher unterlassene Abschreibungen **nachgeholt** werden. Dies ist sowohl **handels- als auch steuerrechtlich zulässig.** Wurde jedoch die **ursprüngliche Abschreibung willkürlich oder absichtlich zu niedrig angesetzt,** so darf man sie **mit steuerlicher Wirkung nicht mehr nachholen.** In diesem Fall ist die **Korrektur erfolgsneutral** durchzuführen (vgl. Tz. 437).

454 **Beispiel:**

In obiger Tz. 452 wäre die Korrektur unter der Voraussetzung einer anfangs absichtlich zu niedrig angesetzten Abschreibung wie folgt vorzunehmen:

Tatsächlicher Restwert RW nach 5 Jahren: 75 000 (vgl. Tz. 452).

Bei **von Anfang an angemessener Abschreibung** hätte sich demgegenüber nach 5 Jahren folgender Restwert zu ergeben:

Die zutreffende Nutzungsdauer beträgt 15 Jahre. Damit hätte sich die **richtige Abschreibungsquote** A_r von Beginn der Nutzungsdauer an belaufen auf:

$$A_r = \frac{AK}{ND} = \frac{100\,000}{15} = 6\,667$$

Man würde einen **richtigen Restwert RW_r** nach 5 Jahren erhalten von:

$RW_r = 100\,000 - (5 \times 6\,667) = 66\,665$

Differenzbetrag D zwischen tatsächlichem und richtigem Restwert:

$D = RW - RW_r = 75\,000 - 66\,665 = 8\,335$

Es wäre im Jahr der Korektur, also im 6. Jahr, handelsrechtlich eine **außerplanmäßige Abschreibung in Höhe von 8 335** vorzunehmen, um das Anlagegut auf den **richtigen Restwert** zu bringen. Um diesen Betrag wird jedoch der **steuerliche Gewinn außerhalb der Bilanz wieder erhöht.** Die planmäßige Abschreibungsquote, die in den ersten 5 Jahren mit je 5 000 angesetzt wurde, könnte von der Korrektur ab jährlich 6 667 betragen.

Gehört ein abnutzbares Anlagegut **dem Betrieb auch noch nach Ablauf der** 455
vorgesehenen Nutzungsdauer an, so ist es bis zu seinem Ausscheiden - soweit vorhanden - mit seinem Schrottwert, andernfalls mit einem **Erinnerungswert von 1 €** in den Büchern zu führen.

b) Außerplanmäßige Abschreibungen

Außerplanmäßige Abschreibungen können in der Handelsbilanz bei **sämtli-** 456
chen, also abnutzbaren und nicht abnutzbaren, Anlagegütern vorgenommen werden, um

1. die Gegenstände mit dem **niedrigeren Tageswert** anzusetzen, der ihnen am Abschlußstichtag beizulegen ist (§ 253 Abs. 2 Satz 3 HGB),
2. die Gegenstände mit dem niedrigeren Wert anzusetzen, der auf einer nur **steuerlich zulässigen Abschreibung** beruht (§ 254 HGB),
3. außerdem Abschreibungen **im Rahmen vernünftiger kaufmännischer Bewertung** vorzunehmen (§ 253 Abs. 4 HGB).

Die **unter 1. und 2. genannten außerplanmäßigen Abschreibungen** sind bei **allen** Unternehmen zulässig. Für außerplanmäßige Abschreibungen gemäß Ziffer 1 gilt handelsrechtlich das **gemilderte Niederstwertprinzip** (vgl. Tz. 287): Bei einem **dauerhaften** Absinken des Tageswerts **müssen** sie erfolgen, bei **vorübergehender** Wertminderung besteht ein Wahlrecht hinsichtlich ihrer Vornahme. Die Ausübung des Wahlrechts hängt von der **Höhe des angestrebten Gewinns** ab (vgl. Tz. 289). **Kapitalgesellschaften** steht dieses **Wahlrecht** nur im Hinblick auf **Finanzanlagen** zu (§ 279 Abs. 1 HGB). Auf **Sachanlagen** trifft demgegenüber – wie in der Steuerbilanz generell – das **beschränkte Niederstwertprinzip** zu; d.h. **außerplanmäßige Abschreibung nur bei dauernder Wertminderung** (vgl. Tz. 289).

457 Die außerplanmäßigen Abschreibungen gemäß **Ziffer 2** dienen der **Angleichung von Handels- und Steuerbilanz** im Rahmen des umgekehrten Maßgeblichkeitsprinzips. Dabei wird steuerlich zwischen **Sonderabschreibungen** auf der einen Seite und **erhöhten Absetzungen** auf der anderen Seite unterschieden (vgl. Tz. 170). Erstere treten **neben** die planmäßige AfA, letztere **an deren Stelle,** so daß die planmäßige AfA bei erhöhten Absetzungen entfällt.

458 **Darüber hinausgehende außerplanmäßige Abschreibungen im Rahmen vernünftiger kaufmännischer Bewertung (Ziffer 3)** stehen **nur Personenunternehmen in der Handelsbilanz** zu. § 279 Abs. 1 HGB verbietet die Anwendung auf Kapitalgesellschaften. **Steuerlich** sind sie generell **unzulässig.** Die Grenze für die Vornahme derartiger Abschreibungen bildet das Willkürverbot. Dadurch können **außerbetriebliche** Einflüsse berücksichtigt werden, z.B. Mittelansparung für Abfindungszahlungen an ausscheidende Gesellschafter, für geplante Großinvestitionen, zum Ausgleich von Konjunkturschwankungen, Schaffung eines »Rücklagenpolsters«. Durch solche Zusatzabschreibungen im Rahmen vernünftiger kaufmännischer Bewertung wird der Handelsbilanzgewinn herabgedrückt, was allerdings nur dann sinnvoll ist, wenn die Mittel dem Unternehmen nicht durch Entnahmen entzogen werden.

459 **Gründe** für ein **Absinken des Tageswertes** und damit für eine **außerplanmäßige Abschreibung nach Ziffer 1 können sein:**

- **übermäßige Beanspruchung** der Anlage, z.B. im Mehrschichtbetrieb
- **technischer Fortschritt,** durch den die Anlage veraltet
- **Mode- oder Geschmackswandel,** durch den die Anlage wirtschaftlich überholt wird
- **Absinken des Marktpreises,** z.B. indem der Hersteller seinen Abgabepreis aus Wettbewerbsgründen reduziert.

Handelt es sich um **abnutzbare Anlagegüter,** so ist nach Durchführung der außerplanmäßigen Abschreibung ein **neuer Abschreibungsplan** zu erstellen, in dem der **verbliebene Restbuchwert** auf die noch vorhandene **Restnutzungsdauer** verteilt wird.

460 **Beispiel:**

Eine Maschine mit Anschaffungskosten (AK) in Höhe von 100 000 (ohne MWSt) hat eine voraussichtliche Nutzungsdauer (ND) von 20 Jahren. Im 6. Jahr der Nutzungsdauer gelangt infolge technischen Fortschritts eine gleichartige Maschine auf den Markt, deren Anschaffungskosten nur 60 000 (ohne MWSt) betragen. Wie ist dieser Vorgang buchungstechnisch zu behandeln?

Lösung:

Ursprüngliche Abschreibungsquote A_1:

$$A_1 = \frac{AK}{ND} = \frac{100\,000}{20} = 5\,000$$

Restwert RW_1 am Ende des 6. Jahres:

$RW_1 = 100\,000 - (6 \times 5\,000) = 70\,000$

Wäre von Anfang an die preisgünstigere Maschine eingesetzt worden, hätte sie am Ende des 6. Jahres unter Berücksichtigung der planmäßigen Abschreibungsquote A_2 einen Restwert RW_2 von:

$$A_2 = \frac{AK}{ND} = \frac{60\,000}{20} = 3\,000$$

$RW_2 = 60\,000 - (6 \times 3\,000) = 42\,000$

In Höhe der **Differenz zwischen RW_1 und RW_2** muß handels- und steuerrechtlich eine **außerplanmäßige Abschreibung A_{ap} erfolgen (dauernde Wertminderung):**

$A_{ap} = RW_1 - RW_2$

$A_{ap} = 70\,000 - 42\,000 = 28\,000$

Somit beläuft sich der Restwert der Anlage am Ende des 6. Jahres auf:

$RW_2 = RW_1 - A_{ap}$

$RW_2 = 70\,000 - 28\,000 = 42\,000$

Die Restnutzungsdauer RND der Anlage beträgt zu Beginn des 7. Jahres noch 14 Jahre. Damit ergibt sich im neuen Abschreibungsplan eine planmäßige Jahresquote A_n

$$A_n = \frac{RW2}{RND} = \frac{42\,000}{14} = 3\,000$$

Ab dem 7. Jahr der Nutzungsdauer beläuft sich die planmäßige Jahresabschreibungsquote auf 3 000.

Entfällt der Grund der Wertminderung bei der Maschine in Tz. 460 in einer späteren Periode, gilt in der Handelsbilanz nach **§ 253 Abs. 5 HGB** – wie bei allen Gegenständen – das **Prinzip des eingeschränkten Wertezusammenhangs** (vgl. Tz. 295); d.h. Zuschreibungen können in Höhe der früher vorgenommenen außerplanmäßigen Abschreibung erfolgen. In der Handelsbilanz der **Kapitalgesellschaft** gilt generell das **Wertaufholungsgebot** des § 280 Abs. 1 HGB wie in der **Steuerbilanz aller Unternehmen.** 461

Beispiel: 462

Wie Tz. 460 (Personenunternehmen). Im 9. Jahr der Nutzungsdauer der Anlage erweist sich die neue Maschine als Fehlkonstruktion und verschwindet wieder vom Markt. Für die Produktionszwecke des Betriebs ist nurmehr die bereits vorhandene Anlage geeignet. Ihre Anschaffungskosten sind zwischenzeitlich auf 120000 gestiegen. Wie ist die Maschine im 9. Jahr in der Handels- und Steuerbilanz zu bilanzieren, wenn der höchstmögliche Gewinn ausgewiesen werden soll?

Lösung:

Restwert der Maschine am Ende des 6. Jahres: 42 000 (vgl. Tz. 460). Restwert der Maschine am Ende des 9. Jahres:

$RW_1 = 42\,000 - (3 \times 3\,000) = 33\,000$

Wäre die außerplanmaßige Abschreibung im 6. Jahr nicht erfolgt, hätte die Maschine am Ende des 9. Jahres einen Restwert RW_2 von:

$RW_2 = 100\,000 - (9 \times 5\,000) = 55\,000$

In Höhe der **Differenz D zwischen RW_2 und RW_1 kann** im 9. Jahr eine handelsrechtliche **Zuschreibung vorgenommen werden:**

$D = RW_2 - RW_1 = 55\,000 - 33\,000 = 22\,000$

Auf die Maschine **kann** im 9. Jahr eine maximale Zuschreibung in Höhe von 22 000 erfolgen, so daß ihr Buchwert am Ende dieses Jahres 55 000 beträgt. In der **Steuerbilanz muß** diese **Zuschreibung** erfolgen. Die zwischenzeitlich eingetretene Preissteigerung bleibt infolge des Anschaffungswertprinzips (vgl. Tz. 282) unberücksichtigt. Ab dem 10. Jahr der Nutzungsdauer beträgt in diesem Fall die neue, planmäßige Jahresquote A_n nachdem noch eine Restnutzungsdauer RND von 11 Jahren vorhanden ist:

$$A_n = \frac{RW2}{RND} = \frac{55\,000}{11} = 5\,000$$

Würde es sich im vorstehenden Beispiel um eine **Kapitalgesellschaft** handeln, ergäbe sich in Handels- und Steuerbilanz die gleiche Situation: Es besteht ein **Wertaufholungsgebot,** da das Wertaufholungsgebot des § 280 Abs. 1 HGB auch in § 6 Abs. 1 Nr. 1 EStG verankert ist.

463 Für eine in der **Handelsbilanz mögliche außerplanmäßige Abschreibung** auf den niedrigeren Tageswert finden sich **im Steuerrecht zwei Begriffe:**

- Absetzung für außerordentliche Abnutzung (AfaA) und
- Teilwertabschreibung.

Immer dann, wenn in der Handelsbilanz eine außerplanmäßige Abschreibung erfolgt, besteht in der Steuerbilanz die Möglichkeit zu einer **AfaA** oder einer **Teilwertabschreibung.** Basiert die außerplanmäßige Abschreibung auf dem in Tz. 459 **zuerst genannten Grund** (übermäßige Beanspruchung der Anlage), so ist in der Steuerbilanz eine **AfaA** vorzunehmen. Dagegen ermöglichen die **drei letztgenannten Gründe** der Tz. 459 in der Steuerbilanz normalerweise eine **Teilwertabschreibung.**

464 AfaA und Teilwertabschreibung unterscheiden sich dadurch, daß **erstere in dem Jahr durchgeführt werden muß,** in dem der **Grund für ihre Vornahme entstanden** ist, während **letztere auch in einem späteren Jahr** nach Eintreten ihrer Voraussetzungen noch erfolgen kann, sofern seinerzeit eine außerplanmäßige Abschreibung in der Handelsbilanz unterblieb, da die Wertminderung als vorübergehend erachtet wurde. Beide sind **neben der planmäßigen Abschreibung oder AfA** vorzunehmen. Die AfaA darf jedoch **nicht neben der degressiven**

AfA erfolgen, die Teilwertabschreibung demgegenüber schon. Die **Teilwertabschreibung** ist bei **allen** Wirtschaftsgütern anwendbar, die **AfaA nur bei abnutzbaren.** Von der Teilwertabschreibung dürfen **nur bilanzierende** Steuerpflichtige Gebrauch machen, von der AfaA dagegen alle. Buchungstechnisch unterscheiden sich die beiden steuerlichen Arten einer außerplanmäßigen Abschreibung nicht.

2. *Bewertung des Umlaufvermögens*

Gemäß § 253 Abs. 1 HGB sind die Gegenstände des Umlaufvermögens höchstens mit ihren Anschaffungs- oder Herstellungskosten anzusetzen (vgl. Tz. 234 ff. und Tz. 243 ff.). Im Hinblick auf **Massengüter des Vorratsvermögens** können unter Umständen **Schwierigkeiten bei der Ermittlung der Anschaffungs- oder Herstellungskosten** des am Jahresende vorhandenen Bestands auftreten, wenn im Verlauf des Geschäftsjahres mehrere Zugänge zu unterschiedlichen Preisen und mehrfache Abgänge erfolgten, wobei sich mangels getrennter Lagerung am Bilanzstichtag nicht mehr feststellen läßt, **aus welchem Zugang der Endbestand stammt.** **465**

Zunächst kann nach § 240 Abs. 4 HGB in diesen Fällen die Gruppen- oder Sammelbewertung angewandt werden (vgl. Tz. 275 ff.) Danach sind die **durchschnittlichen** Anschaffungs- oder Herstellungskosten für die Bewertung maßgebend. Darüber hinaus läßt § 256 HGB auch die sogenannten **Verbrauchsfolgeverfahren** zu, soweit dies den GoB entspricht.

Die Verbrauchsfolgeverfahren beruhen auf einer **Fiktion.** Es wird **unabhängig von den tatsächlichen Gegebenheiten unterstellt,** daß die zuerst oder zuletzt angeschafften oder hergestellten Gegenstände zuerst oder in einer sonstigen bestimmten Folge verbraucht oder veräußert werden.

a) *Gruppen- oder Sammelbewertung des Vorratsvermögens*

Die **Anschaffungs- oder Herstellungskosten** können ermittelt werden nach der **466**

- **Durchschnittsmethode**

oder mit Hilfe eines Verbrauchsfolgeverfahrens, nämlich der

- Lifo-Methode (last in first out),
- Fifo-Methode (first in first out),
- Hifo-Methode (highest in first out) oder
- Lofo-Methode (lowest in first out).

Die **Lifo-Methode** unterstellt, daß die **zuletzt** angeschafften Güter zuerst verbraucht wurden. Im Endbestand sind demnach der Anfangsbestand und die zuerst beschafften Gegenstände enthalten. **467**

468 Die **Fifo-Methode** unterstellt, daß die **zuerst** angeschafften Güter zuerst verbraucht wurden. Im Endbestand sind daher die zuletzt angeschafften Gegenstände enthalten.

469 Die **Hifo-Methode** unterstellt, daß die **teuersten** Güter zuerst verbraucht wurden. Im Endbestand sind somit die billigsten Gegenstände enthalten.

470 Das **Lofo-Verfahren** unterstellt, daß die **billigsten** Güter zuerst verbraucht wurden. Im Endbestand sind folglich die teuersten Gegenstände enthalten.

471 Während sich demnach bei Anwendung des **Hifo-Verfahrens stets der niedrigstmögliche Wert** für den in der Bilanz anzusetzenden **Endbestand** ergibt, bewertet man nach dem **Lofo-Verfahren stets mit dem höchstmöglichen Wert.** Das **Lifo-Verfahren** führt **im Fall kontinuierlich steigender Preise zum niedrigstmöglichen Wertansatz** für den Endbestand, im Fall **kontinuierlich sinkender Preise zum höchstmöglichen Wertansatz.** Die **umgekehrte Situation** tritt bei Anwendung des **Fifo-Verfahrens** ein.

472 Von den vier genannten Verbrauchsfolgeverfahren **entsprechen** nach herrschender Auffassung nur **die ersten drei den GoB** und damit den Voraussetzungen des § 256 HGB. Das **Lofo-Verfahren,** das in jeder denkbaren Situation zum höchstmöglichen Wertansatz des Endbestands führt, **widerspricht dem Prinzip kaufmännischer Vorsicht** und scheidet daher für die Ermittlung der Anschaffungs- oder Herstellungskosten von vornherein aus.

473 Für die **Bewertung des Umlaufvermögens** gilt in der Handelsbilanz nach § 253 Abs. 3 HGB das **strenge Niederstwertprinzip** (vgl. Tz. 286); d.h., die – in welcher Weise auch immer errechneten – Anschaffungs- oder Herstellungskosten müssen durch den **Tageswert** ersetzt werden, sofern sie diesen am Bilanzstichtag übersteigen.

474 **Beispiel:**

In einem metallverarbeitenden Betrieb zeigt die Lagerkarteikarte der Vorräte an Roheisen für die abgelaufene Periode folgende Daten an:

1. 1.:	Anfangsbestand	50 t zu 180 €/t = 9 000 €
16. 3.:	Zugang	80 t zu 180 €/t = 16 000 €
5. 7.:	Zugang	110 t zu 180 €/t = 17 600 €
20.10.:	Zugang	60 t zu 180 €/t = 12 600 €
	Summe	300 t zu 180 €/t = 55 200 €
31.12.:	Endbestand lt. Inventur	90 t.

475 **Frage 1:**

Welcher Wert ergibt sich für den Endbestand insgesamt (EB) und pro t(p) bei Anwendung der verschiedenen Verfahren der Gruppen- oder Sammelbewertung?

Lösung:

Durchschnittsmethode:

$$p = \frac{55\,200}{300} = 184\ €/t$$

EB = 184 × 90 t = 16 560 €

Lifo-Methode:

50 t	× 180 =	9 000 €
+ 40 t	× 200 =	8 000 €
EB = 90 t	zu	17 000 €

$$p = \frac{17\,000}{90\ t} = 188{,}89\ €/t$$

Fifo-Methode:

60 t	× 210 =	12 600 €
+ 30 t	× 160 =	4 800 €
EB = 90 t	zu	17 400 €

$$p = \frac{17\,400}{90\ t} = 193{,}33\ €/t$$

Hifo-Methode:

EB = 90 t × 160 = 14 400 €

$$p = \frac{14\,400}{90\ t} = 160\ €/t$$

Lofo-Methode:

60 t	× 210 =	12 600 €
+ 30 t	× 200 =	6 000 €
EB = 90 t	zu	18 600 €

$$p = \frac{18\,600}{90\ t} = 206{,}67\ €/t$$

Frage 2: 476

Welche Werte sind als Anschaffungskosten nach § 253 Abs. 1 HGB zulässig?

Lösung:

Es sind alle Werte zulässig, bis auf den Lofo-Wert.

Frage 3: 477

Mit welchen Werten kann der Endbestand in der **Handelsbilanz** angesetzt werden, wenn der **Tageswert am Abschlußstichtag,** dem 31. 12. **180 €/t** beträgt?

Lösung:

Es gilt das strenge Niederstwertprinzip, daher kann zulässigerweise nur der Hifo- oder der Tageswert zur Bewertung herangezogen werden, denn der Durchschnitts-, Fifo- und Lifo-Wert übersteigen den Tageswert. Welchen der beiden möglichen Werte der Unternehmer auswählt, hängt von der Höhe des angestrebten Gewinns ab (vgl. Tz. 289).

Frage 4: 478

Mit welchen Werten kann der Endbestand unter der Voraussetzung der Frage 3 in der **Steuerbilanz** angesetzt werden?

Lösung:

In der **Steuerbilanz** ist grundsätzlich die **Ermittlung der Anschaffungs- oder Herstellungskosten nach der Durchschnittsmethode zulässig.** Darüber hinaus **gestattet** § 6 Abs. 1 Ziff. 2a EStG **die Anwendung der Lifo-Methode. Alle anderen Verbrauchsfolgeverfahren** sind nach Abschn. 36 Abs. 3 EStR **verboten.** Bei der Anwendung des Lifo-Verfahrens in der Steuerbilanz ist noch zu beachten, daß für eine **spätere Abkehr** von der Lifo-Bewertung eines Warenpostens die **Zustimmung des Finanzamts** einzuholen ist (§ 6 Abs. 1 Nr. 2a EStG).

Ausnahmsweise können Verbrauchsfolgeverfahren auch dann zum Zug kommen, wenn sie nach der Art der Lagerung die Realität widerspiegeln. Damit ist in der Steuerbilanz die Anwendung des Fifo-Verfahrens möglich, wenn der Unternehmer z.B. nachweist, daß die von ihm verwendeten Lagersilos stets von oben befüllt und von unten entleert werden. In keinem Fall wird sich die Lagerhaltung so einrichten lassen, daß sie der Hifo-Methode entspricht.

Daraus folgt, daß für die **Anschaffungskosten** in der Steuerbilanz der Durchschnittspreis von 184 €/t bzw. der Lifo-Wert von 188,89 €/t zulässig sind. Da steuerlich das beschränkte Niederstwertprinzip gilt, muß ein Vergleich mit dem **Tageswert** stattfinden. Dieser beläuft sich lediglich auf 180 €/t, d.h., die Vorräte sind in der **Steuerbilanz mit dem niedrigeren Tagesert von 180 €/t** anzusetzen, **nur** wenn die **Wertminderung von Dauer** ist, was bei vorgenannten Preisschwankungen i.d.R. nicht der Fall sein dürfte, so daß realistischerweise nur einer der beiden Anschaffungswerte zum Zuge kommt.

479 Der Vollständigkeit halber sei noch erwähnt, daß sich sowohl der Lifo- als auch der Hifo-Wert nach zwei **unterschiedlichen Berechnungsmethoden** ermitteln lassen. Die im Beispiel unter Tz. 475 angewandte Methode wird Perioden-Lifo bzw. Perioden-Hifo genannt. Daneben gibt es noch das **permanente Lifo** und das **permanente Hifo.** Nach den zuletzt genannten Verfahren wendet man die Methoden der Sammelbewertung nicht summarisch am Periodenende an, sondern **nach jedem einzelnen Verbrauchsvorgang,** d.h., der Wert des Endbestands wird am Periodenende schrittweise unter Berücksichtigung jedes Verbrauchsvorgangs berechnet. Die permanenten Verfahren setzen voraus, daß neben den Zugängen auch die Abgänge mengenmäßig festgehalten werden. Sie sind mit hohem Rechenaufwand verbunden, entsprechen aber den GoB und damit dem § 256 HGB, d.h., daß die permanenten Verfahren in der Handelsbilanz grundsätzlich zulässig sind, in der Steuerbilanz nur das permanente Lifo.

Beispiel:

Wie Tz. 474, nur mit der Ergänzung, daß der Gesamtverbrauch in Höhe von 210 t im einzelnen aufgezeichnet wurde, und zwar am 12. 6. mit 95 t und am 3. 8. mit 115 t. Welcher Wert ergibt sich für den Endbestand insgesamt (EB) und pro t (p) unter Anwendung des permanenten LifoVerfahrens?

Lösung:

	1. 1.	Anfangsbestand	50 t	zu 180 €/t	= 9 000 €
+	16. 3.	Zugang	80 t	zu 200 €/t	= 16 000 €
		Zwischenbestand	130 t		zu 25 000 €
–	12. 6.	Abgang	80 t	zu 200 €/t	= 16 000 €
		Abgang	15 t	zu 180 €/t	= 2 700 €
		Zwischenbestand	35 t	zu 180 €/t	= 6 300 €
+	5. 7.	Zugang	110 t	zu 160 €/t	= 17 600 €
		Zwischenbestand	145 t		zu 23 900 €
–	3. 8.	Abgang	110 t	zu 160 €/t	= 17 600 €
		Abgang	5 t	zu 180 €/t	= 900 €
		Zwischenbestand	30 t	zu 180 €/t	= 5 400 €
+	20. 10.	Zugang	60 t	zu 210 €/t	= 12 600 €
	31. 12.	Endbestand		90 t	zu 18 000 €

Der Wert des Endbestands EB beträgt 18 000 €; damit p:

$$p = \frac{18\,000}{90\ t} = 200\ €/t$$

b) Retrograde Bewertung des Vorratsvermögens

Bei bestimmten Unternehmen (z.B. den Einzelhändlern) bereitet die **Ermittlung der Anschaffungs- oder Herstellungskosten** der Vorräte am Bilanzstichtag **immensen Arbeitsaufwand,** da die Waren bereits im Zeitpunkt des Lagerzugangs mit Verkaufspreisen ausgezeichnet werden. Sofern für jede Warengruppe **ein einheitlicher Rohgewinnaufschlag verwendet** wird, ist es zulässig, die Inventur auf der Basis von Verkaufspreisen durchzuführen und den Wert des Endbestands jeder Warengruppe um den jeweiligen Rohgewinnaufschlag zu kürzen. **480**

Beispiel:

Der Inventurbestand einer Warengruppe auf der Basis von Verkaufspreisen beträgt 100 000 (ohne MWSt). Die Warengruppe wird durchweg mit einem Rohgewinnaufschlag von 150 % kalkuliert. Wie hoch sind die Anschaffungskosten? **481**

Lösung:

Die Anschaffungskosten entsprechen 100 %, der Verkaufspreis damit 250 %. Einem Rohgewinnaufschlag von 150 % kommt ein Abschlag von 60 % gleich, so daß als Anschaffungskosten (AK) 40 % des Verkaufswerts verbleiben:

AK = 100 000 × 40 % = 40 000

Die Warengruppe wurde zu 40 000 angeschafft. Diese Anschaffungskosten gelten für die Handels- und Steuerbilanz.

Auch ein retrograd ermittelter Anschaffungswert kann nach dem strengen Niederstwertprinzip in der Handelsbilanz nur dann zum Zuge kommen, wenn er am Abschlußstichtag den Tageswert nicht übersteigt.

c) Ermittlung des niedrigeren Tageswerts auf dem Beschaffungs- und Absatzmarkt

Nach dem **strengen Niederstwertprinzip** des § 253 Abs. 3 HGB ist der Tageswert in der Handelsbilanz stets dann anzusetzen, wenn er die Anschaffungs- oder Herstellungskosten am Abschlußstichtag unterschreitet. Die **Vergangenheitswerte** müssen also **an der gegenwärtigen Marktlage überprüft** werden. Dies kann auf dem Beschaffungs- oder dem Absatzmarkt geschehen. **482**

Hinsichtlich der Frage, auf welchem von beiden Märkten die Überprüfung stattfinden soll, kann man feststellen, daß **der Markt maßgebend ist, dem die Güter näher stehen.** Im allgemeinen gibt **für Roh-, Hilfs- und Betriebsstoffe sowie für Wertpapiere der Beschaffungsmarkt** den Ausschlag, **für fertige und unfertige Erzeugnisse oder Leistungen der Absatzmarkt; für Handelswaren**

der Markt mit den niedrigeren Preisen. Für das **Anlagevermögen** kommt grundsätzlich der **Beschaffungsmarkt** in Frage (vgl. Tz. 261).

483 Vergleicht man die Anschaffungs- oder Herstellungskosten mit dem **Tageswert auf dem Beschaffungsmarkt,** so sind auch eventuell anfallende **Anschaffungsnebenkosten** (vgl. Tz. 238) bei der Ermittlung des Tageswerts zu berücksichtigen. Es müssen die Anschaffungs- oder Herstellungskosten dem **Nettotagespreis auf dem Beschaffungsmarkt zuzüglich notwendiger Anschaffungsnebenkosten** gegenübergestellt werden, da letztere auch bei einer erneuten Anschaffung am Bilanzstichtag zusätzlich entstehen würden.

484 **Beispiel:**

Für eine Maschine wurden als Anschaffungskosten 100 000 (ohne MWSt) aufgewendet. Am Bilanzstichtag beträgt der Listenpreis 90 000 (ohne MWSt). Ist die Maschine in der Bilanz mit dem niedrigeren Tageswert anzusetzen, wenn die erforderlichen Kosten für Fracht 5 000 und für Montage 10 000 (jeweils ohne MWSt) ausmachen?

Lösung:

Nein, die Anschaffungskosten betragen 100 000, der Tageswert liegt mit 105 000 darüber.

485 Nach der Rechtsprechung des BFH sind bei der **Bewertung von Wertpapieren** grundsätzlich die Verhältnisse auf dem **Beschaffungsmarkt** maßgebend. Der Tageswert umfaßt also den **Börsenkurs und die Anschaffungsnebenkosten** (Börsenspesen, Provision etc.); denn dieser Gesamtbetrag ist bei einer neuerlichen Anschaffung am Bilanzstichtag aufzuwenden. Im **Handelsrecht** wird zumindest bei den **Wertpapieren des Umlaufvermögens** auch eine Orientierung am Absatzmarkt für zulässig erachtet, d.h., der Börsenkurs am Bilanzstichtag ist **um die Anschaffungsnebenkosten zu mindern,** um den mit den Anschaffungskosten vergleichbaren Tageswert zu erhalten. **Im Verkaufsfall schmälern die Nebenkosten den Erlös.**

486 Ermittelt man den **Tageswert auf dem Absatzmarkt,** so muß der **Tagespreis am Bilanzstichtag** um noch **anfallende Erlösschmälerungen und Vertriebskosten gemindert** werden, sofern es sich um **absatzreife Produkte** (Fertigerzeugnisse, Handelswaren) handelt. Bei einem Verkauf dieser Gegenstände läßt sich nur ein um eventuelle Erlösschmälerungen (Nachlässe, Rabatte, Skonti etc.) und um notwendige Vertriebskosten (Verpackung, Versand, Verkaufsabrechnung, Provision etc.) geminderter Tagespreis erzielen. Der Tageswert ist folglich dann für die Bewertung heranzuziehen, wenn er **nach Abzug** noch notwendiger Aufwendungen die Anschaffungs- oder Herstellungskosten unterschreitet.

487 **Beispiel:**

In einer Brauerei sind am Bilanzstichtag 1 000 hl fertiges Bier vorrätig. Die Herstellungskosten betragen 90 €/hl. Der Tagespreis liegt bei 110 €/hl. An Erlösschmälerungen (Bruch, Nachlässe, etc.) fallen durchschnittlich 5 €/hl, für den Versand 18 €/hl und für Verkaufsprovision und -abrechnung 1 €/hl an. Wie ist der Inventurbestand zu bewerten?

Lösung:

	Tagespreis am Bilanzstichtag	110 €/hl
–	Erlösschmälerungen	5 €/hl
–	Versandkosten	18 €/hl
–	Provision und Abrechnung	1 €/hl
=	vergleichbarer Tageswert	86 €/hl

Wegen des strengen Niederstwertprinzips muß in der Handelsbilanz anstelle der Herstellungskosten der **niedriegere Tageswert von 86 €/hl** angesetzt werden. Damit beträgt der Wert des Inventurbestands 86 000 €. Dies gilt für die **Steuerbilanz** nur im Falle einer **dauernden Wertminderung.**

Die Rechtsprechung läßt darüber hinaus zu, daß bei der Tageswertermittlung neben den notwendigen Vertriebskosten auch ein **kalkulatorischer Gewinnabschlag** berücksichtigt wird. Angenommen die im obigen Beispiel genannte Brauerei kalkuliert mit einem Gewinnaufschlag von 3 %, dann errechnet sich der **maßgebende Tageswert** wie folgt: **488**

	Tageswert inkl. Gewinn	86,00 €/hl	(= 103 %)
–	kalk. Gewinn	2,50 €/hl	(= 3 %)
=	Tageswert ohne Gewinn	83,50 €/hl	(= 100 %)

Demnach **könnte in der Handels- und Steuerbilanz** obiger Brauerei – in letzterer allerdings nur im Falle einer dauernden Wertminderung – auch **ein niedrigerer Tageswert von 83,50 €/hl** Anwendung finden. Es besteht ein **Bewertungswahlrecht** zwischen 86 €/hl und 83,50 €/hl, von dem je nach der Höhe des erstrebten Gewinns Gebrauch zu machen ist (vgl. Tz. 289). Es sei jedoch darauf hingewiesen, daß sich das Bewertungswahlrecht nicht auf den Ansatz des niedrigeren Tageswert generell bezieht, sondern darauf, ob dieser durch einen **kalkulatorischen Gewinnabschlag** zu vermindern ist oder nicht. Der Ansatz des niedrigeren Tageswertes selbst ist stets obligatorisch je nach den gegebenen Umständen ge- oder verboten. **489**

Handelt es sich um **unfertige Erzeugnisse oder Leistungen,** so ist zur Ermittlung des Tageswerts am Bilanzstichtag außer den genannten Abschlägen vom Tagespreis des Absatzmarkts noch ein weiterer **Abzug für die bis zur Fertigstellung noch entstehenden Selbstkosten** (Fertigungs- und Verwaltungskosten) vorzunehmen. Der mit den Herstellungskosten **vergleichbare Tageswert** errechnet sich demnach wie folgt:

	Tagespreis am Bilanzstichtag
–	Erlösschmälerungen
–	Verkaufskosten
–	kalk. Gewinn
–	noch aufzuwendende Selbstkosten
=	vergleichbarer Tageswert

Sofern der auf diese Weise ermittelte Tageswert am Bilanzstichtag die Herstellungskosten der unfertigen Erzeugnisse oder Leistungen unterschreitet, **muß** er in der Handelsbilanz zum Ansatz gelangen. Für die Berücksichtigung des kalkulatorischen Gewinnabschlags besteht auch hier ein Wahlrecht.

d) Bewertung zum niedrigeren Zukunftswert und zum niedrigeren steuerlichen Wert

490 Für die **Bewertung des Umlaufvermögens** kommt nach § 253 Abs. 3 HGB **ausnahmsweise** auch ein **zukünftiger Wert** in Betracht, wenn in der nächsten Zeit nach dem Bilanzstichtag **mit einem Absinken des Tageswerts** zu rechnen ist. Dem Unternehmer wird hierdurch ein **weiterer Bewertungsspielraum nur nach unten** eingeräumt, von dem Gebrauch gemacht werden kann, aber nicht muß.

491 **Handelsrechtlich** ist es zulässig, für die Beurteilung des sich im Zug künftiger Wertschwankungen ermäßigenden Tageswerts **einen Zeitraum von 2 Jahren nach dem Bilanzstichtag** heranzuziehen, wobei **objektive** Anhaltspunkte für einen voraussichtlichen Wertverfall vorliegen müssen, wie z.B. erkennbare Strukturveränderungen, durch die ein bestimmtes Produkt in nächster Zeit veralten wird. Die vage Vermutung einer künftigen Wertminderung reicht nicht aus. **Steuerlich** ist ein **derartiger,** auf Zukunftserwartungen beruhender **Wertabschlag ausgeschlossen.** Die Finanzverwaltung gestattet lediglich, das dauerhafte Absinken des Tagespreises in einem Zeitraum **von 6 Wochen nach dem Bilanzstichtag** bei der **Bewertung des Umlaufvermögens** zu berücksichtigen. Diese Frist ist bei Bilanzaufstellung i.d.R. verstrichen, so daß der Eintritt der Wertminderung objektiv nachgeprüft werden kann (vgl. dazu Tz. 130).

492 Nach § 253 Abs. 5 HGB gilt in der Handelsbilanz von Personenunternehmen **das Prinzip des eingeschränkten Wertezusammenhangs** (vgl. Tz. 296). Das bedeutet, daß der **niedrigere Wertansatz,** der nach § 253 Abs. 3 Satz 1 HGB erfolgen mußte oder nach § 253 Abs. 3 Satz 3 HGB erfolgen konnte, **später beibehalten werden kann,** auch wenn seine Gründe nicht mehr bestehen. Eine **spätere Wertaufstockung** bis zu den ursprünglichen Anschaffungs- oder Herstellungskosten ist ebenfalls **möglich,** aber nicht Pflicht, wenn der Tageswert inzwischen wieder gestiegen ist. Die Ausübung dieses Bewertungswahlrechts richtet sich – wie stets – nach der Höhe des angestrebten Gewinns (vgl. Tz. 289). In der Handelsbilanz von Kapitalgesellschaften und in der Steuerbilanz aller Unternehmen kommt dagegen das **Wertaufholungsgebot** zum Tragen.

3. Bewertung des Fremdkapitals

a) Rückstellungen

493 Nach § 253 Abs. 1 HGB sind **Rückstellungen** nur in Höhe des Betrags anzusetzen, **der bei vernünftiger kaufmännischer Beurteilung notwendig ist.** Wie

man dabei im einzelnen vorgeht, wurde in den Ausführungen zur Bilanzierung der verschiedenen Rückstellungsarten unter Tz. 387 ff. bereits näher erläutert. Dem unternehmerischen Ermessen öffnet sich ein weiter Spielraum, der allerdings pflichtgemäß und nicht willkürlich genutzt werden muß. Zu beachten ist dabei das **Abzinsungsgebot mit 5,5 %** des § 6 Abs. 1 Nr. 3 ae EStG für Rückstellungen mit einer **Laufzeit von mehr als 1 Jahr,** das auch vernünftiger kaufmännischer Beurteilung entsprechen dürfte, handelsrechtlich aber nicht zwingend ist.

b) Verbindlichkeiten

aa) Disagio

Verbindlichkeiten sind nach § 253 Abs. 1 HGB mit ihrem **Rückzahlungsbetrag** zu bewerten. Ein bei langfristigen Krediten eventuell anfallendes **Damnum oder Disagio darf** nach § 250 Abs. 3 HGB **unter die Posten der Rechnungsabgrenzung aufgenommen werden,** muß es aber nicht. Es besteht somit ein **Aktivierungswahlrecht.** Wird davon Gebrauch gemacht, ist es durch **planmäßige, jährliche Abschreibungen längstenfalls** während der Laufzeit des Darlehens (Zinsfestschreibung) zu tilgen. Es ist auch eine schnellere Tilgung möglich. Unterbleibt die Aktivierung des Damnums, wirkt es sich im Jahr der Darlehensaufnahme **in voller Höhe gewinnmindernd** aus. 494

Beispiel: 495

Ein Unternehmen erhält am 1. 1. 01 ein langfristiges Bankdarlehen in Höhe von 100 000 zu folgenden Konditionen: Laufzeit 10 Jahre, Zinssatz 6 %, Auszahlung 95 %. Wie kann die Bilanzierung erfolgen?

Lösung:

Das Unternehmen erhält am 1. 1. 01 auf seinem Bankkonto folgenden Betrag gutgeschrieben:

100 000 × 95 % = 95 000

Demnach beträgt das Disagio:

100 000 – 95 000 = 5 000

1. Alternative: 496

Das Unternehmen macht von seinem **Aktivierungswahlrechl** für das Disagio **Gebrauch. Der Buchungssatz** für die Darlehensaufnahme lautet:

von 28 95 000
von 29 5 000 **an** 42 100 000.

Am Ende jeden Jahrs der Laufzeit des Darlehens ist eine **Abschreibung** in Höhe von **mindestens** 10 % auf das Disagio vorzunehmen. **Buchungssatz:**

von 75 500 **an** 29 500.

Damit steht das Disagio am Bilanzstichtag, dem 31. 12. 01, mit 4 500 unter den aktiven Rechnungsabgrenzungsposten (vgl. Tz. 421 ff.).

497 **2. Alternative:**

Das Disagio wird im Jahr der Darlehensaufnahme **in voller Höhe als Aufwand** behandelt. Der **Buchungssatz** für die Darlehensaufnahme lautet:

von 28 95 000
von 75 5 000 **an** 42 100 000

Am Bilanzstichtag, dem 31. 12. 01, erscheint unter den Rechnungsabgrenzungsposten kein Disagio.

498 Im Gegensatz zur Handelsbilanz kann in der **Steuerbilanz nur die 1. Alternative** verwirklicht werden: Es besteht eine **Aktivierungspflicht** für das Disagio, das außerdem in der Steuerbilanz durch planmäßige Abschreibungen **während der Laufzeit des Darlehens (Zinsfestschreibung) i. d. R. gleichmäßig** (linear) getilgt werden muß. In der Steuerbilanz entfällt also auch das Abschreibungswahlrecht der Handelsbilanz in einem kürzeren Zeitraum als die Laufzeit des Darlehens (Zinsfestschreibung).

bb) Valutaverbindlichkeiten

499 **Valutaverbindlichkeiten,** also Verbindlichkeiten in ausländischer Währung, sind am Bilanzstichtag ebenfalls mit ihrem **Rückzahlungsbetrag** zu bewerten, d.h. mit dem Betrag in eigener Währung, der für den geschuldeten Betrag ausländischer Währung entrichtet werden muß (Briefkurs). Anschaffungspreis einer Währungsschuld ist der Briefkurs des Tags, an dem die Verbindlichkeit entstanden ist. Liegt der Fälligkeitstag nach dem Abschlußstichtag, so gilt bei der Bilanzierung das **Prinzip kaufmännischer Vorsicht.** Dem strengen Niederstwertprinzip für die Bewertung des Umlaufvermögens auf der Aktivseite der Handelsbilanz entspricht das **strenge Höchstwertprinzip für die Bewertung der kurzfristigen Verbindlichkeiten** auf der Passivseite. Das bedeutet, daß der Tageskurs am Bilanzstichtag dann angesetzt werden muß, wenn er den Anschaffungskurs übersteigt. Es besteht in der Handelsbilanz eine **Bewertungspflicht zum höheren Tageswert,** unabhängig davon, ob die Kurssteigerung vorübergehend oder von Dauer ist.

500 **Beispiel:**

Am 1. 11. erhält ein Unternehmen von einem US-Lieferanten eine Maschine zum Preis von 10 000 $ (ohne Einfuhrumsatzsteuer). Das Zahlungsziel beträgt 3 Monate. Der Briefkurs am Liefertag lautet wie folgt: 1 $ = 0,90 €. Am Bilanzstichtag, dem 31. 12. lautet er: 1 $ = 1,10 €. Wie ist die Verbindlichkeit in der Bilanz zu bewerten?

Lösung:

Anschaffungspreis: 10 000 $ x 0,90 = 9 000 €

Buchungssatz für den Kauf der Maschine:

Von 07 9 000 € **an** 44 9 000 €

Tageswert der Verbindlichkeiten am Bilanzstichtag, dem 31. 12.:

10 000 $ x 1,10 =11 000 €

Es ist folgende Buchung vorzunehmen:

Von 693 2 000 € **an** 44 2 000 €

Die Verbindlichkeit muß am Bilanzstichtag wegen des Kursanstiegs der Valuta handelsrechtlich mit 11 000 € zu Buch stehen. In der **Steuerbilanz** gilt das nur für den Fall eines **dauernden Kursanstiegs**, der i.d.R. nicht vorliegen dürfte, so daß es bei der **Bewertung mit den Anschaffungskosten** von 9 000 € verbleibt **(beschränktes Höchstwertprinzip).**

Die Bewertung von Valutaverbindlichkeiten erfolgt damit in analoger Umkehr der Bewertung von **Valutaforderungen,** für die je nach ihrer Fristigkeit handelsrechtlich das strenge oder gemilderte Niederstwertprinzip anzuwenden ist, wobei der Geldkurs für die Umrechnung Anwendung findet. Es muß also ein Aufwand für Wechselkursschwankungen bei **sinkendem Kurs** der Valuta verbucht werden. **Steuerlich** dürfte eine **solche Abwertung** allerdings i.d.R. **nicht zum Tragen** kommen, da Wechselkursschwankungen normalerweise **vorübergehend** sind und das **beschränkte Niederstwertprinzip** für diesen Fall eine Teilwertabschreibung verbietet.

C. Die Unterschiede zwischen Handels- und Steuerbilanz

I. Übersicht

Abschließend sollen die **wichtigsten Unterschiede zwischen der Handels-** **501**
und Steuerbilanz in einer zusammenfassenden Tabelle nochmals gegenübergestellt werden.

Unterschiede	**Handelsbilanz**	**Steuerbilanz**	vgl. Tz.
a) Bilanzierungs-unterschiede:			
1. Derivativer Firmenwert	Aktivierungswahlrecht	Aktivierungspflicht	314 ff.
2. Damnum, Disagio	Aktivierungswahlrecht	Aktivierungspflicht	494 ff.
3. Bilanzierungshilfen für Kapitalgesellschaften (Ingangsetzungs- und Erweiterungskosten sowie aktive Steuerabgrenzung)	Aktivierungswahlrecht	Aktivierungsverbot	223

Unterschiede	Handelsbilanz	Steuerbilanz	vgl. Tz.
4. Aufwandsrückstellungen für Instandhaltungen, die innerhalb der Monate 4 – 12 des nächsten Jahres nachgeholt werden und für Großreparaturen sowie für Kosten der Hauptversammlung	Passivierungswahlrecht	Passivierungsverbot	386 413
5. Rückstellung für Drohverluste, für Köperschaftsteuer und für latente Steuern	Passivierungspflicht	Passivierungsverbot	392 414
b) Bewertungsunterschiede:			
1. Herstellungskosten	Wahlrecht hinsichtlich der Berücksichtigung von Material- und Fertigungsgemeinkosten	Berücksichtigungspflicht für Material- und Fertigungsgemeinkosten	243 ff.
2. Derivativer Firmenwert	Planmäßige Abschreibung muß erfolgen	AfA nur auf 15 Jahre	319
3. Planmäßige Abschreibungen/AfA	Lineare, degressive und Leistungsabschreibung unbeschränkt möglich	Lineare und Leistungsabschreibung unbeschränkt, geometrisch-degressive Abschreibung nur beschränkt möglich, arithmetisch-degressive verboten	437 ff.
4. Bewertung des Umlaufvermögens mit dem niedrigeren Zukunftswert	Ein Zeitraum von 2 Jahren nach dem Bilanzstichtag kann berücksichtigt werden	Ein Zeitraum von 6 Wochen nach dem Bilanzstichtag kann berücksichtigt werden	490
5. Anwendung der Verbrauchsfolgeverfahren bei der Bewertung des Umlaufvermögens	Lifo, Fifo, Hifo zulässig	nur Lifo zulässig	478
6. Niederstwertprinzip	Strenges NWP für das UV; gemildertes NWP für das AV (bei Kap. Ges. nur für Finanz-AV)	beschränktes NWP	285 ff.
7. Wertezusammenhang	eingeschränkter WZH bei PersonenU; Wertaufholungsgebot bei Kapitalges.	Wertaufholungsgebot	293 ff.

II. Buchtechnische Behandlung

Soweit Unternehmen ihre Steuerbilanz auch als Handelsbilanz ausgeben, entstehen **keine buchtechnischen** Probleme. Es wird **ein einziger Jahresabschluß** erstellt, der sowohl den handels- als auch den steuerrechtlichen Vorschriften entspricht. 502

Gelangen demgegenüber **zwei voneinander getrennte Bilanzen** zur Ausführung, so können gemäß § 60 Abs. 2 EStDV **zwei Verfahrensweisen** angewandt werden: Entweder die **Handelsbilanz** wird durch entsprechende Anmerkungen und Zusätze so lange **ergänzt,** bis sie den steuerlichen Anforderungen entspricht, oder die **Steuerbilanz** wird **als eigenständige Bilanz** aus der Handelsbilanz abgeleitet. 503

Im letztgenannten Fall genügt es nicht, nur die Handelsbilanz **des Berichtsjahrs** zu korrigieren, indem man steuerlich verbotene durch steuerlich zulässige Wertansätze ersetzt. Es müssen auch die jeweiligen **Korrekturen der Vorjahre** Berücksichtigung finden, da sich auch diese noch auf das Berichtsjahr auswirken. Zu diesem Zweck bildet man **in der Steuerbilanz Ausgleichsposten,** die **alle Unterschiede der Vergangenheit innerhalb des Eigenkapitals zu einem Saldo** zusammenfassen.

Steuerliche Ausgleichsposten haben **Eigenkapitalcharakter.** Sie zeigen an, daß der **in den Vorjahren versteuerte** Gewinn vom **handelsrechtlichen** Erfolg abweicht. Buchungstechnisch können sie sowohl auf der Aktiv- als auch auf der Passivseite der Bilanz erscheinen. Ein **passiver Ausgleichsposten** entsteht, wenn **der in der Vergangenheit versteuerte Gewinn den handelsrechtlichen überstieg.** Die Handelsbilanz weist diesen Erfolg erst in späteren Jahren aus. Umgekehrt tritt ein **steuerlicher Ausgleichsposten auf der Aktivseite** der Bilanz zutage, wenn **Handelsbilanzgewinne der Vergangenheit** - und damit Teile des handelsrechtlichen Eigenkapitals - **in der Steuerbilanz noch nicht als solche ausgewiesen** wurden, sondern erst in späteren Jahren den steuerlichen Gewinn erhöhen. 504

Da die für die **Steuerbilanz** gültigen Bilanzierungs- und Bewertungsvorschriften den **Ermessensspielraum des Unternehmers** größtenteils **einschränken** und ihn dadurch zu einem **höheren Gewinnausweis** als in der Handelsbilanz zwingen, kommt es im Regelfall zur Bildung **passiver steuerlicher Ausgleichsposten.** Ein aktiver Ausgleichsposten ist z.B. denkbar, wenn in einer früheren Handelsbilanz für neu erstellte Wirtschaftsgebäude bei linearer Abschreibung eine längere Nutzungsdauer als 25 Jahre geschätzt wurde (vgl. Tz. 415). In diesem Fall übersteigt zwar ceteris paribus der Handelsbilanzgewinn **einer früheren Periode** den Steuerbilanzgewinn, aber deswegen **muß es noch nicht** unbedingt zu einem aktiven steuerlichen Ausgleichsposten kommen, da dieser den **Saldo aller Differenzen aus den weiter zurückliegenden** Vorjahren mit umfaßt, und deshalb als solcher erst in Erscheinung tritt, **wenn der handelsrechtli-** 505

che Mehrgewinn der vergangenen Periode die Summe eventueller vorheriger Mindergewinne übersteigt (was z.B. dann fraglich sein könnte, wenn in einer weiter zurückliegenden Periode eine außerplanmäßige, handelsrechtliche Abschreibung im Rahmen vernünftiger kaufmännischer Bewertung gemäß § 253 Abs. 4 HGB erfolgte). Außerdem saldieren sich die Mehr- und Mindergewinne aus Bewertungsdifferenzen verschiedener Wirtschaftsgüter.

506 **Beispiel:**

Eine Maschine mit Anschaffungskosten von 15 000 und einer Nutzungsdauer von 5 Jahren wird in der Handelsbilanz arithmetisch-degressiv abgeschrieben. Da dies in der Steuerbilanz verboten ist, erfolgen dort lineare AfA. Der Gewinn des Unternehmens vor dieser Abschreibung beträgt jährlich 7 000 und schlägt sich in voller Höhe im Kassenbestand nieder. Die Maschine ist durch Eigenkapital finanziert. Von allen anderen Wirtschaftsgütern des Betriebs wird abgesehen. Welches Aussehen zeigen die Handels- und Steuerbilanz im Anschaffungsjahr und den 5 folgenden Jahren?

Lösung:

	Abschreibung	
Periode	**Handelsbilanz**	**Steuerbilanz**
1. Jahr	5 000	3 000
2. Jahr	4 000	3 000
3. Jahr	3 000	3 000
4. Jahr	2 000	3 000
5. Jahr	1 000	3 000

	HB				StB			
Eröffnungsbilanz zum 1. 1. 01:	M	15 000	EK	15 000	M	15 000	EK	15 000
Schlußbilanz zum 31. 12. 01:	M	10 000	EK	15 000	M	12 000	EK	15 000
	K	7 000	G	2 000	K	7 000	G	4 000
Schlußbilanz zum 31. 12. 02:	M	6 000	EK	17 000	M	9 000	EK	17 000
	K	14 000	G	3 000	K	14 000	stA	2 000
							G	4 000
Schlußbilanz zum 31. 12. 03:	M	3 000	EK	20 000	M	6 000	EK	20 000
	K	21 000	G	4 000	K	21 000	stA	3 000
							G	4 000
Schlußbilanz zum 31. 12. 04:	M	1 000	EK	24 000	M	3 000	EK	24 000
	K	28 000	G	5 000	K	28 000	stA	3 000
							G	4 000
Schlußbilanz zum 31. 12. 05:	M	0	EK	29 000	M	0	EK	29 000
	K	35 000	G	6 000	K	35 000	stA	2 000
							G	4 000
Schlußbilanz zum 31. 12. 06:	M	10 000	EK	35 000	M	12 000	EK	35 000
	K	27 000	G	2 000	K	27 000	G	4 000

HB = Handelsbilanz; StB = Steuerbilanz; M = Maschinen; K = Kasse; EK = Eigenkapital; G = Gewinn; stA = steuerlicher Ausgleichsposten.

Es wurde unterstellt, daß zu Beginn des 6. Jahrs eine gleichartige Ersatzbeschaffung erfolgte und die gewählten Abschreibungsmethoden unverändert blieben.

Die im Falle von Ergebnisdifferenzen erfolgende **Bilanzierung steuerlicher Ausgleichsposten in der Steuerbilanz ist nicht zu verwechseln mit der Bilanzierung latenter Steuern in der Handelsbilanz,** die zwar auch auf derartigen Differenzen zwischen Handels- und Steuerbilanz beruht, aber ansonsten keine Gemeinsamkeiten aufweist.

Fünftes Kapitel

Die Erfolgsrechnung

A. Wesen und Aufgaben

Die Erfolgsrechnung sammelt alle erfolgswirksamen Zahlungen einer Periode und stellt dabei **die Aufwendungen den Erträgen** gegenüber, um das **Periodenergebnis** zu ermitteln. Diejenigen Zahlungen, die den Erfolg einer Periode nicht beeinflussen, finden ihren Niederschlag demgegenüber in der Bilanz. Der enge Zusammenhang zwischen Erfolgsrechnung und Bilanz kommt in der Tatsache zum Ausdruck, daß das in beiden Rechnungen ermittelte Ergebnis übereinstimmen muß. Das **Verhältnis von Bilanz zu Erfolgsrechnung** beurteilt die Betriebswirtschaftslehre nach den beiden Lehrmeinungen unterschiedlich: 507

- statische Bilanztheorie und
- dynamische Bilanztheorie.

Nach der **statischen Bilanztheorie** besitzt die **Bilanz grundlegende Bedeutung.** Sie zeigt Vermögen und Kapital des Betriebs sowie als Differenz gegenüber dem Vorjahr den Erfolg. Die Erfolgsrechnung wird nur als weitere Untergliederung des Eigenkapitalkontos angesehen, die nähere Auskunft über das Zustandekommen des Erfolgs gibt. 508

Ganz anders dagegen die **dynamische Bilanztheorie,** die die **Erfolgsrechnung in den Mittelpunkt** der Betrachtung rückt. Im Vordergrund des Interesses stehen die erfolgswirksamen Zahlungen einer Periode, die in die Erfolgsrechnung einfließen. Die **Bilanz** dient nur als **Speicher** für diejenigen Zahlungsvorgänge, die in der abgelaufenen Periode noch **keine Erfolgsauswirkung** erlangt haben. Sie ist daher nichts anderes als ein großes **Abgrenzungssammelkonto** für die Erfolgsrechnung. 509

Beide Betrachtungsweisen treffen von ihrer Warte aus zu. Im **Steuerrecht** herrscht eindeutig die **statische Auffassung** vor, wird doch der Gewinn nach § 4 Abs. 1 EStG aus der Bilanz mit Hilfe des Betriebsvermögensvergleichs ermittelt (vgl. Tz. 22). Auch dem **Handelsrecht** liegt vornehmlich - ohne daß es ausdrücklich erwähnt wird - die **statische Betrachtungsweise** zugrunde. Jedoch haben die Erkenntnisse der **dynamischen Bilanztheorie,** insbesondere im Hinblick auf die **Bildung von Rückstellungen und Rechnungsabgrenzungsposten,** durchaus Eingang sowohl in die Handels- als auch in die Steuerbilanz gefunden. 510

Unabhängig von der bevorzugten Betrachtungsweise des Jahresabschlusses gilt es festzuhalten, daß der **Erfolg** im System der doppelten Buchhaltung in **zweifacher Weise ermittelt** wird, 511

- einmal in der **Bilanz** durch **Gegenüberstellung von Vermögen und Kapital,**
- zum anderen in der **Erfolgsrechnung** durch **Gegenüberstellung von Ertrag und Aufwand.**

Dabei kommt der **Erfolgsrechnung** die Aufgabe zu, nicht nur **die Höhe,** sondern auch **die Quellen des Erfolgs** aufzuzeigen. Sie soll die erfolgswirksamen

Mittelzuflüsse einer Periode darstellen und deren Verwendung zur Bezahlung der verbrauchten Kostengüter. Als durch den Umsatzprozeß (vgl. Tz. 2) nicht unmittelbar beanspruchtes **Residuum** verbleibt der **Gewinn.**

B. Grundlagen der Erfolgsrechnung

512 Das Aufstellen einer Erfolgsrechnung ist mit **drei grundlegenden Entscheidungen** verbunden, wobei es folgende Alternativen gibt:

- die Konto- oder Staffelform
- das Gesamtkosten- oder Umsatzkostenverfahren
- das Brutto- oder Nettoprinzip.

Den Kapitalgesellschaften schreibt § 275 HGB ein **verbindliches Gliederungsschema** ausdrücklich vor, dem **alternativ** das **Gesamtkostenverfahren** (§ 275 Abs. 2 HGB) oder das **Umsatzkostenverfahren** (§ 275 Abs. 3 HGB) zugrunde liegen kann (vgl. die Wiedergabe am Ende des Buches). **Personenunternehmen** sind von diesen Vorschriften nicht betroffen; sie haben bei der Erstellung der Erfolgsrechnung lediglich die Grundsätze ordnungsmäßiger Bilanzierung zu beachten. Dem Publizitätsgesetz unterliegende Personenfirmen haben ein Wahlrecht, ob sie die Schemata des § 275 HGB anwenden wollen (§ 5 Abs. 5 PublG). Für **kleine und mittlere Kapitalgesellschaften** ist nach § 276 HGB eine **Kürzung des verwendeten Schemas bei der Erstellung** erlaubt (vgl. Tz. 520). Während für **kleine** Kapitalgesellschaften **keine Veröffentlichung** der Gewinn- und Verlustrechnung vorgesehen ist, brauchen **mittlere** Kapitalgesellschaften nur das **verkürzte Schema** offenzulegen. Im übrigen gelten die allgemeinen Grundsätze des § 265 HGB (vgl. Tz 209).

I. Konto- oder Staffelform

513 Die **übliche Gewinn- und Verlustrechnung** weist **Kontoform** auf:

Aufwand	GuV-Konto	Ertrag

Eine **Erfolgsrechnung in Staffelform** stellt die Erträge und Aufwendungen nicht kontenmäßig gegenüber, sondern **subtrahiert die Aufwendungen schrittweise von den Erträgen.** Ein Beispiel hierfür bilden die handelsrechtlichen Gliederungsschemata des § 275 HGB. Sie verlangen im Gegensatz zum Bilanzschema des § 266 HGB für die Erfolgsrechnung die Staffelform.

Die **Staffelform** besitzt im Vergleich mit der Kontoform die **größere Aussagekraft,** da sie zusätzlich **Zwischensummen** ausweist. Voraussetzung ist allerdings, daß diese Zwischensummen sinnvoll gebildet werden; d.h., daß man zusammengehörige Ertrags- und Aufwandsteile einander zurechnet.

Buchungstechnisch verlangt auch eine Erfolgsrechnung in Staffelform zunächst ein Gewinn- und Verlustkonto, das erst in einem zweiten Schritt in eine Staffelrechnung umgegliedert wird. Die Schemata des § 275 Abs. 2 und 3 HGB enthalten Zwischensummen in Nr. 14 und 17 bzw. Nr. 13 und 16.

Sowohl die Konto- als auch die Staffelform entsprechen den Grundsätzen ordnungsmäßiger Bilanzierung, so daß ein Personenunternehmen zwischen beiden Formen frei auswählen kann.

II. Gesamtkosten- oder Umsatzkostenverfahren

Eine nach dem **Gesamtkostenverfahren** erstellte Erfolgsrechnung - auch **Produktionsrechnung** genannt - zeigt **im Prinzip** folgendes Aussehen: 514

Aufwand	Gesamtkostenverfahren Ertrag
Sämtliche Aufwendungen der Periode	Umsatzerlöse ± Bestandsänderungen an fertigen, unfertigen Erzeugnissen + aktivierte Eigenleistungen

Den **Ausgangspunkt** der Produktionsrechnung bilden die **in einer Periode angefallenen Aufwendungen auf der Sollseite** der Erfolgsrechnung. Diesen wird auf der Habenseite der **gesamte Ertrag der Periode** gegenübergestellt, der sich, soweit er abgesetzt wurde, in den Umsatzerlösen niedergeschlagen hat, soweit er noch nicht abgesetzt wurde, die Bestände an fertigen und unfertigen Erzeugnissen sowie an aktivierten Eigenleistungen erhöht. Die Differenz ergibt den Gewinn.

Eine nach dem **Umsatzkostenverfahren** erstellte Erfolgsrechnung - auch **Umsatzrechnung** genannt - ist **im Prinzip** wie folgt aufgebaut: 515

Aufwand	Umsatzkostenverfahren Ertrag
Selbstkosten des **Umsatzes**	Umsatzerlöse

Die Umsatzrechnung geht von den **Umsatzerlösen** auf der Habenseite der Erfolgsrechnung aus und fragt: **Welche Aufwendungen** waren für Herstellung und Vertrieb **dieses Umsatzes** notwendig? Als Differenz zwischen beiden Größen ergibt sich auch hier der Gewinn.

Gesamt- und Umsatzkostenverfahren führen stets zum **gleichen Ergebnis.** Der Unterschied liegt lediglich in der Art und Weise der Ermittlung. Da **Pro-**

duktion und Absatz einer Periode in der Regel auseinanderklaffen, setzt die **eine Rechnung von der Produktion her** (Gesamtaufwand der Periode), die **andere Rechnung vom Absatz her** (Umsatzerlöse) an. Stimmen Produktion und Absatz überein, d.h., treten in einer Periode keinerlei Bestandsänderungen der fertigen und unfertigen Erzeugnisse auf, so sind Produktions- und Absatzrechnung miteinander identisch.

516 **Beispiel:**

In einem Betrieb betragen die Umsatzerlöse einer Periode 100, die Bestände an fertigen und unfertigen Erzeugnissen haben sich um 20 erhöht. Dem stehen folgende Gesamtaufwendungen der Periode gegenüber: Materialaufwand 40, Personalaufwand 45, sonstiger Aufwand 25; davon treffen laut KLR auf die abgesetzten Erzeugnisse: Materialaufwand 32, Personalaufwand 37, sonstiger Aufwand 21. Welches Aussehen zeigen Produktions- und Umsatzrechnung?

Lösung:

Produktionsrechnung:

A	Erfolgsrechnung		E
M	40	U	100
P	45	BV	20
SoA	25		
G	10		

Umsatzrechnung:

A	Erfolgsrechnung		E
M	32	U	100
P	37		
SoA	21		
G	10		

U = Umsatzerlöse; BV = Bestandsveränderungen an fertigen und unfertigen Erzeugnissen; M = Materialaufwand; P = Personalaufwand; SoA = sonstiger Aufwand; G = Gewinn.

Bei beiden Rechnungen ergibt sich der gleiche Gewinn in Höhe von 10. **Äußeres Merkmal der Produktionsrechnung sind die Bestandsveränderungen an fertigen und unfertigen Erzeugnissen,** die bei einer Erhöhung auf der Habenseite, bei einer Verminderung auf der Sollseite der Gewinn- und Verlustrechnung erscheinen. Man kann daher als **Faustregel formulieren: Immer wenn in einer Erfolgsrechnung Bestandsveränderungen** an fertigen und unfertigen Erzeugnissen (oder aktivierte Eigenleistungen) ausgewiesen werden, handelt es sich um eine **Produktionsrechnung.**

517 **Die Anwendung des Umsatzkostenverfahrens** verlangt eine **ausgebaute KLR.** Es beinhaltet jedoch weniger Informationen - was im Hinblick auf die Offenlegung erwünscht sein kann -, denn beim Gesamtkostenverfahren sind neben den Umsatzerlösen auch Bestandserhöhungen und andere aktivierte Eigenleistungen sowie sämtliche, nicht nur die auf den Umsatz entfallenden Teile der Aufwendungen, sichtbar.

Die auf den Umsatz entfallenden Einzel- und Gemeinkosten werden im **Umsatzkostenverfahren** mit Hilfe der KLR lediglich nach den **drei Kostenstellen Herstellung, Verwaltung und Vertrieb** untergliedert. Insbesondere die Zusammenfassung sämtlicher Einzel- und Gemeinkosten der Herstellung in den »Herstellungskosten der zur Erzielung der Umsatzerlöse erbrachten Leistungen« (§ 275 Abs. 3 Nr. 2 HGB) erscheint fragwürdig. Sieht man einmal von Verwaltung und Vertrieb ab, könnte die Umsatzrechnung des obigen Beispiels (Tz. 516) im Extremfall lediglich die »Herstellungskosten des Umsatzes« in einer Summe mit (32 + 37 + 21 =) 90 ausweisen. Der **Informationsgehalt einer derartigen Globalgröße ist gering.** Das gleiche gilt tendenziell für die Globalgrößen Verwaltungs- und Vertriebskosten.

Dieser Mangel wird dadurch etwas ausgeglichen, daß § 285 Nr. 8 HGB für **mittlere und große Kapitalgesellschaften** bei Anwendung des Umsatzkostenverfahrens im Anhang folgende **Zusatzangaben** vorschreibt:

- **gesamter** Materialaufwand der Periode, gegliedert wie Nr. 5 des Gesamtkostenschemas, und
- **gesamter** Personalaufwand der Periode, gegliedert wie Nr. 6 des Gesamtkostenschemas.

Kleine Kapitalgesellschaften sind lediglich zur Darstellung des gesamten Personalaufwandes im Anhang verpflichtet (§ 288 HGB).

Die KLR ermittelt die **»Selbstkosten des Umsatzes«** im Prinzip wie folgt, wenn **518**
man Aktivierung der Material- und Fertigungsgemeinkosten sowie Nichtaktivierung der Verwaltungsgemeinkosten unterstellt:

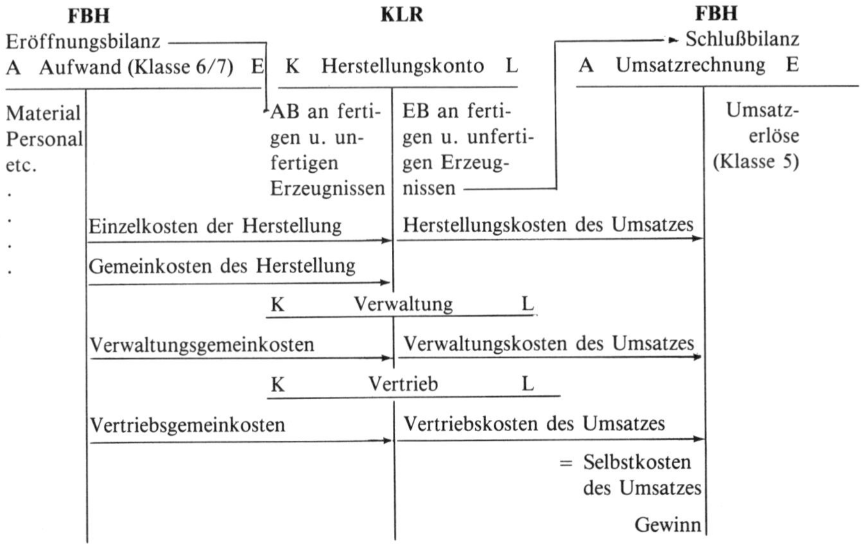

519 Sowohl **Gesamt-** als auch **Umsatzkostenverfahren** entsprechen den **Grundsätzen ordnungsmäßiger Bilanzierung,** so daß Personenunternehmen frei zwischen ihnen wählen können. Das Schema des § 275 HGB läßt für Kapitalgesellschaften in Abs. 2 das Gesamtkostenverfahren, in Abs. 3 das Umsatzkostenverfahren zu, wobei die Anwendung des letzteren bestimmte Zusatzangaben im Anhang erfordert. Das Umsatzkostenverfahren ist im angelsächsischen Raum weit verbreitet; es eignet sich also besonders für internationale Konzerne und im Hinblick auf eine Minderung des Informationsgehaltes der offengelegten Erfolgsrechnung.

III. Brutto- oder Nettoprinzip

520 **Das Bruttoprinzip verbietet jegliche Form der Saldierung.** Alle Größen sind einzeln und in voller Höhe anzugeben. Die Gliederungsschemata des § 275 HGB fordern das Bruttoprinzip. Nach dem Bruttoprinzip ist es untersagt, Ertrags- und Aufwandsteile **vor ihrem Ausweis** gegeneinander aufzurechnen. Nur für **kleine und mittlere Kapitalgesellschaften** läßt § 276 HGB den **Ausweis der Nettogröße »Rohergebnis«** zu, die sich - je nach Anwendung des Gesamt- oder Umsatzkostenverfahrens - wie folgt errechnet:

Gesamtkostenverfahren	*Umsatzkostenverfahren*
1. Umsatzerlöse 2. Erhöhung oder Verminderung des Bestands an fertigen und unfertigen Erzeugnissen (+ /–) 3. andere aktivierte Eigenleistungen (+) 4. sonstige betriebliche Erträge (+) ——— 5. Materialaufwand (–) a) Aufwendungen für Roh-, Hilfs- und Betriebsstoffe und für bezogene Waren b) Aufwendungen für bezogene Leistungen	1. Umsatzerlöse 2. Herstellungskosten der zur Erzielung der Umsatzerlöse erbrachten Leistungen (–) ——— 3. Bruttoergebnis vom Umsatz (= Summe aus 1 – 2) 6. sonstige betriebliche Erträge (+)
= Rohergebnis gem. § 276 HGB	= Rohergebnis gem. § 276 HGB

521 Es ist darauf hinzuweisen, daß die **beiden alternativ berechneten »Rohergebnisse« i. d. R. nicht identisch** sind. Tendenziell ist das nach dem **Umsatzkostenverfahren** ermittelte **Rohergebnis kleiner,** da in den zu subtrahierenden »Herstellungskosten der zur Erzielung der Umsatzerlöse erbrachten Leistungen« des Umsatzkostenverfahrens (Nr. 2) neben Materialaufwand u.a. auch Personalkosten und Abschreibungen enthalten sind, während die Subtraktionsgröße

Materialaufwand des Gesamtkostenverfahrens (Nr. 5) keinen anderen Aufwand beinhaltet.

Der Ausweis der **Nettogröße »Rohergebnis«** ist wesentlich **weniger aussagekräftig** als der Bruttoausweis der »Umsatzerlöse« mit sämtlichen Aufwendungen. Die zusätzliche Benennung des **Rohergebnisses als Zwischengröße** - die in den Schemata des § 275 HGB nicht vorgesehen ist - besitzt insbesondere bei Anwendung des Gesamtkostenverfahrens für den Handel einen gewissen Informationsgehalt, da sie in etwa die Wertschöpfung des Betriebes anzeigt.

C. Das handelsrechtliche Gliederungsschema

I. Darstellung

Die **handelsrechtlichen Gliederungsschemata des § 275 HGB,** die für Kapitalgesellschaften verbindlich sind, setzen sich aus **vier Stufen** zusammen: 522

Stufe	**GKV** Positionen	**UKV** Positionen
1. Stufe: Ermittlung des Betriebsergebnisses	1 bis 8	1 bis 7
2. Stufe: Ermittlung des Ergebnisses der gewöhnlichen Geschäftstätigkeit	+ (9 bis 13) = 14	+ (8 bis 12) = 13
3. Stufe: Ermittlung des außerordentlichen Ergebnisses	(15 – 16) = 17	(14 – 15) = 16
4. Stufe: Ermittlung des Jahresüberschusses/ -fehlbetrages	+ 18 + 19 = 20	+ 17 + 18 = 19

Gesamt- und Umsatzkostenverfahren unterscheiden sich nur in der **ersten Stufe; die Stufen zwei bis vier** sind identisch.

1. Ermittlung des Betriebsergebnisses

a) Gesamtkostenverfahren

Unter **Nr. 1** des Schemas sind entsprechend dem Bruttoprinzip die **Umsatzerlöse** darzustellen. Das sind die Erlöse aus dem **Verkauf** und der **Vermietung oder Verpachtung** von 523

- für die **gewöhnliche Geschäftstätigkeit** der Kapitalgesellschaft **typischen Erzeugnissen und Waren** sowie
- für die **gewöhnliche Geschäftstätigkeit** der Kapitalgesellschaft **typischen Dienstleistungen**

nach Abzug von Erlösschmälerungen und Umsatzsteuer (§ 277 Abs. 1 HGB). Die Umsatzsteuer bildet einen durchlaufenden Posten und zählt nicht zu den

Umsatzerlösen. **Preisnachlässe** (Rabatte, Boni, Skonti etc.) und sonstige **Kundenabzüge mindern die Umsatzerlöse.** Andere Abzüge dürfen nicht vorgenommen werden.

524 Zu den **Umsatzerlösen** zählen auch die Erlöse für Abfall- und Nebenprodukte sowie für Transport- und Verpackungskosten, die den Kunden in Rechnung gestellt werden. Erträge aus Vermietung und Verpachtung sind Umsatzerlöse, wenn diese Leistungen zur gewöhnlichen Geschäftstätigkeit des betreffenden Unternehmens zählen (z.B. Leasinggesellschaften, Wohnungsunternehmen etc.).

525 Normalerweise **nicht zu den Umsatzerlösen** zählen Erlöse aus Anlagenverkäufen, Vermietung von Werkswohnungen, Versicherungsentschädigungen oder gelegentlichen Dienstleistungen, da es sich dabei nicht um die üblicherweise am Markt angebotenen Erzeugnisse und Dienstleistungen handelt. Was die **»gewöhnliche Geschäftstätigkeit«** eines Unternehmens beinhaltet, muß sich aus dem **tatsächlichen Geschehen** ergeben, nicht etwa nur aus Registereintrag oder Satzung.

526 An **Nr. 2** des Schemas läßt sich die Anwendung der **Produktionsrechnung** (Gesamtkostenverfahren) erkennen. Danach zählen zu den Erträgen einer Periode auch die **Bestandsveränderungen an fertigen und unfertigen Erzeugnissen.** Diese sind mit ihren **Herstellungskosten** (vgl. Tz. 243 ff.), nicht etwa mit ihren Verkaufspreisen zu bewerten (Realisationsprinzip, vgl. Tz. 283).

Als **Bestandsveränderungen** sind sowohl Änderungen der **Menge** als auch des Wertes zu berücksichtigen (§ 277 Abs. 2 HGB). Abschreibungen jedoch nur infolge der Anforderungen des strengen Niederstwertprinzips; nicht etwa wegen zu erwartender niedrigerer Zukunftswerte. Letztere fallen unter Position 7 b.

527 Auch die Addition der **Nr. 3** des Schemas **»andere aktivierte Eigenleistungen«** dient dazu, den Gesamtertrag der Periode sichtbar zu machen. Solche aktivierungspflichtigen Eigenleistungen können z.B. im Bau oder der Erweiterung einer Werkshalle durch die betriebliche Maurerkolonne oder in der Herstellung oder Verbesserung einer maschinellen Anlage bestehen. Dazu gehören auch Bestandsveränderungen selbsterstellter Roh-, Hilfs- und Betriebsstoffe, soweit diese nicht unfertige oder fertige Erzeugnisse sind. Die Bewertung erfolgt - wie bei Nr. 2 - mit **Herstellungskosten.**

528 Unter Berücksichtigung der **Sammelposition Nr. 4 - sonstige betriebliche Erträge -** erhält man in etwa den **»Betriebsertrag«.** Hierher gehören **alle Erträge, auch aperiodische, aus der gewöhnlichen Geschäftstätigkeit,** soweit sie nicht in die Positionen 1 - 3 oder 9 - 11 einzustellen sind. Auszuweisen sind u.a. Erträge aus dem Abgang von Anlagevermögen und aus Zuschreibungen zu Anlage- oder Umlaufvermögen, z.B. auch zu Forderungen wegen Kürzung der Pauschalwertberichtigung; daneben Erträge aus der Auflösung von Rückstellungen und Sonderposten mit Rücklageanteil. Letztere sind nach § 281 Abs. 2 HGB gesondert auszuweisen oder im Anhang anzugeben.

Im Anschluß an Nr. 4 könnte man als **Zwischensumme den »Betriebsertrag«** einschieben, was jedoch im handelsrechtlichen Schema **nicht vorgesehen** ist. 529

Abzusetzen ist davon der **Materialaufwand** gemäß **Nr. 5**. Er wird aufgegliedert in 530

a) Aufwendungen für **Roh-, Hilfs- und Betriebsstoffe** und für bezogene Waren sowie
b) Aufwendungen für **bezogene Leistungen.**

Als Materialaufwand sollte man nur denjenigen des **Fertigungsbereichs, den Einstandswert der abgesetzten Handelswaren** und den **Materialaufwand für »sonstige betriebliche Erträge«** (z.B. Kantineneinkäufe) bezeichnen. **Aufwendungen für bezogene Leistungen** sind an Dritte vergebene Lohnaufträge, z.B. Lackieren, Stanzarbeiten. Fremdreparaturen sollten hier **nicht** eingehen, sondern in Nr. 8.

Der **Materialaufwand** wird durch **Inventur** ermittelt, so daß er auch Schwund, Inventurdifferenzen und Bewertungsabschläge, soweit sie im Unternehmen üblich sind, enthält (vgl. Tz. 76). Unüblich wäre z.B. ein starker Preisverfall. Die daraus resultierenden »außerplanmäßigen Abschreibungen auf Vorräte« wären unter Position 7 b zu erfassen.

Als **Zwischensumme** könnte **nach Nr. 5** der **»Rohertrag«** ermittelt werden, was allerdings im handelsrechtlichen Schema **nicht** vorgesehen ist. 531

Der Personalaufwand der Nr. 6 wird aufgegliedert in 532

a) Löhne und Gehälter sowie
b) soziale Abgaben und Aufwendungen für Altersversorgung und für Unterstützung,
davon für Altersversorgung.

Zu den **Löhnen und Gehältern** zählen **sämtliche Sach- und Geldleistungen an die Arbeitnehmer** des Unternehmens (einschließlich Nebenleistungen) **brutto,** d.h. vor Abzug von Steuern und Sozialabgaben des Arbeitnehmers, soweit sie das abgelaufene Jahr betreffen (z.B. Bruttolöhne und -gehälter, Lohnfortzahlung, Erfolgsprämien, Urlaubsgehälter, Gratifikationen, geldwerte Vorteile in Form einer mietfreien Dienstwohnung oder kostenlosen Dienstwagens, Geschäftsführervergütung, Vorstandsgehalt und -tantieme, etc.). Aufsichtsratsbezüge fallen unter Nr. 8, da kein Arbeitsvertrag mit der Gesellschaft besteht.

Soziale Abgaben sind Pflichtabgaben, also die **Arbeitgeberanteile zur gesetzlichen Sozialversicherung.** Freiwillige Sozialleistungen gehören zu Nr. 8.

Aufwendungen für Altersversorgung und Unterstützung beinhalten die Zuführung zur Pensionsrückstellung, Zuweisungen zu Pensions- und Unterstützungskassen, Beiträge an den Pensionssicherungsverein, Aufwendungen für

Verunglückte, Heirats- und Geburtsbeihilfen, Zuschüsse zu Kur-, Arzt- und Krankenhauskosten etc.

533 Bezüglich der **Abschreibungen (Nr. 7)** wird unterschieden in solche

a) auf immaterielle Vermögensgegenstände des Anlagevermögens und Sachanlagen sowie auf aktivierte Aufwendungen zur Ingangsetzung und Erweiterung des Geschäftsbetriebs und
b) auf Vermögensgegenstände des Umlaufvermögens, soweit diese die in der Kapitalgesellschaft üblichen Abschreibungen überschreiten.

534 **Die Abschreibungen der Ziffer a)** sind im **Anlagenspiegel** entsprechend zu spezifizieren. Soweit sie auf die genannten Gegenstände des **Anlagevermögens** entfallen, sind alle planmäßigen und außerplanmäßigen Abschreibungen hier anzugeben, **auch steuerliche Sonderabschreibungen** nach § 254 HGB. Gesondert zu bezeichnen oder im Anhang auszuweisen sind nach § 277 Abs. 3 HGB die **außerplanmäßigen** Abschreibungen auf das Anlagevermögen.

535 Was die **Abschreibungen auf Umlaufvermögen der Ziffer b)** anbelangt, sind hier nur **unübliche** zu erfassen. Die korrespondierenden »üblichen Abschreibungen« (Bewertungsabschläge) sind in Nr. 2 (Bestandsveränderungen), Nr. 5 a (Materialaufwand), Nr. 12 (Abschreibungen auf Wertpapiere) und Nr. 8 (Abschreibungen auf Forderungen) enthalten. **»Unübliche Abschreibungen«** können erforderlich sein bei starkem Preisverfall der Vorräte, hohen Forderungsausfällen, erheblichen Währungsverlusten etc. Soweit dieser Posten Abschreibungen auf den niedrigeren Zukunftswert enthält, bedarf es des gesonderten Ausweises oder der Angabe im Anhang (§ 277 Abs. 3 HGB).

536 Bunt zusammengewürfelt erscheinen die einzelnen Bestandteile der **Sammelposition Nr. 8 »sonstige betriebliche Aufwendungen«,** die das Gegenstück zu Nr. 4 **»sonstige betriebliche Erträge«** bildet. Dazu rechnen alle **Aufwendungen aus der gewöhnlichen Geschäftstätigkeit, auch aperiodische,** soweit sie bisher nicht genannt wurden und auch nicht in Ziffer 12 und 13 einzustellen sind. Insbesondere sind das

- **Verluste aus dem Abgang von Anlagevermögen** oder Wertpapieren des Umlaufvermögens,
- **Abschreibungen auf Forderungen** im üblichen Rahmen,
- **Zuführungen zu Rückstellungen** und
- **Einstellung in Sonderposten mit Rücklageanteil** mit gesondertem Ausweis oder Angabe im Anhang gemäß § 281 Abs. 2 HGB.

537 Ansonsten seien beispielhaft aufgeführt: Aufsichtsratsvergütungen, Kosten der Hauptversammlung, Werbeaufwendungen, Reisespesen, Provisionen, Ausgangsfrachten, Fremdreparaturen, Büromaterial, EDV-Kosten, Reinigungskosten, Gründungskosten, Spenden, Telefonkosten, Porti, Mieten, Pachten, Lizenzgebühren, Zuschüsse zu Kantinen und sonstigen Sozialeinrichtungen, Ausbil-

dungskosten, Energiekosten, Gebühren und Beiträge, Haus- und Grundstücksaufwendungen, Lagerkosten, Steuerberatungskosten, Prüfungskosten etc.

Im Anschluß an Nr. 8 könnte man als **Zwischensumme** das **»Betriebsergebnis«** einschieben, was allerdings im handelsrechtlichen Schema **nicht** vorgesehen ist. 538

b) Umsatzkostenverfahren

Die **»Umsatzerlöse«** (Nr. 1) entsprechen dem **gleichnamigen Posten des Gesamtkostenverfahrens.** Das gleiche gilt im wesentlichen für die **»sonstigen betrieblichen Erträge«** (Nr. 6), wobei »aktivierte Eigenleistungen« im Falle ihrer Erfassung in der Erfolgsrechnung des UKV in »sonstige betriebliche Erträge« eingestellt werden müßten. Normalerweise geschieht dies jedoch nicht, da sich im Umsatzkostenverfahren derartige Aktivierungen - wie Bestandserhöhungen bei den unfertigen und fertigen Erzeugnissen - als Kürzungen der entsprechenden Aufwandsarten (Material, Personal, Abschreibungen, sonstiger betrieblicher Aufwand) niederschlagen. 539

Im übrigen nimmt das **Umsatzkostenverfahren** eine **Umgliederung der** im Gesamtkostenverfahren ausgewiesenen **Aufwandsarten** vor; so daß 540

- Materialaufwand,
- Personalaufwand,
- Abschreibungen und
- Teile der sonstigen betrieblichen Aufwendungen

entsprechend ihrer Zuordnung zu den betrieblichen Kostenstellen der KLR (vgl. Tz. 518) ausgewiesen werden als

- **Herstellungskosten** der zur Erzielung der Umsatzerlöse erbrachten Leistungen (Nr. 2),
- **Vertriebskosten** (Nr. 4) und
- **allgemeine Verwaltungskosten** (Nr. 5).

In Höhe der »Bestandsänderungen an unfertigen und fertigen Erzeugnissen« erfolgen Erhöhungen bzw. Verminderungen der dafür eingesetzten Aufwandsarten des Gesamtkostenverfahrens, was sich in der Regel auf die »Herstellungskosten der zur Erzielung der Umsatzerlöse erbrachten Leistungen« (Nr. 2) auswirkt. 541

Für die Bemessung der **»Herstellungskosten der zur Erzielung der Umsatzerlöse erbrachten Leistungen«** (Nr. 2) ist § 255 Abs. 2 HGB maßgebend (vgl. Tz. 243). Gegebenenfalls fließen in diese Position auch **Wertabschläge** bezüglich der Vorräte ein. 542

Es gilt folgende Gleichung:

   Umsatzerlöse (Nr. 1)
– dafür aufgewendete Herstellungskosten (Nr. 2)

= Bruttoergebnis vom Umsatz (Nr. 3).

543 **Der Aussagewert der Saldogröße** Bruttoergebnis vom Umsatz (Nr. 3) ist **begrenzt.** Sie kann als Gradmesser für die **betriebliche »Produktionswirtschaftlichkeit«** dienen und gibt erst im Zeitvergleich gewisse Aufschlüsse. Die **zwischenbetriebliche Vergleichbarkeit** wird durch den hohen Bewertungsspielraum hinsichtlich der Herstellungskosten **beeinträchtigt;** insbesondere wenn der eine Betrieb die Herstellungskosten auf Vollkostenbasis, der andere auf Teilkostenbasis ermittelt.

544 Der Umfang der **»Vertriebskosten« (Nr. 4)** und der **»allgemeinen Verwaltungskosten« (Nr. 5)** ist im Gesetz nicht definiert. Er resultiert aus der KLR. Beispielhaft seien als Kosten des Vertriebsbereichs erwähnt: Kosten für Lagerung, Wartung, Absatz und Versand der Fertigerzeugnisse, Werbung, insbesondere einschlägige Material-, Personalkosten und Abschreibungen. Ein ähnliches Konglomerat von Kostenarten stellen die Verwaltungskosten dar (z.B. für Personalabteilung, Buchhaltung, Rechtsabteilung, Planung etc.).

545 Die **»sonstigen betrieblichen Aufwendungen« (Nr. 7)** stimmen in ihrer Höhe **nicht** mit dem gleichnamigen Posten des Gesamtkostenverfahrens überein. Zwar sind darin prinzipiell die gleichen Kostenarten enthalten; jedoch können einerseits Teile davon den Kostenstellen - Herstellung, Verwaltung, Vertrieb - zugeordnet sein, andererseits können sie Material- und Fertigungsgemeinkosten enthalten, die nicht in die Herstellungskosten der Erzeugnisse einbezogen wurden, oder auch außerplanmäßige Wertabschläge auf das Anlage- und Umlaufvermögen. Als Zwischensumme könnte **nach Nr. 7** des UKV das **»Betriebsergebnis«** eingeschoben werden, das mit dem nach dem GKV ermittelten übereinstimmt.

2. *Ermittlung des Ergebnisses der gewöhnlichen Geschäftstätigkeit*

546 Unter Nr. 9 GKV und 8 UKV fallen die laufenden Erträge aus Beteiligungen, z.B. Dividenden unserer Beteiligungskapitalgesellschaften oder Gewinnanteile unserer Beteiligungspersonenunternehmen. Nicht zu den Beteiligungserträgen, sondern zu den »sonstigen betrieblichen Erträgen« zählen etwaige **Gewinne** aus dem **Verkauf einer Beteiligung.** Die anrechenbare Körperschaftsteuer und einbehaltene Kapitalertragsteuer dürfen nicht abgesetzt werden. Der dafür angefallene Aufwand ist unter Position 18 GKV bzw. 17 UKV zu erfassen. Erträge aus Beteiligungen an verbundenen Unternehmen sind mit einem »Davon-Vermerk« gesondert anzugeben.

547 Weiterhin erscheint es zweckmäßig, wenn **Konzernunternehmen nach dieser Position** jeweils unter der entsprechenden Bezeichnung gesondert **Erträge** angeben

- aus Verlustübernahme infolge abgeführter Verluste und
- aus auf Grund einer Gewinngemeinschaft, eines Gewinnabführungs- oder Teilgewinnabführungsvertrages erhaltenen Gewinnen (vgl. § 291 ff. AktG).

Dafür ist im Schema des § 275 HGB keine eigene Position vorgesehen, so daß ein entsprechender Einschub erfolgen müßte (vgl. Tz. 552). 548

Die **Erträge aus anderen Wertpapieren und Ausleihungen des Finanzanlagevermögens** (Nr. 10 GKV und 9 UKV) stellen **laufende Erträge** (Zinsen und Dividenden) aus Wertpapieren des Anlagevermögens (ohne Beteiligungen) und aus langfristigen Ausleihungen dar. Im übrigen gilt das zu Nr. 9 GKV und 8 UKV Gesagte.

Sonstige Zinsen und ähnliche Erträge (Nr. 11 GKV und 10 UKV) beinhalten die übrigen Finanzerträge, z.B. Zinsen auf gewährte Darlehen und auf Bankguthaben sowie Zinsen und Dividenden aus Wertpapieren des Umlaufvermögens. Es gilt wieder ein »Davon-Vermerk« für derartige Erträge aus verbundenen Unternehmen. 549

In Nr. 12 GKV und 11 UKV werden **Abschreibungen auf Finanzanlagen und auf Wertpapiere des Umlaufvermögens** erfaßt, also auf Beteiligungen, Ausleihungen, Wertpapiere des Anlage- und Umlaufvermögens. 550

Die Position 13 GKV und 12 UKV, **Zinsen und ähnliche Aufwendungen,** beinhaltet 551

- Zinsen für Kredite aller Art,
- Aufwendungen für Wechseldiskontierung,
- Kreditprovisionen und sonstige Kosten des Geldverkehrs sowie
- Disagioaufwand.

Zinsen, die an verbundene Unternehmen zu zahlen sind, müssen gesondert angegeben werden.

Weiterhin erscheint es zweckmäßig, wenn **Konzernunternehmen** nach dieser Position gemäß § 277 Abs. 3 HGB jeweils unter der entsprechenden Bezeichnung gesondert **Aufwendungen** angeben 552

- aus Verlustübernahme infolge erhaltener Verluste und
- aus auf Grund einer Gewinngemeinschaft, eines Gewinnabführungs- oder Teilgewinnabführungsvertrages abgeführten Gewinnen (vgl. §§ 291 ff. AktG) .

Dafür ist im Schema des § 275 HGB keine eigene Position vorgesehen, so daß ein der Tz. 547 entsprechender Einschub erfolgen müßte. Es wäre allerdings noch sinnvoller, derartige Konzernaufwendungen gemeinsam mit den entsprechenden Erträgen (vgl. Tz. 547) in einem neu zu schaffenden Bereich unmittelbar vor dem Jahresüberschuß/Jahresfehlbetrag zusammenzufassen.

Die Zwischensumme Nr. 14 GKV und 13 UKV gibt als **Saldo** aller bisher genannten Erträge und Aufwendungen das **»Ergebnis der gewöhnlichen Geschäftstätigkeit«** an. Es **umfaßt neben dem Betriebsergebnis auch das Finanzergebnis** des Unternehmens **vor Steuern.** 553

3. Ermittlung des außerordentlichen Ergebnisses

554 Die Posten 15 GKV und 14 UKV zeigen die **»a.o. Erträge«,** die Posten 16 GKV und 15 UKV die **»a.o. Aufwendungen«.** Damit sind nach § 277 Abs. 4 HGB Erträge und Aufwendungen **außerhalb der gewöhnlichen Geschäftstätigkeit** der Kapitalgesellschaft gemeint. Es besteht eine gesonderte Ausweis- und Erläuterungspflicht im Anhang, soweit die Beträge für die Beurteilung nicht von untergeordneter Bedeutung sind. Das gilt auch für alle Beträge, die einem anderen Geschäftsjahr zuzuordnen sind (§ 277 Abs. 4 Satz 3 HGB).

555 **Periodenfremde** Erträge und Aufwendungen fallen im allgemeinen **nicht außerhalb der gewöhnlichen Geschäftstätigkeit an.** Als »außerordentlich« gelten auch die **meisten betriebsfremden** Posten **nicht,** da die **»gewöhnliche Geschäftstätigkeit« mehr als nur den Betrieb** umfaßt. Die periodenfremden und der Großteil der betriebsfremden Erfolgskomponenten sind somit den »sonstigen betrieblichen Aufwendungen und Erträgen« zugeordnet. Bei den hier in Frage stehenden Positionen muß es sich folglich um **unternehmensfremde Erfolgsgrößen** handeln oder um solche, die **unregelmäßig und selten in Erscheinung treten.** Ihr **Inhalt** ist somit relativ **eng umgrenzt.**

Der periodengerechte Erfolg eines Unternehmens läßt sich daher nur dann ermitteln, wenn gemäß § 277 Abs. 4 Satz 3 HGB **auch innerhalb der sonstigen** betrieblichen Erträge und Aufwendungen die periodenfremden Teile gesondert gekennzeichnet und erläutert werden. § 277 Abs. 4 Satz 3 HGB darf nicht nur auf die außerordentlichen Posten bezogen werden.

556 Als **Beispiele für a.o. Aufwendungen/Erträge** seien genannt:

- Verluste/Gewinne aus dem Verkauf bedeutender Grundstücke und Beteiligungen
- Verluste/Gewinne aus dem Verkauf eines Teilbetriebs
- Verluste/Gewinne aus der Abwicklung von Schadensfällen
- Erträge aus Sanierungsleistungen.

557 **Nicht außerordentlich** sind dagegen (die Ziffern bezeichnen den zutreffenden Posten des GKV):

- Verluste/Gewinne aus dem Abgang von immateriellen Anlagen oder Sachanlagen im Normalfall (Nr. 8 oder 4)
- Verluste/Gewinne aus dem Verkauf von Wertpapieren (Nr. 8 oder 4)
- Aufwand/Ertrag aus Inventurdifferenzen (Nr. 2 oder 5)
- Außerplanmäßige Abschreibungen auf Anlagen (Nr. 7 a)
- Steuernachzahlungen (Nr. 18 oder 19)
- Großreparaturen (Nr. 8)
- Erträge aus der Herabsetzung der Pauschalwertberichtigung zu Forderungen (Nr. 4)
- Erträge aus der Auflösung von Rückstellungen oder Sonderposten mit Rücklageanteil (Nr. 4).

Nr. 17 GKV und 16 UKV gibt als **Saldo** dieser außerordentlichen Vorgänge das **»a.o. Ergebnis«** an, das positiv oder negativ sein kann. 558

4. Ermittlung des Jahresüberschusses/-fehlbetrags

Steuern vom Einkommen und vom Ertrag (Nr. 18 GKV und 17 UKV) der Kapitalgesellschaft sind die Körperschaftsteuer, Kapitalertragsteuer und die Gewerbeertragsteuer. 559

Für die Berechnung der Körperschaftsteuer ist nach § 278 HGB der Beschluß über die Verwendung des Ergebnisses maßgeblich. Wenn ein solcher Beschluß im Zeitpunkt der Feststellung des Jahresabschlusses noch nicht vorliegt, so ist vom **Vorschlag über die Verwendung des Ergebnisses** auszugehen. Sollte der endgültige Verwendungsbeschluß von diesem Vorschlag abweichen, so braucht der Jahresabschluß aus Praktikabilitätsgründen deswegen nicht geändert zu werden (vgl. Tz. 634). 560

In diesen Posten werden auch **Nachzahlungen für frühere Jahre** aufgenommen, nicht dagegen Steuererstattungen, die als **»sonstige betriebliche Erträge«** (Nr. 4 GKV und 6 UKV) behandelt werden. Derartige periodenfremde Komponenten sollten gemäß § 277 Abs. 4 Satz 3 HGB jeweils gesondert gekennzeichnet und erläutert werden. 561

Des weiteren sind hier auch **Zuführungen zur Rückstellung für latente Steuern** sowie **Erträge aus aktivischer Steuerabgrenzung** zu erfassen, so daß der Steueraufwand an das Handelsbilanzergebnis angepaßt wird. Die tatsächlich an das Finanzamt zu entrichtende Körperschaftsteuerschuld der Periode, die Rückschlüsse auf den Steuerbilanzgewinn ermöglichen würde, ist meist nicht zu erkennen. Möglicherweise ergeben sich nähere Anhaltspunkte aus der im Anhang vorzunehmenden Spaltung des Steueraufwandes in die das »Ergebnis der gewöhnlichen Geschäftstätigkeit« und das »außerordentliche Ergebnis« betreffenden Teile (§ 285 Nr. 6 HGB). 562

Zu den **»sonstigen Steuern«** (Nr. 19 GKV und 18 UKV) rechnen 563

- die Besitzsteuern: Grundsteuer,
- die Verkehrsteuern: Kraftfahrzeugsteuer,
- die Verbrauchsteuern: Bier-, Branntwein-, Tabak-, Mineralölsteuer u.a.

Umsatzsteuer gehört nur insoweit hierher, als sie ergebniswirksam ist (MWSt für unentgeltliche Zuwendungen). Steuern, die Anschaffungsnebenkosten darstellen (Grunderwerbsteuer und Einfuhrzölle) sind aktivierungspflichtig und nicht in der GuV-Rechnung auszuweisen. Das gleiche gilt für Durchlaufsteuern (z.B. einbehaltene Lohn- und Kirchensteuer der Arbeitnehmer, MWSt).

Den **Saldo aller Erträge und Aufwendungen** der Erfolgsrechnung nennt man **Jahresüberschuß/Jahresfehlbetrag** (Nr. 20 GKV und Nr. 19 UKV). Er beinhaltet neben dem »Ergebnis der gewöhnlichen Geschäftstätigkeit« das »außer- 564 ordentliche Ergebnis« und die »Steuern«. Dieser dem Unternehmen zur Verfügung stehende Teil des Gesamtertrags kann entweder zur Stärkung des Eigenkapitals den Gewinnrücklagen zugeführt oder an die Gesellschafter ausgeschüttet werden (vgl. Tz. 582 ff.).

II. Kritik

565 **Oberstes Kriterium für die Beurteilung der Gliederungsschemata der Erfolgsrechnung** des § 275 HGB ist der **Grundsatz des true and fair view,** nach dem diese ein den tatsächlichen Verhältnissen entsprechendes Bild der Vermögens-, Finanz- und Ertragslage der Kapitalgesellschaft vermitteln sollen.

Positiv wirken sich unter diesem Gesichtspunkt die Anwendung des **Bruttoprinzips,** die **stufenweise** Ergebnisermittlung, **gesonderte Ausweispflichten** durch »Davon-Vermerke«, die Notwendigkeit von Erläuterungen im Anhang und die **Angabe von Vergleichszahlen des Vorjahres** aus. Dennoch wird die **Erfolgsanalyse** durch eine Reihe von Faktoren **beeinträchtigt:**

566 • Das **Nebeneinander zweier Schemata** (GKV und UKV) **erschwert den zwischenbetrieblichen Vergleich,** wobei die Erfolgsrechnung nach dem Umsatzkostenverfahren weniger Informationen hergibt als die nach dem Gesamtkostenverfahren.

567 • Nach Position 4 des GKV wäre eine Zwischensumme **»Betriebsertrag«** sinnvoll gewesen.

568 • Nach Position 8 des GKV und 7 des UKV hätte als Zwischensumme das **»Betriebsergebnis«** eingefügt werden sollen.

569 • Die **beiden vorgenannten Zwischensummen** stellen allerdings **keine »reinen« Größen** dar. So können die Nr. 4, 6, 7, 8 GKV bzw. 6 und 7 UKV **Erfolgskomponenten** enthalten, **die über den Betrieb** als solchen **hinausgehen;** z. B. sind die sonstigen betrieblichen Erträge und Aufwendungen zu umfassend und beinhalten sowohl betriebsfremde als auch periodenfremde Erfolgsteile, aber auch die außerplanmäßigen Abschreibungen sind größtenteils nicht betrieblich bedingt. Auf der anderen Seite **fehlen mit den betriebsbezogenen Zinsen** (Nr. 11 und 13 GKV sowie 10 und 12 UKV) **sowie den betrieblichen Steuern** (Nr. 18 und 19 GKV und 17 und 18 UKV) wesentliche Teile des Betriebserfolges.

570 • Im Mittelpunkt der Schemata steht das **»Ergebnis der gewöhnlichen Geschäftstätigkeit«.** Auch das ist allerdings **keine »klare« Größe:** So unterbleibt die Berücksichtigung von Betriebssteuern (es handelt sich also um ein **»Ergebnis vor Steuern«);** bedeutender ist jedoch, daß **einzelne Posten** - wie Erträge aus Beteiligungen, Wertpapieren und Ausleihungen sowie Abschreibungen auf Wertpapiere oder Zinsaufwendungen - **weit über den Rahmen der »gewöhnlichen Geschäftstätigkeit« hinaus gehen** können. Sie haben vielfach mit den Marktleistungen des Unternehmens nur wenig zu

tun. Es hätten also die »neutralen« Erfolgsteile sichtbar gemacht und vom »Betriebsergebnis« abgespaltet werden müssen.

- Die Zwischensumme **»außerordentliches Ergebnis«** (Nr. 17 GKV und Nr. 571
16 UKV) ist zu eng gefaßt. Sie hieße zutreffender **außergewöhnliches Ergebnis.** Besser wäre es jedoch gewesen, alle **»neutralen«** Komponenten an dieser Stelle zusammenzufassen und ein **»neutrales Ergebnis«** zu bilden. Das neutrale Ergebnis setzt sich zusammen aus **betriebsfremden und außerordentlichen** Vorgängen, wobei außerordentlich im betriebswirtschaftlichen Sinne **periodenfremd** oder **außergewöhnlich** sein kann. Nur unter dieser Voraussetzung ließe sich die **aussagefähige Meßgröße »Betriebsergebnis«** erkennen, die zusammen mit dem »neutralen Ergebnis« den »Unternehmenserfolg« ausmacht.
- Auch der **Inhalt des Begriffs »Jahresüberschuß/-fehlbetrag«** (Nr. 20 GKV 572
und 19 UKV) **ist nicht eindeutig,** da er zu viele Einflußfaktoren beinhaltet. So handelt es sich nicht etwa um den Gesamterfolg der eigenen betrieblichen und neutralen Tätigkeit; denn diese Größe wird auch durch Vorgänge berührt, die aus Konzernverflechtungen herrühren. Allerdings läßt sich deren Einfluß mit »Davon-Vermerken« hinreichend aussondern.

D. Steuerlich nicht abzugsfähige Aufwendungen

Den **einkommen- oder körperschaftsteuerpflichtigen Gewinn** erhält man 573
nach Berücksichtigung der am handelsrechtlichen Erfolg vorzunehmenden Korrekturen. Bestimmte handelsrechtliche Aufwendungen stellen steuerlich **keine abzugsfähigen Betriebsausgaben** dar und dürfen daher den zu versteuernden Gewinn nicht mindern. Dazu zählen im einzelnen:

- Die **Erfolgsauswirkungen von Bilanzierungs- und Bewertungsunterschie-** 574
den zwischen Handels- und Steuerbilanz (vgl. Tz. 501). Als Beispiel seien in diesem Zusammenhang niedrigere steuerliche Abschreibungen angeführt. Die **buchungstechnische** Berücksichtigung dieser Unterschiede wurde unter Tz. 506 gezeigt.
- Die **Zuwendungen von Personenunternehmen an ihre Gesellschafter,** die 575
im Rahmen der steuerlichen **Mitunternehmerschaft** des § 15 Abs. 1 Nr. 2 EStG Einkünfte aus Gewerbebetrieb der Gesellschafter darstellen. Solche Zahlungen, würden sie an Dritte geleistet, wären abzugsfähige Betriebsausgaben: z. B. Tätigkeitsvergütungen, Zinsen, Mieten, Pachten, Lizenzgebühren. **Buchungstechnisch** werden derartige Zahlungen in der Steuerbilanz als **Entnahmen behandelt** (vgl. Tz. 368).
- **Ausgaben, die mit steuerfreien Einnahmen in Zusammenhang stehen** 576
(§ 3 c EStG), z.B. Depotgebühren für steuerfreie Zins- und Dividendenpapiere sowie Aufwendungen im Zusammenhang mit steuerfreien Auslandsgewinnen. Soweit Einnahmen aus Dividenden und Anteilsverkäufen nur zur Hälfte steuerpflichtig sind (§ 3 Nr. 40 EstG, Halbeinkünfteverfahren Tz. 632), dürfen auch die zugehörigen Ausgaben (z.B. Finanzierungszinsen, Depotgebühren) nur zur Hälfte geltend gemacht werden.

577 • **Die nicht abzugsfähigen Betriebsausgaben des § 4 Abs. 5 EStG.** Dazu zählen u. a. sämtliche Aufwendungen für Firmengeschenke an Geschäftsfreunde, wenn die Anschaffungs- oder Herstellungskosten der dem einzelnen Empfänger im Wirtschaftsjahr zugewendeten Gegenstände 30 € übersteigen; sämtliche Aufwendungen für die Bewirtung, Beherbergung oder Unterhaltung von Geschäftsfreunden außerhalb des Betriebsorts in sogenannten Gästehäusern; sämtliche Aufwendungen für Jagd, Fischerei, Yachten etc.; unangemessen hohe oder nicht betrieblich veranlaßte Aufwendungen für die Bewirtung von Geschäftsfreunden, wobei die betriebliche Veranlassung anhand bestimmter Zusatzangaben nachgewiesen werden muß; 20 % der angemessenen Aufwendungen für die betrieblich veranlaßte Bewirtung von Geschäftsfreunden (brutto mit MWSt); andere Aufwendungen, die die Lebensführung des Steuerpflichtigen berühren, soweit sie nach allgemeiner Verkehrsauffassung als unangemessen anzusehen sind (Ausstattung von Chefbüros mit wertvollen Gemälden, Teppichen etc.).

578 • Die **Steuern vom Einkommen** (Einkommen-, Körperschaft-, Kapitalertragsteuer) sowie die **Umsatzsteuer auf Entnahme von Gegenständen für unternehmensfremde Zwecke** (z.B. auf Sachentnahmen des Unternehmers). Durch die Nichtabzugsfähigkeit der Umsatzsteuer auf die Entnahme von Gegenständen für unternehmensfremde Zwecke soll der Unternehmer dem privaten Konsumenten gleichgestellt werden, der die MWSt auf die von ihm verbrauchten Güter ebenfalls nicht absetzen kann.

579 • **Spenden** sind in Kapitalgesellschaften nach § 9 Abs. 3 KStG nur in begrenztem Umfang abzugsfähige Betriebsausgaben. In Personenunternehmen mindern sie den steuerpflichtigen Gewinn überhaupt nicht; dafür können sie von natürlichen Personen nach § 10 b EStG innerhalb der gleichen Grenzen als Sonderausgaben geltend gemacht werden.

580 • **Aufsichtsratsvergütungen** stellen gemäß § 10 Nr. 3 KStG nur **zur Hälfte** gewinnmindernde Betriebsausgaben dar.

581 • **Zuwendungen an ungenannte Empfänger** (z.B. Schmiergelder) können nach § 160 AO nicht als gewinnmindernde Betriebsausgaben behandelt werden. Ein Abzug kommt jedoch in Betracht, wenn der Empfänger **genannt** wird.

Buchungstechnisch wird von Kapitalgesellschaften, nachdem diese keine Entnahmen kennen, bei der steuerlichen Gewinnermittlung in der Weise verfahren, daß man die **nicht abzugsfähigen Zahlungen dem handelsrechtlichen Erfolg außerhalb des Jahresabschlusses zuschlägt,** da sie zuvor das handelsrechtliche Ergebnis gemindert haben.

E. Die Ergebnisverwendung

Im Anschluß an die Ermittlung des erwirtschafteten Ergebnisses (Jahresüberschusses/-fehlbetrages bei Kapitalgesellschaften) gilt es, dessen **Verwendung** zu bestimmen. Dabei kommen zwei Möglichkeiten in Betracht: 582

- Einbehaltung (Stärkung des Eigenkapitals) oder
- Ausschüttung an die Gesellschafter.

Die **Entscheidung** über die Verwendung des erwirtschafteten Ergebnisses kommt je nach Rechtsform des Unternehmens in unterschiedlicher Weise zustande. Während in der **Personenfirma** der/die Eigentümer jeweils über die Verwendung **ihres Gewinnanteils** entscheiden, bedarf es bei der **Kapitalgesellschaft** eines **gesonderten Beschlusses der Gesellschafter über die Ergebnisverwendung.**

I. Personenunternehmen

Im **Einzelunternehmen** bestimmt der **Inhaber** Höhe und Zeitpunkt eventueller 583
»Ergebnisausschüttungen« durch entsprechende **Entnahmen.** Gesellschafterkonflikte entfallen.

Problematischer kann sich die Situation in **Personengesellschaften** gestalten. 584
Hier ist eine präzise, vertragliche Festlegung des Rechts zu Entnahmen und Einlagen im Gesellschaftsvertrag zweckmäßig. Fehlen derartige Bestimmungen, gilt § 122 HGB. **Vor der Gewinnverwendung** haben die Gesellschafter die **Frage der Gewinnverteilung** zu klären. Auch in dieser Beziehung sollte der Gesellschaftsvertrag entsprechende Regelungen treffen; andernfalls gilt die **gesetzliche Gewinnverteilung** des § 121 HGB, die wie folgt aussieht:

Beispiel: 585

Eine OHG besteht aus den Gesellschaftern A und B. Für das abgelaufene Geschäftsjahr liegen folgende Daten vor:

	A	B
Eigenkapital zu Beginn des Geschäftsjahrs (EK_1):	90 000	150 000
Entnahmen des Geschäftsjahrs:	40 000	60 000
Einlagen des Geschäftsjahrs:	10 000	–
Gewinn des Geschäftsjahrs:	80 000	

Die **Gewinnverteilung** soll sich **nach 121 HGB** richten. Welches Eigenkapital besitzen A und B am Ende des Geschäftsjahrs (EK_2)?

Lösung:

Gewinnverteilungstabelle:

Gesellschafter	EK_1	4 % Vorweggewinn	Restgewinn	Einlagen	Entnahmen	EK_2
A	90 000	3 600	35 200	+ 10 000	·/. 40 000	98 800
B	150 000	6 000	35 200	—	·/. 60 000	131 200
Σ	240 000	9 600	70 400	+ 10 000	·/. 100 000	230 000
		80 000				

Das Endkapital von A beträgt 98 800, das von B 131 200.

Die **gesetzliche Gewinnverteilung** des § 121 HGB gewährt zunächst jedem OHG-Gesellschafter eine Verzinsung seines Kapitalanteils in Höhe von 4 %. Dabei blieben im obigen Beispiel der Einfachheit halber die Veränderungen durch Einlagen und Entnahmen wahrend des Geschäftsjahrs außer Betracht. Sie hätten nach § 121 Abs. 2 HGB zeitanteilig berücksichtigt werden müssen. Der Restgewinn verteilt sich gleichmäßig nach Köpfen.

Für die KG bestimmt § 168 HGB eine analoge Anwendung der Vorschriften des § 121 HGB, d. h., dem zur Geschäftsführung verpflichteten Komplementär ist vorab eine angemessene Tätigkeitsvergütung zu gewähren.

II. Kapitalgesellschaften

586 In Kapitalgesellschaften gestaltet sich der **Beschluß über die Ergebnisverwendung** um so schwieriger, je breiter der Kreis der Gesellschafter ist. Keinerlei Probleme treten in der Ein-Mann-GmbH auf; demgegenüber kann es in der Publikums-AG mit breit gestreutem Aktionärskreis zu erheblichen Auseinandersetzungen kommen. Die **Grundlage der Ergebnisverwendung** bleibt der **Jahresüberschuß/-fehlbetrag.**

1. GmbH

587 Sofern nichts anders bestimmt ist, haben die **Gesellschafter** nach § 29 Abs. 1 GmbHG **Anspruch auf Ausschüttung des Jahresüberschusses** (zuzüglich Gewinnvortrag abzüglich Verlustvortrag aus dem Vorjahr). Wird bereits im Rahmen der Aufstellung des Jahresabschlusses ganz oder teilweise von der **Gesellschafterversammlung** über die Ergebnisverwendung beschlossen, so haben die einzelnen Gesellschafter nur mehr **Anspruch auf den nach Zuführung zu Gewinnrücklagen oder Gewinnvortrag ins nächste Jahr** verbleibenden **Bilanzgewinn (Vollausschüttungsgebot).**

588 Zuständig für den Beschluß über die Ergebnisverwendung ist - ebenso wie für die Feststellung des Jahresabschlusses - die **Gesellschafterversammlung** (§ 46 Nr. 1 GmbHG), d.h., Minderheitsgesellschafter können von dem Mehrheitsge-

sellschafter im Regelfall **majorisiert** werden. Grundsätzlich ist die Gesellschafterversammlung in ihrer Entscheidung frei; sie kann also auch den ganzen Jahresüberschuß in Gewinnrücklagen einstellen oder auf neue Rechnung vortragen (§ 29 Abs. 2 GmbHG), so daß **kein Bilanzgewinn** mehr verbleibt, für den das **Vollausschüttungsgebot Wirkung entfalten könnte.** Ist im Gesellschaftsvertrag eine **Nachschußpflicht** vereinbart (§§ 27 - 28 GmbHG), besteht die Möglichkeit, die Gesellschafter zum **Ausgleich eines Jahresfehlbetrages** heranzuziehen, **ansonsten grundsätzlich nicht.**

Für die **Darstellung der Ergebnisverwendung** gibt es keine besonderen gesetzlichen Vorschriften, so daß die Regelungen des § 158 AktG analoge Anwendung finden. Danach wäre die Erfolgsrechnung **nach** dem Posten Jahresüberschuß/-fehlbetrag (die Ziffern unterstellen das GKV) wie folgt **fortzuführen,** wobei die Angaben auch im Anhang erfolgen können: 589

	20. Jahresüberschuß/-fehlbetrag
±	21. Gewinnvortrag/Verlustvortrag aus dem Vorjahr
+	22. Entnahmen aus der Kapitalrücklage
+	23. Entnahmen aus Gewinnrücklagen
–	24. Einstellung in Gewinnrücklagen
=	25. Bilanzgewinn/Bilanzverlust

Die **Ergebnisverwendung** kann auch **bereits ganz oder teilweise bei der Aufstellung des Jahresabschlusses** Berücksichtigung finden (§ 268 Abs. 1 HGB), dann hat die Erfolgsrechnung den Zusatz der Tz. 589 von Anfang an. In die Bilanz ist statt dem Jahresüberschuß/-fehlbetrag der Bilanzgewinn/Bilanzverlust einzustellen. Der **Bilanzgewinn/-verlust** gibt also **nicht den erwirtschafteten Erfolg** des Unternehmens an, sondern **denjenigen Teil** davon, der unter Berücksichtigung der ganzen oder teilweisen Ergebnisverwendung im Rahmen der Aufstellung des Jahresabschlusses für einen eventuell nachfolgenden **Beschluß über die Verwendung des Restergebnisses** noch verbleibt: Es handelt sich also um das **ausschüttungsfähige Ergebnis.** 590

2. AG

Am schwierigsten gestaltet sich die Frage der **Ergebnisverwendung** in der AG. Wegen der starken Stellung der Verwaltungsorgane - Vorstand und Aufsichtsrat - bedarf es besonderer Regelungen, um **den Interessen der** oftmals breit gestreuten **Kleinaktionäre** Gewicht zu verleihen. Die **Verwaltungsorgane** einer AG neigen dazu, einen möglichst **großen Teil des Gewinns einzubehalten und den Gewinnrücklagen** zuzuführen, demgegenüber streben vor allem die **Kleinaktionäre** eine möglichst **hohe Gewinnausschüttung in Form von Dividenden** an. 591

a) Rechtslage

592 Die **Gewinnrücklagen** einer AG unterteilen sich wie folgt:

- gesetzliche Rücklage (vgl. Tz. 359)
- Rücklage für eigene Anteile (vgl. Tz. 220)
- satzungsmäßige Rücklage (vgl. Tz. 360)
- andere Gewinnrücklagen (vgl. Tz. 361).

In den weiteren Ausführungen wird von der **Rücklage für eigene Anteile** sowie von der **satzungsmäßigen Rücklage abgesehen,** so daß nur mehr die **gesetzliche Rücklage** und die **anderen Gewinnrücklagen verbleiben.** Des weiteren sollen auch Kapitalrücklagen im Sinne des § 272 Abs. 2 Ziff. 4 HGB entfallen, so daß lediglich die **»regelmäßige« Kapitalrücklage** vorhanden ist (zum Begriff vgl. Tz. 356).

aa) Bildung und Auflösung der gesetzlichen Rücklage

593 Die **Bildung einer gesetzlichen Rücklage** ist gemäß § 150 Abs. 1 AktG **nur für die AG zwingend vorgeschrieben.** Es sind **zwei Arten von Zuführungen** denkbar:

594 • **Zuführungen** im Rahmen der **Feststellung des Jahresabschlusses** (vgl. Tz. 125): Nach § 150 Abs. 2 AktG **müssen** der gesetzlichen Rücklage jährlich **5 % des um einen Verlustvortrag aus dem Vorjahr geminderten Jahresüberschusses** zugeführt werden, bis die gesetzliche Rücklage zusammen mit der regelmäßigen Kapitalrücklage den **zehnten** oder den in der Satzung bestimmten höheren **Teil des Grundkapitals** erreicht.
§ 150 Abs. 2 AktG nennt **zwei starre Größen:** Bei der Aufstellung des Jahresabschlusses dürfen der gesetzlichen Rücklage zum einen **weder mehr noch weniger** als 5 % des um einen Verlustvortrag aus dem Vorjahr geminderten Jahresüberschusses (vgl. in Tz. 612 B_1) zugeführt werden; zum anderen dürfen keine Beträge mehr eingestellt werden, sobald sie zusammen mit der regelmäßigen Kapitalrücklage 10 % des Grundkapitals (oder den in der Satzung bestimmten höheren Prozentsatz) erreicht hat.

595 • **Zuführungen,** die die Hauptversammlung bei ihrem Beschluß über die **Verwendung des Bilanzgewinns** nach § 174 AktG vornimmt. Die Hauptversammlung unterliegt bei ihrem Beschluß über die Gewinnverwendung nur der Beschränkung des § 254 Abs. 1 AktG (vgl. Tz. 607). Sie **kann** daher auch einen Teil des Bilanzgewinns in gesetzliche Rücklagen einstellen.

596 **Die Auflösung der gesetzlichen Rücklage und der regelmäßigen Kapitalrücklage** regelt § 150 Abs. 3 und Abs. 4 AktG. Bezüglich ihrer Auflösung bilden diese beiden Rücklagearten eine **Einheit.** Dabei ist zu beachten:

- Nach § 150 Abs. 3 AktG darf der **Sockelbetrag** derartiger Rücklagen in **Höhe von 10 % des Grundkapitals** (oder des in der Satzung bestimmten höheren Prozentsatzes) **nur zum Ausgleich früherer oder gegenwärtiger**

Verluste verwandt werden, und das auch nur dann, **wenn zuvor alle »anderen« Gewinnrücklagen aufgelöst sind.**

- Soweit die gesetzliche Rücklage einschließlich der regelmäßigen Kapitalrücklage den genannten **Sockelbetrag von 10 % übersteigt,** kann sie nach § 150 Abs. 4 AktG **bereits vor Auflösung der »anderen« Gewinnrücklagen** zur Verlustabdeckung herangezogen werden oder zur Kapitalerhöhung aus Gesellschaftsmitteln.

bb) Bildung und Auflösung der anderen Gewinnrücklagen

Zu den anderen Gewinnrücklagen gehören alle freien Rücklagen der AG. Es sind 597
drei Arten von Zuführungen denkbar:

- Zuführung des **Eigenkapitalanteils einer »Wertaufholungsrücklage«.** Die- 598
se Zuführung kann bei Aufstellung des Jahresabschlusses **vorab** durch Vorstand und Aufsichtsrat erfolgen (§ 58 Abs. 2 a AktG; analog dazu auch § 29 Abs. 4 GmbHG). Auf diese Weise können die Verwaltungsorgane für den Fall, daß man sich im **Rahmen des eingeschränkten Wertezusammenhangs für Zuschreibungen entscheidet** (vgl. Tz. 295) und dadurch einen höheren Gewinn ausweist, den nach Abzug der darauf entfallenden Steuern **verbleibenden handelsrechtlichen Mehrgewinn dem Zugriff der Aktionäre entziehen.** Die Verwaltungsorgane haben das **Wahlrecht** vor Berechnung sämtlicher Zuführungen zu Gewinnrücklagen **eine derartige Dotierung der anderen Gewinnrücklagen** vorzunehmen. In den weiteren Ausführungen wird von solchen Dotierungen abgesehen. Eine in § 58 Abs. 2a AktG noch erwähnte, nur steuerlich zulässige Rücklage ist infolge des umgekehrten Maßgeblichkeitsprinzips undenkbar.

- Zuführungen **zum Zwecke der Gewinnthesaurierung im Rahmen der** 599
Feststellung des Jahresabschlusses durch die i. d. R. zuständigen Organe Vorstand und Aufsichtsrat.

  Stellen **Vorstand und Aufsichtsrat** den Jahresabschluß fest, so können sie nach § 58 Abs. 2 AktG **maximal 50 %** des um einen eventuellen Verlustvortrag aus dem Vorjahr und um Einstellungen in die gesetzliche Rücklage geminderten Jahresüberschusses (vgl. in Tz. 612 B_2) den anderen Gewinnrücklagen zuführen. Die **Satzung** kann jedoch gemäß § 58 Abs. 2 Satz 2 AktG eine Bestimmung enthalten, nach der Vorstand und Aufsichtsrat berechtigt sind, **mehr oder weniger als 50 %** der Größe B_2 in Tz. 612 in die anderen Gewinnrücklagen einzustellen. Allerdings **entfällt diese Ermächtigung** automatisch, sobald die anderen Gewinnrücklagen einen Betrag von 50 % **des Grundkapitals** erreicht haben (§ 58 Abs. 2 Satz 3 AktG). Machen die anderen Gewinnrücklagen 50 % des Grundkapitals aus, so tritt an die Stelle der Satzungsermächtigung die gesetzliche Regelung des § 58 Abs. 2 Satz 1 AktG, wonach Vorstand und Aufsichtsrat - ohne Rücksicht auf die absolute Höhe der anderen Gewinnrücklagen - diesen jährlich bis zu 50 % der Größe B_2 in Tz. 612 zuführen können.

Bei einer nicht börsengehandelten AG kann die Kompetenz der Verwaltung nach § 58 Abs. 2 AktG durch die Satzung weiter eingeschränkt werden, indem Vorstand und Aufsichtsrat nur zu Einstellungen in Gewinnrücklagen von weniger als 50 % von B_2 berechtigt sind. Dadurch wird der Handlungsspielraum der Aktionäre in der Hauptversammlung erweitert. Stellt ausnahmsweise die **Hauptversammlung** den Jahresabschluß fest - und nur in diesem Fall -, kann die **Satzung** nach § 58 Abs. 1 AktG eine Bestimmung enthalten, wonach Beträge aus dem Jahresüberschuß **in andere Gewinnrücklagen eingestellt werden müssen.** Eine solche Satzungsbestimmung darf die Hauptversammlung aber nur zu einer Zuführung von **höchstens 50 %** der Größe B_2 in Tz. 612 **verpflichten.** In diesem Fall entfällt die Verwaltungskompetenz bezüglich der Ergebnisverwendung.

600 • **Zuführungen,** die die Hauptversammlung bei ihrem Beschluß über die **Verwendung des Bilanzgewinns** nach § 174 AktG vornimmt. Die Hauptversammlung kann mit Ausnahme der Beschränkung des § 254 Abs. 1 AktG (vgl. Tz. 607) frei entscheiden, also auch Einstellungen in andere Gewinnrücklagen beschließen. Hat die **Verwaltung** einer börsennotierten AG von ihrer Kompetenz zur Gewinnthesaurierung in **maximalem Umfang** Gebrauch gemacht - mit 50 % von B_2 -, so verbleiben der **Hauptversammlung als Entscheidungsrahmen die übrigen 50 %** von B_2. So gesehen **entscheiden bei gegensätzlicher Interessenlage Verwaltung und Hauptversammlung je zur Hälfte über die Ergebnisverwendung.**

601 **Die Auflösung der anderen Gewinnrücklagen** ist im Regelfall an **keine gesetzlichen Vorschriften** gebunden. Im Rahmen der **Feststellung des Jahresabschlusses** entscheiden darüber normalerweise Vorstand und Aufsichtsrat nach ihrem Ermessen. Allerdings haben sie dabei eine Einschränkung zu beachten: Wurde von einer der **Bilanzierungshilfen** des § 269 oder § 274 Abs. 2 HGB bezüglich der Aufwendungen für die Ingangsetzung des Geschäftsbetriebs und dessen Erweiterung bzw. der aktiven Steuerabgrenzung Gebrauch gemacht, so dürfen andere Gewinnrücklagen nur insoweit ausgeschüttet werden, als danach unter Berücksichtigung eines eventuellen Gewinnvortrags/Verlustvortrags ins nächste Jahr noch ein gleich hoher Betrag verbleibt (vgl. Tz. 225). Auch die **Hauptversammlung** kann bei ihrem Beschluß nach § 174 AktG Einstellungen in andere Gewinnrücklagen **mit bestimmten Auflagen** versehen. In solchen Fällen sind Vorstand und Aufsichtsrat nicht berechtigt, diese Gewinnrücklage anderweitig zu verwenden. Eine Auflösung kann somit erst erfolgen, wenn der ursprünglich vorgesehene Zweck erfüllt ist (z.B. Finanzierung von Rationalisierungs- oder Erweiterungsinvestitionen).

cc) Verfahrensablauf

602 Nach den gesetzlichen Vorschriften vollzieht sich der **Entscheidungsprozeß über die Gewinnverwendung der AG in zwei Stufen:**

- Zum einen Teil wird darüber **im Rahmen der Feststellung des Jahresabschlusses** beschlossen.

- Zum anderen Teil entscheidet die Hauptversammlung **im Rahmen ihres Beschlusses über die Verwendung des Bilanzgewinns** nach § 174 AktG.

Zum Zwecke seiner Feststellung wird der vom Abschlußprüfer mit dem Bestätigungsvermerk versehene Jahresabschluß nach § 172 AktG dem Aufsichtsrat zur Billigung vorgelegt. Findet er die Billigung, so ist die Feststellung abgeschlossen (erste Stufe). Vorstand und Aufsichtsrat können auch beschließen, daß die Billigung durch die Hauptversammlung erfolgen soll. Dies hat darüber hinaus immer dann zu geschehen, wenn der Aufsichtsrat seine Billigung verweigert. **603**

Der festgestellte Jahresabschluß muß die **Zuführungen zur gesetzlichen Rücklage** nach § 150 Abs. 2 AktG enthalten (vgl. Tz. 594). Diese Zuführungen werden also in der Regel ausschließlich von Vorstand und Aufsichtsrat vorgenommen, es sei denn, daß die Hauptversammlung an der Feststellung des Jahresabschlusses mitwirkt. **604**

Des weiteren sind Vorstand und Aufsichtsrat im Rahmen der Feststellung des Jahresabschlusses zu **Einstellungen in andere Gewinnrücklagen nach § 58 Abs. 2 AktG** berechtigt (vgl. Tz. 599). Stellt die Hauptversammlung den Jahresabschluß fest, so bestimmt sich die Zuführung zu anderen Gewinnrücklagen nach § 58 Abs. 1 AktG (vgl. Tz. 599). **605**

Im Rahmen der Feststellung des Jahresabschlusses wird auch über **Entnahmen aus den Gewinnrücklagen** entschieden (vgl. Tzn. 596 und 601). **606**

Der im Verfahren zur Feststellung des Jahresabschlusses um Zuführungen zu Gewinnrücklagen verminderte, um Entnahmen aus Gewinnrücklagen erhöhte sowie um einen Gewinn-/Verlustvortrag aus dem Vorjahr korrigierte Jahresüberschuß stellt den **verteilungsfähigen Gewinn** dar, den **Bilanzgewinn. Über dessen** und nur über dessen **Verwendung entscheidet nach § 174 AktG in der zweiten Stufe die Hauptversammlung.** Sie ist dabei **grundsätzlich frei** und unterliegt nur einer Beschränkung: Nach § 254 Abs. 1 AktG kann der Beschluß über die Verwendung des Bilanzgewinns angefochten werden, wenn an die Aktionäre aus dem Bilanzgewinn ohne wirtschaftliche Notwendigkeit eine geringere Dividende als 4 % auf das eingezahlte Grundkapital ausgeschüttet wird. Sie muß also im Regelfall (Ausnahme: **alle** Aktionäre sind mit einer niedrigeren Dividende einverstanden) eine **Mindestdividende von 4 %** beschließen, sofern ein ausreichender Bilanzgewinn vorhanden ist. **607**

Soweit die **Rücklagenbildung und -auflösung bereits bei Feststellung des Jahresabschlusses** erfolgt, hat die AG dies auch **auszuweisen.** Davon ist nach § 270 Abs. 1 HGB stets die Entwicklung der Kapitalrücklage betroffen. Desweiteren **muß die Gewinn- und Verlustrechnung der AG** gemäß § 158 Abs. 1 AktG **um die Darstellung der Gewinnverwendung verlängert** werden. Nach § 268 Abs. 1 i.V.m. § 270 Abs. 2 HGB ist in der Bilanz der sich nach den Maßnahmen der Verwaltung bezüglich der Gewinnverwendung ergebende **Bilanzgewinn/Bilanzverlust** auszuweisen, der auch einen vorhandenen Gewinn-/ **608**

Verlustvortrag aus dem Vorjahr enthält, für den eine gesonderte Ausweispflicht in Bilanz oder Anhang besteht.

609 Nach § 158 Abs. 1 AktG hat die **Fortführung des handelsrechtlichen Schemas der Erfolgsrechnung** hinsichtlich der **Darstellung der Ergebnisverwendung** folgendes Aussehen (die Numerierung unterstellt das GKV), wobei die Angaben auch im Anhang erfolgen können:

	20.	Jahresüberschuß/-fehlbetrag
±	21.	Gewinnvortrag/Verlustvortrag aus dem Vorjahr
+	22.	Entnahmen aus der Kapitalrücklage
+	23.	Entnahmen aus Gewinnrücklagen
		a) aus der gesetzlichen Rücklage
		b) aus anderen Gewinnrücklagen
–	24.	Einstellung in Gewinnrücklagen
		a) in die gesetzliche Rücklage
		b) in andere Gewinnrücklagen
=	25.	Bilanzgewinn/Bilanzverlust

610 Über die **Verwendung** dieser **Position 25** der Erfolgsrechnung **entscheidet die Hauptversammlung.** Sie kann beschließen:

- **Ausschüttung** als Dividende oder
- **Einbehaltung** zur Stärkung des Eigenkapitals
  = Einstellung in Gewinnrücklagen oder
  = Gewinnvortrag ins nächste Jahr.

b) Gewinnverwendungsrechnung

611 Auch in den folgenden Ausführungen wird der besseren Übersichtlichkeit wegen **abstrahiert** von

- Kapitalrücklagen im Sinne des § 272 Abs. 2 Ziff. 4 HGB,
- Gewinnrücklage für eigene Anteile,
- satzungsmäßige Gewinnrücklage und
- Einstellungen in andere Gewinnrücklagen gemäß § 58 Abs. 2 a AktG.

612 Unter der weiteren Voraussetzung, daß der **Jahresüberschuß** bereits **um gewinnabhängige Aufwendungen -** Tantiemen und gewinnabhängige Steuern - **gekürzt ist,** läßt sich aus den geschilderten Rechtsnormen folgendes **Gewinnverwendungsschema ableiten:**

	Jahresüberschuß (JÜ)	
–	Verlustvortrag aus dem Vorjahr (VV)	
=	Basis für die Berechnung der Zuführung zur gesetzlichen Rücklage nach § 150 Abs. 2 AktG (B_1)	
–	5 % von B1 Zuführung zur gesetzlichen Rücklage	
=	Basis für die Berechnung der Zuführung zu anderen Gewinnrücklagen nach § 58 AktG (B_2)	
–	bis zu 50 % von B_2 Zuführung zu anderen Gewinnrücklagen (Börsen-AG)	
=	Zwischensumme	
+	Gewinnvortrag aus dem Vorjahr (GV)	
=	Bilanzgewinn	
–	Dividendenausschüttung	
–	Einstellung in Gewinnrücklagen	
=	Gewinnvortrag ins nächste Jahr	

Beispiel:

In einer börsengehandelten AG beträgt 613
das voll eingezahlte Grundkapital 10 000 000,
die regelmäßige Kapitalrücklage 200 000,
die gesetzliche Rücklage 500 000,
der Bilanzverlust des Vorjahrs 100 000 und
der Jahresüberschuß 1 100 000.

Vorstand und Aufsichtsrat stellen den Jahresabschluß fest und führen den Gewinnrücklagen den höchstmöglichen Betrag zu. Die Hauptversammlung beschließt, die Mindestdividende nach § 254 Abs. 1 AktG auszuschütten, eine Einstellung in andere Gewinnrücklagen in Höhe von 70 000 vorzunehmen und den Rest ins neue Jahr vorzutragen.

Wie lautet der Gewinnvortrag ins nächste Jahr?

Lösung:

(Abkürzungen vgl. Tz. 612):

	JÜ	1 100 000
–	VV	100 000
=	B_1	1 000 000
–	5 % Einstellung in gesetzliche Rücklage	50 000
=	B_2	950 000
–	50 % Einstellung in andere Gewinnrücklagen	475 000
=	Bilanzgewinn	475 000
–	4 % Mindestdividende (vom Grundkapital)	400 000
–	Einstellung in andere Gewinnrücklagen	70 000
=	Gewinnvortrag ins nächste Jahr	5 000

614 Das Schema der Erfolgsrechnung wird zwecks **Darstellung der Gewinnverwendung** wie folgt fortgeführt:

20. Jahresüberschuß	1 100 000
21. Verlustvortrag aus dem Vorjahr	100 000
22. Einstellung in Gewinnrücklagen	
a) in die gesetzliche Rücklage	50 000
b) in andere Gewinnrücklagen	475 000
23. Bilanzgewinn	475 000

Der **Beschluß der Hauptversammlung** über die Ergebnisverwendung bzw. der diesbezügliche Vorschlag von Vorstand und **Aufsichtsrat findet keine Berücksichtigung in diesem Schema.**

615 **Beispiel:**

Wie Tz. 613, nur mit folgendem Unterschied:
Die gesetzliche Rücklage beträgt 790 000 und
statt eines Verlustvortrags ist ein Gewinnvortrag aus dem Vorjahr in Höhe von 100 000 vorhanden .

Wie lautet der Gewinnvortrag ins nächste Jahr?

Lösung:

(Abkürzungen vgl. Tz. 61Z):

	JÜ	1 100 000
–	VV	–
=	B_1	1 100 000
–	Einstellung in gesetzliche Rücklage	10 000
=	B_2	1 090 000
–	50 % Einstellung in andere Gewinnrücklagen	545 000
=	Zwischensumme	545 000
+	Gewinnvortrag aus dem Vorjahr	100 000
=	Bilanzgewinn	645 000
–	4 % Mindestdividende (vom Grundkapital)	400 000
–	Einstellung in andere Gewinnrücklagen	70 000
=	Gewinnvortrag ins nächste Jahr	175 000

Die **gesetzliche Rücklage** darf zusammen mit der regelmäßigen Kapitalrücklage im Rahmen der Feststellung des Jahresabschlusses **nicht über 10 % des Grundkapitals** hinaus aufgestockt werden (§ 150 Abs. 2 AktG), daher kann nur eine Zuführung zur gesetzlichen Rücklage in Höhe von 10 000 erfolgen.

Ein Gewinnvortrag aus dem Vorjahr hat keinen Einfluß auf die Größen B_1 und B_2. Er erhöht vielmehr in vollem Umfang den verteilungsfähigen Bilanzgewinn des Geschäftsjahrs.

Das Schema der Erfolgsrechnung wird zwecks **Darstellung der Gewinnverwendung** wie folgt fortgeführt: 616

20. Jahresüberschuß	1 100 000
21. Gewinnvortrag aus dem Vorjahr	100 000
22. Einstellungen in Gewinnrücklagen	
a) in die gesetzliche Rücklage	10 000
b) in andere Gewinnrücklagen	545 000
23. Bilanzgewinn	645 000

Beispiel: 617

In einer AG beträgt
das voll eingezahlte Grundkapital 2 200 000,
die regelmäßige Kapitalrücklage 150 000,
die gesetzliche Rücklage 200 000,
die anderen Gewinnrücklagen 1 000 000,
der Verlustvortrag aus dem Vorjahr 10 000 und
der Jahresüberschuß 250 000.

Vorstand und Aufsichtsrat stellen den Jahresabschluß fest und führen den Gewinnrücklagen den höchst möglichen Betrag zu. Die Satzung enthält eine Ermächtigung für Vorstand und Aufsichtsrat in der Weise, daß sie 60 % des korrigierten Jahresüberschusses in andere Gewinnrücklagen einstellen dürfen. Die Hauptversammlung beschließt, den maximalen, ganzen Prozentsatz als Dividende auszuschütten und den Rest ins nächste Jahr vorzutragen. Wie lautet der Gewinnvortrag ins nächste Jahr?

Lösung:

(Abkürzungen vgl. Tz. 612):

	JÜ	250 000
–	VV	10 000
=	B_1	240 000
–	Einstellung in gesetzliche Rücklage	0
=	B_2	240 000
–	50 % Einstellung in andere Gewinnrücklagen	120 000
=	Bilanzgewinn	120 000
–	5 % Dividende	110 000
=	Gewinnvortrag ins nächste Jahr	10 000

Da die **gesetzliche Rücklage zusammen mit der regelmäßigen Kapitalrücklage** bereits 10 % des Grundkapitals erreicht hat, darf **im Rahmen der Feststellung des Jahresabschlusses** nach § 150 Abs. 2 AktG **keine weitere Zuführung** mehr erfolgen. Allenfalls könnte die Hauptversammlung in ihrem Beschluß über die Verwendung des Bilanzgewinns eine zusätzliche Doticrung vornehmen, da sie außer der Beschränkung des § 254 Abs. 1 AktG keinen weiteren Auflagen unterliegt.

Vorstand und Aufsichtsrat sind **nach der Satzung** zu einer Einstellung in andere Gewinnrücklagen in **Höhe von 60 %** (= 144 000) ermächtigt. Damit würden sich die anderen Gewinnrücklagen insgesamt auf 1 144 000 belaufen und die Hälfte des Grundkapitals übersteigen. Deshalb **entfällt** nach § 58 Abs. 2 Satz 3 AktG die Satzungsermächtigung für Vorstand und Aufsichtsrat. Das bedeutet aber zum einen nicht, daß jede weitere Zuführung zu anderen Gewinnrücklagen untersagt ist, zum anderen auch nicht, daß nur mehr eine Aufstockung der anderen Gewinnrücklagen um 100 000 auf 1 100 000 (= 50 % des Grundkapitals) erfolgen dürfte. Vielmehr tritt an die Stelle der Satzungsermächtigung die **allgemein gültige Gesetzesregelung,** nach der Vorstand und Aufsichtsrat im Rahmen der Feststellung des Jahresabschlusses eine Zuführung zu anderen Gewinnrücklagen **bis zu 50 %** des korrigierten Jahresüberschusses vornehmen können (= 120 000). Dieses Recht ist **unabdingbar,** auch wenn die anderen Gewinnrücklagen bereits ein Mehrfaches des Grundkapitals ausmachen. In dieser Beziehung unterscheiden sich Zuführungen zu gesetzlichen und anderen Gewinnrücklagen grundlegend voneinander.

Der **maximale volle Prozentsatz der Dividendenausschüttung** beträgt 5 %, da 1 % Dividende auf das Grundkapital 22 000 ausmacht. Als Gewinnvortrag für das nächste Jahr verbleiben 10 000.

F. Die Gewinnermittlung unter Berücksichtigung gewinnabhängiger Aufwendungen

618 Die unter Tzn. 587 f. und 612 geschilderten Grundmodelle der Gewinnverwendung von Kapitalgesellschaften sollen nunmehr um die **ergebnisabhängigen Aufwendungen**

- **Tantiemen** und
- **gewinnabhängige Steuern**

erweitert werden. Die Schwierigkeit besteht dabei darin, daß diese handelsrechtlichen Aufwendungen einerseits **den Jahresüberschuß der Kapitalgesellschaft** mindern, andererseits aber in ihrer Höhe von diesem abhängig sind. Bezeichnet man den vorläufigen Jahresüberschuß vor Berücksichtigung von Tantiemen und gewinnabhängigen Steuern mit $JÜ_v$ und den **endgültigen Jahresüberschuß** nach Berücksichtigung von Tantiemen und Gewinnsteuern mit $JÜ_e$ so gilt:

	$JÜ_v$
–	Tantiemen
–	gewinnabhängige Steuern
=	$JÜ_e$

619 Da sowohl Tantiemen als auch Gewinnsteuern den endgültigen Jahresüberschuß verkürzen, gleichzeitig in ihrer Höhe aber auch von ihm abhängig sind, lassen sich sämtliche Größen theoretisch exakt nur **simultan** mit Hilfe eines komplizierten Gleichungssystems bestimmen. Nach weit verbreiteter Auffassung ist es der Einfachheit halber zulässig, vom vorläufigen Jahresüberschuß $JÜ_v$ die

gewinnabhängigen Aufwendungen, Gewinnsteuern und Tantiemen, stufenweise abzusetzen, um zum endgültigen Jahresüberschuß $JÜ_e$ zu gelangen:

  $JÜ_v$
– Tantiemen (bezogen auf $JÜ_v$)

= Zwischensumme ($JÜ_s$)
– gewinnabhängige Steuern (bezogen auf die $JÜ_s$)

= $JÜ_e$

Eine solche Verfahrensweise **widerspricht** allerdings den **handelsrechtlichen Vorschriften,** da diese die **Abhängigkeit von $JÜ_e$** vorschreiben. Wir wollen im folgenden aber der besseren Übersichtlichkeit wegen die Ermittlung von Tantiemen und gewinnabhängigen Steuern **isoliert** betrachten. Es geht dabei darum, den **wesentlichen Gehalt der Probleme anschaulich so darzulegen,** daß die simultane Berechnung nur noch eine graduelle und keine prinzipielle Erweiterung darstellt.

I. Tantiemen

Wird dem **Vorstand** einer AG eine **Gewinnbeteiligung (Tantieme)** gewährt, so bezieht sie sich nach § 86 Abs. 2 AktG auf folgende Berechnungsgrundlage: 620

  Jahresüberschuß ($JÜ_e$)
– Verlustvortrag aus dem Vorjahr (VV)
– Zuführungen zu Gewinnrücklagen, **die nach Gesetz oder**
– **Satzung vorgenommen werden müssen (ZRGS)**

= Bemessungsgrundlage der Vorstandstantieme

Erhält der **Aufsichtsrat einer AG eine Gewinnbeteiligung,** so bezieht sie sich nach § 113 Abs. 3 AktG auf folgende Bemessungsgrundlage: 621

  Bilanzgewinn (BG)
– 4 % Vordividende auf das eingezahlte Grundkapital (VD)

= Bemessungsgrundlage der Aufsichtsratstantieme

Im handelsrechtlichen Schema der Gewinn- und Verlustrechnung zählt die **Vorstandstantieme** zu Position Nr. 6 a »Löhne und Gehälter«, die **Aufsichtsratstantieme** zu Position Nr. 8 »Sonstige betriebliche Aufwendungen«, da der Aufsichtsrat keinen Arbeitsvertrag mit der Gesellschaft besitzt. Beide stellen demnach **handelsrechtlich in voller Höhe gewinnmindernden Aufwand** dar und verkürzen mit dem Jahresüberschuß gleichzeitig die Ausgangsbasis für ihre Berechnung (vgl. Tzn. 532 und 537). 622

Weiterhin setzt die Ermittlung der Tantiemen **Größen als bekannt** voraus, **die erst aus der Gewinnverwendungsrechnung,** also der Aufteilung des endgülti- 623 gen Jahresüberschusses $JÜ_e$ in Zuführungen zu Gewinnrücklagen und ausschüttungsfähigen Bilanzgewinn, **hervorgehen.** Die Gewinnverwendungsrechnung läßt sich aber wiederum erst durchführen, wenn der endgültige Jahresüberschuß $JÜ_e$ bekannt ist. Bezeichnet man den Jahresüberschuß nach Berücksichtigung gewinnabhängiger Steuern, aber vor Berücksichtigung von Tantiemen mit $Jü_t$, so muß das **Grundschema der Gewinnverwendung von Tz. 612 wie folgt erweitert** werden:

	$JÜ_t$
–	Vorstandstantieme (VT)
–	Aufsichtsratstantieme (AT)
=	$JÜ_e$
–	VV
=	B_1
–	5 % von B_1 Zuführung zur gesetzlichen Rücklage, sofern nötig
=	B_2
–	Zuführung zu anderen Gewinnrücklagen
=	BG

624 Bezeichnet man den Prozentsatz der Vorstandstantieme, ausgedrückt als Faktor, mit t und analog den der Aufsichtsratstantieme mit a, so **gelten folgende Gleichungen:**

1) $JÜ_e = JÜ_t - VT - AT$; (vgl. Tz. 623)
2) $VT = (JÜ_e - VV - ZRGS) \times t$; (vgl. Tz. 620)
3) $AT = (BG - VD) \times a$; (vgl. Tz. 621).

Die drei genannten Gleichungen sind lösbar. Es handelt sich um **drei Gleichungen mit drei Unbekannten:** $JÜ_e$, VT und AT. $JÜ_t$, VV, VD, t und a sind gegeben. ZRGS und BG können als Abhängige von $JÜ_e$ ausgedrückt werden.

625 **Beispiel**

In einer AG beträgt
das voll eingezahlte Grundkapital 5 000 000,
regelmäßige Kapitalrücklage 100 000,
die gesetzliche Rücklage 300 000,
die anderen Gewinnrücklagen 2 000 000,
der Verlustvortrag aus dem Vorjahr 50 000 und
der Jahresüberschuß nach gewinnabhängigen Steuern, aber vor Tantiemen 1 050 000.

Vorstand und Aufsichtsrat erhalten je 20 % Tantieme. Der Jahresabschluß wird von der Hauptversammlung festgestellt, die die gesetzliche Rücklage gemäß § 150 Abs. 2 AktG dotiert und in andere Gewinnrücklagen den nach § 58 Abs. 1 AktG in der Satzung bestimmbaren Höchstbetrag einstellen **muß.** Wie lautet der endgültige Jahresüberschuß und der Bilanzgewinn?

Lösung:

Es gilt folgendes Gewinnverwendungsschema (vgl. Tz. 623):

$$
\begin{array}{ll}
 & JÜ_t \\
- & VT \\
- & AT \\
\hline
= & JÜ_e \\
- & VV \\
\hline
= & B_1 \\
- & 5\ \%\ \text{von}\ B_1\ \text{Zuführung zur gesetzlichen Rücklage} \\
\hline
= & B_2 \\
- & 50\ \%\ \text{von}\ B_2\ \text{Zuführung zu anderen Gewinnrücklagen} \\
\hline
= & BG
\end{array}
$$

Die gesetzliche Rücklage muß bedient werden, da sie zusammen mit der regelmäßigen Kapitalrücklage noch nicht 10 % des Grundkapitals erreicht. Für den Fall, daß die Hauptversammlung den Jahresabschluß feststellt, kann die Satzung nach § 58 Abs. 1 AktG ausnahmsweise eine **Zuführung zu anderen Gewinnrücklagen in Höhe von maximal 50 % der Größe B_2 verbindlich vorschreiben.** Dieser Betrag ist neben der Dotierung der gesetzlichen Rücklage in ZRGS einzubeziehen, da es sich um eine **Pflichtzuführung** zu Gewinnrücklagen handelt. Es gelten die Gleichungen von Tz. 624. Dabei ist:

$JÜ_t = 1\,050\,000$; $VV = 50\,000$; $t = 0{,}2$; $a = 0{,}2$
$VD = 5\,000\,000 \times 0{,}04 = 200\,000$

Aus dem Gewinnverwendungsschema geht hervor:

$BG = 0{,}5 \times B_2$
$BG = 0{,}5 \times [B_1 - 0{,}05 \times B_1]$
$BG = 0{,}5 \times [JU_e - VV - 0{,}05 \times (JU_e - VV)]$
$BG = 0{,}5\ JÜ_e - 0{,}5\ VV - 0{,}025\ JÜ_e + 0{,}025\ VV$
$BG = 0{,}475\ JÜ_e - 0{,}475\ VV$

VV eingesetzt:

$BG = 0{,}475\ JU_e - (0{,}475 \times 50\,000) = 0{,}475\ JÜ_e - 23\,750$

Da in diesem Beispiel ausnahmsweise sowohl die Zuführung zur gesetzlichen als auch zu anderen Gewinnrücklagen in ZRGS einzubeziehen ist, gilt:

$ZRGS = JÜ_e - VV - BG$; da $ZRGS = B_1 - BG$
oder: $BG = JÜ_e - VV - ZRGS$.

Eingesetzt in Gleichung 2) von Tz. 624 ergibt sich:

$VT = BG \times t$

Damit erhalten die **3 Gleichungen von Tz. 624** folgendes Aussehen:

1) $JÜ_e = 1\,050\,000 - AT - VT$
2) $VT = (0{,}475\ JU_e - 23\,750) \times 0{,}2$
3) $AT = (0{,}475\ JÜ_e - 23\,750 - 200\,000) \times 0{,}2$

2) $VT = 0{,}095\ JÜ_e - 4\,750$
3) $AT = 0{,}095\ JÜ_e - 44\,750$

Damit:

1) $JÜ_e = 1\,050\,000 - (0{,}095\ JÜ_e - 44\,750) - (0{,}095\ JÜ_e - 4\,750)$
$1{,}19\ JÜ_e = 1\,099\,500$
$JÜ_e = 923\,950$

Eingesetzt in Gleichung 2) und 3):

2) $VT = 83\,025$
3) $AT = 43\,025$

Es ergibt sich folgendes **Schema der Gewinnverwendung:**

	JU_t :	1 050 000
–	VT :	83 025
–	AT :	43 025
=	$Jü_e$:	923 950
–	VV :	50 000
=	B_1 :	873 950
–	5 % von B_1:	43 698
=	B_2 :	830 252
–	50% von B_2:	415 126
=	BG :	415 126

Der endgültige Jahresüberschuß beträgt 923 950, der Bilanzgewinn 415 126, die Vorstandstantieme 83 025 und die Aufsichtsratstantieme 43 025. Ergänzend sei angeführt, daß im Fall der Feststellung des Jahresabschlusses durch Vorstand und Aufsichtsrat ZRGS mit der Dotierung der gesetzlichen Rücklage übereinstimmt, da dann eine Pflichtzuführung zu anderen Gewinnrücklagen nicht möglich ist.

In der GmbH vereinfacht sich das Problem meist schon dadurch grundlegend, daß nur die Geschäftsführung eine Tantieme erhält.

II. Gewinnabhängige Steuern

626 Abhängig von der Höhe des **steuerpflichtigen Gewinns** sind die **Steuern vom Einkommen (Körperschaftsteuer) und Ertrag (Gewerbeertragsteuer).** Nachfolgend soll die Berechnung dieser **Gewinnsteuern** unter der Voraussetzung dargestellt werden, daß der Jahresüberschuß nach Berücksichtigung von Tantiemen, aber vor Berücksichtigung von Gewinnsteuern bekannt ist. Bezeichnet man

diese Größe mit $JÜ_s$ und den endgültigen Jahresüberschuß nach Berücksichtigung von Tantiemen und Gewinnsteuern mit $JÜ_e$ dann gilt:

$JÜ_s$
– Körperschaftsteuer (KSt)
– Gewerbeertragsteuer (GESt)

= $JÜ_e$

Zu beachten ist dabei, daß die **Gewerbeertragsteuer** eine den steuerlichen Gewinn mindernde **Betriebsausgabe darstellt** und insofern ihre eigene Bemessungsgrundlage und die der Körperschaftsteuer verkürzt. Sie muß deshalb »auf Hundert« gerechnet werden. Die **Körperschaftsteuer** ist demgegenüber **nicht** als Betriebsausgabe **abzugsfähig.**

Die Bemessungsgrundlage für die Körperschaftsteuer bildet das **zu versteuernde Einkommen.** Dieses erhält man durch Korrektur des handelsrechtlichen Ergebnisses vor Gewinnsteuern ($JÜ_s$), indem man es um die steuerlich nicht abzugsfähigen Aufwendungen (vgl. Tzn. 573 ff.; z.B. Erfolgsauswirkungen der Bilanzierungs- und Bewertungsunterschiede zwischen Handels- und Steuerrecht, die Hälfte der Aufsichtsratsvergütung) erhöht und um die Gewerbeertragsteuer ermäßigt. Bezeichnet man die steuerlich nicht abzugsfähigen Aufwendungen mit NA und die Bemessungsgrundlage der Körperschaftsteuer mit BKSt, dann gilt: 627

$BKSt = JÜ_s + NA - GESt$

Die **Bemessungsgrundlage für die Gewerbeertragsteuer** (BGESt) ergibt sich, wenn man BKSt um den Saldo aus den Hinzurechnungen und Kürzungen der §§ 8 und 9 Gewerbesteuergesetz korrigiert. Bezeichnet man diesen Saldo mit SGESt, dann gilt: 628

$BGESt = BKSt + SGESt = JÜ_s + NA - GESt + SGESt$

Als wichtigste gewerbeertragsteuerliche Hinzurechnung seien die hälftigen Dauerschuldzinsen auf das langfristige Fremdkapital beispielhaft erwähnt.

Es muß nunmehr **zuerst die Höhe der Gewerbeertragsteuer** bestimmt werden, ehe sich die Höhe der Körperschaftsteuer ermitteln läßt. Nach § 16 Gewerbesteuergesetz erhält man den Gewerbeertragsteuersatz als Produkt aus der Steuermeßzahl von 5 % und dem Hebesatz der jeweiligen Betriebsgemeinde. Dieser ist »auf Hundert« von der Bemessungsgrundlage zu nehmen. Der Hebesatz der meisten Gemeinden liegt zwischen 200 und 400 %, so daß sich bei einem angenommenen Durchschnittshebesatz von 300 % ein **Gewerbeertragsteuerprozentsatz** ergibt in Höhe von: 629

$5\ \% \times 300\ \% = 15\ \%$

Beträgt $JÜ_s$ 1 000, NA 50 und SGESt 200, so errechnet sich die **Gewerbeertragsteuer** wie folgt: 630

$BGESt + GESt = JÜ_s + NA + SGESt$ (vgl. Tz. 628)

Eingesetzt:

$BGESt + GESt = 1\,000 + 50 + 200 = 1\,250$

Nachdem 15 % »auf Hundert« 13,04 % »vom Hundert« entspricht, beträgt die **Gewerbeertragsteuer:**

$GESt = (BGESt + GESt) \times 0{,}1304 = 1\,250 \times 0{,}1304 = 163$

Die Gewerbeertragsteuer macht unter den Annahmen des gewählten Beispiels 163 aus. Der Vollständigkeit halber sei hier angefügt, daß Abschn. 20 Abs. 2 EStR auch ein vereinfachtes Näherungsverfahren bei der Ermittlung der Gewerbeertragsteuer gestattet, indem diese mit 5/6 des Betrags angesetzt werden kann, der sich ohne Berücksichtigung ihrer Abzugsfähigkeit ergeben würde. (Im obigen Beispiel: 15 % × 1 250 × 5/6 = 156).

631 Sobald die Höhe der Gewerbeertragsteuer bekannt ist, kann die **Bemessungsgrundlage der Körperschaftsteuer** berechnet werden. Im **genannten Beispiel** beläuft sie sich auf:

$BKSt = JÜ_s + NA - GESt$
$BKSt = 1\,000 + 50 - 163 = 887$

632 **Der Steuersatz der Körperschaftsteuer beträgt 25 %,** unabhängig davon, ob der Gewinn einbehalten (thesauriert) oder als Dividende ausgeschüttet wird. Gewinnausschüttungen sind beim Anteilseigner nur zur Hälfte als Einkünfte aus Kapitalvermögen steuerpflichtig (Halbeinkünfteverfahren). Im obigen Beispiel lautet die **Körperschaftsteuer** KSt_m (Tarifbelastung) auf $KSt_m = BKSt \times 25\,\% = 887 \times 0{,}25 = 222$.

Bei **vollständiger Gewinneinbehaltung** würde dem Beispielbetrieb damit ein $JÜ_e$ verbleiben von:

$JÜ_e$	1 000
– GESt	163
– KSt_m	222
= $JÜ_e$	615

Aus einem »Gewinn vor Steuern« in Höhe von 1000 könnte der Betrieb demnach eine maximale Zuführung zu Gewinnrücklagen in Höhe von 615 vornehmen.

Über die Verwendung dieses Jahresüberschusses beschließen die Organe der Kapitalgesellschaft (vgl. Tz. 586 ff.).

Soll beispielsweise eine Dividendenausschüttung von 100 erfolgen, verbleibt dem Betrieb der folgende maximale Betrag zu Gewinnthesaurierung: 633

	JÜs	1000
–	GESt	163
–	KSt	222
=	JÜe	615
–	Dividende	100

= thesaurierbarer Gewinn 515

Dieser Betrag kann entweder in **Gewinnrücklagen eingestellt** oder ins **nächste Geschäftsjahr vorgetragen** werden. Die Dividende von 100 unterliegt beim Anteilseigner zusätzlich der Einkommenssteuer, allerdings nach dem Halbeinkünfteverfahren der Tz. 632 nur zur Hälfte, d.h. bei einer unterstellten vollen Einkommensteuerbelastung zwischen 40 % und 50 %, beträgt die zusätzliche Einkommensteuer auf die Dividende ca. 20 % bis 25 % (mit halbem Steuersatz statt halber Bemessungsgrundlage zu Vereinfachung gerechnet). Da bei voller Gewinnthesaurierung keinerlei zusätzliche Einkommensteuer des Anteilseigners anfällt, hat die **Gewinnausschüttung der Kapitalgesellschaft zwei Nachteile:** sie **beschneidet** die Möglichkeiten des Betriebs zur **Selbstfinanzierung** und **erhöht die Gesamtsteuerbelastung.** 634

Abschließend sei nochmals auf die nach Tz. 619 notwendige simultane Berechnung aller gewinnabhängigen Aufwendungen (VT, AT, KSt, GESt) und des endgültigen Jahresüberschusses $JÜ_e$ verwiesen. Dies läßt sich nunmehr bewerkstelligen, indem man die Gleichung aus Tz. 618 wie folgt aufgliedert:

$$JÜ_v - VT - AT - KSt - GESt = JÜ_e$$

In den Tzn. 623 ff. und 626 ff. wurden als Hilfsgrößen $JÜ_t$ und $JÜ_s$ eingeführt. Dabei gilt:

$$JÜ_s = JÜ_v - VT - AT$$
$$JÜ_t = JÜ_v - KSt - GESt$$

Setzt man dies in die Gleichungen von Tzn. 623 ff. und Tzn. 626 ff. ein, so lassen sich alle simultan zu bestimmenden Größen (VT, AT, KSt, GESt, $JÜ_e$) aus $JÜ_v$ entwickeln.

Sechstes Kapitel

Anhang und Lagebericht

A. Der Anhang

I. Grundlagen des Anhangs

Gemäß § 264 Abs. 1 HGB haben **alle Kapitalgesellschaflen den Jahresabschluß um einen Anhang zu erweitern,** der die Pflichtangaben gemäß §§ 284 - 286 HGB enthalten muß. Für **kleine und mittlere Kapitalgesellschaften** sieht § 288 HGB **Erleichterungen** vor. Publizitätspflichtige Personenunternehmen sind von der Pflicht zur Aufstellung eines Anhangs befreit (§ 5 Abs. 2 PublG). 636

Leitlinie für die Berichterstattung im Anhang muß nach dem **Grundsatz des true and fair view** die Vermittlung eines den tatsächlichen Verhältnissen entsprechenden Bildes der Vermögens-, Finanz- und Ertragslage der Gesellschaft sein. Dazu läßt sich der **Anhang** wie folgt **strukturieren:** 637

1. **Erläuterungen der Bilanz** und der **Gewinn- und Verlustrechnung**

- Angaben, die auf Grund der Ausübung eines Wahlrechts nicht in der Bilanz oder Gewinn- und Verlustrechnung, sondern im Anhang zu machen sind (§ 284 Abs. 1 HGB)
- Angaben zu spezifischen Sachverhalten von Bilanz und Erfolgsrechnung, insbesondere hinsichtlich der angewandten Bilanzierungs- und Bewertungsmethoden (§ 284 Abs. 2 HGB).

2. Sonstige Pflichtangaben (§ 285 HGB)

Die Möglichkeiten der wahlweisen Angabe im Anhang - statt in der Bilanz oder GuV - sind im HGB einzeln bei den jeweiligen Sachverhalten aufgezählt. §§ 152, 158, 160 AktG sowie § 29 und 42 GmbHG enthalten für die betreffenden Rechtsformen zusätzliche, angabepflichtige Tatbestände, die ebenfalls zum Teil wahlweise in Bilanz oder GuV erfolgen können.

Angaben sind gemäß § 286 Abs. 1 HGB **zu unterlassen,** wenn es für das Wohl der Bundesrepublik Deutschland oder eines ihrer Länder erforderlich ist. 638

Nach § 286 Abs. 2 bis 4 HGB **können** folgende Angaben unterbleiben:

- Aufgliederung der Umsatzerlöse entsprechend den Anforderungen des § 285 Nr. 4 HGB unter den in § 286 Abs. 2 HGB genannten Voraussetzungen
- Angabe der Beteiligungsgesellschaften entsprechend den Anforderungen des § 285 Nr. 11 HGB unter den in § 286 Abs. 3 HGB genannten Voraussetzungen
- Angaben über die Gesamtbezüge der Organe nach § 285 Nr. 9a, b HGB unter den in § 286 Abs. 4 HGB genannten Voraussetzungen.

Der Gesetzgeber läßt erkennen, daß er bezüglich der Berichterstattung zwischen **Angabe, Aufgliederung, Erläuterung, Darstellung und Begründung** unterscheidet. Den Inhalt dieser **Berichterstattungsarten** verdeutlicht nachfolgende Übersicht: 639

Art der Berichterstattung	**Inhalt**
Angabe	Nennung ohne Zusatz; ob es sich um eine quantitative oder qualitative Nennung handelt, ergibt sich aus der Einzelvorschrift.
Aufgliederung	Quantitatives Unterteilen eines Postens in geforderte Einzelbestandteile.
Erläuterung	Verbales Ersichtlichmachen von Inhalt und/oder Zustandekommen eines Bilanz- oder GuV-Postens.
Darstellung	Angaben in Verbindung mit einer Aufgliederung oder Erläuterung; dies kann je nach darzustellendem Objekt mengenmäßig oder verbal erfolgen.
Begründung	Erläuterung und Rechtfertigung der Ursachen eines Handelns oder Unterlassens.

II. Inhalt des Anhangs

640 In der **folgenden Übersicht sind alle gesetzlich vorgesehenen Angaben zusammengestellt** unter Berücksichtigung der größenabhängigen Erleichterungen, wobei die mittelgroße Kapitalgesellschaft bezüglich der Berichterstattung nur eine Erleichterung hat: Sie kann die Aufgliederung der Umsatzerlöse nach § 284 Nr. 4 HGB unterlassen. Kennzeichnend für den Anhang der **kleinen** Kapitalgesellschaft ist die Befreiung von der Offenlegung sämtlicher die GuV betreffenden Angaben. Darüber hinaus genießt sie nach § 288 HGB einige Angabeerleichterungen, die bei der **mittleren** Kapitalgesellschaft nach § 327 Nr. 2 HGB zum Teil als Offenlegungserleichterungen in Erscheinung treten.

Die Angaben des Anhangs nach § 264 Abs. 1 HGB im einzelnen:

A. Angaben zum Jahresabschluß	*Vorschrift*	
I. Zusätzliche Angaben, wenn der Jahresabschluß trotz der GoB ein den tatsächlichen Verhaltnissen entsprechendes Bild der Vermögens-, Finanz- und Ertragslage nicht vermittelt.	§ 264 Abs. 2 S. 2 HGB	**641**
II. Angabe, Erläuterung und Begründung von Abweichungen		**642**
1. Angaben und Begründungen zu Unterbrechungen der Form der Darstellungsstetigkeit (insbesondere der Gliederung der Bilanz und der GuV)	§ 265 Abs. 1 S. 2 HGB	
2. Angaben und Erläuterungen, wenn die Beträge von Posten der Bilanz oder der GuV mit denen des vorhergehenden Geschäftsjahres nicht vergleichbar sind	§ 265 Abs. 2 S. 2 HGB	
3. Angabe und Erläuterung der Anpassung der Vergleichszahlen des Vorjahres	§ 265 Abs. 2 S. 3 HGB	
4. Angabe der Mitzugehörigkeit zu anderen Posten der Bilanz (wenn dies zur Aufstellung eines klaren und übersichtlichen Jahresabschlusses erforderlich ist), sofern nicht in der Bilanz vermerkt	§ 265 Abs. 3 S. 1 HGB	
5. Angabe und Begründung einer Ergänzung des Gliederungsschemas, wenn verschiedene Gliederungsvorschriften konkurrieren	§ 265 Abs. 4 S. 2 HGB	
6. Aufgliederung von in der Bilanz oder in der GuV zum Zwecke der größeren Klarheit der Darstellung zusammengefaßten Posten	§ 265 Abs. 7 Nr. 2 HGB	
7. Angabe und Begründung der Abweichungen von Bilanzierungs- und Bewertungsmethoden; gesonderte Darstellung des Einflusses dieser Änderung auf die Vermögens-, Finanz- und Ertragslage	§ 284 Abs. 2 Nr. 3 HGB	
III. Allgemeine Erläuterung der Bilanz und der Gewinn- und Verlustrechnung		**643**
1. Angabe der auf die Posten der Bilanz und der GuV angewandten Bilanzierungs- und Bewertungsmethoden	§ 284 Abs. 2 Nr. 1 HGB	
• keine Offenlegungspflicht von Angaben zur GuV für kleine Kapitalgesellschaften	§ 326 HGB	
2. Angabe der Grundlagen für die Umrechnung fremder Währungen in €	§ 284 Abs. 2 Nr. 2 HGB	
3. Es sind Angaben zu machen über die Einbeziehung von Zinsen für Fremdkapital in die Wertfindung für Herstellungskosten.	§ 284 Abs. 2 Nr. 5 HGB	

1. Erläuterung eines als Bilanzierungshilfe aktivierten Postens »Aufwendungen für Ingangsetzung und Erweiterung des Geschäftsbetriebs«	§ 269 S. 1 HGB
• keine Angabepflicht für kleine Kapitalgesellschaften	§ 274a Nr. 5 HGB
2. Darstellung der Entwicklung des Anlagevermögens (Anlagespiegel) und des Postens »Aufwendungen für die Ingangsetzung und Erweiterung des Geschäftsbetriebs«, sofern nicht in der Bilanz dargestellt	§ 268 Abs. 2 S. 1 HGB
• keine Angabepflicht für kleine Kapitalgesellschaften	§ 274a Nr. 1 HGB
3. Angabe der Abschreibungen des Geschäftsjahres der einzelnen Posten des Anlagevermögens und des Postens »Aufwendungen für die Ingangsetzung und Erweiterung des Geschäftsbetriebs«, sofern nicht in der Bilanz vermerkt	§ 268 Abs. 2 S. 3 HGB
4. Angabe der außerplanmäßigen Abschreibungen beim Anlagevermögen sowie von Abschreibungen gemäß § 253 Abs. 3 S. 3 beim Umlaufvermögen, soweit sie nicht gesondert ausgewiesen sind	§ 277 Abs. 3 S. 1 HGB
5. Angabe und hinreichende Begründung des Betrags, der im Geschäftsjahr aus steuerrechtlichen Gründen nicht zugeschrieben wurde	§ 280 Abs. 3 HGB
6. Angabe des Betrags und hinreichende Begründung der im Geschäftsjahr nach steuerrechtlichen Vorschriften vorgenommenen Abschreibungen (getrennt nach Anlage- und Umlaufvermögen), Wertberichtigungen und Rücklagen, soweit sich dies nicht aus Angaben in der Bilanz oder der GuV ergibt	§ 281 Abs. 2 S. 1 HGB
7. Wurde die gewogene Durchschnittsbewertung angewandt oder bei der Bewertung gleichartiger Vermögensgegenstände des Vorratsvermögens eine Abgangsfolge unterstellt (z.B. Lifo, Fifo), so ist der Differenzbetrag zum jeweiligen Börsen- oder Marktwert anzugeben, wenn er erheblich von diesem abweicht	§ 284 Abs. 2 Nr. 4 HGB
8. Erläuterung von als sonstige Vermögensgegenstände ausgewiesenen Beträgen größeren Umfangs für Wirtschaftsgüter, die erst nach dem Abschlußstichtag rechtlich entstehen (antizipative Posten)	§ 268 Abs. 4 S. 2 HGB
• keine Angabepflicht für kleine Kapitalgesellschaften	§ 274a Nr. 2 HGB

9. Angabe eines Damnums (§ 250 Abs. 3 HGB), soweit in der Bilanz nicht gesondert ausgewiesen	§ 268 Abs. 6 HGB
• keine Angabepflicht für kleine Kapitalgesellschaften	§ 274a Nr. 4 HGB
10. Erläuterung eines als Bilanzierungshilfe gesondert ausgewiesenen aktiven Abgrenzungspostens für latente Steuern wegen unterschiedlicher Ergebnisse in Handels- und Steuerbilanz	§ 274 Abs. 2 S. 2 HGB
Angabe der Rückstellung für latente Steuern (alternativ in der Bilanz)	§ 274 Abs. 1 S. 1 HGB
11. Angabe der Vorschriften, wonach Sonderposten mit Rücklageanteil gebildet wurden - soweit nicht in der Bilanz vermerkt	§ 273 Abs. 1 S. 2 und § 281 Abs. 1 S. 2 HGB
12. Erläuterungen von Rückstellungen, die in der Bilanz unter »sonstige Rückstellungen« nicht gesondert ausgewiesen werden, wenn sie einen nicht unerheblichen Umfang haben	§ 285 Nr. 12 HGB
• keine Angabepflicht für kleine Kapitalgesellschaften	§ 288 HGB
• keine Offenlegungspflicht für mittelgroße Kapitalgesellschaften	§ 327 Nr. 2 HGB
13. Erläuterung von als Verbindlichkeiten ausgewiesenen Beträgen größeren Umfangs, die erst nach dem Abschlußstichtag rechtlich entstehen (antizipative Posten)	§ 268 Abs. 5 S. 3 HGB
• keine Angabepflicht für kleine Kapitalgesellschaften	§ 274a Nr. 3 HGB
14. Angabe des Gesamtbetrags der Verbindlichkeiten mit einer Restlaufzeit von mehr als fünf Jahren	§ 285 Nr. 1a HGB
15. Angabe des Gesamtbetrags der Verbindlichkeiten, die durch Pfandrechte oder ähnliche Rechte gesichert sind, unter Angabe von Art und Form der Sicherheiten	§ 285 Nr. 1b HGB
16. Aufgliederung der oben (= Nr. 14 und Nr. 15) verlangten Angaben für jeden Posten der Verbindlichkeiten, sofern sich diese Angaben nicht aus der Bilanz ergeben	§ 285 Nr. 2 HGB
• keine Angabepflicht für kleine Kapitalgesellschaften	§ 288 HGB
• keine Offenlegungspflicht für mittelgroße Kapitalgesellschaften	§ 327 Nr. 2 HGB
17. Angabe von Eventualverbindlichkeiten, d.h. Verbindlichkeiten	
aus der Begebung und Übertragung von Wechseln,	
aus Bürgschaften,	
aus Wechsel- und Scheckbürgschaften,	

Haftungsverhältnissen aus der Bestellung von Sicherheiten für fremde Verbindlichkeiten, Verbindlichkeiten aus Gewährleistungsverträgen (Angabe der gewährten Pfandrechte und sonstiger Sicherheiten; Angabe, wenn gegenüber verbundenen Unternehmen;) alternativ: gesondert unter der Bilanz;	§ 268 Abs. 7 HGB
18. Erläuterung der unter den Posten »außerordentliche Erträge« und »außerordentliche Aufwendungen« ausgewiesenen Beträge (hinsichtlich ihres Betrags und ihrer Art), soweit die ausgewiesenen Beträge für die Beurteilung der Ertragslage nicht von untergeordneter Bedeutung sind;	§ 277 Abs. 4 S. 2 HGB
• keine Angabepflicht für kleine Kapitalgesellschaften	§ 276 Abs. 2 HGB
19. Erläuterungen der aperiodischen Erträge und Aufwendungen (hinsichtlich ihres Betrags und ihrer Art), soweit sie nicht für die Beurteilung der Ertragslage von untergeordneter Bedeutung sind	§ 277 Abs. 4 S. 3 HGB
• keine Angabepflicht für kleine Kapitalgesellschaften	§ 276 Abs. 2 HGB
20. Angaben bei Anwendung des Umsatzkostenverfahrens (§ 275 Abs. 3 HGB)	
a) der Materialaufwand des Geschäftsjahres, gegliedert nach § 275 Abs. 2 Nr. 5 HGB	§ 285 Nr. 8a HGB
• keine Angabepflicht für kleine Kapitalgesellschaften	§ 288 HGB
• keine Offenlegungspflicht für mittelgroße Kapitalgesellschaften	327 Nr. 2 HGB
b) der Personalaufwand des Geschäftsjahres, gegliedert nach § 275 Abs. 2 Nr. 6 HGB	§ 285 Nr. 8b HGB
• keine Offenlegungspflicht für kleine Kapitalgesellschaften	§ 326 HGB
21. Angabe des Gewinn- oder Verlustvortrags bei teilweiser Verwendung des Jahresergebnisses (alternativ gesondert in der Bilanz)	§ 268 Abs. 1 HGB
22. Angabe über Erträge und Aufwendungen aus Sonderposten mit Rücklageanteil.	§ 281 Abs. 2 S. 2 HGB

645 *B. Zusätzliche Angaben* — *Vorschrift*

1. Angabe des Gesamtbetrags der sonstigen finanziellen Verpflichtungen, die nicht in der Bilanz erscheinen und nicht nach § 251 HGB anzugeben sind, sofern diese Angaben für die Beurtei-

lung der Finanzlage von Bedeutung sind (Verpflichtungen gegenüber verbundenen Unternehmen sind gesondert anzugeben) § 285 Nr. 3 HGB

2. Aufgliederung der Umsatzerlöse nach Tätigkeitsbereichen sowie nach geographisch bestimmten Märkten, soweit sich, unter Berücksichtigung der Organisation des Verkaufs von für die gewöhnliche Geschäftstätigkeit der Kapitalgesellschaften typischen Erzeugnissen und der für die gewöhnliche Geschäftstätigkeit der Kapitalgesellschaft typischen Dienstleistungen, die Tätigkeitsbereiche und geographisch bestimmten Märkte untereinander erheblich unterscheiden § 285 Nr. 4 HGB
   - keine Angabepflicht für kleine und mittelgroße Kapitalgesellschaften § 288 HGB
   - Angabe kann unterbleiben, wenn erheblicher Nachteil droht § 286 Abs. 2 HGB
3. Angaben über das Ausmaß der Ergebnisbeeinflussung durch Inanspruchnahme steuerlicher Vergünstigungen (auch solcher in Vorjahren) nach §§ 254, 280 Abs. 2 und nach § 273 HGB; ferner Angaben über das Ausmaß erheblicher künftiger Belastungen, die sich aus einer solchen Bewertung ergeben § 285 Nr. 5 HGB
   - keine Angabepflicht für kleine Kapitalgesellschaften § 288 HGB
   - keine Offenlegungspflicht für mittelgroße Kapitalgesellschaften § 327 Nr. 2 HGB
4. Angaben, in welchem Umfang die Steuern vom Einkommen und vom Ertrag das Ergebnis der gewöhnlichen Geschäftstätigkeit und das außerordentliche Ergebnis belasten § 285 Nr. 6 HGB
   - keine Offenlegungspflicht für kleine Kapitalgesellschaften § 326 HGB
5. Angabe der durchschnittlichen Zahl der während des Geschäftsjahres beschäftigten Arbeitnehmer getrennt nach Gruppen § 285 Nr. 7 HGB
   - keine Angabepflicht für kleine Kapitalgesellschaften § 288 HGB
6. Angabe der Aufwendungen für die Mitglieder des Geschäftsführungsorgans, eines Aufsichtsrats, eines Beirats oder einer ähnlichen Einrichtung, jeweils für jede Personengruppe
   a) die für die Tätigkeit im Geschäftsjahr gewährten Gesamtbezüge. Außer den Bezügen für das Geschäftsjahr sind die weiteren Bezüge anzugeben, die im Geschäftsjahr gewährt, bisher aber in keinem Jahresabschluß angegeben worden sind. § 285 Nr. 9a HGB

- keine Angabepflicht für kleine Kapitalgesellschaften — § 288 HGB
- generell keine Angabepflicht, wenn sich daraus die Bezüge eines Mitglieds dieser Organe feststellen lassen — § 286 Abs. 4 HGB

b) die Gesamtbezüge der früheren Mitglieder der bezeichneten Organe und ihrer Hinterbliebenen. Buchstabe a Satz 2 ist entsprechend anzuwenden.
Angabe der Pensionsrückstellungen für diesen Personenkreis — § 285 Nr. 9b HGB
- keine Angabepflicht für kleine Kapitalgesellschaften — § 288 HGB
- generell keine Angabepflicht, wenn sich daraus die Bezüge eines Mitglieds dieser Organe feststellen lassen — § 286 Abs. 4 HGB

c) die gewährten Vorschüsse und Kredite unter Angabe der Zinssätze, der wesentlichen Bedingungen und der gegebenenfalls im Geschäftsjahr zurückgezahlten Beträge sowie die zugunsten dieser Personen eingegangenen Haftungsverhältnisse — § 285 NR. 9c HGB

7. Angabe aller Mitglieder des Geschäftsführungsorgans und eines Aufsichtsrats, auch wenn sie im Geschäftsjahr oder später ausgeschieden sind, mit dem Familiennamen und mindestens einem ausgeschriebenen Vornamen. Der Vorsitzende eines Aufsichtsrats, seine Stellvertreter und ein etwaiger Vorsitzender des Geschäftsführungsorgans sind als solche zu bezeichnen — § 285 Nr. 10 HGB
8. Angabe von Name, Sitz, Beteiligungsquote, Eigenkapital und letztem Jahresergebnis von Unternehmen, an denen die Kapitalgesellschaft oder eine für Rechnung der Kapitalgesellschaft handelnde Person mindestens den fünften Teil der Anteile besitzt — § 285 Nr. 11 HGB
   - Angabe kann unterbleiben, wenn von untergeordneter Bedeutung oder wenn erheblicher Nachteil droht; in letzterem Fall ist die Anwendung der Ausnahmeregelung im Anhang anzugeben — § 286 Abs. 3 S. 1 und 3 HGB
   - Die Angabe des Eigenkapitals und des letzten Jahresergebnisses kann unterbleiben, wenn das Unternehmen, über das zu berichten ist, seinen Jahresabschluß nicht offenzulegen hat und die berichtende Kapitalgesellschaft weniger als die Hälfte der Anteile besitzt — § 286 Abs. 3 S. 2 HGB
   - Die in § 285 Nr. 11 HGB geforderten Angaben können auch in einer Aufstellung geson-

dert gemacht werden (Bestandteil des Anhangs)	§ 287 S. 1 HGB
• Angabe des Ortes der Hinterlegung der Aufstellung des Anteilbesitzers im Anhang	§ 287 S. 2 HGB
9. Angabe der Fehlbeträge nicht passivierter Rückstellungen für laufende Pensionen, Anwartschaften auf Pensionen und ähnliche Verpflichtungen (in einem Betrag)	Art. 28 Abs. 2 EGHGB
10. Angabe der Gründe für eine Abschreibung des Geschäfts- oder Firmenwerts nach Nutzungsdauer (§ 255 Abs. 4 S. 3 HGB)	§ 285 Nr. 13 HGB
11. Angabe von Name und Sitz des Mutterunternehmens	§ 285 Nr. 14 HGB
12. Hinweis auf einen befreienden Konzernabschluß	§291 Abs. 2 Nr. 3 HGB
13. Angabe bestimmter Posten bei verkürztem Bilanzschema mittelgroßer Kapitalgesellschaften.	§ 327 Nr. 1 HGB

C. Rechtsformspezifische Angaben	*Vorschrift*	**646**
I. AG, KGaA		
1. Angaben über eine zusätzliche Dotierung freier Rücklagen aus steuerlichen Gründen (alternativ: gesonderter Ausweis in der Bilanz)	§ 58 Abs. 2a AktG	
2. Angabe zum Posten Kapitalrücklage – wenn nicht in der Bilanz vermerkt – a) der Betrag, der während des Geschäftsjahres eingestellt wurde b) der Betrag, der für das Geschäftsjahr entnommen wird	§ 152 Abs. 2 AktG	
3. Angabe zu den einzelnen Posten der Gewinnrücklagen – wenn nicht in der Bilanz vermerkt – a) die Beträge, die die HV aus dem Bilanzgewinn des Vorjahres eingestellt hat b) die Beträge, die aus dem Jahresüberschuß des Geschäftsjahres eingestellt werden c) die Beträge, die für das Geschäftsjahr entnommen werden	§ 152 Abs. 3 AktG	
4. Darstellung der Entwicklung von »Jahresüberschuß/Jahresfehlbetrag« bis zum »Bilanzgewinn/Bilanzverlust« (alternativ in der GuV)	§ 158 Abs. 1 AktG	
5. Zusätzliche Vorschriften zum Anhang	§ 160 Abs. 1 AktG	
a) Angaben über Bestand und Zugang an Aktien, die ein Aktionär für Rechnung der Ge sellschaft oder eines abhängigen oder eines im Mehrheitsbesitz der Gesellschaft stehenden Unternehmens oder ein abhängiges oder im Mehrheitsbesitz der Gesellschaft stehendes Unternehmen als Gründer oder Zeichner oder in Ausübung eines bei einer bedingten		

Kapitalerhöhung eingeräumtes Umtausch- oder Bezugsrechts übernommen hat; sind solche Aktien im Geschäftsjahr verwertet worden, so ist auch über die Verwertung unter Angabe des Erlöses und die Verwendung des Erlöses zu berichten — dto. Nr. 1

b) Angaben über den Bestand an eigenen Aktien der Gesellschaft, die sie, abhängige u.a., erworben oder als Pfand genommen hat (Zahl, Nennbetrag, Anteil am Grundkapital, Zeitpunkt des Erwerbs, Gründe für den Erwerb). Sind solche Aktien im Geschäftsjahr erworben oder veräußert worden, so ist auch über den Erwerb oder die Veräußerung unter Angabe der Zahl und des Nennbetrages dieser Aktien, des Anteils am Grundkapital und des Erwerbs oder Veräußerungspreises sowie über die Verwendung des Erlöses zu berichten — dto. Nr. 2

c) Angaben über Zahl und Nennbetrag der Aktien jeder Gattung, sofern nicht aus der Bilanz ersichtlich; gesonderte Angabe von Aktien, die aus einer bedingten Kapitalerhöhung oder einem genehmigten Kapital im Geschäftsjahr gezeichnet wurden — dto. Nr. 3

d) Angaben über das genehmigte Kapital — dto. Nr. 4

e) Angaben über die Zahl der Wandelschuldverschreibungen und vergleichbaren Wertpapiere unter Angabe der Rechte, die sie verbrieften — dto. Nr. 5

f) Angaben über Genußrechte, Rechte aus Besserungsscheinen und ähnliche Rechte unter Angabe der Art und Zahl der jeweiligen Rechte sowie der im Geschäftsjahr neu entstandenen Rechte — dto. Nr. 6

g) Angaben über das Bestehen einer wechselseitigen Beteiligung unter Angabe des Unternehmens — dto. Nr. 7

h) Angaben über das Bestehen einer Beteiligung an der Gesellschaft, die ihr nach § 20 Abs. 1 oder 4 AktG mitgeteilt worden ist; dabei ist anzugeben, wem die Beteiligung gehört und ob sie den vierten Teil aller Aktien der Gesellschaft übersteigt oder eine Mehrheitsbeteiligung (§ 16 Abs. 1 AktG) ist — dto. Nr. 8

6. Erläuterung, ob und in welcher Höhe die aus einer Kapitalherabsetzung und aus der Auflösung von Kapital- und Gewinnrücklagen gewonnenen Beträge

1. zum Ausgleich von Wertminderungen
2. zur Deckung von sonstigen Verlusten
3. zur Einstellung in die Kapitalrücklage verwandt werden — § 240 S. 3 AktG

7. Angabe von Gründen und Beifügung einer Sonderrechnung, falls eine bei einer Sonderprüfung festgestellte Unterbewertung nicht mehr zu einer entsprechenden Korrektur der Bilanzansätze führt. — § 261 S. 3 u. 4 AktG

II. GmbH 647

1. Angabe des Betrages der Rücklagen, die auf Grund von Wertaufholungen und steuerlichen Rücklagen in Gewinnrücklagen eingestellt wurden (alternativ gesonderter Ausweis in der Bilanz) — § 29 Abs. 4 GmbHG
2. Angabe der Ausleihungen, Forderungen und Verbindlichkeiten gegenüber Gesellschaftern, sofern nicht gesondert in der Bilanz ausgewiesen — § 42 Abs. 3 GmbHG

Im Hinblick auf die Übersichtlichkeit der Darstellung der Finanzlage empfiehlt es sich - insbesondere für mittlere und große Kapitalgesellschaften - die **bezüglich der Verbindlichkeiten verlangten Angaben** des § 268 Abs. 5 sowie § 285 Nr. 1 und 2 HGB in einem sogenannten **Verbindlichkeitenspiegel zusammenzufassen,** der folgendes Aussehen hat: 648

Art der Verbindlichkeit	Gesamtbetrag	davon mit einer Restlaufzeit von			gesicherte Beträge	Art der Sicherheit
		≤ 1 Jahr	1-5 Jahren	> 5 Jahren		
	T€	T€	T€	T€	T€	
Summe						
(1)	(2)	(3)	(4)	(5)	(6)	(7)

Erläuterung
(1) Angabe nach der jeweiligen Bilanzgliederung, § 285 Nr. 2 HGB
(2) Betrag aus der Bilanz
(3) Angabe nach § 268 Abs. 5 HGB
(4) Ergebnis aus (2) ./. (3) ./. (5)
(5) Angabe nach § 285 Nr. 1 a) HGB
(6)
(7) Angabe nach § 285 Nr. 1 b) HGB

Beachte auch die Erleichterung in § 288 HGB für die kleine und in § 327 Nr. 2 HGB für die mittelgroße Kapitalgesellschaft.

B. Der Lagebericht

649 **Kapitalgesellschaften** haben nach § 264 Abs. 1 HGB des weiteren einen **Lagebericht** zu erstellen. Das gilt nicht für publizitätspflichtige Großunternehmen (§ 5 Abs. 2 PublG). Desweiteren brauchen auch kleine Kapitalgesellschaften keinen Lagebericht aufzustellen. Der **Lagebericht ist nicht** - wie der Anhang - **Bestandteil des Jahresabschlusses,** sondern steht neben dem Abschluß als Quelle zusätzlicher Informationen. **Leitlinie** für die Berichterstattung im Lagebericht muß nach dem **Grundsatz des true and fair view die Vermittlung eines den tatsächlichen Verhältnissen entsprechenden Bildes des Geschäftsverlaufs und die Lage der Gesellschaft** sein. Dazu sind **Auskünfte über drei Sachverhalte** notwendig:

- **Geschäftsverlauf** im Berichtsjahr (§ 289 Abs. 1 HGB),
- **Lage der Gesellschaft** (§ 289 Abs. 1 HGB) und
- **aktuelle Einzelangaben** (§ 289 Abs. 2 HGB) zu
  - Vorgängen von besonderer Bedeutung, die nach dem Schluß des Geschäftsjahrs eingetreten sind,
  - der voraussichtlichen Entwicklung der Kapitalgesellschaft und
  - dem Bereich Forschung und Entwicklung.

650 Im **Lagebericht** geht es nicht darum, einzelne Positionen der Jahresabrechnung zu erklären, vielmehr soll in einem **Wirtschaftsbericht** die Situation der Gesellschaft innerhalb der Branche dargestellt werden, mit Hinweisen auf die gesamtwirtschaftliche Entwicklung und auf Gefahren wirtschafts- und gesellschaftspolitischer Entscheidungen und Tendenzen. In einem Ausblick auf die Zukunft soll **die Geschäftsführung** die nach ihrer Ansicht bestehenden Chancen und notwendigen Maßnahmen des Unternehmens aufzeigen.

Dazu sind **Einzelangaben** erforderlich über Kosten- und Erlössituation, Rentabilitäts- und Liquiditätslage, Preis- und Absatzprognosen, Kapazitätsausnutzung und Auftragsbestand, Forschungs- und Investitionsvorhaben, Produktionsprogramm und Organisation, Errichtung von Zweigniederlassungen, Zusammenschluß mit einem anderen Unternehmen etc. Zur **Verdeutlichung der Finanzlage** wird von manchen Unternehmen freiwillig eine **Kapitalflußrechnung** erstellt, die die Mittelherkunft und Mittelverwendung des Geschäftsjahres aufzeigt.

651 Vielfach werden die den **Sozialbereich** betreffenden Angaben zu einem eigenen **Sozialbericht** zusammengefaßt. Dieser gibt Auskunft über die sozialen Verhältnisse und Leistungen des Betriebs: Zahl und Zusammensetzung der Mitarbeiter (Arbeiter, Angestellte, Geschlecht, Altersaufbau), Fluktuation, Arbeitszeit, Urlaubsregelungen, Freizeiteinrichtungen, Nachwuchsschulung, Werkswohnungen, Fürsorgemaßnahmen auf dem Gebiet der Gesundheitsvorsorge und des Unfallschutzes, Gewinnbeteiligung der Arbeitnehmer, Belegschaftsaktien, Einrichtungen der betrieblichen Altersvorsorge etc.

Von einigen Betrieben wird die Sozialberichterstattung freiwillig zur sogenannten **Sozialbilanz** erweitert, indem man die Leistungen des Unternehmens in den Gesamtzusammenhang seines gesellschaftlichen Beziehungsfelds stellt.

Vorgänge von besonderer Bedeutung, die nach dem Schluß des Geschäftsjahrs **652**
eingetreten sind, sind die Beurteilung des Jahresergebnisses erheblich beeinflussende Vorgänge, z.B. nachträglicher Erwerb oder Verkauf von Beteiligungen, Eintritt eines erheblichen Verlustes, stark rückläufige Marktpreise gegenüber den Marktpreisen am Bilanzstichtag, Umstände, auf Grund deren ein Verlust droht. **Angaben über die voraussichliche Entwicklung** der Kapitalgesellschaft sollten zumindest eine **Umsatz- und Ergebnisprognose** für das folgende Geschäftsjahr beinhalten. Der **Bereich Forschung und Entwicklung** sollte durch seinen Ausgabenumfang und seine Tätigkeitsgebiete charakterisiert werden.

Siebentes Kapitel

Rechtsformspezifische Besonderheiten des Jahresabschlusses von Kapitalgesellschaften

A. Die Unterschiede zwischen Personenunternehmen und Kapitalgesellschaft

Im zweiten Abschnitt der Rechnungslegungsvorschriften des HGB (§ 264–289 HGB) sind **eine Reihe zusätzlicher Anforderungen an den Jahresabschluß von Kapitalgesellschaften einschl. GmbH & Co. KG** enthalten, die den im ersten Abschnitt (§ 238 – 263 HGB) allen Unternehmen eingeräumten Bilanzierungs- und Bewertungsspielraum zum Teil erheblich einschränken. In einer zusammenfassenden Übersicht sollen nunmehr die **wesentlichen Unterschiede** zwischen dem **Jahresabschluß einer Personenfirma** und einer **Kapitalgesellschaft einschl. GmbH & Co. KG gegenübergestellt werden,** die zum Teil auch aus dem Steuerrecht resultieren: 653

	Personenfirma	**Kapitalgesellschaft**	Tz.	
I. Allgemeines				654
1. Zielsetzung	nur Gläubigerschutz	auch true and fair view	136, 139	
2. Umfang des JA	Bilanz, GuV	Bilanz, GuV, Anhang (mit umfangreichen Angabepflichten)	113	
3. Lagebericht	nein	mittlere und große: ja	113	
4. Aufstellungsfristen	nicht vorgeschrieben	vorgeschrieben	130	
5. Offenlegung	nein	ja	127	
6. Prüfung	nein	mittlere und große: ja	127	
7. Gliederungsschemata	nein	ja, mit Vorjahresvergleich	199,	
8. Straf- und Bußgeldvorschriften	nein	ja	512, 131 ff.	
II. Bilanzierung und Ausweis				655
1. Eigenkapital	variabel für jeden einzelnen Gesellschafter	fixe und variable Gesamtgrößen (ohne GmbH & Co. KG)	352 ff. 363 ff.	
2. Anlagenspiegel	nein	mittlere und große: ja	210	
3. Passivischer Ausweis von Wertberichtigungen	fakultativ	nein	206, 214	

		Personenfirma	Kapitalgesellschaft	Tz.
656	4. Nähere Angaben zu Forderungen und Verbindlichkeiten	nein	Fristigkeit, Sicherheit zweckmäßig: Verbindlichkeitenspiegel	211 648
	5. Aufgliederung von Rückstellungen und Eventualverbindlichkeiten	nein	ja	213, 644 Nr. 12 u. 17
	6. Bilanzierungshilfen für			
	a) Ingangsetzungskosten	nicht möglich	möglich	223 ff.
	b) aktive Steuerabgrenzung	nicht möglich	möglich	223 ff.
	7. Gesonderter Ausweis des Disagios unter den Rechnungsabgrenzungsposten	nein	mittlere und große: ja	644 Nr. 9
	8. Pensionsrückstellung für Gesellschafter – Geschäftsführer i.d. Steuerbilanz	nein	ja (ohne GmbH & Co. KG)	389
657	**III. Bewertung**			
	1. Zusatzabschreibungen im Rahmen vernünftiger kaufmännischer Beurteilung	ja	nein	458
	2. Gemildertes Niederstwertprinzip	für Anlagevermögen generell	nur für Finanzanlagevermögen	287, 290
	3. Wertaufholungsgebot	nein	ja.	304 ff.
	IV. Handelsrechtliches Ergebnis		(jeweils ohne GmbH & Co. KG)	
	1. Berücksichtigung der Steuer vom Einkommen	Ausweis vor Steuern (ESt)	Ausweis nach Steuern (KSt)	
	2. Berücksichtigung einer Geschäftsführervergütung	Ausweis vor Gesellschaftergeschäftsführervergütung	Ausweis nach Gesellschaftergeschäftsführervergütung	392, 618 368, 389
	3. Höhe des Ergebnisses als Folge von 1+2	ceteris paribus höher	ceteris paribus niedriger	532, 618 657 Nr. 1,2
	4. Ergebnisverwendung	kein gesonderter Beschluß, i.d. R. feste Gewinnverteilungsregelung	gesonderter Beschluß	582 ff.

B. Erleichterungen für mittelgroße und kleine Kapitalgesellschaften

Die **große Kapitalgesellschaft hat alle** Rechnungslegungsvorschriften des HGB zu beachten. Für **mittelgroße und kleine** Kapitalgesellschaften bestehen **gewisse Erleichterungen** hinsichtlich der **Aufstellung und Offenlegung.** Vom Grundsatz her hat die kleine Kapitalgesellschaft bereits ganz erhebliche Aufstellungserleichterungen. Was nicht erstellt zu werden braucht, muß selbstverständlich auch nicht offengelegt werden. Bei der Offenlegung durch die kleine Kapitalgesellschaft entfällt zudem alles, was mit der Gewinn- und Verlustrechnung zusammenhängt. Die **mittelgroße** Kapitalgesellschaft hat im Prinzip weit weniger Aufstellungserleichterungen als die kleine, kommt aber dann in den Genuß zusätzlicher Offenlegungserleichterungen, so daß sich das nachstehend dargestellte Schema ergibt: **658**

Zuvor seien die wichtigsten Erleichterungen insbesondere für kleine Kapitalgesellschaften nochmals im Überblick dargestellt:

- Im **Anhang** entfallen für kleine Kapitalgesellschaften eine Reihe von Angabepflichten; u.a. keine Erläuterung der »Aufwendungen für die Ingangsetzung und Erweiterung des Geschäftsbetriebs«, kein gesonderter Ausweis eines Disagios, keine Erläuterung größerer antizipativer Abgrenzungsposten, keine Angabe, in welchem Umfang das Ergebnis der gewöhnlichen Geschäftstätigkeit und das a.o. Ergebnis durch Steuern vom Einkommen und Ertrag belastet sind, keine Erläuterung der sonstigen Rückstellungen.
- Einen **Anlagespiegel** brauchen kleine Kapitalgesellschaften nicht zu erstellen.
- Einen **Lagebericht** brauchen kleine Kapitalgesellschaften nicht aufzustellen.
- Die **Gesamtbezüge** der Mitglieder einzelner Organe müssen nicht angegeben werden, wenn sich anhand dieser Angabe der Status eines bestimmten Mitglieds dieser Organe feststellen läßt (gilt für **alle** Kapitalgesellschaften).
- Unabhängig von ihrer Größe brauchen **GmbHs und GmbH & Co. KGs** die Angaben zur **Ergebnisverwendung nicht offenzulegen,** wenn sich daraus die Gewinnanteile von Gesellschaftern feststellen lassen, die natürliche Personen sind.

Größenklasse	Bilanz		G + V		Anhang		Lagebericht	
	Erstellung	Offenlegung	Erstellung	Offenlegung	Erstellung	Offenlegung	Erstellung	Offenlegung
Große Kapitalgesellschaft	vollständiges Schema des § 266 Tz. 208	vollständig § 325 Tz. 126	vollständiges Schema des § 275 Tz. 512	vollständig § 325 Tz. 126	vollständige Angaben gem. §§ 284, 285 Tz. 636	vollständig § 325 Tz. 126	vollständig § 289 Tz. 649	vollständig § 325 Tz. 126
mittelgroße Kapitalgesellschaft	vollständiges Schema des § 266 Tz. 208	Erleichterungen gem. § 327 Nr. 1 (Gliederungstiefe zwischen großer und kleiner) Tz. 208, 127	Erleichterungen gem. § 276 (nur Ausweis des Rohergebnisses) Tz. 520	keine weitere Offenlegungserleichterung § 325 Tz. 127, 512	Erleichterung gem. § 288 (keine Aufgliederung der Umsatzerlöse) Tz. 640	zusätzliche Offenlegungserleichterungen § 327 Nr. 2 Tz. 641 ff.	vollständig § 289 Tz. 649	vollständig § 325 Tz. 127
kleine Kapitalgesellschaft	stark gekürztes Schema des § 266 (Weglassen der arabischen Zahlen) Tz. 208	keine weitere Offenlegungserleichterung Tz. 127	Erleichterungen gem. § 276 (nur Ausweis des Rohergebnisses) Tz. 520	keine Offenlegung § 326 Tz. 127, 512	Erleichterungen gem. § 288 (weitergehend als bei der mittleren) Tz. 641 ff.	zusätzliche Erleichterungen bei der Offenlegung gem. § 326 (keine Angaben über G+V) Tz. 127, 640	keine Erstellung § 264 Abs. 1 Satz 3 HGB Tz. 649	keine Offenlegung § 326 Tz. 127

Achtes Kapitel

Der Konzernabschluß

A. Grundlagen des Konzernabschlusses

I. Begriff der verbundenen Unternehmen

Verbundene Unternehmen sind nach § 271 Abs. 2 HGB im wesentlichen solche Unternehmen, die als Mutter- oder Tochterunternehmen nach den **Vorschriften über die Vollkonsolidierung** (§§ 300 - 307 HGB) in einen **Konzernabschluß** einzubeziehen sind. Ein Konzernabschluß ist also mit anderen Worten nur für verbundene Unternehmen zu erstellen, nicht allgemein für »Konzerne«. 659

Der Begriff **»verbundene Unternehmen«** ist wesentlich **enger** gefaßt als der des »Konzerns«. So ist ein Konzernabschluß bei weitem nicht für alle »Konzerne« zu erstellen (vgl. Tz. 676), andererseits kann es ausnahmsweise vorkommen, daß ein Konzernabschluß zu erstellen ist, obwohl gar kein »Konzern« im Sinne des § 18 AktG vorliegt (Fälle des § 290 Abs. 2 HGB; vgl. Tz. 669). Maßgebend für die **in einen Konzernabschluß einzubeziehenden Unternehmen** ist die Definition der »verbundenen Unternehmen« gemäß § 271 Abs. 2 HGB. Der Begriff der »verbundenen Unternehmen« erscheint auch in § 15 AktG. Die dortige Definition gilt allerdings nur für Besonderheiten der AG und hat hinsichtlich der Konzernrechnungslegung (auch der AG) keine Bedeutung. Sie ist insgesamt wesentlich **weiter gefaßt** als die des § 271 Abs. 2 HGB, da sie noch über den Konzernbegriff hinausgeht, der seinerseits bereits den Begriffsumfang der verbundenen Unternehmen im Sinne des § 271 Abs. 2 HGB übertrifft. 660

Somit wird der **Konzernbegriff** in § 18 AktG erläutert, allerdings - wie bereits ausgeführt - ohne daß dies maßgeblich für die Konzernrechnungslegung wäre. Danach liegt ein **Konzern** vor, wenn verbundene Unternehmen (im Sinne des § 15 AktG) **unter einheitlicher Leitung** zusammengefaßt sind. Das kennzeichnende Merkmal eines Konzerns besteht somit in der einheitlichen Leitung eines oder einer Gruppe rechtlich selbständiger Unternehmen durch ein anderes Unternehmen. Zwischen den einzelnen Unternehmenseinheiten eines Konzerns **(Konzernunternehmen)** kann 661

- ein Verhältnis der Über- und Unterordnung **(Unterordnungskonzern** gemäß § 18 Abs. 1 AktG) oder
- ein Verhältnis der gleichberechtigten Nebenordnung **(Gleichordnungskonzern** gemäß § 18 Abs. 2 AktG) vorliegen.

Hinsichtlich des Entstehens eines **Unterordnungskonzerns** sind **drei Arten** zu unterscheiden: 662

- durch einen **Unternehmensvertrag** gemäß § 291, 319 AktG **(Vertragskonzern)**
- durch eine **Mehrheitsbeteiligung** oder
- durch **tatsächliche Gegebenheiten**

} **faktischer Unterordnungskonzern**

663 Sind mehrere Unternehmen durch einen **Beherrschungs-** bzw. **Gewinnabführungsvertrag** gemäß § 291 AktG oder einen **Eingliederungsvertrag** gemäß § 319 miteinander verbunden, so steht die Existenz eines **Unterordnungskonzerns in Gestalt eines Vertragskonzerns** außer Zweifel.

664 Ein **Unterordnungskonzern** kann auch aus einer **Mehrheitsbeteiligung** hervorgehen, wenn ein Unternehmen die Mehrheit - also über 50 % - der Anteile eines anderen Unternehmens besitzt, oder wenn ihm die Mehrheit - also über 50 % - der Stimmrechte in der Gesellschafterversammlung eines anderen Unternehmens zustehen. Eine derartige Mehrheitsbeteiligung kann durch **direkten** Anteilsbesitz oder durch indirektes Halten der Anteile über Zwischenunternehmen zustande kommen. Durch Zusammenfassen unter einheitlicher Leitung entsteht dann der Unterordnungskonzern.

665 Drittens kann ein **Unterordnungskonzern** auch auf **tatsächlichen Gegebenheiten** beruhen, z.B. indem die Geschäftsleitung der Untergesellschaft gegenüber der Obergesellschaft weisungsgebunden ist oder indem sich ein Unternehmen in entsprechenden Lieferungs- und/oder Abnahmeverträgen zur völligen Preisgabe seiner wirtschaftlichen Selbständigkeit verpflichtet.

666 Entsteht ein **Unterordnungskonzern auf einem der beiden zuletzt genannten Wege,** also entweder auf Grund einer Mehrheitsbeteiligung oder als Folge eines tatsächlichen Abhängigkeitsverhältnisses, so spricht man von einem **faktischen Unterordnungskonzern.**

667 Ein **Gleichordnungskonzern** liegt vor, wenn mehrere Unternehmen **vertraglich oder durch andere tatsächliche Gegebenheiten,** z.B. durch Vereinigung der Mehrheit ihrer Anteile bei einer Privatperson, **einer einheitlichen Leitung unterstellt** werden. Zwischen den einzelnen Unternehmenseinheiten eines Gleichordnungskonzerns besteht weder ein Abhängigkeits- noch ein Beherrschungsverhältnis. Insofern kann ein **Vertragskonzern** nach § 291, 319 AktG, der durch das Merkmal der Unterordnung gekennzeichnet ist, **niemals ein Gleichordnungskonzern** sein. Vielmehr kommt ein Gleichordnungskonzern nur durch die faktische Zusammenfassung mehrerer Unternehmen unter einheitlicher Leitung zustande. Es gibt daher **nur den faktischen Gleichordnungskonzern.** Der **Gleichordnungskonzern** wird von der **Verpflichtung zur Konzernrechnungslegung nicht erfaßt,** sondern grundsätzlich nur der **Unterordnungskonzern** - allerdings mit einem gegenüber Tz. 661 etwas abgewandelten Begriffsinhalt.

668 Nach § 290 HGB sind für die **Abgrenzung der zur Konzernrechnungslegung verpflichteten Unternehmen** die Begriffe **»Mutterunternehmen« und »Tochterunternehmen« relevant** (vgl. Tz. 659). Das **Mutterunternehmen muß eine Kapitalgesellschaft oder GmbH & Co. KG** sein (AG, KGaA, GmbH), das **Tochterunternehmen kann jede Rechtsform** besitzen. Stehen in einem Unterordnungskonzern (vgl. Tz. 662) ein oder mehrere Unternehmen **unter einheitlicher Leitung eines Mutterunternehmens,** so besteht die Verpflichtung zur Konzernrechnungslegung nach **§ 290 Abs. 1 HGB,** wenn dem

Mutterunternehmen **eine Beteiligung an dem oder den Tochterunternehmen** (vgl. Tz. 335) gehört. Liegen diese Voraussetzungen vor, so sind die in Tz. 662 genannten drei Arten von Unterordnungskonzernen prinzipiell zur Konzernrechnungslegung verpflichtet, sofern sie eine **bestimmte Größenordnung** erreichen (vgl. Tz. 677).

Darüber hinaus dehnt **§ 290 Abs. 2 HGB (Control-Konzept)** den Kreis der Mutter- und Tochterunternehmen auch auf Fälle aus, in denen das Charakteristikum eines Konzerns, die **»Zusammenfassung unter einheitlicher Leitung« fehlt.** Zum Konzernabschluß sind danach Mutterunternehmen ganz generell verpflichtet, wenn sie bei einem Tochterunternehmen entweder 669

- die **Stimmrechtsmehrheit** haben,
- **Bestellungs- und Abberufungsrechte** der Mehrheit der Mitglieder des Verwaltungs-, Leitungs- oder Aufsichtsorgans besitzen und Gesellschafter sind oder
- **beherrschenden Einfluß** auf Grund eines Beherrschungsvertrags oder einer Satzungsbestimmung des Tochterunternehmens ausüben.

Der **Erweiterung der Verpflichtung zur Konzernrechnungslegung** durch § 290 Abs. 2 HGB über die unter einheitlicher Leitung stehenden Unternehmen hinaus dürfte **wenig praktische Bedeutung** zukommen, da in diesen Fällen meist auch das Merkmal der einheitlichen Leitung vorliegt. § 290 Abs. 2 HGB bringt insofern eine **Klarstellung,** als unter den dort genannten Voraussetzungen der Einwand des Fehlens einer einheitlichen Leitung zwecklos ist, da die **Verpflichtung zur Konzernrechnungslegung trotzdem besteht.** Bei diesem **Control-Konzept,** das im angloamerikanischen Raum verbreitet ist, genügt es, daß eine **beherrschende Einflußnahme möglich** ist.

Für andere inländische Personenfirmen außer GmbH & Co. KG als Mutterunternehmen kann nach § 11 PublG eine Pflicht zur Konzernrechnungslegung in Frage kommen, wenn bestimmte Größenmerkmale erreicht werden (vgl. Tz. 678).

II. Notwendigkeit des Konzernabschlusses

Stehen mehrere rechtlich selbständige Unternehmen zueinander im Verhältnis Mutterunternehmen-Tochterunternehmen, so bilden sie **wirtschaftlich eine Einheit.** Dadurch **verlieren die Einzelabschlüsse dieser Unternehmen erheblich an Aussagekraft.** Die gegenseitigen Leistungsverflechtungen und die finanziellen Beziehungen zwischen den verbundenen Unternehmen führen dazu, daß die Einzelabschlüsse nur mehr ein unvollkommenes Bild von der tatsächlichen Vermögens-, Finanz- und Ertragslage sowohl des Konzerns als auch der einzelnen Unternehmenseinheiten vermitteln. Durch Vermögens- und Kapitalverschiebungen zwischen den verbundenen Unternehmen können die Einzelbilanzen ohne Verstoß gegen die gesetzlichen Bilanzierungs- und Bewertungsvorschriften 670 erheblich verändert werden. Daher erscheint eine **Zusammenfassung der Einzelabschlüsse zu einem Konzernabschluß** notwendig. Dies kann jedoch nicht im Wege einer einfachen Summierung geschehen, vielmehr sind die konzerninternen Beziehungen durch entsprechende Korrekturen der Einzelabschlüsse, **d.h. Konsolidierung,** auszuschalten. Damit kommt dem **HGB-Konzernabschluß ausschließlich Informationsfunktion** zu. Er hat **weder für die Gewinnverteilung noch für die Besteuerung Bedeutung.** Demgegenüber bemißt sich nach US-GAAP die Gewinnverteilung **(Dividendenausschüttung) ausschließlich am Konzernabschluß.**

671 Dabei gilt es zu beachten, **daß der Erfolg des Konzernabschlusses keineswegs mit der Summe der Erfolge der einbezogenen Einzelabschlüsse übereinzustimmen braucht;** denn durch die Konsolidierung werden konzerninterne Erfolge ausgeschaltet und in die Perioden ihrer Realisierung durch den Gesamtkonzern verlagert. Der Konzerngewinn einer Periode kann somit die Summe der Gewinne der einzelnen Unternehmen unter- oder überschreiten. **In der Totalperiode eines Konzerns,** also in seiner gesamten Lebensdauer, **müssen beide Erfolgsgrößen jedoch übereinstimmen,** da es dann auch vom Standpunkt des Gesamtkonzerns aus keine nicht realisierten Gewinne mehr geben kann.

III. Der Konzern im Steuerrecht

672 Die **Notwendigkeit zu einem Konzernabschluß** besteht **ausschließlich im Handelsrecht. Steuerlich ist nur der Jahresabschluß des einzelnen Unternehmens maßgebend;** der Konzernabschluß besitzt keinerlei Bedeutung.

Lediglich unter ganz bestimmten Voraussetzungen hat die Konzerneigenschaft auch steuerliche Auswirkungen. Das ist der Fall, wenn der **Konzern die Merkmale einer Organschaft** besitzt.

673 Zwei oder mehrere Unternehmen eines Konzerns bilden **körperschaft- und gewerbesteuerlich eine Organschaft,** sofern die Voraussetzungen des § 14 KStG bzw. § 2 Abs. 2 Nr. 2 Satz 2 Gewerbesteuergesetz gegeben sind. Danach liegt ein **Organschaftsverhältnis** vor, wenn die **Organgesellschaft** (Tochtergesellschaft, die nur die Rechtsform einer Kapitalgesellschaft besitzen darf) in den **Organträger** (Muttergesellschaft, die jede Rechtsform besitzen darf)

- **finanziell** (durch Mehrheitsbeteiligung) eingegliedert und
- ein **Gewinnabführungsvertrag** mit einer Dauer von **mindestens 5 Jahren notariell** abgeschlossen wurde, in dem sich die Tochtergesellschaft verpflichtet, den **gesamten** von ihr erwirtschafteten Erfolg auf die Muttergesellschaft zu übertragen. Das Bestehen eines solchen Gewinnabführungsvertrages muß außerdem zu Beginn der Organschaft im Handelsregister eingetragen sein.

Als Folge der körperschaftsteuerlichen Organschaft **entfällt die Körper-**

schaftsteuerpflicht für die Tochtergesellschaft. Ihr Ergebnis wird von der Mutter mitversteuert. Der Vorteil der **gewerbesteuerlichen Organschaft** besteht – wie auch bei der Körperschaftsteuer – im Verlustausgleich innerhalb des Konzerns. Im übrigen ist zu beachten, daß die **Rechtsformanforderungen** an Mutter- und Tochterunternehmen bei handelsrechtlich verbundenen Unternehmen (§ 271 Abs. 2 HGB) und **steuerlicher Organschaft verschieden** sind.

Die **Organschaft** erlangt nach § 2 UStG auch im Hinblick auf **die Umsatzsteuer** Bedeutung. In diesem Fall wird auf das **Erfordernis eines Gewinnabführungsvertrages verzichtet;** jedoch ist neben der finanziellen Eingliederung der Tochtergesellschaft in das Mutterunternehmen noch die 674

- **wirtschaftliche** (z.B. durch Lieferverträge oder gemeinsame Absatzanstrengungen) und die
- **organisatorische** (z.B. durch gemeinsame Leitung oder Verwaltung) **Eingliederung** erforderlich.

Als Folge der **umsatzsteuerlichen** Organschaft sind **Innenumsätze** zwischen Mutter und Tochter nicht steuerbar. 675
Ein körperschaftsteuerliches oder umsatzsteuerliches Organschaftsverhältnis kann nur zwischen inländischen Unternehmen begründet werden. In eine gewerbesteuerliche Organschaft können demgegenüber auch inländische Betriebsstätten ausländischer Unternehmen einbezogen werden.

IV. Die Rechnungslegungspflicht des Konzerns

1. Gesamtkonzernabschluß

Von der **handelsrechtlichen Rechnungslegungspflicht** sind bei weitem nicht alle Konzerne betroffen, sondern nur diejenigen **verbundenen Unternehmen,** deren Mutterunternehmen eine Kapitalgesellschaft mit Sitz im Inland ist (§ 290 Abs. 1 HGB). Wo sich der **Sitz des Tochterunternehmens** befindet, spielt **genau so wenig eine Rolle wie** deren **Rechtsform. Der Umfang des Konzernabschlusses** entspricht dem des Einzelabschlusses. Er umfaßt also neben Konzernbilanz und Konzernerfolgsrechnung auch den Konzernanhang, der bei börsennotierten Mutterunternehmen um eine **Kapitalflußrechnung,** eine **Segmentberichterstattung** und einen **Eigenkapitalspiegel** zu erweitern ist. Darüber hinaus ist ein Konzernlagebericht zu erstellen (vgl. Tz. 113). Die **Verpflichtung zur Konzernrechnungslegung** liegt bei der **Muttergesellschaft.** 676

Die näheren Einzelheiten zur **Kapitalflußrechnung** und **Segmentberichterstattung** ergeben sich aus dem **DRS 2** bzw. **DRS 3** (Deutscher Rechnungslegungsstandard 2 bzw. 3). Dabei handelt es sich um Empfehlungen des **DRSC** (Deutsches Rechnungslegungs Standards Committee), einer Vereinigung deutscher Wirtschaftsprüfer und Wirtschaftsfachleute, die auf der Grundlage des § 342 HGB gegründet wurde und als deutscher Standard setter zur Konzernrechnungslegung fungiert. Das **DRSC** erarbeitet nach einem vorgeschriebenen Verfahren **allgemein anerkannte Empfehlungen zur Konzernrechnungsle-**

gung, die keinen gesetzlichen Normcharakter haben. Es weist damit enge Parallelen zum amerikanischen FASB (bedeutendster Standard setter für US-GAAP) und zum englischen IASC (Standard setter für IAS) auf (vgl. Tz. 762 und 773).

677 Kleinere Konzerne sind von der Konzernrechnungslegungspflicht befreit, wenn an **zwei aufeinanderfolgenden Abschlußstichtagen** mindestens **zwei der drei** nachfolgend genannten **Größenmerkmale** nicht überschritten werden (§ 293 Abs. I HGB). Hinsichtlich Ermittlung dieser **Größenmerkmale** kann wahlweise angewandt werden, die

- Bruttomethode oder
- Nettomethode.

Die **Bruttomethode** ermittelt die Wertgrößen durch bloße **Addition der Einzelabschlüsse.** Sie hat den Vorteil, daß es keines Konzernabschlusses bedarf, um festzustellen, ob eine Pflicht zur Konzernrechnungslegung besteht. Die **Nettomethode** berechnet die Größenmerkmale in der Weise, als ob ein Konzernabschluß vorläge. Es werden also konsolidierte Größen zugrunde gelegt. Daher sind die Abschlußwerte bei der Bruttomethode um 20 % höher. Es gelten die folgenden **größenabhängigen Befreiungen:**

	Bilanzsumme Mio. €	Umsatzerlöse Mio. €	Arbeitnehmer ∅ Zahl
Bruttomethode	16,50	33,00	250
Nettomethode	13,75	27,50	250

Für Kreditinstitute und Versicherungsunternehmen existieren nach § 340 ff. HGB abweichende Größenmerkmale. Werden Wertpapiere eines Konzernunternehmens an einer Bröse innerhalb der EU gehandelt, wird keine Befreiung von der Pflicht zur Konzernrechnungslegung gewährt.

678 **Inländische Personenunternehmen** (außer GmbH & Co. KG) sind als Mutterunternehmen von der Pflicht zur **Erstellung eines Konzernabschlusses** betroffen, wenn sie die **Größenmerkmale des § 11 Abs. 1 PublG** erfüllen. Danach besteht eine Rechnungslegungspflicht, wenn auf den Konzern an drei aufeinanderfolgenden Stichtagen mindestens zwei der in Tz. 120 genannten Größenmerkmale zutreffen. Es gelten also die gleichen Größenmerkmale wie für die Prüfung und Publizierung des Einzelabschlusses. Außerdem müssen die Tochterunternehmen unter einheitlicher Leitung des Mutterunternehmens stehen.

2. Teilkonzernabschluß

679 Bei **vertikal gegliederten Konzernen,** also bei solchen, die sich aus **mehreren Stufen** zusammensetzen, besteht die **Rechnungslegungspflicht grundsätzlich**

auf jeder Stufe. Somit haben auch Tochterunternehmen, die ihrerseits wieder Mutterunternehmen sind, prinzipiell die Pflicht zur **Erstellung eines Teilkonzernabschlusses: Tannenbaumprinzip.** Zur Spitze hin werden dabei die Abschlüsse immer umfangreicher. Die Anwendung dieses Tannenbaumprinzips kann einen erheblichen Arbeitsaufwand mit einer Vielzahl von Teilkonzernabschlüssen auf den verschiedenen Ebenen bedingen. Um diese Folgen zu vermeiden, befreit § 291 HGB die Stufengesellschaften von der Aufstellungspflicht, wenn sie einen sogenannten **befreienden Konzernabschluß offenlegen,** d.h., wenn **folgende Voraussetzungen** erfüllt sind:

- Es liegt ein nach der 7. EG-Richtlinie erstellter Abschluß eines Mutterunternehmens **(Gesamtkonzernabschluß)** vor.
- Das Mutterunternehmen hat seinen Sitz in einem Mitgliedsstaat der EU.
- Der Gesamtkonzernabschluß wird in deutscher Sprache offengelegt.
- Minderheitsgesellschafter haben die Aufstellung eines Teilkonzernabschlusses nicht beantragt bzw. der Befreiung zugestimmt.
- Die Stufengesellschaft ist keine AG, deren Aktien zum Handel am amtlichen Markt zugelassen sind.

Hat das Mutterunternehmen seinen Sitz außerhalb der EU, so wird die befreiende Wirkung nach § 292 HGB von einer entsprechenden Rechtsverordnung abhängig gemacht.

Die Stufengesellschaft muß im Anhang ihres Einzelabschlusses auf die Befreiung hinweisen und dabei Namen und Sitz des Mutterunternehmens angeben, das den befreienden Konzernabschluß aufstellt. Die Vorschriften über befreiende Konzernabschlüsse gelten sinngemäß auch für Konzerne nach dem PublG (§ 11 Abs. 6 PublG).

V. Durchführung des Konzernabschlusses

Besteht gesonderte Rechnungslegungspflicht für verbundene Unternehmen, sind **680**
zunächst einige Vorfragen abzuklären.

1. Konsolidierungskreis

Als erstes muß der **Kreis** der in den Konzernabschluß **einzubeziehenden Unternehmen** abgesteckt werden. Es sind **im Konzernabschluß die Einzelabschlüsse des Mutterunternehmens** sowie **aller in- und ausländischen Tochterunternehmen,** ohne Rücksicht auf die Rechtsform der Tochterunternehmen, zusammenzufassen: **Weltabschlußprinzip** des § 294 Abs. 1 HGB.

Ändert sich im Laufe eines Geschäftsjahrs der Konsolidierungskreis wesentlich, so sind in den Konzernabschluß Angaben aufzunehmen, die einen sinnvollen Vergleich aufeinanderfolgender Konzernabschlüsse ermöglichen (§ 294 Abs. 2 HGB).

Es besteht ein **Verbot der Einbeziehung** in den Konsolidierungskreis nach **681**
§ 295 Abs. 1 HGB, wenn sich die **Tätigkeit eines Tochterunternehmens** von

der Tätigkeit der anderen Konzernunternehmen so **gravierend unterscheidet,** daß die Einbeziehung in den Konzernabschluß mit der Zielsetzung des Konzernabschlusses (vgl. Tz. 683) unvereinbar ist; das gilt z.B. für eine selbständige Versorgungs- oder Forschungsgesellschaft des im übrigen in völlig andersartigen Branchen tätigen Konzerns. Die Tatsache der unterlassenen Einbeziehung ist im Konzernanhang anzugeben und zu begründen.

682 **Ein Wahlrecht hinsichtlich der Einbeziehung** besteht nach § 296 HGB, wenn

- das Mutterunternehmen in der Ausübung seiner Rechte bezüglich des Tochterunternehmens erheblichen Beschränkungen unterliegt,
- die für den Konzernabschluß notwendigen Angaben nur mit unverhältnismäßig hohen Kosten oder Verzögerungen beschafft werden können,
- die Anteile am Tochterunternehmen lediglich zwecks Weiterveräußerung gehalten werden oder
- das Tochterunternehmen für die Aussagefähigkeit des Konzernabschlusses von untergeordneter Bedeutung ist.

Die Tatsache, daß von dem gegebenen Einbeziehungswahlrecht in unterlassender Weise Gebrauch gemacht wurde, ist im Konzeranhang zu begründen.

2. *Konsolidierungsgrundsätze*

a) *Zielsetzung des Konzernabschlusses*

683 Nach § 297 Abs. 2 HGB hat der Konzernabschluß unter Beachtung des Gebots der Klarheit und Übersichtlichkeit sowie der GoB **ein den tatsächlichen Verhältnissen entsprechendes Bild** des Konzerns zu vermitteln. Zu diesem Zweck sind die **für den Einzelabschluß geltenden Vorschriften** gemäß § 298 Abs. 1 HGB **analog** auch auf den Konzernabschluß **anzuwenden.** Dies betrifft u.a. auch die Gliederungsschemata der § 266 und 275 HGB.

b) *Vollständigkeitsgebot*

684 Für den Konzernabschluß gilt das **Vollständigkeitsgebot** des § 300 Abs. 2 HGB, wonach die Vermögensgegenstände, Schulden und Rechnungsabgrenzungsposten sowie Erträge und Aufwendungen der in den Konzernabschluß einbezogenen Unternehmen **unabhängig von ihrer Berücksichtigung in den Einzelabschlüssen vollständig** aufzunehmen sind, soweit nach dem **Recht des Mutterunternehmens** nicht ein Bilanzierungsverbot oder ein Bilanzierungswahlrecht besteht. **Maßgebend** sind also die **Rechtsverhältnisse des Mutterunternehmens,** was bei Einbeziehung von Personenfirmen oder ausländischen Tochterunternehmen in den Konzernabschluß zu einer Neubeurteilung der Frage des Bilanzausweises von Wirtschaftsgütern führen kann. Die Bilanzierung im Einzelabschluß ist insofern **nicht** maßgebend für den Konzernabschluß.

c) Grundsatz der einheitlichen Bewertung

Analog dazu hat die **Bewertung** im Konzernabschluß **einheitlich nach den Bewertungsmethoden der Muttergesellschaft** (§ 308 HGB) zu erfolgen. Soweit die in die Konsolidierung einbezogenen Vermögensgegenstände und Schulden nach anderen als auf den Abschluß des Mutterunternehmens angewendeten Methoden bewertet wurden, sind diese **neu zu bewerten (Erstellung der sogenannten Handelsbilanz 2)** und erst mit diesen Wertansätzen in den Konzernabschluß zu übernehmen. Die Möglichkeit zur Übernahme nur steuerlich bedingter Wertansätze in den Konzernabschluß besteht allerdings nicht mehr (Wegfall des § 308 Abs. 3 HGB). 685

Als Beispiel für eine Umbewertung sei in diesem Zusammenhang angeführt, daß ein Personen-Tochterunternehmen von außerplanmäßigen Abschreibungen im Rahmen vernünftiger kaufmännischer Bewertung gemäß § 253 Abs. 4 HGB Gebrauch gemacht hat (vgl. Tz. 456), was bei einer Kapitalgesellschaft als Mutterunternehmen unzulässig ist.

d) Fiktion der rechtlichen Einheit

Nach § 297 Abs. 3 HGB ist der **Konzernabschluß** in der Weise zu erstellen, daß er **mit dem Abschluß eines Großunternehmens übereinstimmt, das alle Konzernunternehmen umfaßt.** Zu diesem Zweck werden zunächst sämtliche gleichartigen Posten der Einzelabschlüsse addiert. Aus dem dadurch gewonnenen **Summenabschluß** sind anschließend im Wege der **Konsolidierung** diejenigen Posten zu eliminieren, die das fiktive Großunternehmen - auf das die Rechnungslegungsvorschriften des Mutterunternehmens Anwendung finden - in seinem Einzelabschluß nicht ausweisen darf (Einheitstheorie). 686

Infolge der Fiktion der rechtlichen Einheit der in den Konzernabschluß einbezogenen Unternehmen sollten in den Konzernunternehmen **übereinstimmende Kontenpläne und gleichlautende Gliederungen** für die Einzelabschlüsse verwendet werden. Andernfalls erfordert die Konsolidierung eine erhebliche Mehrarbeit.

e) Grundsatz der Vollkonsolidierung

Die **Ausgangsbasis** für den Konzernabschluß bildet somit der **Abschluß des Mutterunternehmens,** wobei nach § 300 Abs. 1 HGB in deren Bilanz an die Stelle der Anteile an den einbezogenen Tochterunternehmen **die aktiven und passiven Wirtschaftsgüter dieser Tochterunternehmen** treten, soweit sie nach dem Recht des Mutterunternehmens bilanzierungsfähig sind und die Eigenart des Konzernabschlusses keine Abweichungen bedingt; d.h., grundsätzlich hat eine **Vollkonsolidierung** zu erfolgen (Purchase-Methode und Interessenvereinigungsmethode, vgl. Tz. 693 ff. und Tz. 717 f.). 687

f) Einheitlicher Stichtag

688 Die Fiktion der rechtlichen Einheit der Konzernunternehmen verlangt auch einen **einheitlichen Abschlußstichtag** für alle in den Konzernabschluß einbezogenen Unternehmen. Die Einheitlichkeit der Abschlußstichtage ist eine **Sollvorschrift** (§ 299 Abs. 2 HGB). Danach darf der Abschlußstichtag eines Unternehmens **bis zu drei Monaten vor dem Stichtag des Konzernabschlusses** liegen. In diesem Fall ist über Vorgänge von besonderer Bedeutung im Abweichungszeitraum zu berichten. Beträgt die Abweichung mehr als 3 Monate, muß zur Wahrung der Einheitlichkeit ein **Zwischenabschluß** aufgestellt werden.

Maßgebend ist nach § 299 Abs. 1 HGB der **Stichtag des Mutterunternehmens**. Es kann kein hiervon abweichender Stichtag gewählt werden.

g) Einheitliche Recheneinheit

689 Sind ausländische Unternehmen in den Konzernabschluß einzubeziehen, taucht das Problem der **einheitlichen Währung** auf. Ausländische Währungen sind zum Kurs am Bilanzstichtag oder am jeweiligen Tag der Anschaffung oder Herstellung in € umzurechnen. Gegebenenfalls ist über die Umrechnungsmodalitäten im Konzernanhang zu berichten.

h) Stetigkeit der Konsolidierungsmethoden

690 Analog zu dem für den Einzelabschluß geltenden Grundsatz der Bilanzkontinuität (vgl. Tz. 152) **sollen** die auf den vorhergehenden **Konzernabschluß angewendeten Konsolidierungsmethoden beibehalten** werden (§ 297 Abs. 3 HGB).

i) Prinzip der Wesentlichkeit

691 Auf **Konsolidierungsmaßnahmen,** die im Hinblick auf die Zielsetzung des Konzernabschlusses von untergeordneter Bedeutung sind, kann verzichtet werden (Materiality-Prinzip).

Als **Beispiele** hierfür seien genannt:

- Verzicht, Tochterunternehmen von untergeordneter Bedeutung in den Konzernabschluß einzubeziehen (§ 296 Abs. 2 HGB)
- Verzicht der Aufgliederung der Vorräte im Konzernabschluß bei unverhältnismäßig hohem Aufwand (§ 298 Abs. 2 HGB)
- Verzicht auf einen eigenen Konzernanhang und -lagebericht und Zusammenfassung der Angaben im Anhang bzw. Lagebericht des Einzelabschlusses für das Mutterunternehmen (§ 298 Abs. 3 und § 315 Abs. 3 HGB)
- Verzicht auf Schuldenkonsolidierung bei untergeordneter Bedeutung (§ 303 Abs. 2 HGB)

- Verzicht auf die Eliminierung von Zwischenergebnissen bei untergeordneter Bedeutung (§ 304 Abs. 3 HGB)
- Verzicht auf die Konsolidierung einzelner Posten der Erfolgsrechnung bei untergeordneter Bedeutung (§ 305 Abs. 2 HGB)
- Verzicht auf einheitliche Bewertung bei untergeordneter Bedeutung (§ 308 Abs. 2 HGB).

3. Technische Abwicklung

Nach § 294 Abs. 3 HGB haben alle Konzernunternehmen ihre Einzelabschlüsse **692**
der **Konsolidierungsstelle,** die sich bei der Muttergesellschaft befindet, einzureichen. Diese erstellt den Konzernabschluß

- entweder buchhalterisch
- oder tabellarisch.

Nach der **buchhalterischen Methode** werden die Positionen der Einzelabschlüsse der Konzernunternehmen zunächst auf Konten übernommen und die **Konsolidierungen nach den Regeln der Doppik verbucht.** Die sich auf den einzelnen Konten daraufhin ergebenden Salden bilden die Positionen des Konzernabschlusses.

Bei der **tabellarischen Methode** verwendet man eine der Hauptabschlußüber-

Abschluß-positionen	Gesell-schaft A		Gesell-schaft B		Summen-abschluß		Konsolidie-rungs-vorg. 1		Konsolidie-rungs-vorg. 2		Konzern-abschluß	
	S	H	S	H	S	H	S	H	S	H	S	H
Bilanz												
Aktiva:												
.												
.												
.												
.												
.												
Passiva:												
.												
.												
.												
.												
.												
Erfolgs-rechnung												
Aufwand:												
.												
.												
.												
.												
Ertrag:												
.												
.												
.												
.												

sicht ähnliche Tabelle (vgl. Tz. 67), in die zeilenweise alle Posten der Bilanz und Erfolgsrechnung eingetragen werden. In die einzelnen Spalten überträgt man zunächst die Daten der Einzelabschlüsse. Anschließend wird eine Spalte für den **Summenabschluß** eingerichtet, die die bloße Addition der Einzelabschlüsse aufnimmt. In den folgenden Spalten werden die einzelnen **Konsolidierungsvorgänge** durchgeführt. Durch **Verrechnung dieser Konsolidierungen mit dem Summenabschluß** erhält man in der **letzten Spalte den Konzernabschluß.**

B. Konzernbilanz

I. Konsolidierung des Kapitals

1. Purchase-Methode

693 Grundsätzlich hat bei Erstellung der Konzernbilanz eine **Vollkonsolidierung** des Kapitals der einbezogenen Tochterunternehmen gemäß § 301 HGB zu erfolgen; d.h., es werden **alle Vermögensgegenstände** des Tochterunternehmens in die Konzernbilanz aufgenommen. Ausgehend von der Bilanz der Muttergesellschaft treten **an die Stelle der der Mutter gehörenden »Anteile an den einbezogenen Tochterunternehmen« die Vermögens- und Fremdkapitalpositionen aus den Bilanzen dieser Tochterunternehmen** (vgl. Tz. 687). Andersherum ausgedrückt wird **bei 100%iger Beteiligung die Position »Anteile an der Tochtergesellschaft«** in der Bilanz der Muttergesellschaft gegen das Eigenkapital der Tochtergesellschaft aufgerechnet. Die übrigen Aktiva und Passiva sind - gegebenenfalls entsprechend der Handelsbilanz 2 (vgl. Tz. 685) - mit Ausnahme der Konzernforderungen und -verbindlichkeiten zu addieren und in der Konzernbilanz zusammenzufassen, wobei im Rahmen der Erfolgskonsolidierung eventuell noch eine Umbewertung erfolgen muß.

694 Besteht keine 100%ige Beteiligung, so kann die Position »Anteile an der Tochtergesellschaft« in der Bilanz der Muttergesellschaft **nur mit einem entsprechenden Teil des Eigenkapitals** der Tochtergesellschaft verrechnet werden. Der verbleibende Teil des Tochter-Eigenkapitals wird als » **Ausgleichsposten für die Anteile anderer Gesellschafter«** ausgewiesen. Sind abhängige Gesellschaften auch untereinander beteiligt, so sind auch diese Anteile in die Kapitalkonsolidierung einzubeziehen.

695 **Nicht konsolidiert** werden dürfen die **Anteile der abhängigen Gesellschaften an der Muttergesellschaft.** Diese erscheinen in der Bilanz der Tochtergesellschaften unter der Position »Anteile an verbundenen Unternehmen«. In der Konzernbilanz müssen sie **in die Position »eigene Anteile« umgegliedert** werden, weil Anteile an der Muttergesellschaft, die eine Tochtergesellschaft hält, gemäß der Fiktion der rechtlichen Einheit eigene Anteile des Konzerns sind.

Der in der Bilanz der Muttergesellschaft ausgewiesene **Buchwert der Anteile** des Tochterunternehmens **ist mit dem Eigenkapital** (zum Teil der Einfachheit halber auch mit »Kapital« bezeichnet) zu verrechnen. Was unter »Eigenkapital« zu verstehen ist, ergibt sich aus der allgemeinen Definition des § 272 HGB (vgl. Tz. 215). Demgegenüber sind - gegebenenfalls aus der **Handelsbilanz 2** - 696

- die Sonderposten mit Rücklageanteil,
- die Rückstellungen,
- die Verbindlichkeiten und Forderungen, mit Ausnahme der Konzernverbindlichkeiten und -forderungen,
- die übrigen Vermögensposten und
- die Rechnungsabgrenzungsposten

unverändert in die Konzernbilanz zu übernehmen, soweit nicht im Rahmen der Erfolgskonsolidierung ein anderer Bilanzansatz zu wählen ist.

In den meisten Fällen wird der Wert der Anteile an einer Tochtergesellschaft in der Bilanz der Muttergesellschaft vom Wert des konsolidierungsfähigen Eigenkapitals der Tochtergesellschaft abweichen, so daß **Verrechnungsdifferenzen** entstehen. Die Art und Weise der **Behandlung dieser Verrechnungsdifferenzen** bildet **das eigentliche Problem bei der Kapitalkonsolidierung.** 697

Zur Lösung dieses Problems bedient man sich der sogenannten **»Purchase-Methode«** (Unterstellung eines Unternehmenskaufs), wonach unterschieden wird zwischen 698

- Erstkonsolidierung und
- Folgekonsolidierung.

Unter **Erstkonsolidierung** versteht man die erstmalige Vollkonsolidierung, unter **Folgekonsolidierung** die nachfolgenden Vollkonsolidierungen. Dabei ist zu beachten, daß der Wert der dem Mutterunternehmen gehörenden Anteile an einem Tochterunternehmen mit dem Eigenkapital des Tochterunternehmens nur **einmal** - nämlich bei der **Erstkonsolidierung** - **verrechnet** wird (sofern keine Änderung bezüglich der Beteiligungsverhältnisse der Mutter an der Tochter eintritt). Gedanklich liegt damit der **Erstkonsolidierung** - entsprechend der Fiktion der rechtlichen Einheit (vgl. Tz. 686) - **die Vorstellung von einem Unternehmenskauf** zugrunde. Hinsichtlich des **Zeitpunkts, auf den diese erstmalige Verrechnung vorgenommen** werden kann, gestattet § 301 Abs. 2 HGB **drei Möglichkeiten und zwar**

- den Zeitpunkt des Erwerbs der Anteile,
- den Zeitpunkt der erstmaligen Einbeziehung in den Konzernabschluß oder
- bei Erwerb der Anteile zu verschiedenen Zeitpunkten: den Zeitpunkt, zu dem das Unternehmen Tochterunternehmen wurde.

Der gewählte Zeitpunkt ist im Konzernanhang anzugeben. In den folgenden Ausführungen wird vom Zeitpunkt des Erwerbs der Anteile ausgegangen.

699 Bezüglich der **technischen Durchführung** der Konsolidierungen (Erst- und Folgekonsolidierung) sind nach § 301 Abs. 1 HGB **zwei Methoden** zulässig:

- **Buchwertmethode** und
- **Anteilsmethode (Neubewertungsmethode).**

700 Bei der **Buchwertmethode** erfolgt die **Verrechnung** der dem Mutterunternehmen gehörenden Anteile mit dem anteiligen Eigenkapital der Tochter **auf Basis** der sich aus der **Handelsbilanz der Tochter** ergebenden **Buchwerte** (gegebenenfalls aus der Handelsbilanz 2, vgl. Tz. 685). Der hierbei auftretende **Unterschiedsbetrag** ist den Wertansätzen von in der Konzernbilanz anzusetzenden Vermögensgegenständen und Schulden des Tochterunternehmens insoweit anteilig zuzuschreiben oder mit diesen zu verrechnen, als deren Tageswert höher oder niedriger ist als der bisherige Wertansatz.

701 Es sind also mit anderen Worten, wenn die Anschaffungskosten der Mutter für die Anteile am Tochterunternehmen das anteilige Tochter-Eigenkapital übersteigen, **die in den Wirtschaftsgütern der Tochter enthaltenen stillen Reserven** - maximal bis zur Höhe des (aktivischen) Unterschiedsbetrages - **anteilig aufzulösen** (Neubewertung zu Tageswerten). Ein eventuell **danach noch verbleibender Restbetrag** ist in der Konzernbilanz auf der Aktivseite als Geschäfts- oder Firmenwert auszuweisen. Dieser ist nach § 309 Abs. 1 HGB entweder

- in jedem folgenden Geschäftsjahr zu mindestens 25 % (konzerngewinnmindernd) oder
- planmäßig (konzerngewinnmindernd) abzuschreiben oder
- offen mit den Rücklagen zu verrechnen.

Nach US-GAAP und IAS ist eine wie auch immer geartet planmäßige Abschreibung auf den Konzern-, Geschäfts- oder Firmenwert verboten, vielmehr hat eine Neufestsetzung des Wertes zu erfolgen, wobei Zuschreibungen untersagt sind.

702 Tritt bei der erstmaligen Verrechnung ein **passivischer Unterschiedsbetrag** auf, weil das anteilige Eigenkapital der Tochter die anteiligen Anschaffungskosten der Mutter für die Anteile am Tochterunternehmen übersteigt, und kann dieser Unterschiedsbetrag auch im Zuge der Neubewertung (Abwertungen) nicht ausgeglichen werden, so ist der **Restbetrag** in die Passivseite der Konzernbilanz als **Unterschiedsbetrag aus der Kapitalkonsolidierung** einzustellen. Ein solcher passivischer Unterschiedsbetrag tritt i. d. R. nur dann auf, wenn die Mutter die Anteile an der Tochter - z.B. wegen ungünstiger Ertragserwartungen - zu relativ niedrigen Preisen erwerben konnte.

Deswegen ist nach § 309 Abs. 2 HGB eine **konzerngewinnerhöhende Auflösung** dieses Passivpostens in den Folgejahren nur zulässig, soweit

- die ungünstige Ertragserwartung vorüber ist oder
- am Abschlußstichtag feststeht, daß dieser Auflösung ein realisierter Gewinn entspricht.

Bei Konzernen mit mehreren einzubeziehenden Töchtern können **aktive und passive Unterschiedsbeträge** entstehen. Deren **Verrechnung ist zulässig,** erfordert aber eine Angabe im Konzernanhang. Das gilt auch für den Fall der Anwendung der Anteilsmethode. 703

Bei der **Anteilsmethode** - auch **Neubewertungsmethode** genannt - hat die der Buchwertmethode entsprechende **Neubewertung zu Tageswerten** bezüglich der in den Konzernabschluß aufzunehmenden Vermögensgegenstände und Schulden des Tochterunternehmens (vgl. Tz. 700 f.) **bereits vor der Eigenkapitalverrechnung** stattzufinden **(Erstellung einer Handelsbilanz 3).** Erst im **zweiten Schritt** wird dann ermittelt, ob sich bei der **Verrechnung** des Wertes der Tochteranteile der Mutter mit dem anteiligen Tochter-Eigenkapital ein **Unterschiedsbetrag ergibt. Ein derartiger Unterschiedsbetrag** ist zu behandeln wie der verbleibende Restbetrag der Buchwertmethode (vgl. Tz. 701); d.h., ein **Aktivbetrag** ist als **»Geschäfts- oder Firmenwert«, ein Passivbetrag als »Unterschiedsbetrag aus der Kapitalkonsolidierung«** auszuweisen, mit den jeweils entsprechenden Konsequenzen in den Folgejahren (vgl. Tz. 701 f.). 704

Die **Anteilsmethode** ist dadurch gekennzeichnet, daß **eine vollständige Aufdeckung aller stillen Reserven** erfolgt, unabhängig von der Beteiligungshöhe des Mutterunternehmens. Dementsprechend erfolgt der Ausweis des **»Ausgleichspostens für die Anteile anderer Gesellschafter«** mit dem **anteiligen Zeitwert** des Tochter-Eigenkapitals. Die Anwendung der Buchwertmethode bringt im Gegensatz dazu nur eine **quotale,** d.h. der Beteiligungshöhe der Muttergesellschaft entsprechende **Aufdeckung der stillen Reserven** des Tochterunternehmens mit sich. Der **»Ausgleichsposten für die Anteile anderer Gesellschafter«** entspricht deren **Anteil am Buchwert** des Tocher-Eigenkapitals. Beide Methoden führen also im Falle einer **100 %igen Beteiligung** am Tocherunternehmen **zur gleichen Darstellung - nicht** jedoch, wenn die **Beteiligungsquote** der Mutter **darunter** liegt. Die angewandte Methode der Kapitalkonsolidierung ist im Konzernanhang zu nennen.

Auch bei der **Anteilsmethode** kann es im Falle relativ hoher stiller Reserven des Tochterunternehmens und eines vergleichsweise günstigen Kaufpreises der Mutter für die Tochteranteile vorkommen, daß die Anschaffungskosten der Tochteranteile geringer sind als das anteilige Tochtereigenkapital in der Handelsbilanz 3. Analog zur Buchwertmethode entsteht in diesem Fall ein passivischer Unterschiedsbetrag aus der Kapitalkonsolidierung, mit dem in gleicher Weise zu verfahren ist wie bei der Buchwertmethode (vgl. Tz. 702). Dies bedeutet eine Durchbrechung des Anschaffungswertprinzips (vgl. Tz. 282), da die **Wertansätze des Tochtereigenkapitals** in der Handelsbilanz 3 (vgl. Tz. 701) die **Anschaffungskosten der Mutter für die Tochteranteile zzgl. anteiliger Zeitwert des »Ausgleichspostens für die Anteile anderer Gesellschafter«** übersteigen. 705

In Höhe des **Anteils konzernfremder Gesellschafter** am Eigenkapital der Tochtergesellschaft entsteht gemäß § 307 HGB ein **»Ausgleichsposten für die** 706

Anteile anderer Gesellschafter«, der unter entsprechender Bezeichnung innerhalb des Eigenkapitals der Konzernbilanz gesondert auszuweisen ist. Maßgeblicher Zeitpunkt für die Ermittlung dieses Postens ist der jeweilige Abschlußstichtag. Auch in der **Konzern-Gewinn- und Verlustrechnung** sind die **Anteile der anderen Gesellschafter am Gewinn bzw. Verlust nach** dem Jahresüberschuß/-fehlbetrag unter entsprechender Bezeichnung gesondert auszuweisen. Besitzen nicht in den Konzernabschluß einbezogene Konzernunternehmen (vgl. Tz. 681 f.) Anteile an einbezogenen Konzernunternehmen, so sind deren Anteile wie Anteile Dritter unter besonderer Kennzeichnung des Sachverhalts als »**Ausgleichsposten für die Anteile nicht konsolidierter Konzernunternehmen am Eigenkapital**« auszuweisen. Dieser Posten zählt ebenfalls zum Eigenkapital des Konzerns, da die Minderheitsgesellschafter keine Gläubigerstellung besitzen, sondern Mitbeteiligte sind.

707 **Die Kapitalkonsolidierung** bereitet **bei einseitigen Beteiligungen,** gleichgültig ob es sich um ein- oder mehrstufige Konzerne handelt, i.d.R. **keine nennenswerten Schwierigkeiten.** Liegen dagegen in einem **mehrstufigen Konzern wechselseitige Beteiligungen** mit unterschiedlichen **Anteilen** anderer Gesellschafter auf den verschiedenen Stufen vor, so bedarf es eines simultanen **Gleichungssystems** zur Kapitalkonsolidierung.

Die **Erstkonsolidierung** soll nunmehr anhand eines stark vereinfachten Beispiels nach der **Buchwert-** und nach der **Anteilsmethode** veranschaulicht werden:

Beispiel:

708 Die Muttergesellschaft A ist an der Tochtergesellschaft B mit 100 %, B an der Tochtergesellschaft C mit 80 % beteiligt. Die Gesellschaften haben am 31. 12. 01 folgende Bilanzen:

A	Bilanz A 01		P
Beteiligung	400	Eigenkapital	1 050
Sonst. Aktiva	650		
	1 050		1 050

A	Bilanz B 01		P
Beteiligung	120	Eigenkapital	240
Sonst. Aktiva	120		
	240		240

A	Bilanz C 01		P
Aktiva	100	Eigenkapital	100
	100		100

Wie erfolgt die Erstkonsolidierung nach der Buchwert- und nach der Anteilsmethode, wenn man unterstellt, bei B seien stille Reserven von 100 und ein Geschäftswert von 60 vorhanden? C habe stille Reserven von insgesamt 50, von denen 40 (= 80 %) auf B entfallen; der Rest von 10 steht den anderen Gesellschaftern zu. Die Gesellschaft C hat keinen Geschäftswert.

Lösung:
Erstkonsolidierung Buchwertmethode

Bilanz-position	Gesellschaft A		Gesellschaft B		Gesellschaft C		Kapitalkonsolidierung: Verr. Tochter--Eigenkapital		Kapitalkonsolidierung: Anteile and. Ges.		Kapitalkonsolidierung: Wertkorrektur		Konzernbilanz	
	A	P	A	P	A	P	S	H	A	P	S	H	A	P
Aktiva														
Beteiligung	400		120					1) 400						
								2) 120						
Sonst. Aktiva	650		120		100						4) 100		1 010	
											5) 40			
Geschäftswert											4) 60		60	
Passiva														
Eigenkapital		1 050		240			1) 240							1 050
						100	2) 80		3) 20					
Anteile and. Ges.										3) 20				20
Gewinn														
Unterschiedsbetrag							1) 160					4) 160		
							2) 40					5) 40		
	1 050	1 050	240	240	100	100	520	520	20	20	200	200	1 070	1 070

Buchung 1): Verrechnung der Anteile von A an B mit dem Eigenkapital B (Unterschiedsbetrag 160).
Buchung 2): Verrechnung der Anteile von B an C mit dem anteiligen Eigenkapital C (Unterschiedsbetrag 40).
Buchung 3): Verrechnung des Buchwertes der Anteile anderer Gesellschafter an C in Höhe von 20.
Buchung 4): Aufteilung des Unterschiedsbetrags von 160 auf sonstige Aktiva (stille Reserven von 100) und Geschäftswert von 60.
Buchung 5): Aufteilung des Unterschiedsbetrags von 40 auf sonstige Aktiva (stille Reserven von 40).

710

Erstkonsolidierung Anteilsmethode

Bilanz-position	Gesellschaft A		Gesellschaft B (Handelsbil. 3)		Gesellschaft C (Handelsbil. 3)		Kapitalkonsolidierung: Verr. Tochter--Eigenkapital		Kapitalkonsolidierung: Anteile and. Ges.		Kapitalkonsolidierung: Wertkorrektur		Konzernbilanz	
	A	P	A	P	A	P	S	H	A	P	S	H	A	P
Aktiva														
Beteiligung	400		120					1) 400 2) 120						
Sonst. Aktiva	650		220		150								1 020	
Geschäftswert							1) 60						60	
Passiva														
Eigenkapital		1 050		240		100	1) 240 2) 80		3) 20					1 050
Anteile and. Ges.										3) 30				30
Gewinn														
Unterschiedsbetrag				100		50	1) 100 2) 40		3) 10					
	1 050	1 050	340	340	150	150	520	520	30	30			1 080	1 080

Ausgangsbilanz von B und C ist die Handelsbilanz 3, in der die jeweiligen stillen Reserven bereits vollständig aufgelöst sind.
Buchung 1): Verrechnung der Anteile von A an B mit dem Eigenkapital B zuzügl. Unterschiedsbetrag (340); der Rest von 60 ist Geschäftswert.
Buchung 2): Verrechnung der Anteile von B an C mit dem anteiligen Eigenkapital C zuzügl. Unterschiedsbetrag (120).
Buchung 3): Verrechnung des Tageswerts der Anteile anderer Gesellschafter an C in Höhe von 30.

Die beiden vorstehenden Übersichten zeigen die **weitgehende Übereinstimmung beider Methoden der Kapitalkonsolidierung.** Bei der **Anteilsmethode** werden in der Gesellschaft C alle stillen Reserven aufgelöst, auch soweit sie auf die anderen Gesellschafter entfallen; bei der **Buchwertmethode** werden **nur die auf B entfallenden anteiligen stillen Reserven von C aufgelöst.** Hinsichtlich der Behandlung von B besteht völlige Übereinstimmung, da A an B mit 100 % beteiligt ist, wodurch es bei beiden Methoden zur vollständigen Auflösung der stillen Reserven kommt. Sind Anteile anderer Gesellschafter vorhanden, ist die Summe unter der Konzernbilanz nach der Anteilsmethode oder Neubewertungsmethode somit größer. 711

Beispiel: 712

Wie Tz. 708. Welches Aussehen zeigt die Konzernbilanz zum 31. 12. 02 bei Folgekonsolidierung nach der Buchwert- und Anteilsmethode, wenn sich bei A und C in 02 gar nichts geändert und B in 02 einen Gewinn von 50 erzielt hat? Es wird unterstellt, die aufgelösten stillen Reserven von B und C werden jährlich mit 10 %, der Geschäftswert von B wird jährlich mit 25 % abgeschrieben .

713

Lösung:
Folgekonsolidierung Buchwertmethode

Bilanz-position	Gesellschaft A		Gesellschaft B		Gesellschaft C		Kapitalkonsolidierung: Verr. Tochter- -Eigenkapital		Kapitalkonsolidierung: Anteile and. Ges.		Kapitalkonsolidierung: Wertkorrektur		Konzernbilanz	
	A	P	A	P	A	P	S	H	A	P	S	H	A	P
Aktiva														
Beteiligung	400		120					1) 400 2) 120						
Sonst. Aktiva	650		170		100						4) 90 5) 36		1 046	
Geschäftswert											4) 45		45	
Passiva														
Eigenkapital		1 050		240		 100	1) 240 2) 80		 3) 20					1 050
Anteile and. Ges.										3) 20				20
Gewinn				50							4) 25 5) 4			21
Unterschiedsbetrag							1) 160 2) 40					4) 160 5) 40		
	1 050	1 050	290	290	100	100	520	520	20	20	200	200	1 091	1 091

Buchungen 1) bis 3) wie Erstkonsolidierung Buchwertmethode.
Die **aufgelösten stillen Reserven** und der **Geschäftswert** in den Bilanzen der Tochtergesellschaften sind **gewinnmindernd abzuschreiben** (aufgelöste stille Reserven mit 10 %, Geschäftswert mit 25 %). Auf die stillen Reserven von B werden 10 und den Geschäftswert 15 (zusammen 25) abgeschrieben; auf die stillen Reserven von C werden 4 abgeschrieben. Dadurch mindert sich der Konzerngewinn von 50 (aus B) um insgesamt 29 auf 21 (vgl. Buchungen 4) und 5), die im übrigen analog zur Erstkonsolidierung sind).

Folgekonsolidierung Anteilsmethode

Bilanz-position	Gesellschaft A		Gesellschaft B (Handelsbil. 3)		Gesellschaft C (Handelsbil. 3)		Kapitalkonsolidierung: Verr. Tochter--Eigenkapital		Kapitalkonsolidierung: Anteile and. Ges.		Kapitalkonsolidierung: Wertkorrektur		Konzernbilanz	
	A	P	A	P	A	P	S	H	A	P	S	H	A	P
Aktiva														
Beteiligung	400		120					1) 400 2) 120						
Sonst. Aktiva	650		260		145								1 055	
Geschäftswert							1) 60					5) 15	45	
Passiva														
Eigenkapital		1 050		240		100	1) 240 2) 80		3) 20					1 050
Anteile and. Ges.										3) 30	4) 1			29
Gewinn				50							4) 14 5) 15			21
Unterschiedsbetrag				90		45	1) 100 2) 40		3) 10			4) 10 4) 4 4) 1		
	1 050	1 050	380	380	145	145	520	520	30	30	30	30	1 100	1 100

Buchungen 1) bis 3) wie Erstkonsolidierung Anteilsmethode.
Buchung 4) gleicht die in der Handelsbilanz 3 durchgeführte **gewinnmindernde Abschreibung der stillen Reserven** bei B (mit 10) und bei C (mit 5) aus, wodurch in Höhe von 14 der Konzerngewinn gemindert wird; in Höhe von 1 (10 % von 10) entfallen Abschreibungen auf die anderen Gesellschafter von C.
Buchung 5) beinhaltet die **gewinnmindernde Abschreibung des Geschäftswerts** von B in Höhe von 15 (25 % von 60).
Der **Konzerngewinn stimmt mit dem der Buchwertmethode überein.**

715 Die Folgekonsolidierungen zeigen den **gleichen Gewinn für beide Methoden;** jedoch ist die Konzern-Bilanzsumme infolge der Anteile anderer Gesellschafter an C bei der Anteilsmethode höher, da die stillen Reserven von C vollständig aufgelöst sind. Im Falle eines **passivischen Unterschiedsbetrages** aus der Kapitalkonsolidierung **könnten Buchwert- und Neubewertungsmethode demgegenüber zu unterschiedlichen Konzernergebnissen führen,** da sich Konzern-Eigenkapital und »Anteile anderer Gesellschafter« auseinander entwickeln können.

716 Die **Purchase-Methode** (vgl. Tz. 698), die zwischen Erst- und Folgekonsolidierung unterscheidet, ist dadurch gekennzeichnet, daß die bei der Erstkonsolidierung aufgelösten stillen Reserven (einschließlich Geschäftswert) der Tochtergesellschaften **in den Folgejahren** im Rahmen der Konzernbilanz **erfolgswirksam abgeschrieben** werden und dadurch den **Konzerngewinn beeinflussen.** Diese Methode hat weiterhin den Vorzug, daß Gewinnrücklagen, die das Tochterunternehmen erst nach seiner Einbeziehung in den Konzern bildet, als solche in der Konzernbilanz ersichtlich sind. Sie erscheinen als **Rücklagenzuführung des Konzerns** und gehen nicht in einem »Ausgleichsposten« unter, so daß die **Thesaurierungspolitik des Gesamtkonzerns** auch in den Folgejahren erkennbar bleibt.

2. *Interessenvereinigungsmethode*

717 Die **Kapitalkonsolidierung darf** ausnahmsweise - abweichend von der Vorstellung eines Unternehmenskaufs - nach der **Interessenvereinigungsmethode** (Pooling-of-interests-Methode) durchgeführt werden (§ 302 HGB), wenn **folgende Voraussetzungen** gleichzeitig gegeben sind:

- Es werden mindestens 90 % der Anteile des Tochterunternehmens erworben, und
- die Anteile am Tochterunternehmen werden im Tausch gegen eigene Anteile eines Konzernunternehmens erworben, und
- es wird höchstens eine Barzahlung von 10 % für den Erwerb der Anteile geleistet.

718 Interessenvereinigung bedeutet demnach **Übernahme von mindestens 90 % eines Tochterunternehmens im Tausch gegen eigene Anteile.** In diesem Fall darf der Einfachheit halber der **Buchwert der Anteile** der Muttergesellschaft **mit dem (anteiligen) gezeichneten Kapital** (vgl. Tz. 216) der Tochtergesellschaft verrechnet werden. Ein etwaiger **Unterschiedsbetrag** ist nach § 302 Abs. 2 HGB **mit den Rücklagen zu verrechnen** (falls er aktivisch ist) oder den Rücklagen hinzuzurechnen (falls er passivisch ist). Es unterbleibt also die Neubewertung der Vermögensgegenstände und Schulden der Tochter, so daß es zu **keiner Auflösung stiller Reserven** kommt. Eventuelle Anteile Dritter werden mit ihrem Nennwert ausgewiesen.

Infolge der eng gezogenen Grenzen für den Gebrauch dieses Verfahrens dürfte es in der Praxis **keine nennenswerte Bedeutung** erlangen. Die Anwendung dieses Verfahrens ist im Konzernanhang anzugeben. Es handelt sich um eine **modifizierte Form der Vollkonsolidierung,** da alle Vermögensgegenstände und Schulden der Tochter in den Konzernabschluß eingehen (allerdings mit ihrem

Buchwert bei Erstkonsolidierung). Der **Erstkonsolidierung** liegt hier statt der Vorstellung von einem Unternehmenskauf die Fiktion eines **Unternehmenszusammenschlusses (Fusion)** auf der Basis der Buchwerte zugrunde. Die **Pooling-of-interests-Methode** ist **weder nach US-GAAP** (vgl. Tz. 762ff.) **noch nach IAS** (vgl. Tz. 773ff.) **zulässig.**

3. Quotenkonsolidierung

719 Im **Gegensatz zur Vollkonsolidierung** steht die **anteilsmäßige** oder **Quotenkonsolidierung** des § 310 HGB. Die Einheitstheorie wird aufgegeben. Die einzelnen Vermögensgegenstände und Schulden der Tochter werden nicht vollständig, **sondern nur anteilig in den Konzernabschuß übernommen,** wodurch die eingeschränkte Verfügungsmacht der Konzernleitung zum Ausdruck kommt: Teilkonsolidierung.

Führt ein Mutter- oder Tochterunternehmen **gemeinsam mit** einem oder mehreren **nicht in den Konzernabschluß einbezogenen Unternehmen ein Tochterunternehmen (Gemeinschaftsunternehmen),** so ist nach § 310 HGB anstelle der Vollkonsolidierung auch die **quotale Übernahme** des Vermögens und der Verbindlichkeiten der Tochter in den Konzernabschluß zulässig. Ansonsten gelten die Bestimmungen für die Vollkonsolidierung: einheitliche Bilanzierung und Bewertung nach dem Recht des Mutterunternehmens, jedoch quotal, so daß ein **Ausweis von »Anteilen anderer Gesellschafter« entfällt.**

Ein typischer Anwendungsfall für die Quotenkonsolidierung wäre gegeben, wenn zwei Unternehmen eine gemeinsame Tochter mit je 50 % Kapitalanteilen gründen und leiten **(joint venture).**

4. Equity-Konsolidierung assoziierter Unternehmen

720 **Assoziierte Unternehmen** sind nach der **Equity-Methode,** (Methode der Beteiligungsanteile), die eine gewisse Verwandtschaft mit der Quotenkonsolidierung besitzt, in den Konzernanschluß einzubeziehen. Wird vom Wahlrecht der Quotenkonsolidierung eines Gemeinschaftsunternehmens kein Gebrauch gemacht, so ist die Equity-Methode anzuwenden, soweit es sich um ein assoziiertes Unternehmen handelt. Damit stellt sie eine zweite Form der **Teilkonsolidierung** dar.

Als **assoziiert** bezeichnet man Unternehmen, denen das **»Merkmal der Verbundenheit«** (vgl. Tz. 659) **fehlt,** weil sie **nicht unter einheitlicher Leitung** der Konzernmutter stehen. Jedoch besitzt ein Konzernunternehmen

- eine **Beteiligung** (vgl. Tz. 335) an diesem Unternehmen und
- übt **maßgeblichen Einfluß auf die Geschäfts- oder Firmenpolitik** aus.

721 Es kann sich also nur um Unternehmen handeln, an denen ein **Beteiligungsverhältnis in Höhe von 20 % -50 %** besteht. Bei **höherer Quote** handelt es sich stets um ein **verbundenes Unternehmen** (vgl. Tz. 669), was bei einer Quote zwischen 20 % und 50 % nur dann der Fall ist, wenn das **Merkmal der einheitlichen Leitung** hinzukommt (vgl. Tz. 668). Fehlt dieses Merkmal, stellt sich die

Frage nach einem maßgeblichen Einfluß auf die Geschäfts- oder Firmenpolitik der Tochter, wofür bei der genannten Beteiligungsquote **eine Vermutung** besteht, so daß ein assoziiertes Unternehmen vorliegt. Diese **Vermutung** dürfte z.B. bei fehlender Vertretung in Vorstand oder Aufsichtsrat der Tochter **zu widerlegen** sein, aber auch wenn die zur Konsolidierung benötigten Informationen nicht an die zuständige Konsolidierungsstelle (vgl. Tz. 692) gegeben werden. Bei widerlegter Vermutung werden die Anteile im Einzelabschluß unter »**Beteiligungen**« ausgewiesen, **ohne** daß irgend eine Form der **Konsolidierung im Konzernabschluß** erfolgt.

722 Liegen die Voraussetzungen eines **assoziierten** Unternehmens vor, das nach § 311 Abs. 2 HGB nicht von untergeordneter Bedeutung ist, so **erfolgt die Bewertung der** entsprechenden **Beteiligung** im Konzernabschluß nach der **Equity-Methode.** Es handelt sich dabei **im Ergebnis um eine Quotenkonsolidierung,** nur wird der **Beteiligungswert** bei der Mutter **nicht** durch die Vermögensposten und Schulden der Tochter **ersetzt,** sondern es wird der **Wert dieser Beteiligung** so korrigiert, daß er dem Wert des Eigenkapitalanteils an der Tochter entspricht, der sich nach Auflösung der anteiligen stillen Reserven und Ansatz eines eventuellen anteiligen Firmenwertes ergibt. Es werden also **die stillen Reserven** bei der Tochter analog zur Quotenkonsolidierung **anteilig aufgelöst.** In den Folgejahren führen demgemäß Gewinne und die Bildung von Rücklagen bei der Tochter zu einer Höherbewertung der Beteiligung, während Verluste und Gewinnausschüttungen der Tochter eine Abwertung der Beteiligung bei der Mutter zur Folge haben. Damit ergibt sich folgendes Berechnungsschema für die Ermittlung des Wertansatzes der Beteiligung:

	Wertansatz der Beteiligung zum Zeitpunkt des Erwerbs bzw. zum Zeitpunkt der erstmaligen Anwendung der Equity-Methode
+	**anteilige Gewinne** des Beteiligungsunternehmens
–	**anteilige Verluste** des Beteiligungsunternehmens
–	**vereinnahmte Gewinnausschüttungen** (Dividende von der Tochter an die Muttter)
–	**Abschreibungen** auf anteilig aufgedeckte stille Reserven und Firmenwert
=	**fortgeschriebener Beteiligungswert**

723 Der Grundsatz der einheitlichen Bilanzierung und Bewertung nach dem Recht des Mutterunternehmens (vgl. Tz. 684 f.) kann, aber er muß nicht angewendet werden (§ 312 Abs. 5 HGB). Da im übrigen gemäß § 312 HGB in Analogie zur Quotenkonsolidierung zu verfahren ist, wird - wie bei der Vollkonsolidierung - zwischen **Buchwert- und Anteilsmethode (Neubewertungsmethode)** unterschieden (vgl. Tz. 699). Bei der **Erstkonsolidierung** wird der **Anschaffungswert der Beteiligung** mit dem anteiligen **Eigenkapital der Tochter** verglichen. Ein **Unterschiedsbetrag** ist in der Bilanz oder im Konzernanhang zu vermerken.

Seine Behandlung richtet sich in den **Folgejahren** - analog zur Vollkonsolidierung - danach, welcher Bruchteil davon **auf stille Reserven in den einzelnen Wirtschaftsgütern** und **auf einen Geschäfts- oder Firmenwert** der Tochter entfällt.

Bei Erstkonsolidierung nach der **Buchwertmethode** ist die Beteiligung mit dem **Buchwert** (i.d.R. Anschaffungskosten der Beteiligung), nach der **Anteilsmethode** mit dem sich durch **Neubewertung** (Handelsbilanz 3 der Tochter) ergebenden **anteiligen Wert des Eigenkapitals der Tochter** anzusetzen. Das bedeutet, daß der Beteiligungswert bei Realisierung eines good will im Anschaffungszeitpunkt nach der Anteilsmethode niedriger liegt, da er nur das anteilige Tochter-Eigenkapital ohne Firmenwert umfaßt. Wohingegen nach der Buchwertmethode auch ein eventuell anteilig bezahlter Firmenwert im Beteiligungswert der Mutter enthalten ist.

Beispiel:

Die A-Gesellschaft erwirbt eine 30%ige Beteiligung an der B-Gesellschaft zum Preis von 200. B ist ein assoziiertes Unternehmen und hat stille Reserven von 100 in den einzelnen Wirtschaftsgütern. Die Bilanzen zeigen zum 31. 12. 01 folgendes Aussehen: 724

A	Bilanz A 01		P
Beteiligung	200	Eigenkapital	700
Sonstige Aktiva	500		
	700		700

A	Bilanz B 01		P
Aktiva	300	Eigenkapital	300
	300		300

Wie sieht die Konzernbilanz nach der Buchwert- und nach der Anteilsmethode aus?

Lösung:

Nach der **Buchwertmethode** ist die Beteiligung an B im Konzernabschluß mit 200 auszuweisen. Der Unterschiedsbetrag gegenüber dem anteiligen Eigenkapital an B (30 % von 300 = 90) in Höhe von 110 ist in der Konzernbilanz in der **Vorspalte** oder im Konzernanhang anzugeben. Der **Unterschiedsbetrag von 110** beinhaltet die **anteiligen stillen Reserven und den anteilig übernommenen Firmenwert.** 725

Erstkonsolidierung nach der Buchwertmethode:

A		Konzernbilanz 31. 12. 01		P
Assoziierte Beteiligung		200	Eigenkapital	700
davon Unterschiedsbetrag nach § 312 HGB	110			
Sonstige Aktiva		500		
		700		700

Nach der **Anteilsmethode** ist bei B zunächst eine **Neubewertung** durchzuführen (die Handelsbilanz 3 weist um 100 erhöhte Werte auf). Der verbleibende **Unterschiedsbetrag** 726 zwischen Anschaffungskosten der Beteiligung (200) und dem neuen anteiligen Eigenkapital an B (30 % von 400 = 120) in Höhe **von 80** ist als **anteiliger Geschäftswert** gesondert in die Konzernbilanz aufzunehmen oder im -anhang anzugeben.

Erstkonsolidiernng nach der Anteilsmethode:

A	Konzernbilanz 31. 12. 01		P
Assoziierte Beteiligung	120	Eigenkapital	700
Geschäftswert nach § 312 HGB	80		
Sonstige Aktiva	500		
	700		700

Im Ergebnis sind beide Methoden gleich. Die gewählte Methode ist im Konzernanhang anzugeben.

727 Erwirtschaftet B im Folgejahr einen Gewinn, so erhöht dies anteilig den Wert der Beteiligung, wohingegen die Abschreibungen auf die anteilig aufgelösten stillen Reserven und den Geschäftswert von B (wie eine eventuelle Gewinnausschüttung von B) den Beteiligungswert mindern.

Beispiel:

728 Wie Tz. 724. Die Abschreibung auf die anteiligen Reserven von B beträgt 10 % auf den Geschäftswert von B 25 %. Bei A verändert sich in 02 nichts, B erwirtschaftet einen Gewinn von 90. Welches Aussehen zeigt die Konzernbilanz zum 31. 12. 02 nach der Buchwert- und nach der Anteilsmethode?

Lösung:

Der Wert der Beteiligung enthält anteilige stille Reserven von B in Höhe von 30 (30 % von 100), die mit 10 % (3) gewinnmindernd abzuschreiben sind. Der anteilig aufgelöste Geschäftswert von B beträgt 80 (110 – 30), der mit 25 % (20) gewinnmindernd abgeschrieben wird, so daß sich ein Aufwand von 23 (20 + 3) ergibt. Der anteilige Gewinn beträgt 27 (30 % von 90), womit sich der Beteiligungswert um 4 (27 – 23) erhöht.

729 **Folgekonsolidierung nach der Buchwertmethode:**

A		Konzernbilanz 31. 12. 02		P
Assoziierte Beteiligung		204	Eigenkapital	700
davon Unterschiedsbetrag			Gewinn	4
nach § 312 HGB	87			
Sonstige Aktiva		500		
		704		704

Der **Unterschiedsbetrag** weist nach Abschreibung von insgesamt 23 noch einen **Restwert von 87** (110 – 23) auf.

Nach der Anteilsmethode beträgt der Beteiligungswert entsprechend der Handelsbilanz 3 von B 144 (120 + 27 – 3). Er erhöht sich um den anteiligen Gewinn von 27 (30 % von 90) und vermindert sich um die anteilige Abschreibung auf die stillen Reserven von 3 (10 % von 30). Der Geschäftswert beträgt 60 (80 – 20), da die Abschreibung mit 25 % erfolgt.

Folgekonsolidierung nach der Anteilsmethode: 730

A	Konzernbilanz 31. 12. 02		P
Assoziierte Beteiligung	144	Eigenkapital	700
Geschäftswert nach § 312 HGB	60	Gewinn	4
Sonstige Aktiva	500		
	704		704

Im Ergebnisausweis sind beide Methoden trotz unterschiedlicher Darstellung gleich. Die Abschreibung des good will führt auch zu einer Angleichung im Ansatz des fortgeschriebenen Beteiligungswertes.

II. Schuldenkonsolidierung

Konzernforderungen und -verbindlichkeiten (eventuell -rückstellungen) sind 731
nach § 303 HGB in der Konzernbilanz **wegzulassen.** Da die Konzernforderungen mit den Konzernverbindlichkeiten **nicht immer vollständig korrespondieren,** kann dadurch der Konzerngewinn beeinflußt werden. Verrechnungsdifferenzen sind in folgenden Fällen möglich:

- **Minder- oder unverzinsliche, langfristige Forderungen** müssen in der Einzelbilanz abgezinst werden, die entsprechende Verbindlichkeit dagegen nicht.
- **Wechselforderungen** können in der Einzelbilanz ebenfalls abgezinst werden, die entsprechende Verbindlichkeit dagegen nicht.
- Die einer **abgeschriebenen Konzernforderung** entsprechende Verbindlichkeit erscheint in der Einzelbilanz der zahlungspflichtigen Gesellschaft in voller Höhe.
- Ein Konzernunternehmen hat **Obligationen** eines anderen Konzernunternehmens zu einem **Kurs über oder unter dem Nennbetrag** erworben.

In den drei zuerst genannten Fällen entstehen **Konsolidierungsgewinne**; im letztgenannten können es **Konsolidierungsgewinne oder -verluste** sein.

Die **konsolidierte Konzernbilanz weist** somit **nur Forderungen und Verbindlichkeiten gegenüber Konzernfremden** aus. Ob eine Aufrechnung zulässig ist, wenn ein Konzernunternehmen gegenüber einem Dritten Verbindlichkeiten und ein anderes Konzernunternehmen gegenüber dem gleichen Dritten Forderungen hat, ist umstritten. Nach der Fiktion der rechtlichen Einheit erscheint sie jedenfalls dann gerechtfertigt, wenn die vertraglichen Vereinbarungen mit dem Dritten eine Konzernverrechnungsklausel enthalten.

Die Konsolidierung betrifft auch die **Eventualverbindlichkeiten** der Konzernunternehmen untereinander.

III. Konsolidierung der Zwischenergebnisse

732 Nach § 304 HGB sind die **aus Lieferungen und Leistungen verbundener Unternehmen untereinander erzielten Gewinne und Verluste -** entsprechend der Fiktion der rechtlichen Einheit - noch **nicht realisiert,** so daß ihr **Ausweis gegen das Realisationsprinzip** (vgl. Tz. 283) verstoßen würde. Vielmehr sind die Umsätze zwischen Konzerunternehmen den **Innenumsätzen** zwischen den Betriebsstätten eines Unternehmens vergleichbar. Die durch solche konzerninternen Umsätze entstehenden **Zwischenergebnisse** müssen daher **eliminiert** werden. Sie sind eine Folge von **Konzernverrechnungspreisen,** die die Konzernleitung nach ihrem Gutdünken festsetzen kann. Es fehlt die Bestätigung durch den Absatzmarkt.

733 Die **Ausschaltung von Zwischenergebnissen** erfolgt in erster Linie **im Hinblick auf die Gewinnausschüttung** der Konzernunternehmen. Die Konzernleitung soll davor bewahrt werden, Gewinne einzelner Unternehmenseinheiten zur Ausschüttung an außenstehende Gesellschafter freizugeben, sofern keine Realisierung durch einen **Außenumsatz** stattgefunden hat.

734 Die Verpflichtung zur **Eliminierung der Zwischenergebnisse** kann aus Gründen der Arbeitsvereinfachung **entfallen,** wenn

- die Zwischenergebnisse für die Darstellung der Vermögens-, Finanz- und Ertragslage nur von untergeordneter Bedeutung sind (vgl. dazu Tz. 691).

Die **Konzernbilanz kann** also nur dann **Zwischengewinne enthalten,** wenn dies von untergeordneter Bedeutung ist.

735 Nach § 304 HGB sind Zwischenergebnisse dadurch **zu eliminieren,** daß die **Bewertung mit** den sogenannten **Konzernanschaffungs- oder -herstellungskosten** erfolgt. Das ist der Wert, mit dem die Vermögensgegenstände im Einzelabschluß höchstens angesetzt werden dürften, wenn die einbezogenen Unternehmen auch rechtlich eine Einheit bilden würden. Das **Zwischenergebnis** errechnet sich **als Differenz** zwischen den **Verrechnungspreisen** der konzerninternen Lieferungen und Leistungen **und** ihren **Konzernanschaffungs- oder -herstellungskosten.** Muß eine Bewertung zu den niedrigeren Konzernanschaffungs-

oder -herstellungskosten erfolgen, spricht man von der **Anwendung des Konzernniederstwertprinzips: Eliminierung von Zwischengewinnen.**

Es kann sich bei den auszuschaltenden Zwischenergebnissen auch um entstandene **Zwischenverluste** handeln, wenn z.B. bei der Bewertung von unfertigen Erzeugnissen **aus der Sicht des einzelnen (liefernden) Unternehmens** nicht aktivierbare Transportkosten (Vertriebskosten) als **Aufwand** verbucht wurden, die **aus der Sicht des Konzerns als Einheitsunternehmen** zu den aktivierbaren **Gemein-** oder aktivierungspflichtigen **Einzelkosten der Herstellung** rechnen. In diesem Fall kann oder muß eine Bewertung zu **höheren** Konzernherstellungskosten erfolgen, d.h., Zwischenverluste sind zu eliminieren. **Zwischenverluste** sind stets dann auszuschalten, wenn der Wertansatz im Einzelabschluß den **Konzernmindestwert** (mindestens im Konzernabschuß anzusetzenden Wert) nicht erreicht; **Zwischengewinne** müssen dem gegenüber konsolidiert werden, wenn der Wertansatz im Einzelabschluß den **Konzernhöchstwert** überschreitet.

Bei der Aufstellung der Konzernbilanz bereitet die Zwischenerfolgskonsolidie- **736**
rung oftmals erhebliche Mühen, da

- die konzernintern bezogenen Bestände häufig aus **zahlreichen Sorten** bestehen, die **neu bewertet** werden müssen,
- die konzernintern bezogenen Gegenstände am Abschlußstichtag vielfach **bereits weiterverarbeitet** wurden und der Anteil der konzerninternen Roh-, Hilfs- und Betriebsstoffe an den unfertigen und fertigen Erzeugnissen - wenn überhaupt - erst durch eine zeitnahe Nachkalkulation ermittelt werden kann,
- bei **vertikalen Konzernen,** d.h. bei solchen, die mehrere aufeinanderfolgende Wirtschaftsstufen umfassen, die **Zwischenergebnisse aus mehreren Produktionsstufen eliminiert** werden müssen,
- **sich in einem Bestand an Vorräten** vielfach sowohl **Gegenstände** von einbezogenen Konzernunternehmen als auch von anderen Unternehmen **mischen.**

Im letztgenannten Fall dürfte hinsichtlich der **Vorratsbewertung** die Anwendung des **Fifo-Verfahrens** (vgl. Tz. 468) am zweckmäßigsten sein, da der Endbestand dann nur mehr die Artikel aus den letzten Bezügen enthält, deren Herkunft am leichtesten festzustellen ist. Zur weiteren Arbeitsvereinfachung sondert die **Kifo-Fiktion** (Konzern in - first out) **die aus Konzernlieferungen stammenden Waren** zuerst aus, da sie unterstellt, diese würden **zuerst verbraucht.** Das bedeutet, daß bei der Bestandsaufnahme am Abschlußstichtag nur mehr ein geringer Anteil konzerninterner Lieferungen vorhanden ist, der in der Konzernbilanz eventuell umbewertet werden muß.

Beispiel:

Die Muttergesellschaft A liefert an die 100%ige Tochtergesellschaft B Waren zum Preis **737**
von 100, die bei B auf Lager gehen. Die Herstellungskosten dieser Waren belaufen sich

bei A auf 80. Wie hoch ist der Konzerngewinn, wenn die Summe der Gewinne aus den Einzelabschlüssen 50 beträgt und sonst keine erfolgswirksamen Konsolidierungsvorgänge erfolgen?

Lösung:

Summe der Gewinne der Einzelbilanzen	50
– Ausschaltung Zwischengewinn	20
Konzerngewinn	30

In der Konzernbilanz sind die Waren, die im Einzelabschluß von B mit 100 enthalten sind, mit 80 zu bewerten. Die Wertkorrektur erfolgt **ergebniswirksam.**

738 Veräußert die Gesellschaft B diese Vorräte (Anschaffungskosten 100) in der nächsten Periode an einen Konzernfremden zum Preis von 130, so entsteht in ihrem **Einzelabschluß** ein Gewinn von 30. Würde bei der **Erstellung der Konzernbilanz der nächsten Periode** aus der Einzelbilanz von B nur ein Gewinn von 30 berücksichtigt, so wäre die Konzernbilanz falsch. Der Konzern, als wirtschaftliche Einheit betrachtet, erzielte einen Gewinn von 130 — 80 = 50; denn im Vorjahr wurde an den Vorräten eine Minderbewertung von 20 vorgenommen.

Sobald **Gegenstände,** deren **Wertansatz** bei der Konsolidierung um **Zwischenergebnisse gekürzt** wurde, **an Konzernfremde veräußert** werden, darf man nicht vergessen, das **Konzernergebnis späterer Perioden** um den gleichen Betrag **zu erhöhen,** um den es früher vermindert wurde. In der **Totalrechnung** muß die Summe aller Einzelgewinne der Konzernunternehmen mit der **Summe aller Konzerngewinne übereinstimmen,** da es nach Abschluß der Totalperiode keine unrealisierten Gewinne mehr geben kann (vgl. Tz. 671).

IV. Steuerabgrenzung

739 Die drei vorerwähnten **Konsolidierungsmaßnahmen**

- Kapitalkonsolidierung (vgl. Tz. 693 ff.),
- Schuldenkonsolidierung (vgl. Tz. 731) und
- Konsolidierung der Zwischenergebnisse (vgl. Tz. 732 ff.)

erfolgen jeweils **ergebniswirksam.** Dementsprechend **weicht das Konzernergebnis** von der **Summe der Einzelergebnisse ab.** Ein **weiterer Grund** derartiger Abweichungen liegt in der vor den Konsolidierungen erforderlichen

- Umbilanzierung bei den Tochterunternehmen anläßlich der **Erstellung der Handelsbilanz 2** (vgl. Tz. 685).

Alle vier Maßnahmen zusammengenommen bewirken die bei der Erstellung des Konzernabschlusses durchzuführende **Erfolgskonsolidierung.**

740 Dadurch entspricht die im Konzernabschluß ausgewiesene **Summe des Steueraufwandes der Einzelabschlüsse** nicht dem Konzernergebnis. Insoweit als sich derartige **Steuerunterschiede in späteren Jahren ausgleichen,** ist nach § 306 HGB **eine Steuerabgrenzung vorzunehmen,** und zwar

Summe Einzelergebnisse > Konzernergebnis = **aktive Abgrenzung,**
Summe Einzelergebnisse < Konzernergebnis = **passive Abgrenzung.**

Analog zum Einzelabschluß ist auf der Aktivseite der Konzernbilanz ein **Abgrenzungsposten,** auf der Passivseite eine **Rückstellung** auszuweisen (vgl. Tz. 223 ff. und 414 ff.). Allerdings ist - im Gegensatz zum Einzelabschluß - die **aktive Steuerabgrenzung ebenso Pflicht wie** die Bildung einer **Rückstellung für latente Steuern.** Es sind alle Erfolgsauswirkungen in einem Posten zusammenzufassen, außerdem darf eine Zusammenfassung mit dem aus den Einzelabschlüssen stammenden Betrag erfolgen. Der Posten ist in der Konzernbilanz oder im -anhang gesondert anzugeben. **741**

Allerdings sind in die Berechnung der Steuerabgrenzung **nicht alle Differenzen** zwischen der Summe der Einzelergebnisse und dem Konzernergebnis einzubeziehen, sondern nur diejenigen, die sich **in späteren Jahren ausgleichen.** Das gilt für die **Erfolgsauswirkungen der Kapitalkonsolidierung nicht.** Dagegen für die übrigen Ergebnisunterschiede grundsätzlich schon. Im Einzelfall ist jedoch jede Maßnahme der Erfolgskonsolidierung bezüglich ihrer Wirkungen auf die Abgrenzung latenter Steuern gesondert zu untersuchen. **742**

C. Konzernerfolgsrechnung

I. Trennung der Innen- und Außenumsatzerlöse

Wie jede Erfolgsrechnung hat auch die **Konzernerfolgsrechnung die Aufgabe, die Höhe und Quellen des Erfolgs** zu ermitteln. Vom Standpunkt der rechtlichen Einheit aus wird dieses Ziel jedoch nicht durch bloße Addition der Einzelerfolgsrechnungen der einbezogenen Konzernunternehmen erreicht, sondern es müssen - wie in der Konzernbilanz - Doppelzählungen ausgeschaltet werden; d.h., die **Erfolgsrechnung ist zu konsolidieren. Alle erfolgswirksamen Konsolidierungsschritte berühren die Konzernbilanz und die -erfolgsrechnung zugleich.** **743**

Für den Konzern als wirtschaftliche Einheit entstehen Umsatzerlöse nur, wenn es sich um Umsätze mit **Konzernfremden** handelt **(Außenumsatzerlöse). Alle konzerninternen** Lieferungen und Leistungen sind dagegen als **Innenumsatzerlöse** in der Erfolgsrechnung zu konsolidieren.

Veräußert eine Konzerngesellschaft an eine andere **selbsterstellte Vorratsgüter,** die bei der empfangenden Gesellschaft **noch unverarbeitet auf Lager liegen** oder die zwar verarbeitet sind, aber an ein drittes Konzernunternehmen weitergeliefert wurden, das diese Güter noch auf Lager hält, so hat vom Standpunkt des Konzerns aus **kein Umsatz, sondern eine Bestandsänderung** stattgefunden. **744**

Der »Umsatzerlös« der liefernden Gesellschaft muß in der Konzernerfolgsrechnung in die Position **»Bestandsmehrungen« umgegliedert** werden, wobei die Bewertung zu **Konzernherstellungskosten** erfolgt.

745 Handelt es sich bei den zwischen den beiden Konzernunternehmen gehandelten Vorratsgütern dagegen um **Fremderzeugnisse,** z.B. um Handelswaren, so ist in der Konzernerfolgsrechnung ebenfalls **kein Umsatzerlös** auszuweisen. Es muß **bei der leistenden Gesellschaft der »Umsatzerlös«** in Höhe der **Konzernanschaffungskosten** mit dem **»Wareneinsatz« oder »Materialaufwand« saldiert** werden.

Liegt in diesem oder dem vorher genannten Fall der Veräußerungspreis über den Herstellungs- bzw. Anschaffungskosten des Lieferers, so wird der in den **»Vorräten«** der empfangenden Gesellschaft enthaltene **Zwischengewinn** durch Verrechnung mit den »Umsatzerlösen« der leistenden Gesellschaft **eliminiert.**

746 Wurden die von einem Konzernunternehmen an ein anderes Konzernunternehmen gelieferten Vorratsgüter - selbsterstellte oder fremdbezogene - **von der empfangenden Gesellschaft bereits verarbeitet oder an einen Konzernfremden veräußert,** so weist der **Lieferer** in seiner Einzelerfolgsrechnung dafür **»Umsatzerlöse«, der Empfänger »Materialaufwand«** aus. Beide Positionen müssen **in der Konzernerfolgsrechnung vollständig gegeneinander aufgerechnet werden.** Ein möglicherweise **in den »unfertigen und fertigen Erzeugnissen«** der empfangenden Gesellschaft **enthaltener Zwischengewinn ist mit dem »Erfolg«** der leistenden Gesellschaft **zu verrechnen,** da ein solcher Zwischengewinn nur entstehen kann, wenn der von der leistenden Gesellschaft erzielte Konzernverrechnungspreis die Konzernanschaffungs- oder -herstellungskosten übersteigt.

747 Bei Lieferungen von **in der Periode selbsterstellten Anlagen** eines Konzernunternehmens an ein anderes geschieht die **Konsolidierung** der Innenumsätze in der Weise, daß die **»Umsatzerlöse«** der leistenden Gesellschaft **in der Konzernerfolgsrechnung als »aktivierte Eigenleistungen«** erscheinen müssen. Eine **Ausschaltung eventuell** entstandener **Zwischengewinne** kann nur ausnahmsweise unter den in Tz. 734 genannten Voraussetzungen unterbleiben.

748 Die **Konsolidierung** beschränkt sich **nicht nur** auf die **Umsatzerlöse,** sondern kann auch für andere Positionen der Erfolgsrechnung erforderlich sein. Es kommen dafür **alle Erträge aus konzerninternen Lieferungen und Leistungen** in Frage, gleichgültig unter welcher Bezeichnung sie die Einzelerfolgsrechnung ausweist. In diesem Zusammenhang ist auch zu beachten, daß der Gewinn der Muttergesellschaft um eventuelle **Erträge aus Beteiligungen an einbezogenen Tochtergesellschaften** gekürzt werden muß, weil diese **innerkonzernlichen Gewinnausschüttungen bereits in den Vorjahresbilanzen der Tochtergesellschaften** und damit im Konzernabschluß des Vorjahrs enthalten waren.

II. Konsolidierung der Erfolgsrechnung

Gemäß § 298 HGB stimmt die **Gliederung der Konzernerfolgsrechnung,** soweit ihre Eigenart keine Abweichung bedingt, mit der Gliederung des § 275 HGB überein. Sie wird - wie die Konzernbilanz - in **zwei Schritten** aufgestellt: 749

- Zuerst addiert man alle gleichartigen Positionen in der **Summenspalte** der Konsolidierungstabelle (vgl. Tz. 692),
- anschließend sind im Rahmen der **Konsolidierung** Doppelzählungen auszuschalten.

§ 305 HGB schreibt eine **vollständige Aufwands- und Ertragskonsolidierung bei Innenumsätzen** vor, und zwar 750

- bei den **Umsatzerlösen**
  (die Erlöse aus Lieferungen und Leistungen sind mit den auf sie entfallenden Aufwendungen, soweit sie nicht als Erhöhung der Bestände an fertigen und unfertigen Erzeugnissen oder als andere aktivierte Eigenleistungen auszuweisen sind, zu verrechnen) und
- bei **anderen Erträgen**
  (die anderen Erträge aus Lieferungen und Leistungen sind mit den auf sie entfallenden Aufwendungen, soweit sie nicht als andere aktivierte Eigenleistungen auszuweisen sind, zu verrechnen, z. B. Zinsaufwand mit Zinsertrag bei Darlehensgeschäft im Konzern).

Demnach gestattet § 305 HGB nur die sogenannte **vollkonsolidierte Erfolgsrechnung,** in der die Innenumsätze der leistenden Konzernunternehmen **vollständig** mit den ihnen entsprechenden Aufwendungen des leistenden oder empfangenden Konzernunternehmens **saldiert** oder in die »Bestandsänderungen« bzw. »aktivierten Eigenleistungen« der Konzernerfolgsrechnung **umgegliedert** werden. Jegliche Form der **Teilkonsolidierung ist grundsätzlich verboten.**

Entsprechend dem **Prinzip der Wesentlichkeit** sieht § 305 Abs. 2 HGB nur dann eine **Erleichterung** vor, wenn die Konsolidierung der Aufwendungen und Erträge für die Vermittlung eines den tatsächlichen Verhältnissen entsprechenden Bildes der Vermögens-, Finanz- und Ertragslage von untergeordneter Bedeutung ist. Für Personenfirmen, die nach dem PublG zur Konzernrechnungslegung verpflicht sind, gelten weitere Erleichterungen, insbesondere braucht die Erfolgsrechnung nicht offengelegt werden (§ 13 Abs. 3 PublG). 751

Im Hinblick auf die **Art und Weise der Darstellung aller Maßnahmen der Erfolgskonsolidierung** (vgl. Tz. 739) in der Konzern-Gewinn- und Verlustrechnung sind **drei Alternativen gebräuchlich:**

- **Verrechnung der Konsolidierungsunterschiede der Vorjahre mit Rücklagen außerhalb der Erfolgsrechnung.** 752

Bei dieser Methode wird auf den Ausweis eines Bilanzgewinnes oder -verlustes in der Erfolgsrechnung verzichtet. Die **Erfolgsrechnung endet mit dem Ausweis des Jahresüberschusses der Periode.** Ergebnis von Konzernbilanz und -erfolgsrechnung stimmen **nicht** überein, da in der Bilanz die Summe aller bisherigen Konsolidierungsunterschiede ihren Niederschlag finden muß. Der Vorteil dieser Methode besteht im **periodengerecht abgegrenzten Erfolgsausweis** in der Konzernerfolgsrechnung, da die Konsolidierungsunterschiede der Vorperioden in der Erfolgsrechnung nicht zum Tragen kommen, sondern **nur die im laufenden Jahr eliminierten Erfolgsdifferenzen.**

753 • **Erfolgswirksame Verrechnung aller Konsolidierungsunterschiede in der Erfolgsrechnung.**

Der in der Konzernbilanz ausgewiesene Konzernbilanzgewinn oder -verlust und das Ergebnis der Konzernerfolgsrechnung stimmen überein. Es handelt sich jedoch nicht um das periodengerecht abgegrenzte Ergebnis, da der **Konzernbilanzgewinn oder -verlust auch die Summe aller Konsolidierungsunterschiede früherer Jahre mit umfaßt** und dadurch **das Konzernergebnis mit dem bisherigen Totalergebnis aller Konsolidierungsmaßnahmen belastet ist.**

754 • **Erfolgswirksame Verrechnung der Konsolidierungsunterschiede des laufenden Geschäftsjahres mit Rücklagen in der Erfolgsrechnung.**

Bestehen zwischen Mutter- und Tochterunternehmen **Ergebnisabführungsverträge,** so **stimmt der Jahresüberschuß der Mutter** mit der **Summe der Jahresüberschüsse der einbezogenen Konzernunternehmen überein.** Gleicht man die Unterschiede aus der Erfolgskonsolidierung des laufenden Jahres über Rücklagen wieder aus, so wird dadurch das **ursprüngliche Mutterergebnis auch zum Konzernergebnis in Konzernerfolgsrechnung und Konzernbilanz.** Für den Fall, daß Ergebnisabführungsverträge vorliegen, setzt sich diese Methode zunehmend in der Praxis durch.

755 **Beispiel:**

Summe der Jahresüberschüsse der einbezogenen Konzernunternehmen (bei Ergebnisabführungsvertrag auch Jahresüberschuß der Mutter) 3 000,

Summe aller Konsolidierungsunterschiede (eliminierte Zwischengewinne) am Ende des Geschäftsjahres 400, davon am Ende des vorangegangenen Geschäftsjahres bereits vorhanden 250.

Welches Ergebnis weist die Konzernerfolgsrechnung auf?

Lösung:

756 1. Alternative:

Die **Konzernerfolgsrechnung** hat folgendes Aussehen:

Summe der Jahresüberschüsse der einbezogenen Unternehmen	3 000
– im laufenden Jahr eliminierte Zwischengewinne	150
(periodengerechter) **Jahresüberschuß des Konzerns** (Erfolgsrechnung)	2 850

In der **Konzernbilanz** wird ein **Bilanzgewinn** ausgewiesen von:

Summe der Jahresüberschüsse der einbezogenen Unternehmen	3 000
– Summe aller Konsolidierungsunterschiede	400
Konzernbilanzgewinn (Bilanz)	2 600

Um das Ergebnis der Konzernerfolgsrechnung von 2 850 mit dem Ergebnis der Konzernbilanz in Übereinstimmung zu bringen, sind Konzernrücklagen von 250 außerhalb der Erfolgsrechnung aufzulösen.

2.Alternative: **757**

Die **Konzernerfolgsrechnung** hat folgendes Aussehen:

Summe der Jahresüberschüsse der einbezogenen Unternehmen	3 000
– im laufenden Jahr eliminierte Zwischengewinne	150
(periodengerechter) **Jahresüberschuß des Konzerns**	2 850
– Verlustvortrag aus dem Vorjahr	250
Konzernbilanzgewinn (ausgewiesen in Bilanz und Erfolgsrechnung)	2 600

Dadurch, daß die **in vorausgegangenen Jahren eliminierten Zwischengewinne** als Verlustvortrag aus dem Vorjahr vom Jahresüberschuß des Konzerns in Abzug gebracht werden, wird die **Übereinstimmung von Konzernergebnis in Erfolgsrechnung und Bilanz** herbeigeführt.

Die Kozernbilanz ändert sich gegenüber Alternative 1 nicht.

3. Alternative: **758**

Die **Konzernerfolgsrechnung** hat folgendes Aussehen:

Summe der Jahresüberschüsse der einbezogenen Unternehmen	3 000
– im laufenden Jahr eliminierte Zwischengewinne	150
(periodengerechter) **Jahresüberschuß des Konzerns**	2 850
+ Entnahme aus Rücklagen	150
Konzernbilanzgewinn (ausgewiesen in Bilanz und Erfolgsrechung)	3 000

Dieser **Konzernbilanzgewinn von 3 000** wird **auch in der Kozernbilanz** ausgewiesen. Für den Fall, daß **Ergebnisabführungsverträge** mit den Töchtern bestehen, stimmt der Jahresüberschuß Mutter mit der Summe der Jahresüberschüsse der einbezogenen Unternehmen überein. Entnimmt man die im laufenden Geschäftsjahr eliminierten Zwischengewinne den Rücklagen, so wird dadurch die **Übereinstimmung des Konzernergebnisses mit dem Mutterergebnis** herbeigeführt. Allerdings handelt es sich dabei nicht mehr um den Ausweis des periodengerechten Erfolges, der im Geschäftsjahr vom Konzern erwirtschaftet wurde.

Mangels besonderer Regelung im HGB werden alle drei Alternativen für zulässig crachtet.

D. Konzernanhang und Konzernlagebericht

I. Konzernanhang

759 **Analog zum Einzelabschluß** haben auch Konzerne nach § 313 f. HGB einen **Konzernanhang** aufzustellen. Ziel ist dabei die **Erläuterung der Konzernbilanz und Konzernerfolgsrechnung.** Von der Struktur her besitzt der Konzernanhang folgenden **Aufbau:**

- **Erläuterung des Konzernabschlusses** durch
  - Angaben, die auf Grund der Ausübung eines Wahlrechts nicht in der Konzernbilanz oder -erfolgsrechnung, sondern im Anhang zu machen sind
  - Angaben zu spezifischen Sachverhalten der angewandten Bilanzierungs-, Bewertungs- und Konsolidierungsmethoden
- Aufstellung über den **Anteilsbesitz**
- Sonstige Pflichtangaben nach § 314 HGB.

Ab 2002 haben Vorstand und Aufsichtsrat deutscher börsenorientierter AGs gem. § 161 AktG i.V.m. § 314 Abs. 1 Nr. 8 HGB u.a. jährlich zu erklären, ob bzw. inwieweit den Bestimmungen des **Coporate-Governance-Kodex** (von Regierungskommission empfohlener Ehrenkodex) entprochen wurde und künftig wird.

Börsenorientierte Mutterunternehmen haben ihren **Konzernanhang** noch um eine **Kapitalflußrechnung,** eine **Segmentberichterstattung** sowie einen **Eigenkapitalspiegel** zu erweitern (§ 297 Abs. 1 HGB; vgl. Tz. 676).

II. Konzernlagebericht

760 **Analog zum Einzelabschluß** haben auch Konzerne ihren Abschluß durch **einen Konzernlagebericht** gemäß § 315 HGB zu ergänzen. Die dabei anzugebenden Sachverhalte decken sich weitgehend mit denen der einzelnen Kapitalgesellschaft (§ 289 HGB). Insoweit wird auf Tz. 649 ff. verwiesen.

Der Lagebericht des Mutterunternehmens und des Konzerns dürfen - wie die Anhänge - unter bestimmten Bedingungen zusammengefaßt werden (vgl. § 315 Abs. 3 i.V.m. § 298 Abs. 3 HGB).

Neuntes Kapitel

Die internationale Rechnungslegung

Die internationale Rechnungslegung 761

Durch die fortschreitende Globalisierung der Wirtschaft gewinnen die international praktizierten Bilanzierungsmethoden bereits seit einiger Zeit auch Bedeutung für deutsche Unternehmen, sofern sie Jahresabschlüsse für ausländische Tochtergesellschaften zu erstellen haben oder die Börsenzulassung im Ausland anstreben. Vielfach praktiziertes Gegenstück zu den **deutschen HGB-Normen** sind die im US-amerikanischen Einflußbereich gängigen »Generally Accepted Accounting Principles« **(US-GAAP)**. Die EU-Staaten haben sich auf eine Harmonisierung der Bilanzmethoden auf der Grundlage der »International Accounting Standards« (IAS) geeinigt, die dem angelsächsischen Raum (Großbritannien, Irland) entstammen. **Deutsche Konzern-Muttergesellschaften,** die einen organisierten Kapitalmarkt in Anspruch nehmen und **nach US-GAAP oder IAS bilanzieren, brauchen keinen Konzernabschluß nach HGB zu erstellen** (§ 292 a HGB). **Ab 2005 ist für diese Unternehmen IAS zwingend vorgeschrieben.** Deutsche Konzern-Muttergesellschaften, die **nach US-GAAP bilanzieren,** können dies noch bis 2007 beibehalten.

I. Die Rechnungslegung nach US-GAAP

762 In den USA hat die **Finanzierung über den Kapitalmarkt** große Bedeutung, was sich u.a. in hohen Eigenkapitalquoten amerikanischer Unternehmungen niederschlägt. Die **US-GAAP** sind daher **in erster Linie auf den Investor zugeschnitten**, der Gläubiger steht dahinter zurück. Der US-Abschluß hat vornehmlich die Aufgabe, (aktuellen und potentiellen) Investoren **entscheidungsrelevante Informationen** zur Verfügung zu stellen und diese so zu präsentieren, daß ein **möglichst sicherer Einblick in die finanzwirtschaftliche Unternehmenslage** möglich ist. Die anglo-amerikanische Rechtstradition des common law gibt lediglich einen Rahmen vor, innerhalb dessen sich Einzelfallrecht (case law) entwickelt. Deshalb sind die US-Bilanzierungsvorschriften nur in geringem Maße gesetzlich kodifiziert; im wesentlichen handelt es sich um Rahmenvorgaben der Börsenaufsicht Securities and Exchange Commission (SEC), die durch wirtschaftsprüfende Berufsverbände und andere berufsständische Organisationen vorwiegend unter der Federführung des Financial Accounting Standards Board (FASB) in detaillierte über- und untergeordnete Normen umgesetzt werden, das **house of GAAP**.

763 Eine **gesetzliche Pflicht zur Prüfung und Offenlegung von Jahresabschlüssen besteht in den USA nicht.** Die SEC verlangt allerdings Prüfung und Publizität jener Unternehmungen, die Wertpapiere an der Börse emittieren. Die US-GAAP sind daher für alle Publikumsgesellschaften verbindlich, obwohl ihnen Gesetzeskraft fehlt. Da amerikanische Wirtschaftsprüfer verpflichtet sind, auch freiwillige Prüfungen auf der Grundlage der **US-GAAP** durchzuführen, gelten diese als **allgemein verbindliche Rechnungslegungsvorschriften der USA**.

764 Die **wichtigsten Unterschiede zum deutschen HGB** lassen sich an folgenden Einzelbestimmungen konkret aufzeigen:

- Bestandteile des Jahresabschlusses
- Verhältnis Handels- zu Steuerbilanz
- Immaterielle Wirtschaftsgüter
- Bewertung angeschaffter Wirtschaftsgüter des AV und UV
- Bewertung hergestellter Wirtschaftsgüter des AV und VV
- Bildung von Rückstellungen
- Gewinnrealisierung bei langfristiger Fertigung.

765 Nach **US-GAAP** besteht der Jahresabschluß aus:

- **Bilanz** (Anordnung der Aktiva und Passiva anders als im HGB nach zunehmender Fristigkeit) Tz. 200 ff.
- **Erfolgsrechnung** (hat wesentlich größere Bedeutung als Bilanz)
- **Cash-flow-Rechnung** (steht im Mittelpunkt der Berichterstattung)
- **Darstellung der Ergebnisverwendung mit Entwicklung des Eigenkapitals** (weitergehend als § 158 AktG)
- **Anhang** (notes) mit den **wichtigsten Unternehmensdaten und Segmentberichterstattung** (enthält auch die Informationen des deutschen Lageberichts und geht weit darüber hinaus).

Der US-Jahresabschluß zielt vornehmlich auf die Darstellung der **Dividendenausschüttung** ab. Dabei orientiert man sich im Gegensatz zum deutschen Recht **am Konzernabschluß und nicht am Einzelabschluß.** Das Vorsichtsprinzip wird im Hinblick auf diese Zielsetzung vom **Grundsatz der »fair presentation«** überlagert, behält aber seine prinzipielle Gültigkeit.

766 Der Grundsatz der Maßgeblichkeit der Handelsbilanz für die Steuerbilanz oder gar der Grundsatz der umgekehrten Maßgeblichkeit (Tz. 159 ff.) sind in den USA gänzlich unbekannt. **Handels- und Steuerbilanz stehen weitgehend isoliert nebeneinander**, so daß die Bilanzierung latenter Steuern maßgeblich ins Gewicht fällt (**Bilanzierungspflicht für aktive und passive latente Steuern**).

767 Bezüglich **immaterieller Wirtschaftsgüter** besteht nach US-GAAP bei positiven Ertragsaussichten ein **Aktivierungswahlrecht für originäre** und eine **Aktivierungspflicht für derivative**, einschließlich des derivativen Firmenwerts, für den nach HGB ein Aktivierungswahlrecht gilt (Tz. 314). Das Bilanzierungsverbot des § 248 Abs. 2 HGB für originäre, immaterielle Wirtschaftsgüter greift also in den USA nicht; vielmehr dürfen selbsterstellte, immaterielle Anlagewerte (einschließlich Forschungs- und Entwicklungskosten, Eigenaufwendungen für Patente und EDV-Programme sowie Ingangsetzungs- und Gründungskosten) aktiviert werden, wenn sie ein über den Bilanzierungsstichtag hinaus wirkendes **Nutzenpotential** verkörpern und **ihre Kosten durch zukünftige Erträge gedeckt** werden können. Die Abschreibung ist wie in Deutschland linear, längstens über 40 Jahre (normalerweise 5-10 Jahre). Hieraus kann eine vergleichsweise erhebliche Einschränkung zur Bildung stiller Reserven resultieren. Planmäßige Abschreibungen auf den derivaten Firmenwert sind allerdings – wie jetzt bei IAS auch – verboten (vgl. Tz. 701).

Im Hinblick auf die Bewertung des Anlage- und Umlaufvermögens besteht weitgehende Übereinstimmung mit dem HGB: Bewertung zu AHK, Niederstwert-, Anschaffungswertprinzip (als Höchstgrenze), Realisationsprinzip (vgl. Tz. 282 ff.). **An die Stelle des eingeschränkten Wertezusammenhangs** nach § 253 Abs. 5 HGB (Beibehaltungswahlrecht) tritt ein Wertaufholungsverbot **(uneingeschränkter Wertezusammenhang) bei der Bewertung** nach US-GAAP. Für die Bewertung von Roh-, Hilfs- und Betriebsstoffen sind neben der **Durchschnittsmethode** das **Fifo-** und **Lifo-Verfahren** zugelassen **(nicht Hifo)**. 768

Eine Besonderheit weisen die US-GAAP bei der Bilanzierung von **Wertpapieren** auf. Hier ist grundsätzlich eine **Bewertung zum Börsen- oder Marktpreis** vorzunehmen, gleichgültig, ob dieser am Bilanzierungsstichtag gefallen oder gestiegen ist. Im letztgenannten Fall steigender Kurse kommt es daher ausnahmsweise zu einer **Durchbrechung des Anschaffungswertprinzips**, die nach HGB undenkbar wäre. Bei **Wertpapieren des Umlaufvermögens** (trading) sind diese Wertschwankungen **ergebniswirksam** zu erfassen, bei solchen, die dem Unternehmen längerfristig dienen, werden i.d.R. nur dauerhafte Wertschwankungen ergebniswirksam; normalerweise ist eine **erfolgsneutrale Anpassung** über einen gesonderten Eigenkapitalposten vorzunehmen. **Beteiligungen** sind grundsätzlich nach der **Equity-Methode** zu bilanzieren (vgl. Tz. 720), also gegebenenfalls auch mit einem über den Anschaffungskosten liegenden Wert. 769

Der Begriff **Herstellungskosten** beinhaltet **nach HGB ein Ansatzwahlrecht** für die Fertigungs- und Verwaltungsgemeinkosten sowie bei langfristiger Fertigung auch für die Bauzeitzinsen (vgl. Tz. 243). Dieses besteht nach **US-GAAP** nicht, vielmehr **müssen zurechenbare variable und fixe Fertigungsgemeinkosten, Verwaltungskosten und Fremdkapitalkosten mitaktiviert werden**. Vertriebskosten gehören – wie im HGB – nicht zu den Herstellungskosten. Infolge der Aktivierungspflicht für zurechenbare Fertigungs- und Verwaltungsgemeinkosten **entfällt** die durch das HGB zugestandene **Möglichkeit, umfangreiche stille Reserven** bei den fertigen und unfertigen Erzeugnissen sowie bei den selbsterstellten Anlagen **zu legen**. 770

Die Rückstellungsbildung ist nach den US-GAAP weiter **eingeschränkt** als nach HGB. Im wesentlichen sind nur Rückstellungen **für ungewisse Verbindlichkeiten und drohende Verluste aus schwebenden Geschäften** zulässig, jedoch **keine Aufwandsrückstellungen** (vgl. Tz. 381 ff.). Liegen die Voraussetzungen vor, so besteht **Rückstellungspflicht**. Wahlrechte gibt es nicht. Die künftige Vermögensbelastung muß feststehen oder zumindest in hohem Maße wahrscheinlich sein und die Höhe muß sich anhand objektiver Kriterien bemessen oder zumindest schätzen lassen. Der Rahmen ist somit enger gesteckt als im HGB und wirkt damit – wie fast alle vorgenannten Unterschiede – der Bildung stiller Reserven entgegen. **Pensionsrückstellungen** kommt im anglo-amerikanischen Raum **nicht die hohe Bedeutung** zu wie bei uns, da dort die betriebliche Altersversorgung vorwiegend über ausgelagerte Fonds erfolgt. 771

Im Falle **langfristiger Fertigung**(Großbauwerke) ist der Gewinn nach HGB in voller Höhe erst bei Fertigstellung (und Übergabe) des Gesamtwerkes am Ende 772 der Bauzeit in einem Akt realisiert (Tz. 283, 340), es sei denn, es handelt sich um selbständige Teilleistungen (schrittweise Abnahme). Nach den **US-GAAP wird der Erfolg bei langfristigen Aufträgen anteilig realisiert,** je nach dem Grad der Fertigstellung am Bilanzstichtag (percentage-of-completion-method); d.h. es findet eine vorverlegte schrittweise Gewinnrealisation statt.

II. Die Rechnungslegung nach IAS/IFRS

773 Die Regelungen der **US-GAAP und der IAS** wurden in jüngster Zeit einander **sehr stark angenähert.** Während die US-GAAP und die HGB Bestimmungen gegenwärtig noch am meisten praktiziert werden, bilden **IAS-Abschlüsse die Bilanzierungswelt der Zukunft.** Nachdem die US-Börsenaufsicht SEC die alsbaldige Anerkennung von IAS-Abschlüssen (nach weiterer Angleichung an US-GAAP) in Aussicht gestellt hat, ist im anglo-amerikanischen Raum der Weg geebnet. In der EU haben sich alle Mitgliedstaaten verpflichtet, ihre Bilanzierungsregeln auf der Grundlage der IAS zu harmonisieren (vgl. Tz. 761). Nachdem die Daimler-Benz AG (neben Deutsche Telekom AG) ihren Konzernabschluß als erstes deutsches Unternehmen auf US-GAAP umgestellt hat, bilanziert die VIAG AG (neben Allianz AG, Deutsche Post AG) als erste deutsche Konzernmutter nurmehr nach IAS und erhofft sich damit ebenfalls alsbaldigen Zugang zum US-Kapitalmarkt.
Die IAS werden vom International Accounting Standards Committee (IASC) herausgegeben, einer internationalen Fachorganisation der mit Rechnungslegungsfragen befaßten Berufsverbände aus nahezu 112 Ländern. Es handelt sich in erster Linie um Wirtschaftsprüfer, aber auch um andere mit der Erstellung von Jahresabschlüssen befaßte Organisationen und Finanzanalysten. Von deutscher Seite sind das Institut der Wirtschaftsprüfer und die Wirtschaftsprüferkammer im IASC vertreten. Die supranationalen IAS-Regelungen haben zwar **keine rechtliche Bindungswirkung** für einzelne Länder, jedoch haben sich die nationalen Mitgliedsorganisationen verpflichtet, ihre **Durchsetzung** in den Heimatländern **zu fördern.** Die Zielsetzung des in 1973 gegründeten IASC lautet: »to formulate and publish **in the public interest** accounting standards to be observed in the presentation of financial statements and to promote their world-wide acceptance and observance«. Zwischenzeitlich hat das IASC als Executivorgan einen Board (IASB) bestehend aus 14 Personen gebildet, der die Aufgabe hat, die IAS, die künftig als IFRS (International Financial Reporting Standards) bezeichnet werden, gezielt weltweit zu verbreiten und das Verfahren der Genehmigung von IAS/IFRS-Abschlüssen durch die SEC erfolgreich zu beenden.

774 Die **oberste Zielsetzung** eines IAS-Abschlusses liegt in seiner **Informationsfunktion für einen relativ breiten Personenkreis**, »die interessierte Öffentlichkeit« (Investoren, Gläubiger, Arbeitnehmer, Geschäftspartner etc.), begründet. Deshalb stehen »preparation and presentation«, Aufbereitung und Darstellung, im Vordergrund. Die IAS enthalten einen **Katalog von Grundsätzen und Anforderungen**, deren konkrete Ausgestaltung im Zweifelsfall dem einzelnen Anwender überlassen bleibt. So lauten die **Grundsätze der Jahresabschlußerstellung**:

- **Verständlichkeit**
- **Entscheidungsrelevanz**
- **Vergleichbarkeit**
- **Zuverlässigkeit**

Der Gedanke der **leichten Verständlichkeit** für die Allgemeinheit ist dem deutschen Recht fremd. Der Grundsatz der Bilanzklarheit zielt auf den »sachverständigen Dritten« ab (Tz. 30).

Jahresabschlüsse erfüllen ihren **Informationszweck** für **zukunftsgerichtete Entscheidungen**. Insofern ist dem **Prinzip der Wesentlichkeit** (materiality) zu entsprechen, das im deutschen Recht nicht ausdrücklich verankert ist.

Jahresabschlüsse sollten **vergleichbar** sein, sowohl für verschiedene Geschäftsjahre als auch mit denen anderer Unternehmungen. Unter diesem Gesichtspunkt kommt dem **Grundsatz der Stetigkeit** und der **Offenlegung der gewählten Bilanzierungs- und Bewertungsmethoden** weitreichende Bedeutung zu.

Aus dem **Gebot der Zuverlässigkeit** ergeben sich die Anforderungen

- **Richtigkeit**
- **Vollständigkeit**
- **Wirtschaftliche Betrachtung** accural principle: (periodengerechte Abgrenzung von Aufwand und Ertrag, going-concern-Prinzip)
- **Willkürfreiheit**
- **Vorsicht.**

Das **Prinzip kaufmännischer Vorsicht** ist also **deutlich** schwächer **gewichtet** als im deutschen HGB. Insgesamt gelangt man zu dem Ergebnis, daß die IAS derzeit **noch kein** ausgereiftes Regelungswerk für die Erstellung von Jahresabschlüssen bilden.

Die wichtigsten **Unterschiede zum** HGB **und den US-GAAP** lassen sich wie 775
folgt charakterisieren: Die **Bestandteile des Jahresabschlusses** stimmen im wesentlichen mit den US-GAAP überein. Allerdings ist die Bilanz – wie im HGB – **nach abnehmender Fristigkeit** gegliedert. Übereinstimmend mit den USA wird der **Cash-flow-Rechnung** eine zentrale Stellung beigemessen. Im Rahmen des **Anhangs (notes) sind wie in USA** eigenständige **Segmentberichte** vorgeschrieben, also eine Berichterstattung über **Geschäftsfelder** (Branchen) der Unternehmung und **Tätigkeitsgebiete** (Länder) mit Angabe der Segmenterlöse und -ergebnisse (vgl. Tz. 765). **Handels- und Steuerbilanz** sind – wie in USA – **streng voneinander getrennt** und beeinflussen sich gegenseitig nicht. Dementsprechend wird der **Bilanzierung latenter Steuern hohes Gewicht** beigemessen (vgl. Tz. 766).

Bei der **Bilanzierung immaterieller Wirtschaftsgüter** besteht in mancherlei 776
Beziehung Übereinstimmung mit den **US-GAAP**, jedoch sind **auch Einflüsse des HGB** erkennbar: die Bilanzierung von **originären, immateriellen Wirtschaftsgütern** ist im allgemeinen **verboten** (z.B. Gründungs- oder Forschungs-

kosten). Lassen sich die angefallenen Kosten einem Verfahren oder Produkt jedoch eindeutig zurechnen und existieren genügend Ressourcen, das Projekt zu vollenden, zur Marktreife zu führen oder selbst zu nutzen, so besteht – entgegen dem HGB – **Aktivierungspflicht** (z.B. **Entwicklungskosten**). **Derivative, immaterielle Wirtschaftsgüter** (einschließlich derivativer Firmenwerte) **müssen** grundsätzlich aktiviert werden. Die Abschreibung sollte über die Zeit der Nutzung erfolgen, aus Vorsichtsgründen aber nicht mehr als 20 Jahre betragen. Es sind laufende Anpassungen des Wertes an mögliche Schwankungen der Ertragsaussichten über außerplanmäßige Abschreibungen und Zuschreibungen **(Wertaufholungsgebot)** vorzunehmen. Über die Vorgehensweise ist im Anhang detailliert zu berichten. Es werden somit im großen und ganzen **weniger stille Reserven als nach HGB aber mehr als nach US-GAAP gelegt** (vgl. Tz. 767). Eine Ausnahme stellt auch bei IAS der derivate Firmenwert dar, für den planmäßige Abschreibungen und Zuschreibungen verboten sind (vgl. Tz. 701).

777 Hinsichtlich der **Bewertung des Anlage- und Umlaufvermögens** finden grundsätzlich auch die AHK, das Anschaffungswertprinzip (als Höchstgrenze) und das Niederstwertprinzip (verlustfreie Bewertung) Anwendung. Anders als nach US-GAAP besteht wie im HGB bei Kapitalgesellschaften ein **Wertaufholungsgebot** (bis zu den AHK), wenn der Grund einer außerplanmäßigen Abschreibung nachträglich auf Dauer entfällt.

Ein IAS-Spezifikum bildet die **Neubewertungsrücklage**, die eine **erfolgsneutrale Anpassung** der Wertansätze **über die AHK hinaus an den gestiegenen Marktpreis oder Wiederbeschaffungswert** eines Anlageguts **erlaubt**. Sie wirkt als **Ausschüttungssperre**. Ebenfalls anderweitig unbekannt sind die **detaillierten Vorschriften** zur **ergebniswirksamen nachträglichen Berichtigung** einmal gewählter Wertansätze, wenn sich die ursprünglichen Schätzungen **später** als **unzutreffend** herausstellen, mit entsprechenden Berichtspflichten (z.B. Nutzungsdauer von abnutzbarem AV erweist sich nachträglich als länger oder kürzer).

778 Für die Bewertung der **Roh-, Hilfs- und Betriebsstoffe** sind die **Durchschnitts- und die Fifo-Methode zulässig**, die Lifo-Methode nur bei besonderer Berichterstattung, die Hifo-Methode gar nicht. Wie generell gilt für RHB das **strenge Niederstwertprinzip**, abweichend von US-GAAP jedoch auch hier ein Wertaufholungsgebot, wenn der Grund für den Wertabschlag nachträglich wieder entfällt. Die **Herstellungskosten** der unfertigen und fertigen Erzeugnisse sowie selbsterstellter Anlagen werden **ähnlich den US-GAAP** ermittelt, die Berücksichtigung zurechenbarer Einzel- und Gemeinkosten der Fertigung ist **Pflicht**, für die Aktivierung von **Bauzeitzinsen** besteht allerdings ein Wahlrecht (vgl. Tz. 770). Verwaltungsgemeinkosten dürfen wie Vertriebskosten nicht einbezogen werden.

779 Bei der **Bewertung von Wertpapieren des Umlaufvermögens** gelangt **das gemilderte Niederstwertprinzip oder auch der gestiegene Marktpreis** zum Ansatz. Sofern letzterer über den Anschaffungskosten liegt, ist eine **Neubewer-**

tungsrücklage zu bilden. **Wertpapiere des Anlagevermögens** werden, sofern keine dauerhaften Wertverluste vorliegen, mit den **Anschaffungskosten oder dem gestiegenen Marktwert** (Portfolio-Bewertung) bilanziert. Die Bildung und entsprechend die Auflösung (bei Wertschwankungen oder spätestens bei Verkauf) der Neubewertungsrücklage für Wertpapiere des Umlaufvermögens kann **wahlweise erfolgswirksam oder erfolgsneutral** erfolgen, bei Wertpapieren des Anlagevermögens ist sie immer erfolgsneutral. Durch die Bewertung zu einem über den Anschaffungskosten liegenden Wert **(Neubewertung)** wird das **strenge deutsche Anschaffungswertprinzip** durchbrochen. Wird von der erfolgswirksamen Wertanpassung Gebrauch gemacht, so stimmt die Auswirkung im Ergebnis mit den US-GAAP überein, die bei Wertpapieren des Umlaufvermögens allerdings eine Pflicht zur erfolgswirksamen Anpassung an den gestiegenen Börsen- oder Marktwert beinhalten (vgl. Tz. 769).

Unverzinsliche oder niedrig verzinsliche, langfristige Forderungen und **780**
Verbindlichkeiten sind durch **jährliche Auf- oder Abzinsung** – wie bei US-GAAP – an den tatsächlichen Marktwert anzupassen (fair value). Die **Rückstellungsbildung** stimmt weitgehend mit den **US-GAAP** überein, also Verbot der deutschen Aufwandsrückstellungen. Sie **sind** zu bilden, wenn der Eintritt einer Verpflichtung »wahrscheinlich« ist (es sprechen mehr Gründe dafür als dagegen). Die **wahrscheinlichste Schätzung** ist anzusetzen. Da nach deutschem Recht der Eintritt einer Verbindlichkeit als weitgehend »sicher oder gewiß« zu gelten hat (vgl. Tz. 382), kann es nach IAS im Ausnahmefall auch zu höheren Rückstellungen als nach HGB kommen und damit **zu höheren stillen Reserven**. Für **langfristige Aufträge** gilt die **percentage-of-completion-method** der US-GAAP, also schrittweise Gewinnrealisierung nach Grad der Fertigstellung am Bilanzstichtag (vgl. Tz. 772).

Eine weitere Besonderheit, die anderweitig unbekannt ist, weisen die IAS im Fal- **781**
le von **Preissteigerungen** auf. **»Normale« Preissteigerungen können** im Interesse einer **realen Kapitalerhaltung** (um den Ausweis inflationsbedingter **Scheingewinne zu vermeiden**) berücksichtigt werden. Um die Ergebniswirkung von Preisänderungen aufzuzeigen, werden entweder alle Vermögensgegenstände und Schulden, die nicht auf einen Nominalwert fixiert sind, mit einem **allgemeinen Preisindex** multipliziert, oder es erfolgt eine Bewertung zu künftigen **Wiederbeschaffungswerten**. Unternehmen mit Standorten in **Hochinflationsländern** (kumulierte Inflationsrate über drei Jahre erreicht mindestens 100 %) **müssen** in ihrer Bilanzierung das **aktuelle Preisniveau** berücksichtigen. In Bilanz und Erfolgsrechnung sind alle Posten, die nach dem Nominalwertprinzip bewertet wurden und die am Stichtag vorhandenen Wertverhältnisse (Kaufkraft) nicht widerspiegeln, **mit einem allgemeinen Preisindex umzubewerten**. Die sich durch diese Umbewertung ergebenden Differenzen sind den **Gewinnrücklagen** zuzurechnen. Über die Art und Weise der **Umbewertung wegen Kaufkraftverlusten** ist im einzelnen detailliert zu berichten. Die Umbewertung **widerspricht dem strengen deutschen Nominalwertprinzip** (vgl. Tz. 150).

III. Vergleich der Rechnungslegung nach HGB, US-GAAP und IAS/J FRS

782 **Tabellarisch lassen sich die Unterschiede HGB, IAS, US-GAAP wie folgt zusammenfassen:**

HGB und internationale Bilanzierungsmethoden			
Kriterien	**HGB**	**IAS/IFRS**	**US-GAAP**
Rechtsgrundlage	Die Grundsätze sind vom Gesetzgeber im Handelsgesetzbuch geregelt.	Regelwerk unverbindlicher Standards. Sie wurden in den vergangenen Jahren vom Träger, dem IASC, an anglo-amerikanische Grundsätze angepaßt.	Keine einheitlich kodifizierten Rechtsquellen. Die Grundsätze werden von den Berufsständen und der Börsenaufsicht entwickelt.
Adressaten	Gläubiger und Gesellschafter	Kapitalanleger und interessierte Kreise wie Arbeitnehmer, Kreditgeber oder Lieferanten (nicht Fiskus)	aktuelle oder potentielle Investoren
Rechnungslegungszweck	Orientiert sich an der Nominalkapitalerhaltung und damit dem Gläubigerschutz. Die Gewinnermittlung erfolgt nach dem Vorsichtsprinzip.	Schutz der Öffentlichkeit, liefert Informationen für wirtschaftliche Entscheidungen. Im Vordergrund steht die periodengerechte Gewinnermitlung (reale Kapitalerhaltung)	Schutz der Investoren, dient als Hilfe für Anlageentscheidungen, im Vordergrund steht die periodengerechte Gewinnermittlung.
Bestandteile des Jahresabschlusses	Bilanz Gewinn- und Verlustrechnung Anhang Lagebericht ggf. Kapitalflußrechnung Segmentberichte Eigenkapitalspiegel	Bilanz Gewinn- und Verlustrechnung Cash-flow-Rechnung Darstellung von Kapitalveränderungen Anhang (notes) Segmentberichte	Bilanz GuV-Rechnung Cash-flow-Rechnung Entwicklung von Kapital und Rücklagen sowie des Bilanzgewinns Anhang (notes) Segmentberichte
Steuerliche Einflüsse	Übernahme steuerlicher Wertansätze aufgrund der Maßgeblichkeit und der umgekehrten Maßgeblichkeit.	Der steuerliche Einfluß ist weitgehend zurückgedrängt.	Keine Einflüsse
Realisations- und Imparitätsprinzip	Unrealisierte Gewinne dürfen nicht, drohende Verluste müssen antizipiert werden.	Grundsätzliche Geltung des Realisationsprinzips. Das Imparitätsprinzip konkretisiert sich im Niederstwertprinzip der Vorratsbewertung.	Grundsätzliche Geltung des Realisationsprinzips. Verluste sind zu antizipieren, wenn sie absehbar sind oder der Betrag abgeschätzt werden kann.
Stille Reserven	Aufgrund des dominierenden Vorsichtsprinzips sowie der zahlreichen Wahlrechte besteht die Möglichkeit, in großem Umfang stille Reserven zu bilden.	Durch die Reformierung der IAS wurde die Möglichkeit, stille Reserven zu bilden, eingeschränkt.	Die Möglichkeit, stille Reserven zu bilden, ist stark eingeschränkt.

Fortsetzung der Tabelle

Auswirkung auf die Bilanzierung von			
Kriterien	**HGB**	**IAS/IFRS**	**US-GAAP**
Immateriellen Vermögensgegenständen	Es besteht bei selbstgeschaffenen immateriellen Vermögensgegenständen ein absolutes Aktivierungsverbot.	Bei Erfüllung enger Voraussetzungen besteht eine Aktivierungspflicht auch für selbsterstellte immaterielle Vermögensgegenstände (z.B. Entwicklungskosten). Nutzungsdauer: 5-10, maximal 20 Jahre	Bei positiver Ertragsaussicht über mehrere Perioden besteht bei selbsterstellten immateriellen Vermögensgegenständen ein Aktivierungswahlrecht. F&E-Kosten sind unter engen Voraussetzungen aktivierbar. Nutzungsdauer: 5-10, maximal 40 Jahre.
Geschäfts- oder Firmenwert	Bei originärem Firmenwert besteht Aktivierungsverbot, bei derivativem Wert ein Wahlrecht. Nutzungsdauer fünf Jahre oder voraussichtliche Nutzungsdauer (in der Praxis 15 Jahre)	Bei originärem Firmenwert besteht Aktivierungsverbot, bei derivativem Wert Aktiverungspflicht. Planmäßige Abschreibung verboten	Bei oiginärem Firmenwert besteht ein Aktivierungsverbot, bei derivativem Wert Aktivierungspflicht. Planmäßige Abschreibung verboten
Lanfristiger Fertigung	Gewinne dürfen erst ausgewiesen werden, wenn sie tätsächlich realisiert sind. So werden Gewinne aus einem langfristigen Auftrag dann gebucht, wenn das Produkt komplett ausgeliefert ist oder vertraglich festgelegte Teilleistungen erbracht sind (completed contract method).	Der Gewinn muß anteilig über die Jahre der Auftragsabwicklung ausgewiesen werden (percentage of completion method).	Der Gewinn muß anteilig über die Jahre der Auftragsabwicklung ausgewiesen werden (percentage of completion method).
Rückstellungen	Neben Pflichtrückstellungen können Aufwandsrückstellungen gebildet werden.	Rückstellungen dürfen prinzipiell nur für Verpflichtungen gegenüber Dritten gebildet werden. Es müssen mehr Gründe für Inanspruchnahme als dagegen sprechen: mehr als 50 % Wahrscheinlichkeit. Drohverluste nur in engen Grenzen rückstellungsfähig.	Rückstellungen dürfen prinzipiell nur für Verpflichtungen gegenüber Dritten gebildet werden. Die Wahrscheinlichkeit der Inanspruchnahme muß über 70 % liegen. Drohverluste nur in engen Grenzen rückstellungsfähig.
Pensionsrückstellungen	Anwartschaftsdekkungsverfahren auf der Grundlage des Gehalts- und Rentenniveaus am Bilanzstichtag, Zinssatz gemäß EStG 6 %.	Anwartschaftsbarwertverfahren empfohlen mit der Pflicht, künftige Gehalts- und Rentenentwicklung zu berücksichtigen. Diskontierungssatz orientiert sich am stichtagsbezogenen Kapitalmarktzins. Auch andere Bewertungsmodelle sind zulässig.	Anwartschaftsbarwertverfahren, zukünftige Gehalts- und Rentenentwicklungen müssen berücksichtigt werden. Diskontierungssatz orientiert sich am stichtagsbezogenen Kapitalmarktzins.

Fortsetzung der Tabelle

Auswirkung auf die Bewertung von			
Kriterien	**HGB**	**IAS/IFRS**	**US-GAAP**
Sachanlagen	Obergrenze: AK/HK vermindert um die planmäßigen Abschreibungen	*benchmark:* fortgeführte AK/HK *alternative method:* Neubewertung	Obergrenze: AK/HK vermindert um die planmäßigen Abschreibungen
Immaterielle Vermögensgegenstände	fortgeschriebene AK als Bewertungshöchstgrenze	*benchmark:* aktueller Buchwert *alternative method:* Neubewertung	historische oder Produktionskosten als Bewertungshöchstgrenze
Vorräte	strenges Niederstwertprinzip Bewertungsvereinfachung zulässig außer LOFO	Bewertung absatzorientiert FIFO/LIFO zulässig	strenges Niederstwertprinzip, jedoch ist die Untergrenze der realisierbare Veräußerungswert abzüglich Gewinnmarge FIFO/LIFO zulässig
Forderungen	AK oder niedrigerer beizulegender Wert	AK oder niedrigerer beizulegender Wert	Bewertung nach dem im Zahlungszeitpunkt vermutlich zu erzielenden Geldbetrag
Wertpapiere	historische AK als Bewertungshöchstgrenze	*langfristige investments:* aktueller Buchwert oder Neubewertung *kurzfristige investments:* aktueller Buchwert oder Marktpreis (3 Arten)	Bewertung abhängig vom Wertpapiertyp; fair value i.d.R. marktorientiert (3 Arten von Wertpapieren)
Hergestellte Wirtschaftsgüter	Wahlrecht zwischen Teil- und Vollkosten	produktionsbezogene Vollkosten	produktionsbezogene Vollkosten
Verbindlichkeiten	zum Rückzahlungsbetrag	keine expliziten Vorschriften	kurzfristige zum Rückzahlungsbetrag langfristige zum Barwert
Rückstellungen	nach dem Wert, der angemessen scheint, ausreichend dotiert oberstes Gebot: Vorsichtsprinzip	nach dem wahrscheinlichsten Wert	nach dem wahrscheinlichsten Wert im Zweifel der niedrigste Wert
Rechnungsabgrenzungsposten	zeitanteilige Bewertung zum Nominalwert	zeitanteilige Bewertung zum Nominalwert	historische AK/HK
Fremdwährung	Imparitätsprinzip	Umrechnung zum Stichtagskurs	Umrechnung zum Stichtagskurs
Wertaufholung	Gebot bei Kapitalgesellschaft	Gebot	Verbot
Bewertungsstetigkeit	formell ja; viele Ausnahmen	strenge Anforderungen	strenge Anforderungen

Bilanzgliederung nach IAS und nach US-GAAP

Assets (Aktiva)	IAS/IFRS
Long-term assets	**(Anlagevermögen)**
Property, plant and equipments	*(Sachanlagen)*
a) Land and buildings	*(Grundstücke, Gebäude)*
b) Plant and equipments	*(Geschäftsausstattung)*
c) Other assets, suitably identified	
d) Accumulated depreciation	
Other long-term assets	*(übrige Sachanlagen)*
a) Long-term investments	*(Finanzanlagen)*
b) Long-term receivables	*(Ford. geg. verbund. U.)*
c) Goodwill	*(derivativer Firmenwert)*
d) Patents, trademarks, and similar assets	*(Patente, Lizenzen)*
e) Expenditures carried forward, for example preliminary expenses and deferred taxes	*(… latente Steuern)*
Current assets	***(Umlaufvermögen)***
a) Cash and cash equivalents	*(Flüssige Mittel)*
b) Marketable securities	*(Wertpapiere)*
c) Receiveables	*(Forderungen)*
d) Inventories	*(Vorräte)*

Assets (Aktiva)	US-GAAP
Current assets	*(Umlaufvermögen)*
Cash and cash equivalents	*(Flüssige Mittel)*
Marketable securities	*(Wertpapiere)*
Accounts receivable	*(Forderungen)*
Inventories	*(Vorräte)*
Deferred income tax asset	*(aktive latente Steuern)*
Prepaid expenses	*(aktive Rechnungsabgrenzung)*
Property, plant and equipment	*(Sachanlagen)*
Land and land improvements	*(Grundstücke)*
Buildings	*(Gebäude)*
Machinery and equipment	*(Maschinen, techn. Anlagen, Geschäftsausstattung)*
Intagible assets	*(Immaterielle VG)*
Long term investments	*(Finanzanlagen)*

Shareholders' Interests and Liabilities (Passiva)	IAS/IFRS
Shareholders' Interest	***(Eigenkapital)***
a) Share capital	
b) Other equity, indicating the movement for the period and any restrictions on distribution	
Liabilities	***(Verbindlichkeiten)***
Long-term Liabilities	*(langfr. VbK)*
a) Secured loans	
b) Unsecured loans	
c) Intercompany loans	
d) Loans from associated companies	
Current liabilities	*(kurzfr. VbK)*
a) Bank loans and overdrafts	
b) Current portion of long-term liabilities	
c) Payables	
Other liabilities and provisions	

Liabilities and Stockholders' Equity (Passiva)	US-GAAP
Liabilities	***(Verbindlichkeiten)***
Current liabilities	*(kurzfristige Vbk)*
Short term borrowings	*(kurzfristige Kreditvbk.)*
Accounts payable	*(Verbindlichkeiten Kreditoren)*
Income taxes	*(Steuern)*
Other accured liabilities	*(Rückstellungen)*
Long-term debt	*(langfr. Vbk)*
Deferred income taxes	*(passive latente Steuern)*
Other liabilities	*(andere Vbk)*
Stockholders' equity	***(Eigenkapital)***
Preferred stock	*(Vorzugsaktienkapital)*
Common stock	*(Grund-, Stammkapital)*
Additional paid-in captial	*(Kapitalrücklagen)*
Retained earnings	*(Gewinnrücklagen)*

GuV nach US-GAAP gemäß SEC-Regeln
Income statement incl. Earnings Per Share (EPS)

1. Net Sales (Operating revenues)	*(Umsatzerlöse)*
2. Cost of sales (Cost of goods sold)	*(Herstellungskosten)*
3. **Gross profit (Gross margin)**	***(Bruttoergebnis)***
4. Selling, general and administrative expenses	*(Verwaltungs- und Vertriebskosten)*
5. **Operating income/loss**	**(Betriebsergebnis)**
6. Interest income	*(Zinserträge)*
7. Interest expense	*(Zinsaufwendungen)*
8. Other income	*(sonstige Erträge)*
9. Other expenses	*(sonstige Aufw.)*
10. **Income/loss from continuing operations before income taxes**	***(Ergebnis der gewöhnlichen Geschäftstätigkeit vor Steuern)***
11. Provision for income taxes (income taxes)	*(Ertragssteuern)*
12. **Income/loss from continuing operations**	***(Ergebnis der gewöhnlichen Geschäftstätigkeit nach Steuern)***
13. Noncontinuing items (all items net of tax)	*(außerordentl. Erg.)*
– Discontinued operations (less applicable income taxes of $...)	
– Extraordinary items (less applicable income taxes of $...)	
– Cumulative effect of changes in accounting principles (less applicable income taxes of $...)	
14. **Net income/loss (Net earnings)**	***(Jahresüberschuß/Jahresfehlbetrag)***
Per share data:	***(Gewinn pro Aktie)***
Income from continuing operations	
Noncontinuing items	
– Extraordinary items	
– Descontinues operations	
– Cumulative effect of changes in accounting principles	
Net income (Net earnings)	

Im Geltungsbereich der US-GAAP wird die **vorstehende Gliederung der Gewinn- und Verlustrechnung** nur **von der SEC zwecks Börsenzulassung verlangt.** Die übrigen Unternehmen lehnen sich daran an. Auch die **IAS** geben **kein detailliertes Gliederungsschema für die GuV-Rechnung** vor, sondern **nur Mindestanforderungen,** denen obiges Schema in etwa gerecht wird. Sowohl US-GAAP als auch IAS verlangen mit der Erfolgsrechnung auch die Angabe des **Gewinns pro Aktie (Earnings per share EPS).** Die Erfolgsrechnung hat **nach US-GAAP wie nach IAS** stets **Staffelform.** Nach **US-GAAP** ist nur das **Umsatzkostenverfahren** erlaubt, nach **IAS** – wie nach HGB – **auch das Gesamtkostenverfahren.**

786 Börsennotierte Konzern-Mutterunternehmen haben in allen 3 Rechnungslegungssystemen eine **Kapitalflußrechnung, Segmentberichte** und einen **Eigenkapitalspiegel** zu erstellen, wobei die Unterschiede relativ geringfügig sind. So kann der vom DSR (Deutscher Standardisierungs-Rat) als DRS 2 bezeichnete Standard (vgl. Tz. 676) beispielhaft auch für US-GAAP und IAS Erwähnung finden, da er auch deren Anforderungen genügt. Bezüglich der Darstellung einer Kapitalflußrechnung unterscheidet man zwischen **direkter und indirekter Methode.**

1.		Einzahlungen von Kunden für den Verkauf von Erzeugnissen, Waren und Dienstleistungen
2.	-	Auszahlungen an Lieferanten und Beschäftigte
3.	+	Sonstige Einzahlungen, die nicht der Investitions- und Finanzierungstätigkeit zuzuordnen sind
4.		Sonstige Auszahlungen, die nicht der Investitions- und Finanzierungstätigkeit zuzuordnen sind
5.	+/-	Ein-/Auszahlungen aus außerordentlichen Posten
6.		Mittelzufluss/-abfluss aus laufender Geschäftstätigkeit
7.		Einzahlungen aus Abgängen von Gegenständen des Sachanlagevermögens
8.		Einzahlungen aus Abgängen von Gegenständen des immateriellen Anlagevermögens
9.		Auszahlungen) für Investitionen in das Sachanlagevermögen
10.		Auszahlungen für Investitionen in das immaterielle Anlagevermögen
11.	+	Einzahlungen aus Abgängen von Gegenständen des Finanzanlagevermögens
12.	-	Auszahlungen für Investitionen in das Finanzanlagevermögen
13.	+	Einzahlungen aus dem Verkauf von konsolidierten Unternehmen und sonstigen Geschäftseinheiten
14.	-	Auszahlungen aus dem Erwerb von konsolidierten Unternehmen und sonstigen Geschäftseinheiten
15.	+	Einzahlungen aufgrund von Finanzmittelanlagen im Rahmen der kurzfristigen Finanzdisposition
16.	-	Auszahlungen aufgrund von Finanzmittelanlagen im Rahmen der kurzfristigen Finanzdisposition
17.	=	Mittelzufluss/-abfluss aus der Investitionstätigkeit
18.		Einzahlungen aus Eigenkapitalzuführungen (Kapitalerhöhungen, Verkauf eigener Anteile)
19.	-	Auszahlungen an Unternehmenseigner und Minderheitsgesellschafter (Dividenden, Kapitalrückzahlungen, andere Ausschüttungen)
20.	+	Einzahlungen aus der Begebung von Anleihen und aus der Aufnahme von (Finanz-)Krediten
21.	-	Auszahlungen für die Tilgung von Anleihen und (Finanz-)Krediten
22	=	Mittelzufluss/-abfluss aus der Finanzierungstätigkeit
23.		Zahlungswirksame Veränderungen des Finanzmittelbestands (Summe der Zeilen 6, 17 und 22)
24.	+/-	Wechselkursbedingte u. sonstige Wertänderungen des Finanzmittelbestands
25.	+	Finanzmittelbestand am Anfang des Geschäftsjahrs
26.	=	Finanzmittelbestand am Ende des Geschäftsjahrs

Mindestgliederung für die indirekte Kapitalflußrechnung nach DRS 2

788

1.		Periodenergebnis vor außerordentlichen Posten
2.	+/-	Abschreibungen/Zuschreibungen auf Gegenstände des Anlagevermögens
3.	+/-	Zunahme/Abnahme der Rückstellungen
4.	+/-	Sonstige zahlungsunwirksame Aufwendungen/Erträge
5.	+/-	Gewinn/Verlust aus dem Abgang von Gegenständen des Anlagevermögens
6.	+/-	Zunahme/Abnahme der Vorräte, der Forderungen aus Lieferungen und Leistungen sowie anderer Aktiva
7.	+/-	Zunahme/Abnahme der Verbindlichkeiten aus Lieferungen und Leistungen sowie anderer Passiva
8.	+/-	Ein- und Auszahlungen aus außerordentlichen Posten
9.	=	Mittelzufluss/-abfluss aus laufender Geschäftstätigkeit
10.		Einzahlungen aus Abgängen von Gegenständen des Sachanlagevermögens
11.	+	Einzahlungen aus Abgängen von Gegenständen des immateriellen Anlagevermögens
12.	-	Auszahlungen für Investitionen in das Sachanlagevermögen
13.	-	Auszahlungen für Investitionen in das immaterielle Anlagevermögen
14.	+	Einzahlungen aus Abgängen von Gegenständen des Finanzanlagevermögens
15.	-	Auszahlungen für Investitionen in das Finanzanlagevermögen
16.	+	Einzahlungen aus dem Verkauf von konsolidierten Unternehmen und sonstigen Geschäftseinheiten
17.	-	Auszahlungen aus dem Erwerb von konsolidierten Unternehmen und sonstigen Geschäftseinheiten
18.	+	Einzahlungen aufgrund von Finanzmittelanlagen im Rahmen der kurzfristigen Finanzdisposition
19.	-	Auszahlungen aufgrund von Finanzmittelanlagen im Rahmen der kurzfristigen Finanzdisposition
20.	=	Mittelzufluss/-abfluss aus der Investitionstätigkeit
21.		Einzahlungen aus Eigenkapitalzuführungen (Kapitalerhöhungen, Verkauf eigener Anteile)
22.	-	Auszahlungen an Unternehmenseigner und Minderheitsgesellschafter (Dividenden, Kapitalrückzahlungen, andere Ausschüttungen)
23.	+	Einzahlungen aus der Begebung von Anleihen und aus der Aufnahme von (Finanz-)Krediten
24.	-	Auszahlung für die Tilgung von Anleihen und (Finanz-)Krediten
25.	=	Mittelzufluss/-abfluss aus der Finanzierungstätigkeit
26.		Zahlungswirksame Veränderungen des Finanzmittelbestands (Summe der Zeilen 9, 20 und 25)
27.	+/-	Wechselkursbedingte u. sonstige Wertänderungen des Finanzmittelbestands
28.	+	Finanzmittelbestand am Anfang des Geschäftsjahrs
29.	=	Finanzmittelbestand am Ende des Geschäftsjahrs

Direkte und **indirekte** Methode unterscheiden sich bezüglich der Ermittlung **des Mittelzu/abflusses aus laufender Geschäftstätigkeit.** Bei der direkten Methode bilden die Einnahmen des Absatzmarktes (Umsatzerlöse) den Ausganspunkt und setzt davon die Ausgaben an den Beschaffungsmarkt (ausgabewirksame Aufwendungen) ab. Die indirekte Methode geht von Überschuß (Gewinn/Verlust) aus laufender (gewöhnlicher) Geschäftstätigkeit aus und addiert die **nicht** ausgabewirksamen Aufwendungen (Abschreibungen, Zuführung zu langfristigen Rückstellungen) dazu, um den laufenden Finanzüberschuß **(cash flow)** zu errechnen. 789

Sowohl nach HGB als auch nach US-GAAP und IAS besteht die Kapitalflußrechnung aus 3 Teilen: 790

- cash flow aus der laufenden Geschäftstätigkeit (operating activities),
- cash flow aus der Investitionstätigkeit (investing activities) und
- cash flow aus der Finanzierungstätigkeit (financing activities).

Im abschließenden 4.Teil wird der Endbestand an Finanzmitteln (Endbestand an liquiden Mitteln) aus dem Anfangsbestand vermehrt/vermindert um die 3 Arten von cash flow abgeleitet, um auf diese Weise die Finanzquellen und die Liquidität des Unternehmens aufzuzeigen.

US-GAAP und insbesondere IAS beinhalten umfassendere Berichtspflichten als das DRS 2, da dort das statement of cash flows der zentrale Bestandteil des Jahresabschlusses und für alle Unternehmen obligatorisch ist.

Auch hinsichtlich der **Segmentberichterstattung** unterscheiden sich die **drei Rechnungslegungssysteme** nur wenig. Sie ist für börsennotierte Konzern-Mutterunternehmen Pflicht und zeigt die **Betätigungsfelder des Unternehmens** auf. Dies kann stellvertretend am DRS 3 des DSR veranschaulicht werden. Die Abgrenzung der Segmente orientiert sich i.d.R. am management approach, also an der unternehmensinternen Berichterstattung. 791

Über das einzelne Segment ist zu berichten, wenn

- die Umsatzerlöse mit fremden Dritten und mit anderen Segmenten mindestens 10% der gesamten Umsatzerlöse ausmachen oder 792
- das Ergebnis des Segments mindestens 10% des Gesamtergebnisses beträgt oder
- das Segmentvermögen mindestens 10% des Gesamtvermögens darstellt.

Gem. DRS 3.29 ff. hat das Unternehmen für jedes berichtspflichtige Segment u.a. Folgendes anzugeben:

- das Segmentergebnis;
- die Segmenterträge mit fremden Dritten bzw. mit anderen Segmenten;
- das Segmentvermögen;
- die Investitionen in das langfristige Segmentvermögen;

- eine Überleitung der Segmentangaben auf den korrespondierenden Ausweis im Jahresabschluss;
- die Grundsätze für die Verrechnungspreise zwischen den Segmenten;
- ggf. die Begründung einer Durchbrechung der Stetigkeit der Segmentberichterstattung;
- sonstige Angaben zum Segment, z.B. Abschreibungen, Zinsertrag und Zinsaufwand, durchschnittliche Zahl der Mitarbeiter.

793 Die **Segmentberichterstattung** findet bei allen drei Rechnungslegungssystemen im Rahmen des Anhangs (notes) statt, der **nach IAS die ausführlichsten Angaben** verlangt.

794 So muß ein nach IAS rechnungslegendes Unternehmen daneben auch explizit über Art und Umfang seiner Finanzinstrumente (financial asset an financial liability oder equity instrument) berichten sowie die damit verbundenen Risiken und sonstigen Einflußfaktoren benennen. Dabei ist der Verkehrswert (fair value) und die gehaltenen bzw. gegebenen Sicherheiten anzugeben. Derartig detaillierte Angaben zur Finanzierung des Unternehmens kennen die US-GAAP und das HGB nicht.

795 Jedoch verlangen alle **3 Rechnungslegungssysteme** neuerdings mehr oder weniger entweder in der Bilanz oder im Anhang einen sogenannten **Eigenkapitalspiegel** von börsennotierten Konzern-Mutterunternehmen: er muß Gliederung des Eigenkapitals (§ 266 Abs. 3 HGB) und Darstellung der Veränderung gegenüber dem Vorjahr aufzeigen. Der **Mindestausweis** umfaßt folgende drei Arten von Eigenkapital:

- capital stock (gezeichnetes Kapital),
- additional paid-in-capital (Kapitalrücklage)
- retained earnings or deficit (Gewinnrücklagen, Gewinn- und Verlustvortrag).

Als wesentliche Unterschiede zwischen HGB, US-GAAP und IAS bleiben festzuhalten:

796 • **steuerliche Relevanz.**
US-GAAP Lind IAS sind steuerlich nicht anerkannt, der HGB-Abschluß bildet dagegen die Grundlage für die Steuerbilanz.

797 • **Immaterielle Wirtschaftsgüter einschließlich Firmenwert.**
Striktes Bilanzierungsverbot für orginäre, immaterielle Wirtschaftsgüter im HGB, Bilanzierungspflicht für derivate, jedoch für den derivaten Firmenwert ein Bilanzierungswahlrecht, Nach US-GAAP und IAS besteht für alle derivaten, immateriellen Wirtschaftsgüter Bilanzierungspflicht. Für orginäre gilt nach IAS unter bestimmten Voraussetzungen (z. B. Entwicklungskosten) eine Bilanzierungspflicht, nach US-GAAP unter engeren Voraussetzungen ein Bilanzierungswahlrecht, ansonsten wie im HGB das Bilanzierungsverbot. Die

Abschreibung nach IAS (bis 20 Jahre) und US-GAAP (bis 40 Jahre) erfolgen über einen längeren Zeitraum als nach HGB.

- **Fair value Bewertung nach US-GAAP und IAS.** 798
  Die Bewertung zum Tageswert darf nach HGB niemals die AHK übersteigen. Nach US-GAAP und IAS ist dies im Umlaufvermögen - je nach Situation obligatorisch oder wahlweise der Fall, wobei die höheren Wertansätze i.d.R. gewinnerhöhend u.U. aber auch erfolgsneutral in der Neubewertungsrücklage verbucht werden. Im Anlagevermögen besteht nach US-GAAP und IAS zumindest ein Wahlrecht zur Bewertung mit einem über den AHK liegenden fair value.

- **Wertaufholungsverbot nach US-GAAP.** 799
  Während nach HGB und IAS bei Kapitalgesellschaften grundsätzlich ein Wertaufholungsverbot besteht (HGB bis AHK), gilt nach US-GAAP grundsätzlich ein Wertaufholungsverbot.

- **Langfristige Fertigung.** 800
  Im HGB gilt die completed-contract-method, nach US-GAAP und IAS die percentage-of-completion method.

- **Bilanzierung und Bewertung von Wertpapieren.** 801
  Während das HGB zwei Arten von Wertpapieren kennt (AV und UV), unterscheiden US-GAAP und IAS deren drei:
  a) trading securities (zum alsbaldigen Verkauf bestimmt, also UV)
  b) held-to-maturity-securities (werden bis zur Endfälligkeit gehalten, meist AV im letzten Jahr UV)
  c) available-for-sale-securities (veräußerungsfähige Wertpapiere, können je nach Anlagestrategie dem AV oder UV zugerechnet werden).
  Die Möglichkeit der Portfolio-Bildung (Zusammenfassung verschiedener Wertpapierarten zu Gruppen) nach US-GAAP und IAS in Verbindung mit der fair value-Bewertung (über den AHK) kann umfangreiche Verrechnungen zwischen nicht realisierten Gewinnen und Verlusten und damit einen stark überhöhten Gewinnausweis zur Folge haben. Die handelsrechtliche Pflicht zur Einzelbewertung in Verbindung mit dem Niederstwertprinzip ist demgegenüber wesentlich vorsichtiger.

- **Bilanzierung und Bewertung von Rückstellungen.** 802
  Nach HGB Bilanzierungswahlrecht für Drohverlustrückstellungen, nach US-GAAP und IAS Verbot. Für Pensionsrückstellungen gilt nach HGB das Anwartschaftsdeckungsverfahren (niedrigerer Ausweis) nach US-GAAP und IAS das Anwartschaftsbarwertverfahren (höherer Ausweis). Der Begriff »ungewisse Verbindlichkeit« des HGB ist im allgemeinen enger gefaßt als der Begriff »wahrscheinliche Inanspruchnahme« nach US-GAAP und IAS, so daß insofern die Rückstellungsbildung nach HGB enger umgrenzt ist. Hinsichtlich der Bewertung ist dagegen das HGB großzügiger (Vorsichtsprinzip) gegenüber US-GAAP und IAS (wahrscheinlichster Wert).

803 • **Herstellungskosten, Währungsumrechnung, Leasing.**
Durch die Möglichkeit des HGB lediglich die Einzelkosten in die Herstellungskosten einzubeziehen können umfangreiche stille Reserven gelegt werden. Demgegenüber besteht nach US-GAAP und IAS die Pflicht produktionsbezogene Vollkosten zu berücksichtigen. Bei der Währungsumrechnung gilt handelsrechtlich mangels besonderer Regelung das Imparitätsprinzip; US-GAAP und IAS verlangen ausdrücklich die Bewertung zum aktuellen Wert (spot rate, initial rate, closing rate) also am Tage des Geschäftsvorfalls bzw. an jedem folgenden Bilanzstichtag, auch wenn dadurch nicht realisierte Gewinne ausgewiesen werden. Die Bilanzierung von Leasingverträgen differiert zwischen HGB einerseits und US-GAAP, IAS andererseits erheblich sowohl was die Bilanzierung als auch was die Bewertung anbelangt. Mangels anderweitiger Regelung bilanziert nach HGB entsprechend dem Steuerrecht in den meisten Fällen der Leasinggeber den Gegenstand; nach US-GAAP und IAS existieren detaillierte Regelungen, die häufiger zu einer Bilanzierung beim Leasingnehmer führen (vgl. Tz. 193). Während die Bewertung nach HGB i.d.R. zu den AHK erfolgt, gelangt nach US-GAAP und IAS i.d.R. der Barwert der Leasingraten in Ansatz.

Anhang

Testfragen

1. Was beinhaltet das betriebliche Rechnungswesen? Tz. 3
2. Welche Ziele verfolgt das betriebliche Rechnungswesen? Tz. 4
3. Aus welchen Teilen besteht das betriebliche Rechnungswesen? Tz. 5
4. Welche Aufgabe hat dic FBH? Tz. 10
5. Wer ist handels- und steuerrechtlich zur Buchführung verpflichtet? Tz. 13, 20
6. Was versteht man im Einkommensteuerrecht unter dem Betriebsvermögensvergleich? Tz. 22
7. Welche steuerlichen Gewinnermittlungsarten gibt es? Tz. 21
8. Aus welchen Rechtsquellen gehen die GoB hervor? Tz. 29
9. Was versteht man unter der Ordnungsmäßigkeit der Buchführung? Tz. 30
10. Wann ist die FBH materiell und formell ordnungsgemäß? Tz. 31
11. Welche Bücher sind nach den GoB unabdingbarer Bestandteil der FBH? Tz. 33 ff.
12. Wie ist das Kassenbuch zu führen? Tz. 34
13. Muß der Buchführungspflichtige in jedem Fall ein gesondertes Wareneingangs- und Warenausgangsbuch führen? Tz. 35 f.
14. Was versteht man unter der Offenen-Posten-Buchhaltung? Tz. 38
15. Was ist eine kontenlose Buchführung? Tz. 38
16. Wie können die Konten der FBH gespeichert werden? Tz. 42
17. Welche Aufbewahrungsfristen nennt das Gesetz für Handelsbücher und Buchungsbelege? Tz. 43
18. Welche Bedeutung hat die formelle Ordnungsmäßigkeit der FBH für den Kaufmann? Tz. 46
19. Worin bestehen die Folgen einer mangelhaften FBH? Tz. 47 ff.
20. Worin unterscheiden sich Kontenrahmen und Kontenplan? Tz. 51 f.
21. Ist eine FBH ohne Kontenplan ordnungsgemäß? Tz. 32, 51
22. Muß der Betrieb den Kontenrahmen seiner Branche verwenden? Tz. 51
23. Wodurch ist der GKR gekennzeichnet? Tz. 55
24. Wodurch ist der IKR gekennzeichnet? Tz. 57
25. Wie lautet der Buchungssatz für die kalkulatorischen Kostenarten im GKR? Tz. 60
26. Welche Buchungsschritte erfordert der Abschluß der Erfolgskonten der FBH im GKR und im IKR? Tz. 60 f.
27. Welche Abgrenzungskonten zwischen FBH und KLR kennt der IKR? Tz. 62

28. Welche zwei buchhalterischen Kontrollen für die Richtigkeit des ermittelten Rechnungsergebnisses gibt es im Zweikreissystem des IKR? Tz. 62
29. Welche drei Arten von Büchern gibt es in der FBH? Tz. 63
30. Wodurch ist die Durchschreibebuchhaltung gekennzeichnet? Tz. 64
31. Welche Daten benötigt eine EDV-Analge für die Vornahme einer Buchung? Tz. 65
32. Was beinhaltet das sogenannte Hauptbuch der Buchhaltung? Tz. 66
33. Welche Nebenbücher kennt die FBH? Tz. 68 ff.
34. Was ist eine Betriebsübersicht? Tz. 67
35. Welchen Zweck hat die Betriebsübersicht? Tz. 67
36. Wie werden Bezugskosten, wie Einstandspreiskorrekturen verbucht? Tz. 73
37. Was versteht man unter Skontration, was unter Befundrechnung? Tz. 77 f.
38. Was ist ein Kreditorenkonto? Tz. 81
39. Wie werden Erlösschmälerungen verbucht? Tz. 82
40. Was ist ein Debitorenkonto? Tz. 84
41. Wann ist eine Forderung zweifelhaft? Tz. 85
42. Wodurch unterscheidet sich das Konto »Zweifelhafte Forderungen« vom Konto »Abschreibungen auf Forderungen«? Tz. 85 f.
43. Wann kann eine Pauschalwertberichtigung zu Forderungen gebildet werden? Tz. 87
44. Wie werden Einzel- und Pauschalwertberichtigungen in der Bilanz ausgewiesen? Tz. 206, 214
45. Wann und wie ist die MWSt bei einem Forderungsausfall zu berichtigen? Tz. 88
46. Was muß aus der Anlagenkartei hervorgehen? Tz. 89
47. Wie werden Anschaffungsnebenkosten und Preisnachlässe bei Anlagegütern verbucht? z. 90
48. Welche Rückschlüsse lassen sonstige Aufwendungen und sonstige Erträge zu, die beim Ausscheiden von Anlagen entstehen? Tz. 91
49. Auf welchen Ursachen beruht die Abschreibung auf Anlagen? Tz. 92
50. Welche Abschreibungsverfahren gibt es? Tz. 95 ff.
51. Was versteht man unter Restwert-, was unter Digitalabschreibung? Tz. 96
52. Welche Daten benötigt man für die Leistungsabschreibung? Tz. 99
53. Welchen Abschreibungursachen tragen die einzelnen Abschreibungsverfahren besonders Rechnung? Tz. 100
54. Wie wird ein eventueller Schrottwert bei der Bemessung der Abschreibungen berücksichtigt? Tz. 101

55. Was besagt die »Halbjahresregel« bei der Abschreibungsbemessung, und wann ist sie anwendbar? Tz. 103
56. Worin besteht der Unterschied zwischen direkter und indirekter Abschreibung? Tz. 105
57. Was ist im Falle indirekter Abschreibung beim Bilanzausweis zu beachten? Tz. 206, 214
58. Warum ist der Einsatz von EDV in der Personalbuchhaltung schon bei Kleinbetrieben zweckmäßig? Tz. 108
59. Wodurch unterscheidet sich eine »Aufwandsentschädigung« von einem »geldwerten Vorteil« des Arbeitnehmers? Tz. 109
60. Welche Möglichkeiten der freiwilligen betrieblichen Altersvorsorge gibt es? Tz. 110
61. Aus welchen Teilen besteht der Jahresabschluß eines Personenunternehmens und einer Kapitalgesellschaft? Tz. 113, 115
62. Worin besteht der prinzipielle Unterschied zwischen dem Jahresabschluß von Personenfirmen und Kapitalgesellschaften? Tz. 114, 653 ff.
63. Für welche Unternehmen gelten die Rechnungslegungsvorschriften des HGB, für welche die der Spezialgesetze? Tz. 116 ff.
64. Welche Bedeutung hat die Größe eines Unternehmens für seinen Jahresabschluß? Tz. 119 ff.
65. In welchen Schritten vollzieht sich die Rechnungslegung eines Unternehmens, und welche Rolle spielt dabei die Rechtsform? Tz. 122 ff.
66. Wird der Jahresabschluß eines Unternehmens geprüft und gegebenenfalls durch wen? Tz. 19, 124 ff.
67. Wird der Jahresabschluß eines Unternehmens veröffentlicht und gegebenenfalls in welchem Umfang und in welcher Form? Tz. 19, 126 ff.
68. Innerhalb welcher Fristen ist der Jahresabschluß eines Unternehmens zu erstellen und gegebenenfalls offenzulegen? Tz. 128 ff.
69. Welche Folgen hat die Nichtbeachtung gesetzlicher Rechnungslegungsvorschriften? Tz. 47 ff., 131 ff.
70. Schreitet das Registergericht von sich aus ein, wenn eine Kapitalgesellschaft ihren Jahresabschluß nicht offenlegt? Tz. 133
71. Welches sind die Ziele der Handelsbilanz? Tz. 134 ff.
72. Welche Bedeutung hat die Rechtsform eines Unternehmens für die Zielsetzung der Handelsbilanz? Tz. 137 ff.
73. Worin besteht das Ziel der Steuerbilanz? Tz. 141
74. Was ist unter den Grundsätzen der Bilanzklarheit, Bilanzwahrheit und Bilanzkoninuität zu verstehen? Tz. 142 ff.

75.	Ist ein Wechsel der Bilanzierungs- und Bewertungsmethoden gestattet?	Tz. 155 ff., 308 f.
76.	Was besagt das Prinzip der Maßgeblichkeit der Handelsbilanz für die Steuerbilanz?	Tz. 159 ff.
77.	Was bedeutet die Umkehrung des Maßgeblichkeitsprinzips?	Tz. 168 ff.
78.	Ist es zweckmäßig, eine einheitliche Handels- und Steuerbilanz (Einheitsbilanz) zu erstellen?	Tz. 166 f.
79.	Können steuerliche Sonderabschreibungen nur in der Steuerbilanz vorgenommen und auch wieder rückgängig gemacht werden?	Tz. 170, 298
80.	Wodurch unterscheiden sich Betriebs- und Privatvermögen in der Personenfirma?	Tz. 172 ff.
81.	Welche Bedeutung hat es, wenn gewillkürtes Betriebsvermögen nicht bilanziert wird?	Tz. 175
82.	Wie werden Wirtschaftsgüter bilanziert, die zum Teil privat genutzt werden?	Tz. 177 ff.
83.	Was versteht man unter Inventur und Inventar?	Tz. 180
84.	Was besagen die Begriffe: Stichprobeninventur, Stichtagsinventur, permanente Inventur?	Tz. 180 ff.
85.	Wodurch unterscheiden sich Inventar und Bilanz?	Tz. 184
86.	Wie überprüft man die Vollständigkeit des Inventars?	Tz. 186
87.	Wer hat rollende oder schwimmende Ware zu inventarisieren und zu bilanzieren?	Tz. 189
88.	Wie wird ein Leasing-Gegenstand in Inventar und Bilanz behandelt?	Tz. 191 ff.
89.	Worin unterscheiden sich Bilanzberichtigung und Bilanzänderung?	Tz. 195 ff.
90.	Wie ist die Bilanz einer Personenfirma zu gliedern?	Tz. 199 f.
91.	Welche Gliederungsprinzipien liegen dem Schema des § 266 HGB zugrunde?	Tz. 201 ff.
92.	Wodurch unterscheidet sich der Eigenkapitalausweis von Personenfirmen und Kapitalgesellschaften?	Tz. 204, 215 ff., 352 ff.
93.	Was versteht man unter Sonderposten mit Rücklageanteil, wie werden sie gebildet und aufgelöst?	Tz. 205, 375 ff.
94.	Was ist eine Eventualverbindlichkeit?	Tz. 207
95.	Was bedeutet die Erstellung eines Anlagenspiegels nach der direkten Bruttomethode?	Tz. 210, 214
96.	Wie heißt das gezeichnete Kapital bei den unterschiedlichen Rechtsformen?	Tz. 215, 353 ff., 363 ff.
97.	Worin unterscheiden sich Kapital- und Gewinnrücklagen?	Tz. 215 ff., 353 ff
98.	Wie wird die Rücklage für eigene Anteile gebildet und aufgelöst?	Tz. 220

99.	Wodurch unterscheiden sich Jahresüberschuß und Bilanzgewinn?	Tz. 221 f.
100.	Was versteht man unter einer Bilanzierungshilfe, und welche Berücksichtigung findet sie in der Steuerbilanz?	Tz. 163, 223 ff.
101.	Wie errechnen sich die Anschaffungskosten eines Wirtschaftsguts?	Tz. 234
102.	Wie werden Abbruchkosten eines Gebäudes behandelt?	Tz. 239
103.	Sind Finanzierungskosten Anschaffungsnebenkosten?	Tz. 240
104.	Sind Fertigungszinsen zu aktivieren?	Tz. 248
105.	Wie errechnen sich die Herstellkosten der KLR, und wie unterscheiden sie sich von den Herstellungskosten der FBH?	Tz. 243 ff.
106.	Werden kalkulatorische Kosten in die Herstellungskosten der FBH einbezogen?	Tz. 250
107.	Ist es zulässig, die Herstellungskosten mit Hilfe von Normal- oder Plankostensätzen zu ermitteln?	Tz. 252
108.	Dürfen die Herstellungskosten mit Hilfe der Teilkostenrechnung ermittelt werden?	Tz. 252
109.	Wodurch unterscheiden sich Erhaltungs- und Herstellungsaufwand?	Tz. 253 f.
110.	Wie ermittelt man den Tageswert eines Wirtschaftsguts?	Tz. 258 ff.
111.	Was ist anschaffungsnaher Herstellungsaufwand?	Tz. 255
112.	Was ist der zukünftige Wiederbeschaffungswert eines Wirtschaftsguts, und kommt er bei der Bilanzierung zum Zug?	Tz. 263 f., 490 ff
113.	Was ist der Teilwert?	Tz. 265
114.	Was besagen die vier Teilwertvermutungen des BFH?	Tz. 266
115.	Wodurch unterscheiden sich wertaufhellende und wertbeeinflussende Tatsachen?	Tz. 268 ff.
116.	Was ist das Going-concern-Prinzip? Gilt es auch für Personenfirmen?	Tz. 273
117.	Welche zwei Ausnahmen vom Prinzip der Einzelbewertung sind zulässig?	Tz. 274
118.	Warum ist der Rationalisierungseffekt der Festwertbewertung besonders hoch?	Tz. 280
119.	Wie werden Zu- und Abgänge bei einem mit einem Festwert angesetzten Bestand verbucht?	Tz. 280
120.	Gibt es eine Ausnahme vom Anschaffungswertprinzip?	Tz. 282
121.	Was besagt das Realisations-, was das Imparitätsprinzip?	Tz. 283
122.	Welche zwei Formen des Niederstwertprinzips gibt es, und wann kommen sie zur Anwendung?	Tz. 285 ff.
123.	Was besagt das gemilderte Niederstwertprinzip?	Tz. 287 ff.
124.	Wovon hängt die Ausübung eines Bewertungswahlrechts ab?	Tz. 289

125. Darf eine Kapitalgesellschaft eine außerplanmäßige Abschreibung vornehmen, wenn der Wert eines aktivierten Patents und einer Beteiligung vorübergehend absinken? Tz. 290 f
126. Welche zwei Formen hat das Prinzip des Wertezusammenhangs, und was besagen sie? Tz. 293 f.
127. Wann gilt das Prinzip des eingeschränkten Wertezusammenhangs? Tz. 295
128. Welcher Wertezusammenhang gilt in der Steuerbilanz? Tz. 296 ff.
129. Was versteht man unter einem Wertaufholungsgebot? Tz. 304
130. Muß eine Kapitalgesellschaft in ihrer Handelsbilanz eine Zuschreibung vornehmen, wenn sich herausstellt, daß einerseits bezüglich einer Beteiligung der Grund für eine außerplanmäßige Abschreibung nachträglich entfallen ist (Wert steigt wieder), andererseits bezüglich einer Maschine eine früher beanspruchte steuerliche Bewertungsfreiheit (z.B. § 6 Abs. 2 EStG) wieder rückgängig gemacht werden soll (z.B. weil andernfalls ein Verlust entsteht)? Tz. 170 f., 304 ff.
131. Welche zwei Arten immaterieller Anlagegüter gibt es, und wie werden sie bilanziert? Tz. 311 ff.
132. Sind erworbene Patente und der derivative Firmenwert abzuschreiben und gegebenenfalls wie? Tz. 318 ff.
133. Warum müssen Grundstücke und Gebäude in der FBH getrennt erfaßt werden? Tz. 322 f.
134. Was sind »Betriebsvorrichtungen«, und wie werden sie bilanziert? Tz. 326
135. Was sind »selbständige Gebäudeteile«, und worin liegt ihre Bedeutung? Tz. 327
136. Wie werden Ersatz- und Reserveteile bilanziert? Tz. 330
137. Wodurch unterscheiden sich »Anlagen im Bau« von »Anzahlungen auf Anlagen«? Tz. 332
138. Ab welchem Zeitpunkt beginnt die Abschreibung? Tz. 332
139. Unter welchen Positionen können Wertpapiere ausgewiesen werden? Tz. 333 ff., 348
140. Was ist eine Beteiligung? Tz. 335
141. Was sind Roh-, Hilfs- und Betriebsstoffe? Tz. 338
142. Ab welchem Zeitpunkt spricht man von unfertigen und von fertigen Erzeugnissen? Tz. 339
143. Wie werden Besitz- und Schuldwechsel bilanziert? Tz. 349 f., 420
144. Wie werden geleistete, wie erhaltene Anzahlungen bilanziert? Tz. 343 f., 420

145.	Inwiefern müssen zwei Arten der Kapitalrücklage unterschieden werden?	Tz. 355 f., 594
146.	Welche Motive führen zur Bildung von Gewinnrücklagen?	Tz. 358, 370
147.	Welcher Bilanzposten entsteht bei buchmäßiger Überschuldung einer Kapitalgesellschaft?	Tz. 362
148.	Wann entsteht ein »negatives Eigenkapitalkonto« eines Kommanditisten, und muß dieses ausgeglichen werden?	Tz. 366
149.	Was ist eine »Mitunternehmerschaft«, und wie wird sie steuerlich behandelt?	Tz. 367 ff.
150.	Was sind stille Reserven, wie werden sie gebildet und aufgelöst?	Tz. 370 ff.
151.	Sind Sonderposten mit Rücklageanteil Eigen- oder Fremdkapital?	Tz. 375
152.	Kann im Falle einer Investition in die Heizungsmodernisierung eines Gebäudes ein Sonderposten mit Rücklageanteil gebildet werden?	Tz. 170, 375
153.	Was sind Rückstellungen, und wie unterscheiden sie sich von Rücklagen?	Tz. 381 ff.
154.	Was ist eine Aufwandsrückstellung, ist sie steuerlich zulässig?	Tz. 384 ff., 399
155.	Für welche Rückstellungen besteht eine Passivierungspflicht und für welche ein Passivierungswahlrecht?	Tz. 386
156.	Darf für einen OHG-Gesellschafter eine Pensionsrückstellung gebildet werden?	Tz. 389, 655
157.	Wie werden Pensionszahlungen eines Betriebs verbucht?	Tz. 391
158.	Wann darf eine Steuerrückstellung gebildet werden?	Tz. 392
159.	Wann ist eine Rückstellung für einen drohenden Verlust aus einem schwebenden Geschäft zulässig?	Tz. 394
160.	In welcher Höhe darf eine Rückstellung für Prozeßkosten gebildet werden?	Tz. 396
161.	Welchen wirtschaftlichen Charakter haben die Rückstellungen für unterlassene Reparaturen und Abraumbeseitigung sowie für Gewährleistungen aus Kulanz?	Tz. 384, 397, 403
162.	Worin besteht bei der Rückstellungsbildung für Garantieverpflichtungen der Unterschied zwischen dem Verkäufer industrieller Massenprodukte und dem Hersteller einzelner Großprojekte?	Tz. 400 ff.
163.	Ist in einer GmbH die Bildung einer Rückstellung für Prüfungskosten zulässig?	Tz. 413 f.
164.	Was ist eine Rückstellung für latente Steuern, besteht in der Steuerbilanz eine Bilanzierungspflicht?	Tz. 414
165.	Ist bei der Bilanzierung von Verbindlichkeiten die vereinbarte oder die Restlaufzeit maßgebend?	Tz. 420, 648

166. Was sind Rechnungsabgrenzungsposten, und welche Arten gibt es? Tz. 421 ff.
167. Wie sind Rechnungsabgrenzungsposten zu bilanzieren? Tz. 424 f.
168. Welches Merkmal ist Voraussetzung, daß für periodenübergreifende Zahlungen ein Rechnungsabgrenzungsposten gebildet werden kann? Tz. 426
169. Muß ein latenter Steuerminderaufwand bilanziert werden und gegebenenfalls wie? Tz. 226, 428, 741
170. Welche Bilanzierungsgebote, -wahlrechte und -verbote gibt es? Tz. 430 ff.
171. Was sind planmäßige Abschreibungen? Tz. 437 f.
172. Wie hoch ist die maximale degressive Abschreibung bei beweglichen Anlagegütern im EStG? Tz. 441
173. In welchen Fällen erbringt die degressive, steuerliche Abschreibung höhere Quoten als die lineare? Tz. 445 f.
174. Ist ein Wechsel der planmäßigen Abschreibungsmethode zulässig? Tz. 448
175. Wie ist bei einer Korrektur der planmäßigen Abschreibung zu verfahren, nachdem sich diese als unzutreffend herausgestellt hat? Tz. 451 ff.
176. Wann muß und wann kann eine außerplanmäßige Abschreibung vorgenommen werden? 456 f.
177. Gibt es eine Pflicht für Zuschreibungen? Tz. 295 ff., 461 f.
178. Wodurch unterscheiden sich AfaA und Teilwertabschreibungen im Steuerrecht? Tz. 463 f.
179. Welche Verbrauchsfolgeverfahren gibt es bei der Bewertung von Vorräten? 465 ff.
180. Welche sind im Handels- und welche im Steuerrecht zulässig? Tz. 472, 478
181. Was versteht man unter permanentem Lifo oder Hifo? Tz. 479
182. Wie erfolgt die retrograde Bewertung von Vorräten? Tz. 480 f.
183. Für welche Güter ist der Tageswert auf dem Absatzmarkt zu ermitteln? Tz. 482
184. Was ist bei der Ermittlung des Tageswerts auf dem Absatzmarkt zu beachten? Tz. 486
185. Wie ermittelt man den Tageswert unfertiger Erzeugnisse? Tz. 489
186. Was bedeutet das Beibehaltungswahlrecht des niedrigeren Tageswerts? Tz. 295, 492
187. Was ist ein Damnum oder Disagio? Tz. 494
188. Wie wird das Damnum in der Steuerbilanz behandelt? Tz. 498
189. Wie sind Valutaverbindlichkeiten zu bewerten? Tz. 499
190. Welche Bilanzierungs- und Bewertungsunterschiede zwischen Handels- und Steuerbilanz gibt es? Tz. 501

191. Was ist ein steuerlicher Ausgleichsposten, und wann entsteht er? Tz. 503 f.
192. Welche Aufgaben hat die Erfolgsrechnung? Tz. 507 ff.
193. Findet die dynamische Bilanztheorie bei der praktischen Bilanzierung Berücksichtigung? Tz. 510
194. Wie ist die Erfolgsrechnung eines Personenunternehmens zu gliedern? Tz. 144, 512
195. Wie sieht die Gewinn- und Verlustrechnung der kleinen GmbH aus, und was gilt für ihre Offenlegung? Tz. 512, 520
196. Was versteht man unter Konto- und Staffelform der Erfolgsrechnung? Tz. 513
197. Wodurch unterscheiden sich Gesamtkosten- und Umsatzkostenverfahren? Welches Verfahren entspricht den GoB? Welches ist aussagekräftiger? Tz. 514 ff.
198. Kann ein kleinerer Betrieb, der keine KLR hat, das Umsatzkostenverfahren anwenden? Tz. 517
199. Was besagt das Brutto- und das Nettoprinzip bezüglich der Erfolgsrechnung? Ist das Nettoprinzip gestattet? Tz. 520
200. Ist das nach dem Gesamtkostenverfahren ermittelte Rohergebnis gleich dem nach dem Umsatzkostenverfahren ermittelten? Tz. 521
201. Welche Saldogrößen weisen die Schemata des § 275 HGB aus, und welche wären wünschenswert? Tz. 522 ff., 565 ff.
202. Stimmt das »Ergebnis der gewöhnlichen Geschäftstätigkeit« mit dem »Betriebsergebnis« überein? Tz. 523 ff., 533, 568 ff.
Sind aus den Schemata des § 275 HGB die betrieblichen Aufwendungen und Erträge ersichtlich? Tz. 529 ff., 569
Unter welche Position der Schemata des § 275 HGB fallen
- Erlöse aus Anlagenverkäufen Tz. 525, 528
- Abschreibungen auf Forderungen Tz. 536
- Inventurdifferenzen Tz. 530, 540 ff.
- Vorstandstantieme Tz. 532
- Aufsichtsratstantieme Tz. 537
- Abschreibungen auf Wertpapiere Tz. 550
- Zuführungen zu Rückstellungen und Sonderposten mit Rücklageanteil Tz. 536
- Gewinne aus dem Verkauf einer Beteiligung Tz. 528, 556
203. Inwieweit sind periodenfremde und betriebsfremde Aufwendungen bzw. Erträge dem o.a. Ergebnis zuzuordnen? Tz. 555
204. Lassen die Schemata des § 275 HGB das »Betriebsergebnis« und das »neutrale Ergebnis« erkennen? Tz. 565 ff.
205. Welche Aufwendungen sind steuerlich nicht abzugsfähig? Tz. 573 ff.
206. Wie kann das erwirtschaftete Ergebnis verwendet

werden, und wer entscheidet darüber? Tz. 582 ff.

207. Wie ist die gesetzliche Gewinnverteilung bei der OHG? Tz. 585

208. Was besagt das Vollausschüttungsgebot bei der GmbH? Kann der Minderheitsgesellschafter die Vollausschüttung des Jahresüberschusses bewirken? Tz. 587 f.

209. Wie wird die Ergebnisverwendung dargestellt? Ist sie aus der Erfolgsrechnung ersichtlich? Wird sie offengelegt? Tz. 126, 589, 608

210. Wie wird die gesetzliche Rücklage einer AG gebildet und aufgelöst? Tz. 593 ff.

211. Wie werden die anderen Gewinnrücklagen einer AG gebildet und aufgelöst? Tz. 597 ff.

212. Was ist eine »Wertaufholungsrücklage«? Muß sie gebildet werden? Tz. 598

213. Wer entscheidet bei gegensätzlichen Interessen in einer AG über die Ergebnisverwendung? Tz. 600

214. In welchen Stufen vollzieht sich die Rechnungslegung der AG? Tz. 602 ff.

215. Wie sieht das Gewinnverwendungsschema der AG aus? Tz. 612

216. Welche ergebnisabhängigen Aufwendungen gibt es in der AG? Tz. 618

217. Wie müssen Jahresüberschuß und ergebnisabhängige Aufwendungen korrekterweise ermittelt werden? Tz. 619

218. Von welcher Basis errechnen sich die Vorstands- und Aufsichtsratstantiemen? Tz. 620 ff.

219. Welche Steuern sind gewinnabhängig? Tz. 626

220. Von welcher Basis berechnen sich Körperschaft- und Gewerbeertragsteuer? Tz. 627 f.

221. Welche Höhe hat die Körperschaftsteuer? Tz. 632

222. Wie hoch ist die durch eine Dividendenausschüttung bewirkte Körperschaftsteuerermäßigung, bezogen auf die Ausschüttung? Tz. 633

223. In welchem Fall ergibt sich die minimale Körperschaftsteuerbelastung? Tz. 634

224. Was beinhaltet der Anhang? Tz. 640 ff.

225. Welche Arten der Berichterstattung im Anhang nennt das HGB? Tz. 639

226. Wann sind Angaben im Anhang zu unterlassen, wann können sie unterlassen werden? Tz. 638

227. Welche Aufgabe hat der Anhang, welche der Lagebericht? Tz. 637, 649

228. In welcher Form hat die kleine GmbH Anhang und Lagebericht zu erstellen und offenzulegen? Tz. 636, 658

229. Was ist ein Verbindlichkeitenspiegel? Tz. 648

230. Wodurch unterscheidet sich die Handelsbilanz einer Personenfirma von der einer Kapitalgesellschaft? Tz. 653 ff.

231. Weist ceteris paribus die Kapitalgesellschaft oder die Personenfirma ein höheres Ergebnis aus? Um welche Posten differieren beide Ergebnisse? Tz. 657
232. Stimmt der »Gewinn« einer Personenfirma mit dem »Jahresüberschuß« oder dem »Bilanzgewinn« einer Kapitalgesellschaft überein? Tz. 564, 590, 657
233. Welche Erleichterungen genießt die mittlere GmbH bezüglich der Aufstellung und Offenlegung ihres Jahresabschlusses? Tz. 658
234. Was sind verbundene Unternehmen? Tz. 668 ff.
235. Wodurch ist ein Konzern gekennzeichnet? Tz. 661 ff.
236. Welche Arten von Konzernen gibt es? Tz. 661 ff.
237. Warum ist ein Konzernabschluß erforderlich? Tz. 670 f.
238. Ist der Periodengewinn eines Konzerns mit der Summe der Periodengewinne der einbezogenen Einzelabschlüsse identisch? Tz. 671
239. Wann liegt steuerlich eine Organschaft vor, und welche Bedeutung kommt ihr zu? Tz. 672 ff.
240. Muß jeder Konzern einen Konzernabschluß erstellen? Tz. 676 ff.
241. Sind alle Konzernunternehmen in einen Konzernabschluß einzubeziehen? Tz. 680 ff.
242. Wann und für welche Unternehmen muß ein Teilkonzernabschluß erstellt werden? Tz. 679
243. Welche Folgen hat die Fiktion der rechtlichen Einheit für den Konzernabschluß? Tz. 686
244. Sind auch »Auslandstöchter« in den Konzernabschluß einzubeziehen? Tz. 680
245. Kann eine GmbH Muttergesellschaft sein? Tz. 676
246. Was sind größenabhängige Befreiungen einer Muttergesellschaft, und was sind befreiende Konzernabschlüsse? Tz. 677, 679
247. Was versteht man unter der Handelsbilanz 2, was unter der Handelsbilanz 3 eines Unternehmens? Tz. 685, 704
248. Was bedeutet der Grundsatz der Wesentlichkeit? 691
250. Was ist der Summenabschluß in der Konsolidierungstabelle? Tz. 692
251. Worauf ist zu achten, wenn eine Personenfirma in den Konzernabschluß einbezogen wird? 684 ff.
252. Welche Unternehmen dürfen und welche brauchen nicht in den Konzernabschluß einbezogen werden? Tz. 681 f.
253. Wie geht die Vollkonsolidierung des Kapitals vonstatten? Tz. 693 ff.
254. Welches Recht ist für die Ausübung von Bilanzierungs- und Bewertungswahlrechten im Konzernabschluß maßgebend? Tz. 684
255. Wodurch unterscheiden sich Buchwert- und Anteilsmethode? Tz. 699 ff.

256. Warum wird zwischen Erst- und Folgekonsolidierung des Kapitals unterschieden? Tz. 698, 716
257. Was geschieht mit den bei der Kapitalkonsolidierung entstehenden Unterschiedsbeträgen? Tz. 700 ff.
258. Werden die stillen Reserven der Tochter bei der Interessenvereinigungsmethode aufgelöst? Tz. 717 f.
259. Was bedeutet Quotenkonsolidierung? Ist sie mit einer Auflösung der stillen Reserven verbunden? z. 719
260. Was versteht man unter einem »Ausgleichsposten für Anteile anderer Gesellschafter« im Konzernabschluß? Wird ein solcher bei der Quotenkonsolidierung ausgewiesen? Tz. 706, 719
261. Was ist ein assoziiertes Unternehmen? Tz. 720
262. Müssen assoziierte Unternehmen in den Konzernabschluß einbezogen werden und gegebenenfalls in welcher Form? Tz. 722 ff.
263. Kommt es bei der Equity-Konsolidierung zur Auflösung stiller Reserven? Werden Anteile anderer Gesellschafter ausgewiesen? Tz. 723 ff.
264. In welchen Fällen ist die Kapitalkonsolidierung mit hohem Rechenaufwand verbunden? Tz. 707
265. Wie geschieht die Konsolidierung von Forderungen und Verbindlichkeiten? Tz. 731
266. Können dabei Erfolgsauswirkungen auftreten und warum? Tz. 731
267. Wie und warum wird eine Konsolidierung von Zwischenergebnissen durchgeführt? Tz. 732 ff.
268. In welchen Fällen braucht eine Erfolgskonsolidierung nicht zu erfolgen? Tz. 734
269. Was sind Konzernanschaffungs- oder -herstellungskosten? Tz. 735
270. Sind die im Konzernabschluß ausgewiesenen »latenten Steuern« identisch mit der Summe der »latenten Steuern« der Einzelabschlüsse? Tz. 739 ff.
271. Was besagt das Konzernniederstwertprinzip? Tz. 735
272. Warum kann die Konsolidierung von Zwischenergebnissen erhebliche Schwierigkeiten bereiten? Tz. 736
273. Was versteht man unter dem Kifo-Verfahren? Tz. 736
274. Was ist in bezug auf Wirtschaftsgüter, für die eine Erfolgskonsolidierung vorgenommen wurde, in späteren Perioden zu beachten? Tz. 738
275. Was sind Innenumsätze? Tz. 743
276. Wie werden Innenumsätze konsolidiert? Tz.743 ff.
277. Welche Erleichterung ist bezüglich der Konsolidierung der Konzernerfolgsrechnung gestattet? Tz. 751

278. Welche Angaben sind im Konzernanhang und im -lagebericht zu machen? Ist eine Zusammenfassung mit den entsprechenden Berichten des Mutterunternehmens zulässig? Tz. 691, 759 f.

279. Welche drei Alternativen des Erfolgsausweises sind in der Konzernerfolgsrechnung gebräuchlich? Tz. 752 ff

280. Warum erlangen die Normen internationaler Rechnungslegung immer größere Bedeutung für deutsche Unternehmen? Tz. 761 ff., 773 ff.

281. Nennen Sie die unterschiedlichen Zielsetzungen und Adressaten von HGB, US-GAAP und IAS. Welche Möglichkeiten zur Bildung stiller Reserven bieten diese Rechnungslegungsnormen? Tz. 762 ff., 774 ff., 782

282. Wie sind immaterielle Wirtschaftsgüter, Wertpapiere, Vorräte nach HGB, US-GAAP und IAS zu bewerten? Tz. 767 ff., 776 ff., 782

283. Wie erfolgt Rückstellungsbildung und die Gewinnrealisation im Falle langfristiger Fertigung nach HGB, US-GAAP und IAS? Tz. 772, 780, 782

284. Wie ist eine Kapitalflußrechnung aufgebaut? Tz. 786 ff.

285 Was beinhaltet die Segmentberichterstattung? Tz. 790 ff.

286. Was ist ein Eigenkapitalspiegel? Tz. 795

287. Worin unterscheiden sich HGB, US-GAAP und IAS bezüglich der Bewertung zum Tageswert bzw. fair value und hinsichtlich des Wertaufholungsgebots? Tz. 798 f.

288. Kann es im Rahmen der US-GAAP- und IAS-Bilanzierung von Wertpapieren zu einem als problematisch einzustufenden Ausweis nicht realisierter Gewinne kommen? Tz. 801

289. Inwiefern kann es nach HGB gegenüber US-GAAP und IAS bezüglich der Bilanzierung immaterieller Wirtschaftsgüter und der Ermittlung der Herstellungskosten zur Legung stiller Reserven in einem als problematisch einzustufenden Umfang kommen? Tz. 797, 803

Literaturverzeichnis

1. Grundlagen und Organisation des Rechnungswesens

Altmann, H.: Buchführung, 100 praktische Fälle, 5. Aufl., Achim 2000
Bähr, G./Fischer-Winkelmann, W.F.: Buchführung und Jahresabschluß, 7. Aufl., Wiesbaden 2001
Bieg, H.: Buchführung, Herne-Berlin 2000
Bödefeld, R./Deppe, E./Freikamp, G./Herlemann, R./Walkenhorst, R.: Steuerrecht und Buchführung, 14. Aufl., Herne-Berlin 1996
Blödtner, W./Bilke, K./Heining,, R.: Fallsammlung Buchführung, Bilanzen, Berichtigungstechnik, 4. Aufl., Herne-Berlin 2001
Blödter, W./Bilke, K./Weiss, M.: Lehrbuch Buchführung und Bilanzsteuerrecht, 5. Aufl., Herne 2001
Bornhofen, M.: Buchführung DATEV-Kontenrahmen 2003, 2 Bände, 15. Aufl., Wiesbaden 2002
Buchner, R.: Buchführung und Jahresabschluß, 6. Aufl., München 2002
Burkhardt, F./Kostede, W./Schuhmacher, B.: Buchen und Belegen DATEV SKR 03/04, Ludwigshafen 2002
Bussiek, J./Ehrmann, H.: Buchführung, 7. Aufl., Ludwigshafen 2002
Däumler, K. D./Grabe, J.: Kostenrechnungs- und Controllinglexikon, 2. Aufl., Herne 1997
Däumler, K. D./Grabe, J.: Kostenrechnung mit Fragen und Aufgaben, Antworten und Lösungen, 3 Bände, 6.-8. Aufl., Herne 1998-2002
Döring, U./Buchholz, R.: Buchhaltung und Jahresabschluß, 6. Aufl., Hamburg 1999
Eisele, W.: Technik des betrieblichen Rechnungswesens, 7. Aufl., München 2002
Endriss, H. W.: Bilanzbuchhalter-Handbuch, Herne-Berlin 1996
Engelhardt, W./Raffée, H.: Grundzüge der doppelten Buchhaltung, 5. Aufl., Wiesbaden 2002
Falterbaum, H./Bolk, W./Reiß, W./Eberhart, R.: Buchführung und Bilanz, 19. Aufl., Achim 2003
Goldstein, E.: Schnelleinstieg in die Daten-Buchführung, 4. Aufl., Freiburg i. Br. 2001
Hahn, H./Wilkens, K.: Buchhaltung und Bilanz, 3 Bände, 5. Aufl., München 1997
Harbich, A.: Buchführung, 9. Aufl., Achim 1999
Heinhold, M.: Buchführung in Fallbeispielen, 6. Aufl., Stuttgart 1996
Heinhold, M./Obermann, V./Pasch, H.: Buchführung, Musterklausuren und Lösungen, Stuttgart 1994
Heyd, R./Rick, E.: Professionell buchen und bilanzieren, Loseblatt Stand 1997, Stuttgart
Jacobs, O.: Fälle mit Lösungen zur Rechnungslegung und Besteuerung, 2 Bände, 2. Aufl., Herne-Berlin 1994
Hufnagel, W./Holdt, W.: Einführung in die Buchführung und Bilanzierung, Herne 2003

Koller, W./Legner, M.: Vom Beleg zur Bilanz, Praktische Buchführung, 7. Aufl., München 1994
Korth, H.: Kontierungs-Handbuch, München 2003
Kresse, W.: Die neue Schule des Bilanzbuchhalters, 5. Bände, 10. Aufl., Stuttgart 2001
Langenbeck, J.: Buchführungspraxis in Fällen und Lösungen, 2. Aufl., Herne-Berlin 1999
Loidl, C.: Prüfungsaufgaben zur Buchführung und Bilanz mit Lösungen, 3. Aufl., Stuttgart 1998
Müller, U.: Finanzbuchhaltung – Vom Geschäftsvorfall bis zum Jahresabschluß, Herne-Berlin 2001
Peemöller, V. H.: Controlling, 4. Aufl., Herne-Berlin 2002
Reinheimer, H./Herb, E.: Die Prüfung der Bilanzbuchhalter, 16. Aufl., Ludwigshafen 1995
Rudolph, S./Wein, E.: Das DATEV-Buchführungssystem, 5. Aufl., Köln 1994
Schmidt, H.: Buchführungstraining, 6. Aufl., Freiburg i. Br. 2001
Schmolke, S./Deitermann, M.: Industrielles Rechnungswesen IKR, 28. Aufl., Darmstadt 2000
Schmolke, S./Deitermann, M.: Industriebuchführung mit Kosten- und Leistungsrechnung, 22. Aufl., Darmstadt 1997
Schöttler, J./Spulak, R./Baur, W.: Technik des betrieblichen Rechnungswesens sowie Übungsbuch mit ausführlichen Lösungen, 8. Aufl., München 1996
Sikorski, R.: Buchführung, 5. Aufl., München 2001
Sikorski, R./Wüstenhöfer, U.: Rechnungswesen, 6. Aufl., München 2002
Sorg, P.: Buchführung. Einführung mit Aufgaben und Lösungen, Landsberg 1999
Vollmuth, H.: Buchführung, Stuttgart 2001
Weber, M.: Kaufmännische Buchführung von A-Z, 5. Aufl., Freiburg i. Br. 2000
Wedell, H.: Grundlagen des betriebswirtschaftlichen Rechnungswesen, 9. Aufl., Herne-Berlin 2002
Wöhe, G./Kussmaul, H.: Grundzüge der Buchführung und Bilanztechnik, 2 Bände, 4. Aufl., München 2002
Wötje, J.: Buchführung und Jahresabschluß, Stuttgart 2001
Wurl, H.-J./Greth, M.: Klausuraufgaben zur doppelten Buchführung, 2. Aufl., Wiesbaden 1999
Wuttke, R./Weidner, W.: Buchführungstechnik und Bilanzsteuerrecht, 12. Aufl., Stuttgart 2001
Zschenderlein, O.: Kompakt-Training Buchführung, Ludwigshafen 2003

2. Handels- und steuerrechtliche Bilanzierung

Adler, H./Düring, W./Schmaltz, K.: Rechnungslegung und Prüfung der Unternehmen, Kommentar, 6. Aufl., Stuttgart 1995–1997
Baetge, J.: Bilanzen, 4. Aufl., Düsseldorf 1996
Baumbach, A./Hopt, K.: Handelsgesetzbuch, Kurzkommentar, 29. Aufl., München 1995

Bitz, M./Schneeloch, D./Wittstock, W.: Der Jahresabschluß, 3. Aufl., München 2000
Bucholz, R.: Grundzüge des Jahresabschlusses nach HGB und IAS, München 2002
Budde, D./Clemm, H./Pankow, M./Sarx, M.: Beck'scher Bilanzkommentar, Der Jahresabschluß nach Handels- und Steuerrecht, 5. Aufl., München 2003
Busse von Colbe, W./Ordelheide, D.: Konzernabschlüsse mit Übungsaufgaben, 2 Bände, 9. Aufl., Wiesbaden 2003
Castan, E./Heymann, G./Ordelheide, D./Müller, E./Scheffler, E.: Beck'sches Handbuch der Rechnungslegung, 17. Aufl., München 2002
Coenenberg, A. G.: Jahresabschluß und Jahresabschlussanalyse, 17. Aufl., Landsberg 2001
Demming, C.: Grundlagen der internationalen Rechnungslegung, München 1997
Dicken, A.: Bilanzsteuerrecht, 2. Aufl., Hamburg 1996
Ditges, J./Arendt, U.: Bilanzen, 10. Aufl., Ludwigshafen 2002
Drosse, V./Stier, B.: Intensivtraining Bilanzen, Wiesbaden 2001
Endriss, W./Hennis, U./Kluge, H. J./Löschke, N./Sauter, H.: Jahresabschluß, 5. Aufl., München 2002
Federmann, R.: Bilanzierung nach Handelsrecht und Steuerrecht, 11. Aufl., Berlin 2000
Förschle, G./Kroner, M./Mandler, U.: Internationale Rechnungslegung, 2. Aufl., Bonn 1996
Glade, A.: Handbuch der Rechnungslegung und Prüfung, 2. Aufl., Herne-Berlin 1995
Goldstein, E.: Jahresabschluß leicht gemacht, 4. Aufl., Freiburg i. Br. 2002
Gräfer, H./Sorgenfrei, C.: Rechnungslegung, 2. Aufl., Herne-Berlin 2002
Gräfer, H./Scheld, G.: Grundzüge der Konzernrechnungslegung mit Fragen und Übungsaufgaben, 3. Aufl., Hamburg 1997
Grefe, C.: Kompakt-Training Bilanzen, 2. Aufl., Ludwigshafen 2001
Großfeld, B.: Bilanzrecht, 3. Aufl., Heidelberg 1998
Haberstock, L./Breithecker, V.: Einführung in die Betriebswirtschaftliche Steuerlehre, 11. Aufl., Hamburg 2000
Haberstock, L./Breithecker, V.: Kostenrechnung, 2 Bände, 10. Aufl., Hamburg 1998
Harms, J. E./Marx F. J.: Fallsammlung Bilanzrecht, 7. Aufl., Herne-Berlin 2002
Heinhold, M.: Der Jahresabschluß, 4. Aufl., München 1996
Herrmann, C./Heuer, G./Raupach, A.: Kommentar zur Körperschaftssteuer und Einkommenssteuer, Loseblatt Stand 1995, Köln
Hesse, K./Fraling, R.: Wie beurteilt man eine Bilanz, 19. Aufl., Wiesbaden 1995
Hilke, W.: Bilanzpolitik, Aufgaben und Lösungen, 6. Aufl., Wiesbaden 2002
Horschitz, H./Groß, W./Weidner, W.: Bilanzsteuerrecht und Buchführung, 9. Aufl., Stuttgart 2002
Institut der Wirtschaftsprüfer (Herausgeber): Wirtschaftprüfer Handbuch, 2 Bände, 12. Aufl., Düsseldorf 2000
Koltermann, J.: Fallsammlung Bilanzsteuerrecht, 11. Aufl., Herne-Berlin 2002

Kopei, D./Zimmermann, R.: Bilanzsteuerrecht, praktische Fälle, 11. Aufl., Achim 2002
Kühnberger, M.: Der Jahresabschluß, München 1996
Küting, K./Weber, C. P.: Handbuch der Rechnungslegung, 4. Aufl., Stuttgart 1995
Küting, K./Weber, C. P.: Handbuch der Konzernrechnungslegung, 2. Aufl., Stuttgart 1998
Küting, K./Weber, C. P.: Der Konzernabschluß, 6. Aufl., Stuttgart 2000
Littmann, E./Bitz, H./Hellwig, P.: Das Einkommenssteuerrecht, Kommentar zum Einkommensteuergesetz, Loseblatt Stand 1997, Stuttgart
Lück, W.: Rechnungslegung nach Handels- und Steuerrecht, 7. Aufl., Bonn 1996
Luckey, G.: Bilanzen und Steuern, 5. Aufl., Stuttgart 1997
Meyer, C.: Bilanzierung nach Handels- und Steuerrecht, 13. Aufl., Herne-Berlin 2001
Moster, A.: Grundsätze ordnungsmäßiger Rechnungslegung, Düsseldorf 2003
Peemöller, V. H.: Bilanzanalyse und Bilanzpolitik, 3. Aufl., Wiesbaden 2003
Ramb, J./Schneider, J.: Steuerrecht in Übungsfällen, 4. Aufl., Stuttgart 1998
Rose, G.: Betrieb und Steuer, 5 Bände, 3.-16. Aufl., Wiesbaden 1992–2002
Schildbach, T.: Der handelsrechtliche Jahresabschluß, 6. Aufl., Herne 2000
Schmidt, H.: Bilanzpraxis, 5. Aufl. Freiburg i. Br. 1999
Schmidt, H.: Bilanztraining, 10. Aufl., Freiburg i. Br. 2002
Schmidt, L.: Einkommensteuergesetz, Kommentar, 19. Aufl., München 2000
Schult, E.: Bilanzanalyse, 10. Aufl., Hamburg 1999
Selchert, F. W./Erhardt, F. M.: Internationale Rechnungslegung, 3. Aufl., München 2003
Stehle, H./Stehle, A./Lenz, N.: Bilanzierung und Rechnungslegung nach Handels- und Steuerrecht, 5. Aufl., Stuttgart 2001
Tiedke, K.: Einkommensteuer und Bilanzsteuerrecht, 2. Aufl., Herne-Berlin 1995
Wagener, K./Berg, J.: Fälle mit Lösungen zum handels- und steuerrechtlichen Jahresabschluß, Ludwigshafen 2000
Weber-Grellet, H.: Bilanzsteuerrecht, 7. Aufl., Köln 2003
Winnefeld, R.: Bilanzhandbuch, 3. Aufl., München 2002
Wöhe, G.: Bilanzierung und Bilanzpolitik, 9. Aufl., München 1997
Wöhe, G.: Die Handels- und Steuerbilanz, 4. Aufl., München 2001
Wysocki, K. v./Wohlgemuth, M.: Konzernrechnungslegung, 5. Aufl., Düsseldorf 1996

Bilanzgliederung nach § 266 HGB

Aktivseite:

A. Anlagevermögen:

I. Immaterielle Vermögensgegenstände:
1. Konzessionen, gewerbliche Schutzrechte und ähnliche Rechte und Werte sowie Lizenzen an solchen Rechten und Werten;
2. Geschäfts- und Firmenwert;
3. geleistete Anzahlungen;

II. Sachanlagen:
1. Grundstücke, grundstücksgleiche Rechte und Bauten einschließlich der Bauten auf fremden Grundstücken;
2. technische Anlagen und Maschinen;
3. andere Anlagen, Betriebs- und Geschäftsausstattung;
4. geleistete Anzahlungen und Anlagen im Bau;

III. Finanzanlagen:
1. Anteile an verbundenen Unternehmen;
2. Ausleihungen an verbundene Unternehmen;
3. Beteiligungen;
4. Ausleihungen an Unternehmen, mit denen ein Beteiligungsverhältnis besteht;
5. Wertpapiere des Anlagevermögens;
6. sonstige Ausleihungen.

B. Umlaufvermögen:

I. Vorräte:
1. Roh-, Hilfs- und Betriebsstoffe;
2. unfertige Erzeugnisse, unfertige Leistungen;
3. fertige Erzeugnisse und Waren;
4. geleistete Anzahlungen;

II. Forderungen und sonstige Vermögensgegenstände:
1. Forderungen aus Lieferungen und Leistungen;
2. Forderungen gegen verbundene Unternehmen;
3. Forderungen gegen Unternehmen, mit denen ein Beteiligungsverhältnis besteht;
4. sonstige Vermögensgegenstände;

III. Wertpapiere:
1. Anteile an verbundenen Unternehmen;
2. eigene Anteile;
3. sonstige Wertpapiere;

IV. Schecks, Kassenbestand, Bundesbank- und Postgiroguthaben, Guthaben bei Kreditinstituten.

C. Rechnungsabgrenzungsposten

Passivseite:

A. Eigenkapital:
   1. Gezeichnetes Kapital;
II. Kapitalrücklage;
III. Gewinnrücklagen:
   1. gesetzliche Rücklage;
   2. Rücklage für eigene Anteile;
   3. satzungsmäßige Rücklagen;
   4. andere Gewinnrücklagen;
IV. Gewinnvortrag/Verlustvortrag;
V. Jahresüberschuß/Jahresfehlbetrag.

B. Rückstellungen:
   1. Rückstellungen für Pensionen und ähnliche Verpflichtungen;
   2. Steuerrückstellungen;
   3. sonstige Rückstellungen.

C. Verbindlichkeiten:
   1. Anleihen, davon konvertibel;
   2. Verbindlichkeiten gegenüber Kreditinstituten;
   3. erhaltene Anzahlungen auf Bestellungen;
   4. Verbindlichkeiten aus Lieferungen und Leistungen;
   5. Verbindlichkeiten aus der Annahme gezogener Wechsel und der Ausstellung eigener Wechsel;
   6. Verbindlichkeiten gegenüber verbundenen Unternehmen;
   7. Verbindlichkeiten gegenüber Unternehmen, mit denen ein Beteiligungsverhältnis besteht;
   8. sonstige Verbindlichkeiten,
   davon aus Steuern,
   davon im Rahmen der sozialen Sicherheit.

D. Rechnungsabgrenzungsposten

Gliederung der Gewinn- und Verlustrechnung nach § 275 Abs. 2 HGB:

(Gesamtkostenverfahren)

1. Umsatzerlöse
2. Erhöhung oder Verminderung des Bestands an fertigen und unfertigen Erzeugnissen
3. andere aktivierte Eigenleistungen
4. sonstige betriebliche Erträge
5. Materialaufwand:
   a) Aufwendungen für Roh-, Hilfs- und Betriebsstoffe und für bezogene Waren
   b) Aufwendungen für bezogene Leistungen
6. Personalaufwand:
   a) Löhne und Gehälter
   b) soziale Abgaben und Aufwendungen für Altersversorgung und für Unterstützung, davon für Altersversorgung
7. Abschreibungen:
   a) auf immaterielle Vermögensgegenstände des Anlagevermögens und Sachanlagen sowie auf aktivierte Aufwendungen für die Ingangsetzung und Erweiterung des Geschäftsbetriebs
   b) auf Vermögensgegenstände des Umlaufvermögens, soweit diese die in der Kapitalgesellschaft üblichen Abschreibungen überschreiten
8. sonstige betriebliche Aufwendungen
9. Erträge aus Beteiligungen,
   davon aus verbundenen Unternehmen
10. Erträge aus anderen Wertpapieren und Ausleihungen des Finanzanlagevermögens,
    davon aus verbundenen Unternehmen
11. sonstige Zinsen und ähnliche Erträge,
    davon aus verbundenen Unternehmen
12. Abschreibungen auf Finanzanlagen und auf Wertpapiere des Umlaufvermögens
13. Zinsen und ähnliche Aufwendungen,
    davon an verbundene Unternehmen
14. Ergebnis der gewöhnlichen Geschäftstätigkeit
15. außerordentliche Erträge
16. außerordentliche Aufwendungen
17. außerordentliches Ergebnis
18. Steuern vom Einkommen und vom Ertrag
19. sonstige Steuern
20. Jahresüberschuß/Jahresfehlbetrag.

Gliederung der Gewinn- und Verlustrechnung nach § 275 Abs. 3 HGB:

(Umsatzkostenverfahren)

1. Umsatzerlöse
2. Herstellungskosten der zur Erzielung der Umsatzerlöse erbrachten Leistungen
3. Bruttoergebnis vom Umsatz
4. Vertriebskosten
5. allgemeine Verwaltungskosten
6. sonstige betriebliche Erträge
7. sonstige betriebliche Aufwendungen
8. Erträge aus Beteiligungen,
   davon aus verbundenen Unternehmen
9. Erträge aus anderen Wertpapieren und Ausleihungen des Finanzanlagevermögens,
   davon aus verbundenen Unternehmen
10. sonstige Zinsen und ähnliche Erträge,
    davon aus verbundenen Unternehmen
11. Abschreibungen auf Finanzanlagen und auf Wertpapiere des Umlaufvermögens
12. Zinsen und ähnliche Aufwendungen,
    davon an verbundene Unternehmen
13. Ergebnis der gewöhnlichen Geschäftstätigkeit
14. außerordentliche Erträge
15. außerordentliche Aufwendungen
16. außerordentliches Ergebnis
17. Steuern vom Einkommen und vom Ertrag
18. sonstige Steuern
19. Jahresüberschuß/Jahresfehlbetrag.

Industriekontenrahmen (IKR)

AKTIVA

Kontenklasse 0

Anlagevermögen

0 Immaterielle Vermögensgegenstände und Sachanlagen

00 Ausstehende Einlagen
001 noch nicht eingeforderte Einlagen
002 eingeforderte Einlagen

01 Aufwendungen für die Ingangsetzung und Erweiterung des Geschäftsbetriebes

02 Konzessionen, gewerbliche Schutzrechte und ähnliche Rechte und Werte sowie Lizenzen an solchen Rechten und Werten

03 Geschäfts- oder Firmenwert

04 Geleistete Anzahlungen auf immaterielle Vermögensgegenstände

05 Grundstücke, grundstücksgleiche Rechte und Bauten einschließlich der Bauten auf fremden Grundstücken
050 unbebaute Grundstücke
051 bebaute Grundstücke
052 grundstücksgleiche Rechte
053 Betriebsgebäude
054 Verwaltungsgebäude
055 andere Bauten
056 Grundstückseinrichtungen
057 Gebäudeeinrichtungen
059 Wohngebäude

06 frei

07 Technische Anlagen und Maschinen
070 Anlagen und Maschinen der Energieversorgung
071 Anlagen der Materiallagerung und -bereitstellung
072 Anlagen und Maschinen der mechanischen Materialbearbeitung, -verarbeitung und -umwandlung
073 Anlagen für Wärme-, Kälte- und chemische Prozesse sowie ähnliche Anlagen
074 Anlagen für Arbeitssicherheit und Umweltschutz
075 Transportanlagen und ähnliche Betriebsvorrichtungen
076 Verpackungsanlagen und -maschinen
077 sonstige Anlagen und Maschinen
078 Reservemaschinen und -anlageteile
079 geringwertige Anlagen und Maschinen

08 Andere Anlagen, Betriebs- und Geschäftsausstattung
080 andere Anlagen
081 Werkstätteneinrichtung
082 Werkzeuge, Werksgeräte und Modelle, Prüf- und Meßmittel
083 Lager- und Transporteinrichtungen
084 Fuhrpark
085 sonstige Betriebsausstattung
086 Büromaschinen, Organisationsmittel und Kommunikationsanlagen
087 Büromöbel und sonstige Geschäftsausstattung
088 Reserveteile für Betriebs- und Geschäftsausstattung
089 geringwertige Vermögensgegenstände der Betriebs- und Geschäftsausstattung

09 Geleistete Anzahlungen und Anlagen im Bau
090 geleistete Anzahlungen auf Sachanlagen
095 Anlagen im Bau

Kontenklasse 1

1 Finanzanlagen

10 frei

11 Anteile an verbundenen Unternehmen
110 – an einem herrschenden oder einem mit Mehrheit beteiligten Unternehmen
111 – an der Konzernmutter, soweit nicht zu Kto. 110 gehörig
112 – an Tochterunternehmen
119 – an sonstigen verb. Unternehmen

12 Ausleihungen an verbundene Unternehmen
120 – gesichert durch Grundpfandrechte oder andere Sicherheiten
125 – ungesichert

13 Beteiligungen
130 Beteiligungen an assoziierten Unternehmen
135 andere Beteiligungen

14 Ausleihungen an Unternehmen, mit denen ein Beteiligungsverhältnis besteht
140 – gesichert durch Grundpfandrechte oder andere Sicherheiten
145 – ungesichert

15 Wertpapiere des Anlagevermögens
150 Stammaktien
151 Vorzugsaktien
152 Genußscheine
153 Investmentzertifikate
154 Gewinnobligationen
155 Wandelschuldverschreibungen
156 festverzinsliche Wertpapiere
158 Optionsscheine
159 sonstige Wertpapiere

16 Sonstige Ausleihungen (Sonstige Finanzanlagen)
160 Genossenschaftsanteile
161 gesicherte sonstige Ausleihungen
163 ungesicherte sonstige Ausleihungen
164 Ausleihungen an Mitarbeiter, an Organmitglieder und an Gesellschafter
169 übrige sonstige Finanzanlagen

Kontenklasse 2

Umlaufvermögen

2 Umlaufvermögen und aktive Rechnungsabgrenzung

20 Roh-, Hilfs- und Betriebsstoffe
200 Rohstoffe/Fertigungsmaterial
2001 Bezugskosten Rohstoffe
2002 Einstandspreiskorrekturen Rohstoffe
201 Vorprodukte/Fremdbauteile
202 Hilfsstoffe
203 Betriebsstoffe

21 Unfertige Erzeugnisse, unfertige Leistungen
210 unfertige Erzeugnisse
219 nicht abgerechnete Leistungen (unfertige Leistungen)

22 Fertige Erzeugnisse und Waren
220 fertige Erzeugnisse
228 Waren (Handelswaren)

23 Geleistete Anzahlungen auf Vorräte

24 Forderungen aus Lieferungen und Leistungen
240 Forderungen aus Lieferungen und Leistungen
245 Wechselforderungen aus Lieferungen und Leistungen (Besitzwechsel)
249 Wertberichtigungen zu Forderungen aus Lieferungen und Leistungen

25 Forderungen gegen verbundene Unternehmen und gegen Unternehmen, mit denen ein Beteiligungsverhältnis besteht

26 Sonstige Vermögensgegenstände
260 anrechenbare Vorsteuer
261 aufzuteilende Vorsteuer
262 sonstige Forderungen an Finanzbehörden
263 Forderungen an Sozialversicherungsträger
264 Forderungen an Mitarbeiter, an Organmitglieder und an Gesellschafter
266 andere sonstige Forderungen
267 andere sonstige Vermögensgegenstände
268 eingefordertes, nocht nicht eingezahltes Kapital und eingeforderte Nachschüsse
269 Wertberichtigungen zu sonstigen Forderungen und Vermögensgegenständen

27 Wertpapiere
270 Anteile an verbundenen Unternehmen
271 eigene Anteile
272 Aktien
273 variable verzinsliche Wertpapiere
274 festverzinsliche Wertpapiere
275 Finanzwechsel
278 Optionsscheine
279 sonstige Wertpapiere

28 Flüssige Mittel
280 Guthaben bei Kreditinstituten
285 Postgiroguthaben
286 Schecks
287 Bundesbank
288 Kasse
289 Nebenkassen

29 Aktive Rechnungsabgrenzung
290 Disagio
291 Zölle und Verbrauchssteuern
292 Umsatzsteuer auf Anzahlungen
293 andere aktive Jahresabgrenzungsposten
295 aktive Steuerabgrenzung
299 nicht durch Eigenkapital gedeckter Fehlbetrag

Industriekontenrahmen

Kontenklasse 3 — PASSIVA

3 Eigenkapital und Rückstellungen

30 Kapitalkonto / Gezeichnetes Kapital

Bei Einzelfirmen und Personengesellschaften:

300 Kapitalkonto Gesellschafter A
301 Kapitalkonto Gesellschafter B

Bei Kapitalgesellschaften:

300 gezeichnetes Kapital
305 noch nicht eingeforderte Einlagen

31 Kapitalrücklage

311 Aufgeld aus der Ausgabe von Anteilen
312 Aufgeld aus der Ausgabe von Wandelschuldverschreibungen
313 Zahlung aus der Gewährung eines Vorzugs für Anteile
314 andere Zuzahlungen von Gesellschaftern in das Eigenkapital
318 eingeforderte Nachschüsse gemäß § 42 Abs. 2 GmbHG (vgl. Kto. 268)

32 Gewinnrücklagen

321 gesetzliche Rücklagen
322 Rücklage für eigene Anteile
323 satzungsmäßige Rücklagen
324 andere Gewinnrücklagen
325 Eigenkapitalanteil bestimmter Passivposten

33 Ergebnisverwendung

331 Jahresergebnis des Vorjahres
332 Ergebnisvortrag aus früheren Perioden
333 Entnahmen aus der Kapitalrücklage
334 Veränderungen der Gewinnrücklagen vor Bilanzergebnis
335 Bilanzergebnis (Bilanzgewinn / Bilanzverlust)
336 Ergebnisausschüttung
337 zusätzlicher Aufwand oder Ertrag auf Grund Ergebnisverwendungsbeschluß
338 Einstellungen in Gewinnrücklagen nach Bilanzergebnis
339 Ergebnisvortrag auf neue Rechnung

34 Jahresüberschuß / Jahresfehlbetrag

35 Sonderposten mit Rücklageanteil

36 Wertberichtigungen
(Bei Kapitalgesellschaften als Passivposten der Bilanz nicht mehr zulässig)

37 Rückstellungen für Pensionen und ähnliche Verpflichtungen

38 Steuerrückstellungen

380 Gewerbeertragssteuer
381 Körperschaftssteuer
382 Kapitalertragsteuer
383 ausländische Quellensteuer
384 andere Steuern vom Einkommen und Ertrag
385 latente Steuern
389 sonstige Steuerrückstellungen

39 Sonstige Rückstellungen

390 – für Personalaufwendungen und die Vergütung an Aufsichtsgremien
391 – für Gewährleistung
392 – für Rechts- und Beratungskosten
393 – für andere ungewisse Verbindlichkeiten
397 – für drohende Verluste aus schwebenden Geschäften
398 – für unterlassene Instandhaltung
399 – für andere Aufwendungen gem. § 249 Abs. 2

Kontenklasse 4 — PASSIVA

4 Verbindlichkeiten und passive Rechnungsabgrenzung

40 frei

41 Anleihen

410 konvertible Anleihen
415 Anleihen – nicht konvertibel

42 Verbindlichkeiten gegenüber Kreditinstituten

420 Kredit, Bank A
424 Kredit, Bank Z
425 Investitionskredit, Bank A
428 Investitionskredit, Bank Z
429 sonstige Verbindlichkeiten gegenüber Kreditinstituten

43 Erhaltene Anzahlungen auf Bestellungen

44 Verbindlichkeiten aus Lieferungen und Leistungen

440 Verbindlichkeiten aus Lieferungen und Leistungen: Inland
445 Verbindlichkeiten aus Lieferungen und Leistungen: Ausland

45 Wechselverbindlichkeiten

450 – gegenüber Dritten
451 – gegenüber verbundenen Unternehmen
452 – gegenüber Unternehmen, mit denen ein Beteiligungsverhältnis besteht

46 Verbindlichkeiten gegenüber verbundenen Unternehmen

460 – aus Lieferungen und Leistungen: Inland
465 – aus Lieferungen und Leistungen: Ausland
469 sonstige Verbindlichkeiten (verb. Untern.)

47 Verbindlichkeiten gegenüber Unternehmen, mit denen ein Beteiligungsverhältnis besteht

470 – aus Lieferungen und Leistungen: Inland
475 – aus Lieferungen und Leistungen: Ausland
479 sonstige Verbindlichkeiten (Bet. vorh.)

Sonstige Verbindlichkeiten

480 Umsatzsteuer
481 Umsatzsteuer nicht fällig
482 Umsatzsteuervorauszahlung
483 Verbindlichkeiten gegenüber Sozialversicherungsträgern
484 Verbindlichkeiten gegenüber Mitarbeitern, Organmitgliedern und Gesellschaftern
486 andere sonstige Verbindlichkeiten
489 übrige sonstige Verbindlichkeiten

49 Passive Rechnungsabgrenzung

Kontenklasse 5 — ERTRÄGE

5 Erträge

50 Umsatzerlöse Produkt 1

500 Umsatzerlöse für eigene Erzeugnisse und andere Leistungen
5001 Erlöskorrekturen 1
505 st. freie Umsätze § 4 Nr. 1–6 UStG
506 st. freie Umsätze § 4 Nr. 8 ff. UStG
508 Erlöse ½ USt.-Satz

51 Umsatzerlöse Produkt 2

510 Umsatzerlöse für eigene Erzeugnisse und andere eigene Leistungen
5101 Erlöskorrekturen 2
513 st. freie Umsätze § 4 UStG
514 andere Umsatzerlöse, 1/1 USt.-Satz
515 Umsatzerlöse für Handelswaren, 1/1 USt.-Satz

52 Erhöhung oder Verminderung des Bestandes an unfertigen und fertigen Erzeugnissen

53 Andere aktivierte Eigenleistungen:

530 selbsterstellte Anlagen
539 sonstige andere aktivierte Eigenleistungen

54 Sonstige betriebliche Erträge

540 Nebenerlöse
541 sonstige Erlöse
542 Eigenverbrauch
543 andere sonstige betriebliche Erträge
544 Erträge aus Werterhöhungen von Gegenständen des Anlagevermögens
545 Erträge aus Werterhöhungen von Gegenständen des Umlaufvermögens außer Vorräten und Wertpapieren
546 Erträge aus dem Abgang von Vermögensgegenständen
547 Erträge aus der Auflösung von Sonderposten mit Rücklageanteil
548 Erträge aus der Herabsetzung von Rückstellungen
549 periodenfremde Erträge (soweit nicht bei den betroffenen Ertragsarten zu erfassen)

55 Erträge aus Beteiligungen

56 Erträge aus anderen Wertpapieren und Ausleihungen des Finanzanlagevermögens

57 Sonstige Zinsen und ähnliche Erträge

570 sonstige Zinsen und ähnliche Erträge von verbundenen Unternehmen
571 Bankzinsen
573 Diskonterträge
575 Bürgschaftsprovisionen
576 Zinsen für Forderungen
577 Aufzinsungserträge
578 Erträge aus Wertpapieren des Umlaufvermögens (soweit von nicht verbundenen Unternehmen)
579 übrige sonstige Zinsen und ähnliche Erträge

58 Außerordentliche Erträge

59 Erträge aus Verlustübernahme

Kontenklasse 6

AUFWENDUNGEN

6 Betriebliche Aufwendungen

60 Aufwendungen für Roh-, Hilfs- und Betriebsstoffe und für bezogene Waren
600 Rohstoffe / Fertigungsmaterial
601 Vorprodukte / Fremdbauteile
602 Hilfsstoffe
603 Betriebsstoffe / Verbrauchswerkzeuge
604 Verpackungsmaterial
605 Energie
606 Reparaturmaterial und Fremdinstandhaltung
607 sonstiges Material
608 Aufwendungen für Waren
609 Sonderabschreibungen auf Roh-, Hilfs- und Betriebsstoffe u. f. bezogene Waren

61 Aufwendungen für bezogene Leistungen
610 Fremdleistungen für Erzeugnisse und andere Umsatzleistungen
611 Fremdleistungen für die Auftragsgewinnung (bei Auftragsfertigung – soweit einzelnen Aufträgen zurechenbar)
612 Entwicklungs-, Versuchs- und Konstruktionsarbeiten durch Dritte
613 weitere Fremdleistungen
614 Frachten und Fremdlager (incl. Vers. u. anderer Nebenkosten)
615 Vertriebsprovisionen
616 Fremdinstandhaltung und Reparaturmaterial
617 sonstige Aufwendungen für bezogene Leistungen
618 Skonti
619 Boni und andere Aufwandsberichtigungen

62 Löhne
620 Löhne für geleistete Arbeitszeit einschl. tariflicher, vertraglicher oder arbeitsbedingter Zulagen
621 Löhne für andere Zeiten (Urlaub, Feiertage, Krankheit)
622 sonstige tarifliche oder vertragliche Aufwendungen für Lohnempfänger
623 freiwillige Zuwendungen
625 Sachbezüge
626 Vergütungen an gewerbl. Auszubildende
629 sonstige Aufwendungen mit Lohncharakter

63 Gehälter
630 Gehälter einschließlich tariflicher, vertraglicher oder arbeitsbedingter Zulagen
632 sonstige tarifliche oder vertragliche Aufwendungen
633 freiwillige Zuwendungen
635 Sachbezüge
636 Vergütung an techn./kaufm. Auszubildende
639 sonstige Aufwendungen mit Gehaltscharakter

64 Soziale Abgaben und Aufwendungen für Altersversorgung und für Unterstützung
640 Arbeitgeberanteil zur Sozialversicherung (Lohnbereich)
641 Arbeitgeberanteil zur Sozialversicherung (Gehaltsbereich)
642 Beiträge zur Berufsgenossenschaft
643 sonstige soziale Abgaben
644 gezahlte Betriebsrenten
645 Veränderungen der Pensionsrückstellungen
646 Aufwendungen für Direktversicherungen
647 Zuweisungen an Pensions- und Unterstützungskassen
648 sonstige Aufwendungen für Altersversorgung
649 Beihilfen und Unterstützungsleistungen

65 Abschreibungen
650 Abschreibungen auf aktivierte Aufwendungen für die Ingangsetzung und Erweiterung des Geschäftsbetriebes
651 Abschreibungen auf immaterielle Vermögensgegenstände des Anlagevermögens
652 Abschreibungen auf Grundstücke und Gebäude
653 Abschreibungen auf technische Anlagen und Maschinen
654 Abschreibungen auf andere Anlagen, Betriebs- und Geschäftsausstattung
655 außerplanmäßige Abschreibungen auf Sachanlagen gem. § 253 Abs. 2 S. 3
656 steuerrechtliche Sonderabschreibungen auf Sachanlagen gem. § 254
657 unübliche Abschreibungen auf Vorräte
658 unübliche Abschreibungen auf Forderungen und sonstige Vermögensgegenstände

66 Sonstige Personalaufwendungen
660 Aufwendungen für Personaleinstellung
661 Aufwendungen für übernommene Fahrtkosten
662 Aufwendungen für Werkarzt und Arbeitssicherheit
663 personenbezogene Versicherungen
664 Aufwendungen für Fort- und Weiterbildung
665 Aufwendungen für Dienstjubiläen
666 Aufwendungen für Belegschaftsveranstaltungen
667 frei (evtl. Aufwendungen für Werksküche und Sozialeinrichtungen)
668 Ausgleichsabgabe nach dem Schwerbehindertengesetz
669 übrige sonstige Personalaufwendungen

67 Aufwendungen für die Inanspruchnahme von Rechten und Diensten
670 Mieten, Pachten, Erbbauzinsen
671 Leasing
672 Lizenzen und Konzessionen
673 Gebühren
674 Leiharbeitskräfte
675 Bankspesen / Kosten des Geldverkehrs u. d. Kapitalbeschaffung
676 Provisionen
677 Prüfung, Beratung, Rechtsschutz
678 Aufwendungen für Aufsichtsrat bzw. Beirat oder dgl.

68 Aufwendungen für Kommunikation (Dokumentation, Informatik, Reisen, Werbung)
680 Büromaterial und Drucksachen
681 Zeitungen und Fachliteratur
682 Post
683 sonstige Kommunikationsmittel
685 Reisekosten
686 Gästebewirtung und Repräsentation
687 Werbung
689 sonstige Aufwendungen für Kommunikation

69 Aufwendungen für Beiträge und Sonstiges sowie Wertkorrekturen und periodenfremde Aufwendungen
690 Versicherungsbeiträge, diverse
691 Kfz-Versicherungsbeiträge
692 Beiträge zu Wirtschaftsverbänden und Berufsvertretungen
693 andere sonstige betriebliche Aufwendungen
695 Verluste aus Wertminderung von Gegenständen des Umlaufvermögens (außer Vorräten und Wertpapieren)
696 Verluste aus dem Abgang von Vermögensgegenständen
697 Einstellungen in den Sonderposten mit Rücklageanteil
698 Zuführungen zu Rückstellungen, soweit nicht unter anderen Aufwendungen erfaßbar
699 periodenfremde Aufwendungen

Industriekontenrahmen

Kontenklasse 7	Kontenklasse 8	Kontenklasse 9
AUFWENDUNGEN	ERGEBNISRECHNUNG	KOSTEN- U. LEISTUNGSRECHNUNG
7 Weitere Aufwendungen **70 Betriebliche Steuern** 700 Gewerbekapitalsteuer 701 Vermögensteuer 702 Grundsteuer 703 Kraftfahrzeugsteuer 705 Wechselsteuer 706 Gesellschaftssteuer 707 Ausfuhrzölle 708 Verbrauchssteuern 709 sonstige betriebliche Steuern **71 frei** **72 frei** **73 frei** **74 Abschreibungen auf Finanzanlagen und auf Wertpapiere des Umlaufvermögens und Verluste aus entsprechenden Abgängen** 740 Abschreibungen auf Finanzanlagen 742 Abschreibungen auf Wertpapiere des Umlaufvermögens 745 Verluste aus dem Abgang von Finanzanlagen 746 Verluste aus dem Abgang von Wertpapieren des Umlaufvermögens 749 Aufwendungen aus Verlustübernahme (gem. § 277 Abs. 3 gesondert auszuweisen) **75 Zinsen und ähnliche Aufwendungen** 750 Zinsen und ähnliche Aufwendungen an verbundene Unternehmen 751 Bankzinsen 752 Kredit- und Überziehungsprovisionen 753 Diskontaufwand 754 Abschreibung auf Disagio 755 Bürgschaftsprovisionen 756 Zinsen für Verbindlichkeiten 757 Abzinsungsbeträge 759 sonstige Zinsen und ähnliche Aufwendungen **76 Außerordentliche Aufwendungen** **77 Steuern vom Einkommen und Ertrag** 770 Gewerbeertragsteuer 771 Körperschaftsteuer 772 Kapitalertragsteuer 773 ausländ. Quellensteuer 775 latente Steuern 779 sonstige Steuern vom Einkommen und Ertrag **78 Sonstige Steuern** **79 Aufwendungen aus Gewinnabführungsvertrag**	**8 Ergebnisrechnungen** **80 Eröffnung / Abschluß** 800 Eröffnungsbilanzkonto 801 Schlußbilanzkonto 802 GuV-Konto Gesamtkostenverfahren 803 GuV-Konto Umsatzkostenverfahren **81 Herstellungskosten** 810 Fertigungsmaterial 811 Fertigungsfremdleistungen 812 Fertigungslöhne und -gehälter 813 Sondereinzelkosten der Fertigung 814 Primärgemeinkosten des Materialbereichs 815 Primärgemeinkosten des Fertigungsbereichs 816 Sekundärgemeinkosten des Materialbereichs 817 Sekundärgemeinkosten des Fertigungsbereichs **82 Vertriebskosten** **83 Allgemeine Verwaltungskosten** **84 Sonstige betriebliche Aufwendungen** **85 Korrekturkonten zu den Erträgen der Kontenklasse 5** 850 Umsatzerlöse 852 Bestandsveränderungen 853 andere aktivierte Eigenleistungen 854 sonstige betriebliche Erträge 855 Erträge aus Beteiligungen 856 Erträge aus anderen Wertpapieren und Ausleihungen des Finanzvermögens 857 sonstige Zinsen und ähnliche Erträge 858 außerordentliche Erträge **86 Korrekturkonten zu den Aufwendungen der Kontenklassee 6** 860 Aufwendungen für Roh-, Hilfs- und Betriebsstoffe und für bezogene Waren 861 Aufwendungen für bezogene Leistungen 862 Löhne 863 Gehälter 864 soziale Abgaben und Aufwendungen für Altersversorgung und für Unterstützung 865 Abschreibungen 866 sonstige Personalaufwendungen 867 Aufwendungen für die Inanspruchnahme von Rechten und Diensten 868 Aufwendungen für Kommunikation (Dokumentation, Informatik, Reisen, Werbung) 869 Aufwendungen für Beiträge und Sonstiges sowie Wertkorrekturen und periodenfremde Aufwendungen **87 Korrekturkonten zu den Aufwendungen der Kontenklasse 7** 870 betriebliche Steuern 874 Abschreibungen auf Finanzanlagen und auf Wertpapiere des Umlaufvermögens und Verluste aus entsprechenden Abgängen 875 Zinsen und ähnliche Aufwendungen 876 außerordentliche Aufwendungen 877 Steuern vom Einkommen und Ertrag 878 sonstige Steuern **88 Kurzfristige Erfolgsrechnung** **89 Innerjährige Rechnungsabgrenzung**	**9 Kosten- und Leistungsrechnung (KLR)** **90 Unternehmensbezogene Abgrenzungen (betriebsfremde Aufwendungen und Erträge)** **91 Kostenrechnerische Korrekturen** **92 Kostenarten und Leistungsarten** **93 Kostenstellen** **94 Kostenträger** **95 Fertige Erzeugnisse** **96 Interne Lieferungen und Leistungen sowie deren Kosten** **97 Umsatzkosten** **98 Umsatzleistungen** **99 Ergebnisausweise** In der Praxis wird die KLR gewöhnlich tabellarisch durchgeführt. Es wird auf die dreibändigen BDI-Empfehlungen zur Kosten- und Leistungsrechnung hingewiesen.

Sachregister

(die angegebenen Zahlen verweisen auf die Textziffern)

D

E

L

M

N

O

S

T

U

V

W

Z